ŒUVRES
DE
WALTER SCOTT.

TOME XIII.

IMPRIMERIE DE E. DUVERGER,
Rue de Verneuil, n° 4.

L'ABBE.
CH. XXXI.

Publié par Furne, à Paris.

L'ABBÉ,

SUITE DU MONASTÈRE.

"The Abbot,

being the sequel of the Monastery."

TRADUCTION

DE M. DEFAUCONPRET,

AVEC DES ÉCLAIRCISSEMENS ET DES NOTES
HISTORIQUES.

PARIS.

FURNE, LIBRAIRE-ÉDITEUR,

QUAI DES AUGUSTINS, N° 39.

M DCCC XXX.

ÉPITRE

SERVANT D'INTRODUCTION,

DE L'AUTEUR DE WAVERLEY

AU CAPITAINE CLUTTERBUCK,

DU — RÉGIMENT D'INFANTERIE DE SA MAJESTÉ.

Cher capitaine,

Je vois avec peine, par votre dernière lettre, que vous désapprouvez les changemens et retranchemens nombreux que j'ai été obligé de faire au Manuscrit de votre ami le Bénédictin, et c'est à vous que je m'adresse pour me justifier aux yeux de bien des gens qui m'ont fait plus d'honneur que je ne mérite.

Je conviens que mes retranchemens sont nombreux, et qu'ils laissent des lacunes dans l'histoire, qui, en suivant le manuscrit original, aurait pu fournir un volume de plus, à ce que mon imprimeur m'assure. Je sens bien que, par suite de la liberté de la mutiler que vous m'avez accordée, quelques parties de cette histoire sont privées des détails nécessaires. Après tout, il vaut mieux pour les voyageurs avoir à sauter par-dessus un fossé de dessèchement que de s'enfoncer dans un marécage, et pour un lecteur mieux vaut supposer ce qui se laisse deviner aisément que de se traîner sur des pages d'explications ennuyeuses. Par exemple, j'ai omis toute la *machine* [1] de la Dame blanche, et sacrifié tous les vers qui soutiennent si heureusement ce personnage surnaturel dans le manuscrit original. Mais vous avouerez que le goût du public n'est pas prononcé en faveur de ces légendes superstitieuses qui faisaient tour à tour les délices et la terreur de nos ancêtres. De même j'ai retranché dans les personnages de la mère Magdeleine et de l'Abbé beaucoup de traits d'enthousiasme en faveur de l'ancienne religion. Au temps où nous sommes, nous n'éprouvons pas un vif intérêt pour ce qui était alors en Europe le plus puissant et le plus énergique des principes, après celui de la réformation par lequel il fut heureusement combattu.

Vous avez raison de dire que de ces retranchemens il résulte que le titre ne convient plus au sujet, et que tout autre que l'Abbé aurait mieux convenu à cet ouvrage; car l'Abbé, pour qui votre ami le Bénédictin semble vous avoir inspiré une respectueuse sympathie, jouait un rôle bien plus important avant ces suppressions. Je dois reconnaître la justice de cette accusation. Je vous dirai pourtant, pour l'atténuer en partie, qu'il m'aurait été bien facile de trouver un autre titre; mais alors j'aurais détruit la liaison qui existe nécessairement entre LE MONASTÈRE et l'histoire qui en est la suite: c'est ce que je ne voulais pas faire, parce que l'action se passe dans le même temps, et qu'on y voit reparaître quelques-uns des mêmes personnages.

Après tout, mon cher ami, peu importe quel est le titre de l'ouvrage, et quels sont les événemens qu'il renferme, pourvu qu'il attire l'attention du public; car la qualité du vin (si nous pouvions la garantir) peut, comme le dit un vieux proverbe, rendre l'enseigne inutile ou de peu de conséquence.

Je vous félicite d'avoir reconnu conforme à la prudence

---

(1) *Machinery*: c'est l'expression consacrée pour le *merveilleux* d'un poème ou d'un ouvrage d'imagination. — ÉD.

de prendre un tilbury, j'approuve la couleur que vous avez adoptée, ainsi que la livrée de votre jokey (vert pâle et paremens rouges); mais puisque vous avez l'intention d'achever votre poème descriptif sur les *Ruines de Kennaquhair, avec des notes par un antiquaire*, j'espère que vous aurez eu soin de vous procurer un cheval tranquille.

Recevez, mon cher capitaine, pour vous et tous nos amis les complimens bien sincères de

VOTRE, etc.

L'AUTEUR DE WAVERLEY.

L'ABBÉ,

SUITE DU MONASTÈRE.

(The Abbot, being the sequel of the Monastery.)

CHAPITRE PREMIER.

> « *Domum mansit. — Lanam fecit.* »
> ANCIENNE ÉPITAPHE ROMAINE.
> « Elle vécut chez elle, et fila sa quenouille. »
> GAWIN DOUGLAS.

Le temps, qui passe si imperceptiblement sur nos têtes, opère les mêmes changemens graduels dans nos habitudes, dans nos mœurs et dans notre caractère que dans notre physique. Après chaque révolution de cinq ans, nous nous trouvons tout autres, et nous sommes pourtant les mêmes; nos vues sont changées; nous n'envisageons plus les choses sous le même aspect; les motifs de nos actions changent comme elles. Cet espace de temps s'était à peine écoulé deux fois sur la tête d'Halbert Glendinning et de son épouse, entre l'époque où se termine l'histoire dans laquelle ils jouent un rôle important et celle où commence notre nouvelle narration.

Leur union était aussi heureuse que pouvait la rendre une affection mutuelle; mais les douceurs n'en étaient pas sans mélange d'amertume, à cause de deux circonstances. La première était une calamité commune à toute l'Écosse, l'état de trouble de ce malheureux pays, où chacun avait l'épée dirigée contre le sein de son voisin. Glendinning s'était montré tout ce que Murray pouvait espérer : ami constant, brave sur le champ de bataille, plein de prudence dans le conseil, et embrassant la cause de son protecteur, par reconnaissance, dans les occasions où, sans ce motif puissant, il serait resté neutre ou aurait combattu dans les rangs opposés. De là quand le danger était prochain, et rarement il était éloigné, sir Halbert Glendinning, car il avait été élevé au rang de chevalier, était appelé auprès de Murray pour le suivre dans les expéditions lointaines, le seconder dans les entreprises périlleuses, ou l'aider de ses conseils dans les intrigues compliquées d'une cour à demi barbare : il était donc souvent, et pendant de longs intervalles, absent de son château et éloigné de son épouse. A cette cause de regrets s'en joignait une autre : ils n'avaient aucun gage vivant de leur union, et la dame d'Avenel, privée de la société de son mari, ne trouvait pas une distraction dans les soins qu'aurait exigés d'elle une jeune famille.

Pendant les absences de sir Halbert, elle vivait entièrement retirée du monde, dans le manoir paternel. On ne se visitait entre voisins que dans quelques occasions de fêtes solennelles; encore ces visites se bornaient-elles aux plus proches parens. La mort les avait tous enlevés à la dame Avenel, et les épouses des barons du voisinage affectaient de la regarder moins comme l'héritière de la maison d'Avenel que comme la femme d'un paysan; fils d'un vassal de l'Église, qui ne s'était élevé tout à coup que grace à la capricieuse faveur de Murray.

Cet orgueil de naissance, enraciné dans le cœur des anciens nobles d'Écosse, se montrait plus à découvert dans leurs femmes, et les dissensions politiques qui régnaient alors y ajoutaient encore; car la plupart des chefs de la partie méridionale de ce royaume soutenaient l'autorité de la reine et étaient jaloux du pouvoir de Murray. Le château d'Avenel était donc, par toutes ces raisons, un séjour aussi triste et aussi solitaire qu'on puisse l'imaginer. Il offrait pourtant le grand avantage d'être un lieu de sûreté. Le lecteur sait qu'il était construit sur une île dans un petit lac, et qu'on n'y arrivait que par une chaussée coupée d'un double fossé défendu par deux ponts-levis, de sorte qu'on pouvait à cette époque le regarder comme imprenable sans artillerie. On n'avait donc besoin que de se tenir en garde contre une surprise, et six hommes d'armes entretenus dans le château suffisaient à cet effet. Si l'on était menacé d'un danger plus sérieux, on trouvait une nombreuse garnison dans les habitans d'un hameau qui, sous les auspices de sir Halbert Glendinning, s'était élevé au milieu d'une petite plaine située entre le lac et la montagne, près de l'endroit où était établie la chaussée dont nous avons parlé. La population s'en était rapidement accrue, non-seulement parce que ses vassaux n'avaient qu'à se louer de sa bonté et de sa bienfaisance, mais parce que sa bravoure, son expérience, son intégrité et la faveur dont il jouissait près de Murray, le mettaient en état de protéger efficacement ceux qui se plaçaient sous sa protection. Lorsqu'il quittait son château pour quelque temps, il avait donc la consolation de songer qu'on pouvait en un clin d'œil trouver dans ce village une trentaine d'hommes vigoureux qui suffisaient pour le défendre, tandis que leurs familles, comme c'était l'usage en pareille occasion, fuyaient sur les montagnes avec leurs bestiaux, les cachaient dans des lieux impénétrables, et laissaient les ennemis disposer à leur gré de leurs misérables chaumières.

Un seul étranger résidait presque constamment au château d'Avenel. C'était Henry Warden. Son âge lui rendait moins facile la tâche laborieuse que s'était imposée le clergé réformateur ; et ayant par son zèle offensé personnellement plusieurs nobles et plusieurs chefs du premier rang, il ne se trouvait bien en sûreté que lorsqu'il était dans le château fort de quelque ami éprouvé. Il ne cessait pourtant pas de servir la cause, de sa plume, comme il l'avait autrefois servie par ses paroles, et il était engagé dans une furieuse querelle de controverse avec l'abbé Eustache, ci-devant sous-prieur du monastère de Sainte-Marie de Kennaquhair. La réplique attendait à peine la réponse ; et les deux champions déployaient, comme c'est l'usage, dans leurs ouvrages polémiques, autant de zèle que peu de charité chrétienne. Cette petite guerre fit bientôt autant de bruit que celle qui avait eu lieu entre John Knox et l'abbé de Corseraguel[1] ; elle fut soutenue avec autant de fureur, et les écrits auxquels elle donna lieu doivent être aussi précieux aux yeux des bibliographes que ceux qui avaient pris naissance dans cette autre contestation. Mais la nature de ses occupations habituelles rendait la compagnie du théologien peu intéressante pour une femme seule ; et son air grave, sévère et contemplatif, le peu d'intérêt qu'il prenait à tout ce qui était étranger à ses opinions religieuses, ajoutaient à l'aspect sombre et mélancolique du château.

Lady Avenel passait la plus grande partie de la journée à surveiller les travaux des femmes qui étaient à son service. Sa quenouille, sa Bible, une promenade solitaire sur la

---

[1] 1563. Cette scène est caractéristique de l'époque : ce fut une vraie joute théologique en champ clos. Kennedy, abbé de Corseraguel, envoya le défi à Knox, qui pour répondre à ce cartel se rendit le 28 décembre 1563 à Maybole, où l'abbé catholique l'attendait : chaque champion avait une escorte de quarante personnes. Il s'agissait de discuter le mérite de la messe. La dispute roula sur l'interprétation du texte du vieux Testament, où il est dit que Melchisédech apporta du pain et du vin en présence d'Abraham. L'Abbé prétendit que c'était une offrande à Dieu ; le réformateur, que le patriarche n'avait eu d'autre intention que de nourrir ses hôtes. On voit que la tradition de cette scène d'histoire a en effet inspiré à Walter Scott la thèse que le père Eustache et Warden soutiennent l'un contre l'autre verbalement dans le Monastère, et ici par une polémique écrite. — Én.

plate-forme, sur la chaussée, et quelquefois, mais plus rarement, sur les rives du petit lac, remplissaient le reste du jour. Il régnait alors si peu de sécurité en Écosse, que toutes les fois qu'elles voulait aller plus loin que le hameau, une sentinelle montait sur la tour la plus élevée, et avait l'ordre de surveiller avec soin tout ce qui se passait dans les environs, tandis que trois ou quatre hommes se tenaient prêts à monter à cheval au moindre signe d'alarme.

Telle était la situation des choses au château, lorsque après une absence de plusieurs semaines on y attendait chaque jour le retour du chevalier d'Avenel, nom qu'on donnait assez communément à sir Halbert Glendinning. Cependant les jours se succédaient, et il n'arrivait point. On écrivait rarement à cette époque, et pour employer ce moyen de correspondance, le chevalier aurait eu besoin de recourir à un secrétaire. D'ailleurs toute voie de communication était précaire et peu sûre, et personne ne se souciait d'annoncer publiquement le temps et le but d'un voyage, parce que c'était un moyen certain pour rencontrer sur sa route plus d'ennemis que d'amis. Le jour précis du retour de sir Halbert n'avait pas été fixé, mais celui auquel son épouse s'attendait à le revoir était passé depuis long-temps, et ses espérances déçues commençaient à faire place à l'inquiétude.

On était dans la saison la plus chaude de l'année; le soleil commençait à se cacher derrière les montagnes de Liddesdale : lady Avenel fit sa promenade solitaire sur la plate-forme située au-dessus des bâtimens formant la façade du château, et qui était pavée en grandes dalles de pierre. La surface unie du lac, qui n'était troublée que par quelques sarcelles ou poules d'eau qui plongeaient de temps en temps, était dorée par les derniers rayons de l'astre qui allait disparaître, et réfléchissait, comme dans un miroir brillant, les montagnes dont il était entouré. Cette espèce de solitude était par momens animée, grace aux enfans du village, qui se livraient à leurs jeux, et dont la voix adoucie par la distance parvenait à l'oreille de lady Avenel ; elle entendait aussi les cris lointains des bergers, qui rappelaient les bestiaux de la vallée où on les avait laissés paître pendant le jour, mais d'où l'on avait soin de les retirer pendant la nuit pour les mettre plus en sûreté dans le hameau. Les vaches par leurs mugissemens semblaient appeler les laitières qui accouraient en chantant gaîment chacune avec leur pot au lait sur la tête. Ce spectacle rappela à lady Avenel les jours de sa jeunesse, où son plus grand plaisir, aussi bien que son occupation la plus importante, était d'aider mistress Glendinning et Tibbie à traire les vaches à Glendearg. Ce souvenir lui inspira des idées mélancoliques.

— Pourquoi, pensa-t-elle, pourquoi n'étais-je pas la jeune paysanne que je paraissais être ? Halbert aurait passé tranquillement ses jours près de moi dans la vallée qui l'avait vu naître, sans être troublé par les fantômes de l'orgueil ou de l'ambition. Son plus grand désir aurait été d'avoir le plus beau troupeau des domaines de Sainte-Marie; son plus grand danger, de repousser les incursions de quelques maraudeurs des frontières ; la plus grande distance qui nous aurait séparés, celle où l'aurait entraîné quelque daim qu'il eût poursuivi à la chasse. Mais, hélas ! à quoi sert le sang qu'il a versé pour soutenir un nom qui lui est cher, parce qu'il le tient de moi ? Nous ne le transmettrons à personne : le nom d'Avenel doit mourir avec nous.

Elle soupira en faisant ces réflexions ; et, jetant un regard sur les rives du lac, ses yeux furent attirés par un groupe d'enfans de différens âges, assemblés pour voir un petit navire construit par quelque jeune artiste du village, et qui allait faire son premier voyage sur l'eau. Il y fut lancé au milieu des cris de joie des jeunes marins, qui battaient des mains de plaisir. Le vent en favorisait la course, et promettait de le conduire promptement de l'autre côté du lac. Quelques-uns des enfans les plus âgés se mirent à courir pour le recevoir sur l'autre bord à son arrivée, disputant d'agilité, tels que de jeunes faons parcourant légèrement la plaine. Les plus jeunes, à qui une telle course paraissait trop longue, restaient à l'endroit d'où ils avaient lancé l'esquif, et en suivaient des yeux tous les mouvemens. La vue de leurs jeux innocens accabla d'un nouveau poids le cœur de lady Avenel.

— Que ne suis-je mère d'un de ces enfans! pensa-t-elle en reprenant le fil de ses réflexions mélancoliques. Leurs parens peuvent à peine leur donner la nourriture la plus grossière; et moi, que la fortune a comblée de ses dons, je suis condamnée à ne jamais entendre un enfant me nommer sa mère!

Cette pensée pleine d'amertume lui fit presque connaître l'envie, tant la nature a imprimé fortement dans le cœur de toute épouse le désir de revivre dans sa postérité. Elle pressa ses mains l'une contre l'autre en les élevant vers le ciel, comme si elle eût voulu lui demander pourquoi il l'avait déclarée stérile. Un gros chien de la race des levriers s'approcha d'elle en ce moment, lui pressa les genoux de sa tête, lui lécha les mains, et en obtint la caresse qu'il demandait; mais l'impression faite sur son cœur ne fut pas effacée.

— Wolf, dit-elle, comme s'il eût pu entendre ses plaintes, tu es un bel et noble animal; mais, hélas! la tendresse que mon cœur sent le besoin de répandre est d'une nature trop élevée pour pouvoir tomber sur toi, quoique tu sois mon favori.

Et comme si elle eût voulu dédommager Wolf de la part qu'elle lui refusait dans son affection, elle lui caressait le dos et la tête, tandis que l'animal semblait chercher dans ses yeux ce qui lui manquait, et ce qu'il pouvait faire pour lui prouver son attachement. En ce moment un cri de détresse partit du groupe d'enfans, naguère si joyeux, qui étaient sur le rivage. Lady Avenel y jeta les yeux, et fut saisie d'effroi en en voyant la cause.

Le petit navire, objet de l'attention et de la joie de ces enfans, s'était arrêté dans une touffe de nénuphars qui croissait sur un petit rocher situé dans le lac à un trait de flèche du rivage. L'un d'eux, qui avait été le premier à courir le long du lac, n'hésita pas un instant à quitter son habit, se jeta dans l'eau et se mit à nager vers l'objet de la sollicitude de ses camarades. Aucun d'eux ne conçut d'abord d'inquiétude. Il nageait avec vigueur et adresse; il était habitué à cet exercice; et ils ne pensaient pas qu'il courût aucun danger. Mais, soit qu'en nageant il se fût frappé la poitrine contre quelque roc caché sous l'eau, soit qu'il eût été surpris par une crampe, soit enfin qu'il eût trop présumé de ses forces, à peine avait-il débarrassé le petit esquif des plantes qui le retenaient, et l'avait-il mis en état de continuer sa course, que, tandis qu'il revenait vers le rivage, on l'entendit pousser de grands cris, qu'on le vit faire des gestes et des mouvemens qui annonçaient la crainte et la douleur.

Lady Avenel, prenant aussitôt l'alarme, donna ordre à ses domestiques de courir à son secours; mais ce ne fut pas l'affaire d'un instant. La seule barque dont il fût permis de se servir sur le lac était dans le second fossé du château, et il fallut quelques minutes pour en détacher la chaîne et la ramener dans le lac. Pendant ce temps lady Avenel voyait avec une inquiétude désespérante les efforts que faisait le pauvre enfant pour se soutenir sur l'eau, et il était tellement épuisé qu'ils auraient été infructueux s'il n'eût reçu un secours aussi prompt qu'inespéré. Wolf, qui, comme quelques chiens de cette grande espèce de lévriers, était accoutumé à aller à l'eau, avait remarqué l'objet sur lequel sa maîtresse fixait les yeux, et, quittant son côté, s'était élancé dans le lac. Avec cet instinct admirable que ces nobles animaux ont si souvent déployé en pareille circonstance, il nagea en droite ligne vers l'endroit où son aide était nécessaire; et, saisissant l'enfant par ses vêtemens, non-seulement il le soutint sur l'eau, mais il le traîna vers la chaussée. La barque partie des fossés du château le rencontra à mi-chemin, et retira entièrement l'enfant, qui ne donnait aucun signe de vie. On le transporta au château, à la porte duquel lady Avenel était descendue avec deux de ses femmes, pour donner de prompt secours au jeune infortuné.

On le déposa sur un lit, et l'on employa pour le rappeler à la vie tous les moyens que pouvaient fournir les connaissances de ce siècle, et que put suggérer l'expérience de Warden, qui avait quelque instruction médicale. Pendant quelque temps tous les soins furent sans succès, et lady Avenel avait les yeux fixés avec une inquiétude inexprimable sur la figure du bel enfant. Il paraissait âgé d'environ dix ans ; ses vêtemens étaient grossiers, mais ses longs cheveux bouclés et sa physionomie intéressante semblaient mal assortis à cette apparence de pauvreté. Le plus fier des nobles d'Écosse l'aurait été encore davantage s'il avait pu appeler cet enfant son héritier. Tandis que lady Avenel, osant à peine respirer, avait les yeux fixés sur ses traits réguliers et expressifs, un léger vermillon reparut peu à peu sur ses joues ; le sang engourdi dans ses veines commença à y circuler plus librement par degrés ; l'enfant poussa un profond soupir, étendit les bras, entr'ouvrit les yeux, et prononça à demi-voix : ma mère ! — ma mère ! — mot le plus doux qui puisse frapper l'oreille d'une femme.

— Milady, Dieu a rendu cet enfant à vos prières, dit Warden, c'est à vous de veiller à ce qu'il soit élevé de manière à ce qu'il n'ait pas à regretter un jour de n'être pas mort dans son état d'innocence.

— J'y mettrai tous mes soins, répondit lady Avenel, et, serrant l'enfant dans ses bras, elle l'accabla de caresses, agitée tant par la terreur que lui avait inspirée le danger dans lequel elle l'avait vu, que par la joie de l'avoir rendu à la vie.

— Mais vous n'êtes pas ma mère, dit l'enfant en reprenant ses sens et en résistant doucement aux caresses de lady Avenel, vous n'êtes pas ma mère..... hélas! je n'ai pas de mère..., j'ai seulement rêvé que j'en avais une.

— Je réaliserai votre rêve, s'écria lady Avenel, et c'est moi qui serai votre mère. Dieu a sans doute entendu mes prières, et par ses voies merveilleuses il m'a envoyé un objet sur lequel je puisse épancher toute mon affection. — Elle regarda Warden en parlant ainsi. Le prédicateur garda le silence, ne sachant que répondre à un élan passionné dans lequel il croyait peut-être trouver plus d'enthousiasme que l'occasion n'en exigeait. Cependant Wolf, qui, tout mouillé qu'il était, avait suivi sa maîtresse dans l'appartement, et qui était resté près du lit, spectateur patient et tranquille de tout ce qu'on faisait pour rendre la connaissance à l'être dont il avait sauvé la vie, voulut à son tour attirer l'attention, et, allongeant une grosse patte en murmurant, en frotta à plusieurs reprises la robe de sa maîtresse.

— Oui, mon bon Wolf; oui, lui dit-elle, je me souviendrai de tes services; et je t'aimerai encore davantage, pour avoir sauvé la vie de ce bel enfant.

Ce n'était point assez pour Wolf; il persista dans ses caresses importunes : lady Avenel dit à un domestique de l'appeler hors de l'appartement. Mais Wolf résista à toutes les invitations, et il ne songea à faire retraite que lorsque sa maîtresse le lui eût ordonné d'un ton irrité. Se retournant alors vers le lit sur lequel était l'enfant qui reprenait à peine ses sens, il se mit à gronder en montrant un double rang de dents blanches et aiguës, qui auraient pu défier celles d'un vrai loup[1], et suivit ensuite le domestique d'un air d'humeur et de mécontentement.

— Cela est singulier! dit lady Avenel en s'adressant à Warden... Cet animal est naturellement bon; il aime par-

---

(1) *Wolf*, loup. — Éd.

ticulièrement les enfans : que peut-il avoir contre celui dont il vient de sauver la vie?

— Les chiens, répondit Warden, ne ressemblent que trop aux hommes dans leurs défauts, quoique leur instinct soit moins trompeur que la raison des pauvres mortels quand ils ne comptent que sur son secours. La jalousie est une passion qui ne leur est pas inconnue ; et ils en donnent souvent des preuves, non-seulement quand leurs maîtres accordent quelque préférence à des individus de leur propre espèce, mais même quand ils ont pour rivaux des enfans. Vous avez comblé cet enfant de caresses, et Wolf s'est regardé comme un favori disgracié.

— C'est un instinct bien étrange ; et, d'après le ton de gravité que vous avez pris pour en parler, mon vénérable ami, je serais tentée de croire que vous regardez cette singulière jalousie de mon favori Wolf, non-seulement comme bien fondée, mais comme excusable : vous parliez sans doute en plaisantant.

— Je plaisante rarement, milady. La vie nous a été accordée pour un objet plus important. Vous pouvez, si bon vous semble, tirer cette leçon de ce que je viens de vous dire, que nos sentimens les plus louables, quand ils sont portés à l'excès, peuvent être une source de peines pour les autres. Il n'en existe qu'un seul auquel nous pouvons nous livrer sans en craindre l'excès, c'est l'amour de notre Créateur.

— Mais certainement le même précepte nous a commandé l'amour du prochain.

— Oui, milady ; mais notre amour pour Dieu doit être sans bornes ; nous devons l'aimer de tout notre cœur, de toute notre ame et de toutes nos forces. L'amour qu'il nous ordonne d'avoir pour notre prochain est renfermé dans de certaines bornes ; nous devons l'aimer comme nous-mêmes : il est enjoint de lui faire ce que nous voudrions qu'on nous fît. Telles sont les bornes de nos affections terrestres. Nous devons à notre prochain, quel que soit son sang, et à quelque degré qu'il nous touche, le même intérêt que nous attendrions de personnes placées dans la même situation à notre égard ; mais ni l'époux ni l'épouse, ni le fils ni la fille, ni le parent ni l'ami ne doivent devenir des objets d'idolâtrie. Le seigneur notre Dieu est un Dieu jaloux. Il ne nous permet pas d'accorder à la créature cet entier dévouement qu'il exige de nous comme lui étant spécialement dû. Je vous dis donc que, dans les sentimens les plus purs, les plus louables, les plus honorables de notre nature, on retrouve cette tache originelle du péché, qui doit nous faire réfléchir, et hésiter avant de nous y livrer avec excès.

— Je ne vous comprends pas, mon digne ami, et je ne conçois pas ce que j'ai pu dire ou faire pour m'attirer une remontrance qui a tout l'air d'un reproche.

— Pardonnez-moi, milady, si en vous parlant ainsi j'ai dépassé les limites de ce que je vous dois : mais savez-vous si la promesse solennelle que vous venez de faire d'être non-seulement la protectrice, mais la mère de ce pauvre enfant, aura l'approbation de votre époux ? Votre chien favori lui-même vous a en quelque sorte reproché les marques excessives de tendresse que vous avez prodiguées à cet enfant infortuné, et j'ajouterai même intéressant...... Craignez de déplaire à votre noble époux. Les hommes comme les animaux sont jaloux de l'affection de ceux qu'ils aiment.

— C'en est trop, s'écria lady Avenel, offensée de ce discours : le chevalier d'Avenel et moi nous vous avons accordé l'hospitalité dans notre château, nous vous y avons traité avec les égards et le respect dus à votre caractère et à votre profession ; mais dans aucun temps nous ne vous avons autorisé à intervenir dans nos arrangemens de famille, et à vous ériger en juge de notre conduite et de ce que nous nous devons l'un à l'autre. Je désire que vous vous en souveniez à l'avenir.

— Milady, répliqua le prédicateur avec la hardiesse qui caractérisait le clergé réformateur à cette époque, quand mes avis vous deviendront à charge; quand je verrai que ma présence ne vous est plus agréable, je saurai que la volonté de mon maître est que je ne demeure pas ici plus long-temps, et après l'avoir supplié de verser toutes ses bénédictions sur votre famille, fût-ce au cœur de l'hiver, fût-ce à l'heure de minuit, je traverserai ces bois, je gravirai ces montagnes seul et sans aide, comme lorsque je rencontrai votre ami pour la première fois dans la vallée de Glendearg, et, bien plus, dénué de ressources. Mais, tant que je resterai dans ce château, vous ne vous écarterez pas d'une ligne du droit sentier, sans entendre la voix et les remontrances du vieillard qui fut votre hôte.

Mon digne ami, lui dit lady Avenel, qui l'aimait et qui le respectait, quoiqu'elle s'offensât quelquefois d'un zèle qu'elle regardait comme excessif et indiscret.... nous ne nous séparerons pas ainsi. Les femmes sont vives et irréfléchies dans tout ce qu'elles sentent; mais, croyez-moi, mes projets à l'égard de cet enfant sont de nature à obtenir l'approbation de mon mari et la vôtre.

Warden la salua, et se retira dans son appartement.

CHAPITRE II.

> « Alors, comme sur moi fixant ses yeux soudain,
> « Il oublia bientôt ses pleurs et son chagrin !
> « Il me tendit les bras en m'appelant sa mère ;
> « Je l'emmenai chez moi. Que pouvais-je mieux faire ?
> « Fallait-il, au milieu de ses pleurs déchirans,
> « Apprendre au malheureux qu'il était sans parens ? »
> <div style="text-align:right">Miss J. Baillie, <i>Le comte Bazile.</i></div>

Quand Warden fut sorti, lady Avenel s'abandonna aux sentimens de tendresse que lui avaient inspirés la beauté du jeune inconnu et le péril auquel il venait d'échapper. N'étant plus retenue par ce qu'elle appelait le rigorisme du prédicateur, elle prodigua ses caresses à l'aimable et intéressant enfant, qui, à peu près revenu des suites de son accident, recevait tranquillement, quoique d'un air de surprise, les marques d'affection dont elle l'accablait. Il ne connaissait pas la figure de cette dame, ses vêtemens étaient bien plus somptueux que tous ceux qu'il avait jamais vus; mais la nature l'avait doué d'un caractère hardi, et les enfans sont en général bons physionomistes : non-seulement ils sont charmés de ce qui est beau en soi-même, mais ils sont particulièrement adroits à distinguer les attentions de ceux qui sont portés d'affection pour eux. S'ils trouvent en compagnie une personne qui aime les enfans, les petits lutins semblent le découvrir par une sorte d'instinct, quoiqu'ils ne l'aient jamais vue ; et ils repoussent souvent les caresses maladroites de celles qui ne leur en prodiguent que pour faire leur cour à leurs parens. L'enfant répondit donc jusqu'à un certain point aux avances de lady Avenel, et elle eut besoin de faire un effort sur elle-même pour le quitter, afin qu'il pût goûter le repos qui lui était nécessaire.

— A qui appartient le petit drôle que nous avons sauvé ? demanda-t-elle à sa femme de chambre Lilias dès qu'elle fut dans son appartement.

— A une vieille femme du village, répondit Lilias ; elle est dans la loge du portier, où elle est venue pour en avoir des nouvelles. Permettez-vous qu'on la fasse entrer ?

— Si je le permets ! répéta lady Avenel d'un ton de surprise et de mécontentement, pouvez-vous en douter ? Quelle femme pourrait ne pas avoir compassion des angoisses d'une mère dont le cœur est déchiré d'inquiétudes pour un enfant si aimable ?

— Oh ! s'écria Lilias : cette femme est trop vieille pour être sa mère ; il faut que ce soit sa grand'mère ou peut-être sa bisaïeule.

— N'importe, Lilias, répliqua sa maîtresse ; quel que soit son degré de parenté avec cet enfant, elle doit souffrir de cruels tourmens dans l'incertitude où elle est sur son sort. Faites-la entrer sur-le-champ. D'ailleurs je serais charmée de savoir quelle est sa famille.

Lilias partit, et revint bientôt accompagnée d'une grande femme dont le costume annonçait la pauvreté, mais en qui l'on remarquait pourtant plus de recherche et de propreté qu'on n'en trouve ordinairement sous des vêtemens si grossiers. Lady Avenel la reconnut dès l'instant qu'elle se présenta. Il était d'usage que tous les dimanches, et deux fois en outre pendant la semaine, Henry Warden prononçât dans la chapelle du château un sermon ou une instruction. Le chevalier d'Avenel, autant par principe que par politique, désirait propager la foi protestante. Les habitans du hameau furent donc invités à venir assister à ces exercices pieux, et plusieurs d'entre eux ne tardèrent pas à embrasser la religion que professait leur maître. Les sermons de Warden contrariaient vivement l'abbé Eustache, et jetaient une nouvelle aigreur dans ses controverses avec son ancien condisciple. Plus d'une fois il avait menacé de lever ses vassaux pour faire le siége du château d'Avenel, et anéantir ce repaire d'hérétiques. Mais malgré ce ressentiment impuissant, et quoique la nouvelle religion n'eût encore que très peu de partisans dans le pays, Warden n'en poursuivait pas moins ses travaux avec ardeur, et il faisait tous les jours entrer dans le sein de l'église réformée quelque néophyte arraché à celle de Rome. La vieille femme était du nombre des habitans du village qui se rendaient le plus assidûment à la chapelle; et ses traits, de même que sa taille, étaient trop remarquables pour qu'on l'oubliât après l'avoir vue. Lady Avenel en avait été frappée; elle avait demandé plus d'une fois qui était cette grande femme dont l'air de dignité était si peu d'accord avec la pauvreté qu'annonçaient ses vêtemens. On lui avait toujours répondu que c'était une Anglaise qui occupait depuis peu de temps une chaumière dans le village, et que personne ne savait qui elle était.

Lady Avenel lui demanda son nom.

— Magdeleine Græme, répondit l'étrangère d'un ton sec.—Je descends de Græme d'Hearthergill dans la forêt de Nicol, et c'est une ancienne famille.

— Et quelle raison vous a fait quitter votre maison?

— Je n'ai point de maison, la mienne a été brûlée par vos maraudeurs des frontières. Mon mari et mon fils ont été tués. Il n'existe pas un seul être au monde dans les veines duquel il coule une goutte de sang de ma famille.

— C'est un destin qui n'est que trop commun dans ce temps de guerre et de troubles. Les mains des Anglais ont été trempées dans notre sang aussi souvent que celles des Écossais dans le vôtre.

— Vous avez le droit de le dire, milady, car on parle d'un temps où ce château ne fut pas assez fort pour sauver la vie de votre père, et pour offrir une retraite sûre à sa veuve et à sa fille. Pourquoi donc me demandez-vous pour quelle raison je ne demeure pas dans ma maison et dans ma patrie?

— Il est vrai que c'est une question inutile quand le malheur des temps force tant de gens à errer loin de leur toit paternel. Mais pourquoi vous êtes-vous réfugiée dans un pays ennemi du vôtre?

— Mes voisins étaient papistes et vendeurs de messes, il avait plu au ciel d'ouvrir mes yeux à la lumière. Je me suis arrêtée dans ce village pour entendre les instructions du digne Henry Warden, qui enseigne l'Évangile dans la sincérité de son cœur et qui ne prêche que la vérité.

— Êtes-vous pauvre?

— Vous ne m'entendez demander l'aumône à personne.

Une pause suivit cette dernière réponse. Le ton de Magdeleine Græme n'annonçait pas l'intention de manquer de respect; mais il n'était guère gracieux, et il n'encourageait pas à de nouvelles questions. Lady Avenel renouvela la conversation en lui parlant d'un autre sujet.

— Vous avez entendu parler du danger qu'a couru votre enfant?

— Oui, milady, et du secours de la Providence qui lui a sauvé la vie. Puisse le ciel nous en rendre à jamais reconnaissans tous deux!

— Vous êtes sans doute sa parente?

— Je suis sa grand'mère. Il n'a que moi sur la terre pour prendre soin de lui.

— Ce doit être une grande charge pour vous, dans la situation où vous vous trouvez?

— Je ne m'en suis plainte à personne, répondit l'Anglaise en conservant toujours son ton sec et imperturbable.

— Si votre petit-fils pouvait être reçu dans une noble famille, reprit lady Avenel, ne serait-ce pas un avantage pour lui comme pour vous?

— Reçu dans une noble famille? répéta la vieille femme en se redressant, et en fronçant les sourcils de manière que son front n'offrait qu'un entrecroisement de rides : — et pourquoi, s'il vous plaît? pour être page de milady ou valet de milord, pour disputer à d'autres serviteurs les restes de la table du maître, pour écarter les mouches de la figure de sa dame quand elle dort, porter sa queue quand elle se promène, lui donner une assiette quand elle dîne, courir à cheval devant sa voiture, marcher derrière elle quand elle sort à pied, chanter quand elle le désire, se taire quand elle l'ordonne; vrai coq de clocher qui a en apparence des plumes et des ailes, mais qui, incapable de prendre l'essor ou de quitter le lieu où il est attaché, fait toutes ses évolutions d'après l'impulsion que lui donne le souffle variable des vents? Quand vous verrez l'aigle d'Helvellyn se percher sur la tour de Lanercost, et se soumettre volontairement à y servir de girouette, alors Roland Græme pourra être ce que vous voudriez qu'il devînt.

Elle parlait avec une volubilité et une véhémence qui semblaient annoncer quelque dérangement dans l'esprit. Lady Avenel pensa que l'enfant devait nécessairement être exposé à bien des dangers sous la garde d'une telle femme, et cette réflexion augmenta encore le désir qu'elle avait conçu de le garder dans son château.

— Vous vous trompez, dit-elle avec douceur; je n'ai pas dessein de prendre votre enfant à mon service; je veux l'attacher à celui de mon mari. Fût-il le fils d'un comte, il ne pourrait faire ses premières armes à une meilleure école que celle d'un maître tel que sir Halbert Glendinning.

— Oui, répliqua Magdeleine Græme avec un sourire amer. Je sais ce qu'on gagne à ce service : une malédiction quand la cuirasse n'est pas assez brillante, des coups quand la sangle du cheval n'est pas assez serrée, des reproches quand les chiens sont en défaut, des injures quand la maraude n'a pas réussi ; tremper ses mains dans le sang des animaux ou des hommes suivant le bon plaisir d'un maître, égorger de malheureux daims, massacrer des créatures faites à l'image de Dieu, mener la vie d'un meurtrier et d'un voleur de grand chemin, être exposé au froid et au chaud, manquer de nourriture, subir toutes les privations d'un anachorète, non pour l'amour de Dieu, mais pour le service de Satan ; mourir sur un gibet ou dans quelque obscure escarmouche ; dormir toute sa vie dans une sécurité charnelle, et se réveiller dans les flammes éternelles : voilà le sort flatteur qui lui est proposé.

—Non, dit lady Avenel, votre enfant ne sera point exposé ici à mener la vie que vous venez de dépeindre ; mon mari est juste et bon envers ceux qui suivent sa bannière. D'ailleurs vous savez vous-même que votre enfant recevra du digne Henry Warden des préceptes et des exemples utiles.

La vieille Anglaise parut réfléchir un instant.

—Vous avez mentionné, dit-elle, la seule circonstance qui pût me décider. Je dois bientôt partir, la vision me l'a dit. —Je ne puis rester dans le même lieu. Il faut que j'aille, —oui, il faut que j'aille ; —c'est mon destin. Promettez-moi donc de protéger l'enfant comme si c'était le vôtre, jusqu'à ce que je revienne le réclamer, et je consentirai à m'en séparer pour quelque temps. Mais promettez-moi surtout qu'il recevra les instructions du saint homme que Dieu a placé chez vous pour répandre la vraie lumière de l'Évangile.

— Soyez tranquille, dit lady Avenel, j'aurai les mêmes soins de l'enfant que s'il était de mon propre sang. —Voulez-vous le voir ?

—Non, répondit fermement Magdeleine, c'est bien assez de m'en séparer. Il faut que j'aille exécuter ma mission. Je ne veux pas m'attendrir le cœur par des pleurs et des regrets inutiles, puisque je suis appelée à un sévère devoir.

— N'accepterez-vous pas quelque chose pour vous aider dans votre pèlerinage? dit lady Avenel en lui mettant dans la main deux pièces d'or.

La vieille femme les jeta sur la table.

— Suis-je de la race de Caïn, fière lady, s'écria-t-elle, pour que vous m'offriez de l'or en échange de ma chair et de mon sang?

— J'étais loin d'avoir cette pensée, dit lady Avenel avec douceur, et je n'ai point l'orgueil que vous me supposez; hélas! mes propres infortunes m'auraient appris l'humilité, quand je n'en aurais pas eu le principe dans le cœur.

Le ton sévère de la vieille femme sembla s'adoucir un peu.

— Vous êtes d'un sang noble, dit-elle, sans quoi nous n'aurions pas eu une si longue conversation. La fierté, ajouta-t-elle en relevant la tête, sied à un sang noble comme le panache au casque. Quant à ces pièces d'or, milady, reprenez-les; je n'en ai pas besoin, je suis pourvue de tout. Je ne songe point à moi; je m'inquiète peu comment et par qui ma subsistance sera assurée. — Adieu, et gardez-moi votre parole. Faites ouvrir vos portes, faites baisser vos ponts-levis, je veux partir ce soir. Quand je reviendrai, j'aurai un grand compte à vous demander, car je vous laisse le trésor de ma vie. Le sommeil ne m'accordera que de courtes faveurs, la nourriture ne me profitera point, le repos ne rétablira pas mes forces jusqu'à ce que je revoie Roland Græme. Adieu encore une fois.

— Bonne femme, bonne femme, dit Lilias à Magdeleine Græme qui se retirait, faites donc la révérence à milady, et remerciez-la de ses bontés, comme c'est votre devoir.

La vieille femme se tourna brusquement vers l'officieuse femme de chambre. — La révérence! répéta-t-elle, qu'elle me la fasse elle-même, et je la lui rendrai. Pourquoi lui ferais-je la révérence? n'est-ce pas parce que son jupon est de soie, et que le mien est de toile bleue? Allez, allez, la suivante, apprenez que le rang d'une femme se règle sur celui de son mari, et que celle qui épouse un vassal, fût-elle la fille d'un roi, n'est que la femme d'un paysan.

Lilias allait lui répondre d'un ton d'indignation; mais sa maîtresse lui imposa silence, et ordonna qu'on reconduisît la vieille femme sur l'autre bord du lac.

— Sur l'autre bord! s'écria Lilias quand Magdeleine Græme fut partie. Je voudrais qu'on lui fît faire le plongeon; nous verrions alors si elle est sorcière, comme chacun l'assure dans le village de Lochside. Je ne sais comment milady a pu supporter si long-temps son insolence.

Mais on obéit aux ordres de lady Avenel, et Magdeleine, conduite à l'autre bout de la chaussée, fut ensuite abandonnée à sa fortune. Elle tint sa parole, et ne resta pas long-temps dans le hameau, car elle en partit pendant la nuit qui suivit cette entrevue, et personne ne demanda quelle route elle avait prise. Lady Avenel prit sur elle de nouvelles informations; mais tout ce qu'elle put apprendre fut qu'on la croyait veuve de quelque homme d'importance de la famille de Græme, qui s'était établi dans le *territoire contesté*, nom qu'on donnait à un district situé sur les frontières, objet de fréquentes querelles entre l'Écosse et l'Angleterre; qu'elle avait souffert de grands malheurs dans une des incursions dont ce malheureux pays était souvent le théâtre, et qu'elle avait été chassée de son domicile. Elle était arrivée dans le village, personne ne pouvait dire pourquoi; les uns la regardaient comme une sorcière, les autres comme une dévote catholique. Son langage était aussi mystérieux que ses manières étaient repoussantes; et tout ce qu'on pouvait conclure de sa conversation, c'était qu'elle était sous l'influence d'un charme ou obligée d'accomplir un vœu; car elle parlait toujours comme si une force invincible réglait impérieusement toutes ses actions.

Tels furent les seuls détails que lady Avenel put recueillir relativement à Magdeleine Græme, et ils ne suffisaient pas pour qu'on pût en tirer une conclusion satisfaisante. Dans le fait, les malheurs des temps, les vicissitudes de fortune auxquelles on était exposé sur toute la ligne des frontières, forçaient souvent à fuir de leur domicile ceux qui n'avaient pas de moyens de défense. Un trop grand nombre de ces victimes erraient dans le pays pour y exciter beaucoup d'intérêt ou de pitié. On leur donnait avec indifférence ces aumônes qu'arrache un sentiment commun d'humanité. Dans quelques lieux, ce sentiment était un peu excité par ce qui le glaçait peut-être dans d'autres, — la réflexion que celui qui faisait la charité aujourd'hui pourrait bien la demander demain. Magdeleine Græme ne fit donc que paraître et disparaître comme une ombre dans le voisinage du château d'Avenel.

L'enfant que la Providence, comme le croyait lady Avenel, avait confié à ses soins d'une manière si étrange devint tout à coup son favori. Quoi de plus naturel! Il était l'objet de ce besoin d'affection qui, ne sachant auparavant sur quoi se répandre, avait rendu pour elle le château plus sombre et sa solitude plus triste. Lui donner toute l'instruction dont elle était capable, prévenir tous ses besoins, veiller sur lui quand il se livrait aux jeux de son âge, devinrent ses occupations et ses amusemens. Dans la situation où elle se trouvait, n'entendant que le mugissement des bestiaux qui paissaient sur les montagnes, les pas pesans de la sentinelle qui était en faction sur les parapets, et quelquefois la voix peu harmonieuse d'une servante qui chantait en tournant son rouet, la présence d'un bel enfant était une source d'intérêt que ne peuvent concevoir ceux à qui la vie offre des scènes plus variées et plus actives. Le jeune Roland était pour lady Avenel ce que la fleur placée sur la fenêtre d'une prison solitaire est pour le malheureux captif qui la cultive, c'est-à-dire quelque chose qui exigeait ses soins et qui l'en récompensait; en accordant sa tendresse à cet enfant, il lui semblait presque qu'elle lui dût de la reconnaissance pour l'avoir tirée de cet état d'apathie qui la fatiguait quand sir Halbert Glendinning était loin d'elle.

Ce nouveau charme ne fut pourtant pas assez puissant pour bannir les inquiétudes que lui causait l'absence prolongée de son époux. Peu de temps après l'installation de Roland au château, un écuyer dépêché par sir Halbert vint enfin annoncer que des affaires importantes le retenaient encore pour quelque temps à la cour d'Holyrood. L'époque plus éloignée que ce messager avait fixée pour le retour de son maître se passa encore ; l'été fit place à l'automne ; l'automne était sur le point d'être chassé par l'hiver, et sir Halbert n'arrivait pas.

CHAPITRE III.

« Enfin le son du cor vient de se faire entendre.
« La porte à ce signal ne se fait point attendre :
« Sur ses gonds en criant elle tourne avec bruit ;
« Sous les pieds des chevaux le pavé retentit. »
LEYDEN.

— Et vous aussi, Roland, vous voudriez être soldat ! disait lady Avenel à l'enfant, tandis qu'assise sur un banc de pierre sur les remparts du château elle le voyait, armé d'un long bâton, marcher de front avec la sentinelle et imiter tous ses mouvemens.

— Sans doute, répondit l'enfant, car il s'était familiarisé et répondait hardiment à toutes ses questions ; sans doute je veux être soldat, car il n'y a de gentilhomme que celui qui a l'épée suspendue à son ceinturon.

— Toi gentilhomme! dit Lilias, qui ne quittait guère sa maîtresse; gentilhomme comme j'en ferais un d'une cosse de fève avec un couteau rouillé.

— Ne le tourmentez pas, Lilias, dit lady Avenel; je parierais qu'il est de noble famille. Voyez comme vos propos injurieux lui ont fait monter le sang au visage.

— Si j'étais la maîtresse, dit Lilias, une bonne poignée de verges lui donnerait encore plus de couleurs, et ce ne serait pas sans raison.

— Mais en vérité, Lilias, on croirait que ce pauvre enfant vous a offensée. Est-ce parce qu'il est dans mes bonnes graces qu'il n'a pas le bonheur d'obtenir les vôtres?

— A Dieu ne plaise! milady; j'ai vécu trop long-temps, grace au ciel, avec les gens de qualité, pour ne pas savoir qu'il faut qu'ils aient quelques fantaisies; qu'importe que ce soit pour un chat, un oiseau ou un enfant.

Lilias était aussi une espèce de favorite, une suivante gâtée, et elle se donnait avec sa maîtresse plus de liberté que celle-ci n'était accoutumée à en souffrir. Mais lady Avenel feignait souvent de ne pas entendre ce qui lui déplaisait; et ce fut ce qu'elle fit en cette occasion. Elle résolut de s'occuper davantage de l'enfant, qui jusqu'alors avait été principalement confié aux soins de Lilias. — Il était impossible, pensait-elle, qu'il ne fût pas d'un sang noble. Comment en douter en voyant des traits si intéressans, une physionomie si distinguée. Son caractère altier et pétulant, sa hardiesse à braver le danger, son impatience quand il était contrarié, étaient autant de preuves de noblesse. L'enfant était donc de haut rang, et elle le traitait d'après cette persuasion. Les domestiques, moins jaloux ou moins scrupuleux que Lilias, agissaient comme le font ordinairement les gens de cette classe, et se faisaient un mérite de flatter leur maîtresse en se conformant à ses caprices. Aussi l'enfant prit-il bientôt ces airs de supériorité qu'une déférence habituelle manque rarement d'inspirer. On aurait dit qu'il était né pour commander, tant il ordonnait avec aisance et recevait avec grace les marques de soumission qu'il exigeait. Henry Warden n'aurait sans doute pas épargné les remontrances à ce sujet ; mais il avait quitté le château peu de temps après que Roland Græme y avait été admis, le désir de régler avec ses frères quelques points discutés de discipline ecclésiastique l'ayant appelé dans une autre partie du royaume.

Tel était l'état des choses au château d'Avenel, quand le son d'un cor se fit entendre de l'autre côté du lac, signal auquel répondit sur-le-champ la sentinelle en faction sur les remparts. Lady Avenel courut à l'instant à la fenêtre de son appartement. Une trentaine de lanciers côtoyaient les bords du lac en s'avançant vers la chaussée. Un cavalier marchait à leur tête, et ses armes brillantes réfléchissaient de temps en temps un rayon du soleil d'octobre. Même à cette distance elle reconnut son panache, ses couleurs et la branche de houx qui surmontait son casque ; et son air de dignité ainsi que l'adresse avec laquelle il guidait un coursier plein de feu annonçaient suffisamment Halbert Glendinning.

Le premier sentiment que fit naître dans le cœur de lady Avenel le retour de son époux fut celui d'une joie sans mélange ; mais presque au même instant il s'y joignit la crainte secrète qu'il n'approuvât pas tout-à-fait la distinction particulière avec laquelle elle avait traité l'enfant qu'elle avait en quelque sorte adopté. Cette crainte, qu'elle osait à peine s'avouer à elle-même, s'était déjà présentée malgré elle plus d'une fois à son esprit, et la cause en était qu'elle ne pouvait se dissimuler tout-à-fait à elle-même que son indulgence pour Roland Græme avait été excessive ; car Halbert était lui-même dans sa maison aussi bon et aussi indulgent que ferme et raisonnable, et il s'était toujours conduit à l'égard de son épouse avec la tendresse la plus affectueuse.

Il est pourtant certain qu'elle craignit en ce moment que son époux ne blâmât sa conduite, et prenant la résolution de ne parler de l'enfant que le lendemain, elle donna ordre à Lilias de l'emmener hors de l'appartement.

— Je ne m'en irai point, s'écria l'enfant qui connaissait déjà tout le pouvoir de la persévérance, et qui, comme bien des gens plus âgés, aimait à faire valoir son autorité; je n'irai pas dans la vilaine chambre de Lilias. Je veux rester pour voir ce brave guerrier qui passe d'un air si noble sur le pont-levis.

— Vous ne resterez pas, Roland, dit lady Avenel d'un ton plus décidé que celui qu'elle prenait ordinairement avec son petit favori.

— Je veux rester, répliqua l'enfant, qui voulait profiter de l'importance qu'on lui avait laissé prendre, et qui se croyait sûr du succès.

— Vous dites *je veux*, Roland! que signifie cette expression? Je vous dis qu'il faut que vous vous en alliez.

— *Je veux*, dit l'enfant avec hardiesse, est une expression qui sied à un homme, et *il faut* n'en est pas une qui convienne à une femme.

— Vous vous faites impertinent, petit drôle! dit lady Avenel. Lilias, emmenez-le sur-le-champ.

— J'ai toujours pensé, dit Lilias en prenant l'enfant par le bras, qu'il faudrait que mon nouveau maître cédât la place à l'ancien.

— Vous êtes aussi une malapprise, dit lady Avenel; la lune a-t-elle changé, pour que vous vous oubliiez tous ainsi?

Lilias ne répliqua point, et emmena l'enfant, qui, trop fier pour faire une résistance inutile, la suivit en lançant à sa bienfaitrice un coup d'œil qui prouvait qu'il aurait bravé son autorité s'il en avait eu la force et les moyens.

Lady Avenel sentit avec peine combien cette petite contrariété l'agitait et l'occupait dans un moment où elle aurait voulu se livrer tout entière au plaisir que lui causait le retour de son époux. Mais il ne suffit pas pour rappeler le calme dans notre esprit, de savoir que nous l'en avons banni sans sujet raisonnable. La rougeur du mécontentement animait encore ses joues, et son agitation n'était pas entièrement dissipée, quand sir Halbert, ayant quitté son casque, mais encore chargé du reste de son armure, entra dans l'appartement. Sa présence écarta toute autre pensée ; elle courut à lui, le serra dans ses bras et l'embrassa avec une affection aussi sincère qu'elle était expressive. Le guerrier lui donna les mêmes marques de tendresse, car si le temps qui s'était écoulé depuis leur union avait fait disparaître cette ardeur romanesque, attribut de la première jeunesse, il avait respecté ce sentiment plus durable qui a pour base l'estime et l'amitié ; et d'ailleurs les longues et fréquentes absences de sir Halbert Glendinning auraient suffi pour empêcher l'indifférence de succéder à l'amour.

Après cette première effusion de tendresse, lady Avenel, fixant les yeux sur son époux, lui dit : —Vous êtes changé, Halbert. Vous vous êtes fatigué aujourd'hui par une trop longue course, ou vous avez été malade.

— Je me suis bien porté, Marie, répondit le chevalier, passablement bien, et vous savez qu'une longue course à cheval n'a rien d'extraordinaire pour moi. Ceux à qui leurs pères ont transmis leur noblesse peuvent se permettre de dormir en paix dans leurs châteaux ; mais ceux qui la doivent à leur épée doivent toujours être en selle pour prouver qu'ils sont dignes du rang auquel ils ont été élevés.

Tandis qu'il parlait ainsi, lady Avenel fixait sur lui des yeux pénétrans, comme si elle eût voulu lire au fond de son ame ; car le ton dont il s'exprimait était celui de l'abattement et de la mélancolie.

Sir Halbert Glendinning était toujours lui-même, différent néanmoins de ce qu'il avait paru dans ses jeunes années. La franchise impétueuse du jeune ambitieux avait fait place au sang-froid du soldat et du politique habile. Les soucis avaient déjà laissé des traces profondes dans ses nobles traits, sur lesquels chaque émotion passait autrefois aussi rapidement qu'un léger nuage chassé par le vent. Il avait le front plus découvert que dans sa jeunesse, et ses cheveux, encore noirs et touffus, ne garnissaient déjà plus ses tempes, que leur avait fait abandonner la constante pression du heaume plutôt que l'âge. Suivant la coutume du temps, il portait la barbe courte et épaisse; et des moustaches sur la lèvre supérieure. Ses joues, brunies par l'intempérie des saisons, avaient perdu la fraîcheur de la jeunesse, mais offraient le teint animé de la vigueur et de la virilité. Halbert Glendinning, en un mot, semblait un chevalier fait pour marcher à la droite d'un roi, porter sa bannière pendant la guerre, et être son conseiller en temps de paix; car ses traits exprimaient cette fermeté réfléchie qui annonce la prudence dans le conseil, et la hardiesse dans l'exécution. Ces nobles traits étaient pourtant alors couverts d'un sombre nuage dont peut-être il ne s'apercevait pas lui-même, mais qui ne put échapper aux yeux d'une épouse tendre et attentive.

— Quelque événement fâcheux a eu lieu ou s'approche, lui dit-elle; votre front ne peut être chargé de soucis sans cause. Quelque infortune menace le royaume ou notre famille.

— Il n'y a rien de nouveau que je sache, répondit sir Halbert; mais de tous les fléaux qui puissent tomber sur un état, il n'en est aucun qu'on ne doive craindre pour ce royaume divisé.

— Mes conjectures ne sont donc que trop bien fondées. Lord Murray ne vous a pas retenu si long-temps à Holyrood sans avoir eu besoin de votre aide pour quelque objet important.

— Je ne viens pas d'Holyrood, Marie; j'ai passé plusieurs semaines en pays étranger.

— En pays étranger! et sans m'en avoir avertie!

— A quoi aurait servi de vous en informer, si ce n'est à vous rendre malheureuse? Chaque fois qu'un léger souffle aurait ridé la surface du lac, votre esprit se serait figuré une tempête furieuse dans l'Océan germanique.

— Et vous avez réellement traversé la mer? s'écria lady Avenel, que cette idée frappait de surprise et de terreur; quitté votre pays natal, abordé dans des pays lointains où l'on ne connaît pas même la langue que nous parlons?

— Oui, vraiment, répondit le chevalier d'un ton enjoué en lui prenant la main avec tendresse, j'ai fait toutes ces merveilles. J'ai passé trois jours et trois nuits sur l'Océan dont les vagues mugissantes venaient se briser contre la planche qui me séparait d'elles.

— En vérité, Halbert, c'était tenter la Providence. Je ne vous ai jamais empêché de ceindre l'épée ou de lever la lance; jamais je ne vous ai engagé à rester au château quand l'honneur vous appelait au combat; mais la terre ne vous offrait-elle pas déjà assez de dangers, sans aller vous exposer à la fureur des flots?

— Il existe en Allemagne et dans les Pays-Bas, Marie, des hommes qui nous sont unis par les liens d'une même foi, et avec lesquels il était à propos que nous fissions une alliance. J'ai été envoyé vers eux pour une affaire aussi importante que secrète. Je m'y suis rendu sans crainte, et j'en suis revenu sans péril. Il y a plus de dangers à craindre d'ici à Holyrood que sur toutes les mers qui baignent les Pays-Bas.

— Et les habitans du pays, Halbert, sont-ils comme nous bons Écossais? Comment se conduisent-ils à l'égard des étrangers?

— C'est un peuple fort de ce qui fait la faiblesse des autres nations, la richesse; et faible dans ce qui fait leur force, la science des armes.

— Je ne vous comprends pas, Halbert.

— Le Hollandais et le Flamand, Marie, dirigent toutes leurs pensées vers le commerce, et ne songent point à la guerre. Ils achètent des soldats étrangers dont les armes les défendent. Ils élèvent des digues sur le bord de la mer pour conserver le territoire qu'ils ont conquis sur elle, et ils lèvent des régimens suisses et allemands pour protéger la fortune qu'ils ont acquise. C'est ainsi qu'ils sont forts de leur faiblesse; les mêmes richesses qui tentent la cupidité de leurs maîtres arment des étrangers en leur faveur.

— Les misérables lâches! s'écria Marie, pensant et parlant en Écossaise de ce siècle; ils ont des mains, et ne savent pas combattre pour le pays qui les a vus naître? On devrait leur couper les bras jusqu'au coude.

— Ce serait une justice un peu rigoureuse, reprit sir Halbert, car si leurs mains ne s'arment pas pour leur patrie comme les nôtres, elles ne lui sont pas moins utiles. Voyez ces montagnes stériles, Marie, et cette vallée profonde où les troupeaux reviennent de chercher de maigres pâturages : la main de l'industrieux Flamand les couvrirait de beaux bois, et ferait croître de riches moissons où nous ne voyons qu'un tapis de bruyères. Je ne puis regarder ces terres sans douleur, Marie, quand je songe à ce qu'elles devraient à des hommes tels que ceux que je viens de voir, qui n'estiment pas la vaine renommée que transmettent des ancêtres morts depuis des siècles; qui n'ambitionnent pas la gloire sanguinaire des armes; qui ne sont pas les tyrans et les spoliateurs de la terre qu'ils habitent, mais qui s'occupent à l'embellir et l'améliorer.

— Ces améliorations, mon cher Halbert, ne seraient pas de longue durée; les arbres que vous auriez plantés seraient brûlés par les Anglais, et les moissons que produiraient les grains que vous auriez semés seraient récoltées par le premier de vos voisins qui aurait à sa suite des hommes d'armes plus nombreux que les vôtres. Pourquoi s'en chagriner? le destin qui vous fit Écossais vous a donné une tête, un cœur et un bras en état de soutenir ce nom.

— Le destin, dit Halbert en se promenant à pas lents, ne m'a pas donné de nom à soutenir. Mon bras a été levé le premier dans toutes nos guerres. Ma voix s'est fait entendre dans tous les conseils, et les plus sages n'ont pas refusé de l'écouter ; l'astucieux Lethington, le profond et politique Morton ont eu de secrètes conférences avec moi ; Grange et Lindesay ont reconnu que j'avais rempli sur le champ de bataille les devoirs d'un vaillant chevalier ; mais passé l'instant où ils ont besoin de ma tête et de mon bras, ils ne voient plus en moi que le fils de l'obscur vassal de Glendearg.

C'est un sujet de conversation que lady Avenel redoutait. Le titre conféré à son époux, la faveur dont il jouissait auprès du puissant comte de Murray, ses talens, gage de ses droits à ce titre et à cette faveur, ne faisaient qu'augmenter l'envie contre sir Halbert Glendinning, qui ne devait qu'à son seul mérite le rang qu'il occupait, et qu'on se plaisait à représenter comme un homme d'une naissance commune. La fermeté naturelle de son ame n'allait pas jusqu'à mépriser l'avantage idéal d'une illustre généalogie, avantage dont faisaient tant de cas tous ceux avec qui il avait des liaisons ; et le cœur le plus noble est si accessible à des inconséquences, qu'il y avait des momens où, mortifié que son épouse possédât cette même prérogative dont il était privé, sir Halbert regrettait de ne devoir toute l'importance dont il jouissait comme propriétaire du domaine d'Avenel qu'à son mariage avec celle qui en était l'héritière. Il n'était pas assez injuste pour que ces idées fissent naître dans son ame des sentimens indignes de lui ; mais elles se représentaient à son esprit de temps en temps, et elles n'échappaient point aux observations inquiètes de son épouse.

— Si le ciel nous eût accordé des enfans, se disait-elle alors ; si notre sang se fût mêlé dans un fils qui aurait joint à l'avantage de la naissance de sa mère les grandes qualités de son père, ces réflexions pénibles et fâcheuses n'auraient pas troublé notre union un seul instant. Mais un héritier, dans lequel nos droits se seraient confondus comme nos affections, est un bien qui nous a été refusé.

Avec de pareils sentimens, il n'est pas étonnant que lady Avenel entendît avec peine son mari parler d'un sujet qui n'était propre qu'à entretenir leurs regrets mutuels. Elle s'efforça en cette occasion, comme elle faisait toujours, de détourner le cours des réflexions de son époux.

— Comment pouvez-vous, lui dit-elle, vous arrêter à des regrets qui ne servent à rien? Vous n'avez pas de nom à soutenir! Quoi! brave à la guerre, sage dans le conseil, vous n'avez pas à soutenir la réputation que vous vous êtes acquise, réputation plus honorable que celle qu'une longue suite d'aïeux aurait pu vous transmettre! Les hommes de bien vous aiment et vous honorent, les méchans vous craignent, et les ennemis de la paix vous obéissent : ne devez-vous donc pas employer tous vos moyens pour vous assurer la continuation de cette affection respectueuse, de cette crainte salutaire, de cette soumission indispensable?

Tandis qu'elle parlait ainsi, les yeux de son mari puisaient dans les siens du courage et de la résignation. Son front s'éclaircit, et lui prenant la main, — J'en conviens, ma chère Marie, lui dit-il, je mérite ce reproche. J'oublie qui je suis en regrettant de n'être pas ce que je ne puis être. Je suis aujourd'hui ce qu'étaient les plus illustres ancêtres de ceux qui me méprisent ; et bien sûrement il est plus honorable d'avoir les qualités qui ont distingué le fondateur d'une famille que d'en être descendu après le laps de quelques siècles. Le Hay de Loncarty qui légua son joug sanglant à sa postérité, — l'Écossais qui fut la première illustration de la maison de Douglas, avaient-ils des ancêtres comparables aux miens? Car tu sais, Marie, que je tire mon nom d'une famille d'anciens guerriers, quoique leurs derniers descendans aient préféré les humbles travaux auxquels tu les as trouvés livrés ; oui, la gloire guerrière va aussi bien à la maison de Glendonwyne, en la personne de ses derniers enfans, qu'aux noms les plus fiers de l'Écosse.

Il se promenait dans la salle en parlant ainsi, et son

épouse souriait intérieurement en voyant comme son esprit était toujours attaché aux prérogatives de la naissance, et comme il cherchait à prouver qu'il y avait des droits, quelque éloignés qu'ils fussent, à l'instant même où il affectait de les mépriser. On peut bien juger qu'elle ne laissa pourtant échapper rien qui pût lui faire entrevoir qu'elle s'apercevait de sa faiblesse, ce qui aurait sensiblement blessé sa fierté.

Il avait été jusqu'au bout de l'appartement en réclamant pour la maison de Glendonwyne tous les priviléges de l'aristocratie : — Où donc est Wolf? demanda-t-il en revenant sur ses pas; je ne l'ai pas encore aperçu, et il était toujours le premier à me féliciter de mon retour.

—Wolf, dit lady Avenel avec un léger degré d'embarras dont elle aurait eu bien de la peine à se rendre compte à elle-même, Wolf est en ce moment à la chaîne. Il a été hargneux contre mon page.

— Wolf à la chaîne! Wolf hargneux contre un page! jamais Wolf n'a fait de mal à personne, et la chaîne le rendra sauvage ou l'abâtardira. Holà, eh! s'écria-t-il en ouvrant une fenêtre, qu'on détache Wolf à l'instant.

On obéit, et Wolf désenchaîné accourut sur-le-champ dans l'appartement, où dans l'excès de sa joie, il renversa les rouets, les quenouilles et tous les meubles qui se trouvèrent sur son passage. Lilias en les relevant ne put retenir l'exclamation que le favori du laird était aussi insupportable que le page de milady.

— Et qui est donc ce page, Marie? demanda le chevalier dont l'attention fut appelée une seconde fois sur ce sujet par l'observation de la suivante; qui est ce page dont j'ai déjà entendu parler deux fois, et qu'on semble mettre en balance avec mon vieil ami Wolf? Depuis quand vous êtes-vous donné un page, ou qui est cet enfant?

— Je me flatte, mon cher Halbert, répondit-elle en rougissant un peu, que vous ne pensez pas que votre épouse y ait moins de droit que les autres femmes de sa condition?

— Non sans doute, Marie; et du moment que vous le désirez, cela me suffit. J'avoue cependant que je n'ai jamais aimé à entretenir de tels fainéans : un page de dame! Que les dames anglaises aient un jeune efféminé pour porter la queue de leur robe, du boudoir au salon, pour les éventer quand elles sommeillent, pour toucher le luth quand cela leur convient; à la bonne heure : mais nos Écossaises étaient autrefois au-dessus de cette petite vanité. La jeunesse d'Écosse ne doit connaître que la lance et l'étrier.

— Aussi, Halbert, n'est-ce que par plaisanterie que j'ai donné le nom de page à cet enfant. C'est un petit orphelin qui a failli se noyer dans le lac, que nous avons sauvé, et que j'ai gardé au château depuis ce temps par charité. — Lilias, allez chercher le petit Roland.

Roland arriva, et courant auprès de sa bienfaitrice, saisit sa robe d'une main, et fixa les yeux avec une attention mêlée de crainte sur la figure imposante du chevalier.

— Roland, dit lady Avenel, allez baiser la main de ce noble chevalier, et priez-le de vous accorder sa protection.

L'enfant n'obéit point, et restant à son poste, continua de regarder sir Halbert d'un air timide.

— Approchez-vous donc du chevalier, Roland, répéta lady Avenel; que craignez-vous? Allez lui baiser la main.

— Je ne veux baiser d'autre main que la vôtre, répondit l'enfant.

— Faites ce qu'on vous ordonne, continua lady Avenel; — il est intimidé par votre présence, dit-elle à son mari pour tâcher de l'excuser; mais n'est-il pas vrai que c'est un bel enfant?

— Comme Wolf est un beau chien, répondit sir Halbert en caressant le fidèle animal; mais Wolf a un double avantage sur votre nouveau favori : il obéit aux ordres qu'il reçoit, et il n'entend pas les éloges qu'on lui donne.

— Maintenant, Halbert, je vois que vous êtes mécontent; et pourtant quelle en est la raison? Est-on blâmable de secourir un malheureux orphelin, et d'aimer ce qui est aimable en soi, ce qui mérite d'être aimé? Mais vous avez vu M. Warden à Édimbourg, et il vous a prévenu contre le pauvre enfant.

— Ma chère amie, Henry Warden connaît trop bien ses devoirs pour se mêler de vos affaires et des miennes. Je ne vous blâme ni d'avoir secouru cet enfant, ni d'avoir conçu de l'affection pour lui. Mais je pense qu'attendu sa naissance et le sort auquel il semble destiné vous ne devriez pas le traiter avec une tendresse peu judicieuse, dont le résultat ne peut être que de le mettre hors d'état de remplir l'humble situation pour laquelle le ciel l'a fait naître.

— Mais, Halbert, regardez seulement cet enfant, et voyez s'il n'a pas l'air d'être appelé par le ciel à jouer un rôle plus noble que celui de paysan? Ne peut-il pas être destiné, comme d'autres l'ont été, à sortir d'un état obscur pour parvenir aux distinctions et aux honneurs?

Elle en était là quand, s'apercevant qu'elle marchait sur un terrain glissant, elle prit le parti le plus naturel en pareille occasion, et qui n'en est pas moins le plus mauvais, celui de s'arrêter tout à coup au milieu de sa justification. Ses joues devinrent cramoisies, et sir Halbert fronça un instant le sourcil : je dis un instant, car il était incapable de se méprendre sur les intentions de son épouse, et de lui supposer le dessein de faire une allusion mortifiante.

— Tout comme il vous plaira, mon amour, lui dit-il : je vous dois trop pour vous contrarier en quoi que ce soit qui puisse rendre plus supportable votre vie solitaire. Faites de cet enfant tout ce qu'il vous plaira, je vous laisse toute liberté à cet égard. Mais songez que c'est sur vous et non sur moi que repose cette charge. Souvenez-vous qu'il a des bras pour être utile aux hommes, et une ame pour adorer Dieu; élevez-le donc de manière à ce qu'il soit fidèle à son maître et au ciel. Quant au reste, disposez-en comme vous le voudrez : c'est et ce sera votre affaire.

Cette conversation décida de la destinée de Roland Græme. A dater de cette époque, son maître fit peu d'attention à lui, et sa maîtresse continua à le gâter par une indulgence excessive.

Cette circonstance eut des suites importantes, et contribua à mettre dans tout son jour le caractère de l'enfant. Comme le chevalier semblait avoir tacitement résolu de ne se mêler en rien de ce qui concernait le protégé de son épouse, le jeune Roland ne fut pas assujéti à cette discipline sévère à laquelle, suivant l'esprit de ce siècle, était obligé de se soumettre quiconque s'attachait au service d'un seigneur écossais. L'intendant lui-même, ou majordome, car le premier domestique de chaque petit baron croyait avoir droit à ce titre, ne jugeait pas à propos de donner des ordres au favori de sa maîtresse, à qui la famille de Glendinning devait d'ailleurs le domaine d'Avenel.

Maître Jasper Wingate était un homme plein d'expérience, qui se vantait de connaître le monde; et il savait diriger sa barque même contre vent et marée. Ce prudent personnage fermait les yeux sur bien des choses, et évitait d'avoir à se plaindre de Roland, en n'exigeant de lui que ce qu'il était disposé à faire. Il conjecturait avec raison que, quoique ce jeune homme ne parût pas être bien avant dans les bonnes graces de son maître, cependant faire des plaintes contre lui serait s'exposer à l'inimitié de sa maîtresse, sans se rendre plus agréable au chevalier. D'après ces sages considérations, et probablement aussi pour se ménager lui-même, il n'enseignait au jeune Roland rien au-delà de ce que celui-ci était déterminé d'apprendre, et il était toujours prêt à admettre toutes les excuses que son élève alléguait pour se faire pardonner sa paresse ou sa négligence. Chacun imitant la prudence du majordome, Roland Græme ne reconnaissait aucune autorité dans le château, et il n'y acquérait que les connaissances qu'une ame active et une aversion naturelle pour l'oisiveté lui permettaient d'obtenir sans le secours de personne.

La qualité de favori de milady ne contribua pas à faire voir Roland de très bon œil par les gens de la suite du chevalier, dont plusieurs à peu près de son âge, tirés de la même condition, étaient assujétis à l'ancienne et rigoureuse discipline qu'on faisait observer chez un seigneur féodal. Il devint pour eux un objet d'envie et par conséquent de haine; mais il avait des qualités qu'on ne pouvait mésestimer. Un noble orgueil et un sentiment d'ambition qui se développa en lui de bonne heure firent pour lui ce que la sévérité, jointe à des leçons assidues, faisait pour les autres. Il déployait cette flexibilité précoce qui fait que les exercices du corps et de l'esprit deviennent un jeu plutôt qu'une étude, et il semblait acquérir par hasard et sans y penser les talens qu'on n'inculquait aux autres qu'à force de soins, de réprimandes, et quelquefois même de châtimens. Il apprit si parfaitement les exercices militaires, et tout ce qu'on était alors dans l'usage d'enseigner aux jeunes gens, qu'il étonnait ceux qui ignoraient qu'un enthousiasme ardent tient souvent lieu d'application constante. Les jeunes gens à qui l'on apprenait plus régulièrement le maniement des armes, l'équitation et les autres sciences cultivées à cette époque, quelque envieux qu'ils fussent de l'indulgence ou de la négligence avec laquelle Roland était traité, n'avaient donc pas à se vanter de leur supériorité sur lui; quelques heures de travail et une volonté pleine d'énergie semblaient faire pour lui plus que plusieurs semaines d'instructions régulières ne faisaient pour les autres.

Ce fut avec ces avantages, si l'on doit leur donner ce nom, que le caractère de Roland commença à se développer. Hardi, absolu, tranchant, il était généreux s'il n'était pas contrarié, emporté si l'on résistait à ses volontés : il semblait se considérer comme ne dépendant de qui que ce fût, excepté sa maîtresse; et il avait obtenu insensiblement sur son esprit cette sorte d'ascendant qui est la suite ordinaire d'une indulgence excesssive. Quoique les gens de la suite de sir Halbert vissent ces ascendant avec jalousie, et qu'ils saisissent souvent l'occasion de mortifier la vanité du jeune page, il s'en trouvait plus d'un qui cherchait à gagner les bonnes graces de lady Avenel en flattant son favori et en prenant son parti ; car quoi qu'un favori n'ait pas d'ami, comme le dit le poète [1], il est rare qu'il manque de partisans et de flatteurs. Roland Græme comptait principalement les siens parmi les habitans du hameau situé près du lac. Ces villageois, quelquefois tentés de comparer leur propre situation avec celle des hommes qui, attachés au service immédiat du chevalier, le suivaient constamment dans ses fréquens voyages à Édimbourg ou ailleurs, aimaient à se regarder plutôt comme les vassaux de lady Avenel que comme ceux de son mari. Il est vrai que par affection pour sir Halbert, elle s'était fait un devoir en toute occasion de ne pas encourager cette distinction; mais les villageois n'en croyaient pas moins qu'il devait lui être agréable de se voir l'objet d'un respect tout particulier ; ils agissaient du moins comme s'ils eussent pensé ainsi, et le principal moyen qu'ils employaient pour lui prouver leurs sentimens était le respect qu'ils témoignaient au favori de la descendante de leurs anciens seigneurs. Cette manière de flatter était trop agréable pour être blâmée, et l'occasion qu'elle fournit à Roland de se former en quelque sorte un parti dans le sein même de la baronnie ajouta encore à l'impétuosité d'un caractère fier, audacieux et indomptable.

Les deux habitans de la maison qui avaient les premiers manifesté un sentiment de jalousie contre le favori étaient Wolf et Henry Warden. Wolf oublia peu à peu son antipathie contre celui dont il avait sauvé la vie, et d'ailleurs il ne tarda pas à aller rejoindre Bran [2], Luath et tous les chiens

(1) Gay.
(2) Chien d'Ossian. — Éd.

célèbres des anciens jours. Mais Warden lui survécut, et conserva toutes ses préventions contre Roland. Ce digne homme, quoique bienveillant et doué d'une simplicité chrétienne, se faisait une idée peut-être un peu trop haute du respect qui lui était dû comme ministre de l'Évangile, et il exigeait des habitans du château plus de déférence que le jeune page, fier de la faveur de sa maîtresse, et naturellement hautain et impérieux, n'était disposé à lui en accorder. L'air libre et indépendant de Roland ; son amour pour la parure, son dégoût pour l'instruction, son endurcissement contre toutes remontrances, étaient des circonstances qui portaient le bon vieillard, plus zélé que charitable, à le désigner comme un vase de colère, et à prédire que l'orgueil et la hauteur d'esprit qu'il nourrissait le conduiraient à sa ruine. Presque tout ce qui était attaché à sir Halbert Glendinning partageait la même opinion ; mais comme Roland jouissait des bonnes graces de lady Avenel, et que le chevalier ne montrait jamais d'humeur contre lui, chacun était assez politique pour garder son opinion pour soi.

Ce jeune homme sentait parfaitement la situation désagréable dans laquelle il était placé : mais si dans toute la maison de ses maîtres il ne trouvait que froideur et dédain, il s'en vengeait en prenant sur les autres domestiques un air de supériorité qui forçait les plus obstinés à l'obéissance; et, s'il en était haï, il avait du moins la satisfaction d'en être craint.

L'éloignement de Warden pour Roland Græme avait été une recommandation en sa faveur dans l'esprit d'Édouard Glendinning, frère de sir Halbert, qui maintenant, sous le nom de père Ambroise, était du petit nombre des moines à qui il avait été permis de demeurer dans l'abbaye de Sainte-Marie de Kennaquhair avec l'abbé Eustache. Le respect qu'on avait pour sir Halbert avait empêché qu'on ne les renvoyât de leur cloître, quoique leur ordre fût alors presque partout supprimé. L'exercice public de leur culte avait été interdit; on s'était emparé de leurs biens et de tous leurs revenus, il ne leur restait qu'une modique pension.

Le père Ambroise venait de temps en temps, quoique assez rarement, faire une visite au château; et l'on remarquait qu'il accordait à Roland une attention toute particulière, et que celui-ci répondait à ses avances avec une cordialité qu'il ne témoignait à personne.

Ainsi se passèrent quelques années, pendant lesquelles le chevalier d'Avenel ne cessa point de jouer un rôle important dans les convulsions de son malheureux pays, tandis que le jeune Græme, dont les talens continuaient à croître sans études, aspirait à atteindre l'âge où il pourrait sortir de son obscurité.

CHAPITRE IV.

« Au milieu des plaisirs de la table et du vin,
« Un jeune seigneur eut l'audace
« De reprocher à Valentin
« Son origine obscure et sa naissance basse. »
VALENTIN ET ORSON.

Roland Græme avait environ dix-sept ans quand, un matin d'été, il descendit dans la fauconnerie de sir Halbert Glendinning pour voir si l'on avait soin d'un jeune faucon qu'il avait déniché lui-même, au risque de se rompre le cou ou de se briser les membres, sur un rocher des environs nommé Gledscraig. N'étant pas satisfait des soins qu'on avait pris, il ne manqua pas d'en témoigner son mécontentement au fils du fauconnier, qui était chargé de cette besogne.

— Quoi! monsieur le drôle, s'écria-t-il, est-ce donc ainsi que vous donnez à mon faucon de la viande sans l'avoir lavée, comme s'il s'agissait d'un vil corbeau! Voilà deux jours que vous avez négligé de lui donner sa cure[1]. Croyez-vous que je me sois donné la peine d'aller dénicher cet oiseau sur le Gledscraig pour le voir gâter par votre négligence? Et pour ajouter plus de poids à cette réprimande, il l'accompagna d'une couple de soufflets au négligent pourvoyeur de faucons, qui, criant peut-être plus haut que le cas ne l'exigeait, fit venir à son secours le maître fauconnier.

Adam Woodcock, fauconnier d'Avenel, était Anglais de naissance; mais il avait été si long-temps au service de Glendinning, qu'il était maintenant plus attaché à son maître qu'à son pays. Il était fier et jaloux de sa science, comme le sont ordinairement les maîtres de l'art; du reste il était bouffon et un peu poète, ce qui ne diminuait en rien la bonne opinion qu'il avait de lui-même; bon vivant, aimant un flacon d'ale plus qu'un long sermon, sachant jouer des mains quand l'occasion l'exigeait, fidèle à son maître et comptant un peu sur le crédit qu'il avait sur lui.

Adam Woodcock, tel que nous venons de le peindre, ne trouva pas bon que Roland se fût permis d'infliger à son fils une correction manuelle. — Holà! holà! mon beau page, dit-il en se mettant entre lui et l'objet de sa colère, tout doux, s'il vous plaît, et malgré votre veste brodée, ne jouez pas ainsi des mains. Si mon garçon a eu quelque tort, je saurai bien le châtier moi-même sans que vous vous en mêliez.

— Je vous battrai tous les deux, répondit Roland sans hésiter, si vous ne vous acquittez pas mieux de votre devoir. Voilà un faucon placé en bonnes mains! j'ai trouvé ce

---

(1) Terme de fauconnerie.

lourdaud lui donnant de la viande sans l'avoir lavée; et c'est un fauconneau [1] !

— Allons ! allons ! mon jeune page, vous n'êtes qu'un fauconneau vous-même. Qui vous a donc appris à élever les faucons ? Je vous dis qu'on ne doit laver la viande qu'on donne aux fauconneaux que lorsqu'ils sont en état de se percher. Si on le faisait plus tôt, ce serait risquer de leur donner le mal de bec, et c'est ce que n'ignore pas quiconque est en état de distinguer un faucon d'un épervier.

— C'est ta paresse qui en est cause, faux Anglais ! s'écria Roland sans l'écouter, tu ne songes qu'à boire et à dormir, et tu laisses le soin de ton ouvrage à ce fainéant, qui ne s'en inquiète pas plus que toi.

— Ah ! je suis donc un paresseux, dit le fauconnier, moi qui ai trois couples de faucons à soigner, sans parler de ceux qu'il faut dresser et de ceux qui sont déjà formés au vol, et c'est un page de dame qui est assez diligent pour me prendre en défaut ! et je suis un faux Anglais ! Et qui êtes-vous vous-même ? Ni Anglais, ni Écossais, ni chair, ni poisson, un bâtard du *territoire contesté*, qui n'a ni famille, ni parens, ni alliés ; un épervier qui veut se donner les airs d'un noble faucon.

La réponse à ces sarcasmes fut un soufflet si bien appliqué qu'il renversa le fauconnier dans le bassin de la fauconnerie. Adam Woodcock se releva aussitôt, et saisissant un bâton, il se préparait à se venger de l'insulte qu'il avait reçue, quand Roland, tirant son poignard, lui jura par tout ce qu'il y avait de plus sacré, que s'il avait le malheur de le toucher, la scène serait ensanglantée. Le bruit devint tel, que plusieurs domestiques accoururent, et entre autres le majordome, grave personnage de qui nous avons déjà parlé, et dont la chaîne d'or et le bâton blanc annonçaient l'au-

---

(1) Les autorités ne sont pas d'accord sur le temps pendant lequel on doit laver la viande avec laquelle on nourrit les jeunes faucons. (*Note de l'auteur.*)

torité dont il était investi. A l'arrivée de ce haut dignitaire la querelle s'apaisa ; mais il saisit cette occasion pour faire à Roland une mercuriale sur l'inconvenance de sa conduite envers ses compagnons de service, et il l'assura que, s'il rendait compte de cette affaire à son maître qui était absent en ce moment, mais qu'on attendait tous les jours, sa résidence au château ne serait pas de longue durée. Néanmoins, ajouta-t-il, j'en ferai mon rapport à milady.

— Cela est juste ! vous avez raison, maître Wingate, s'écrièrent plusieurs voix en même temps. Il faut que milady voie si dans une maison bien ordonnée, et où règne la crainte de Dieu, on doit tirer le poignard pour un mot.

Celui qui était l'objet de ce ressentiment général lança des regards irrités autour de lui, et, maîtrisant non sans peine le mouvement qui le portait à répliquer avec mépris et colère, il remit son poignard dans le fourreau, jeta un coup d'œil de dédain sur les domestiques assemblés, puis tournant sur ses talons, il poussa ceux qui se trouvaient entre lui et la porte, et sortit de la fauconnerie.

— Cette maison n'est pas l'arbre où je ferai mon nid, dit le fauconnier, s'il faut que cet étourneau y soit perché plus haut que les autres.

— Il m'a donné un coup de fouet, dit un palefrenier, parce que la queue du cheval hongre de Sa Seigneurie n'était pas arrangée à sa fantaisie.

— Et je vous assure, dit la blanchisseuse, que ce jeune maître ne se gêne pas pour vous appeler vieille guenipe, si par malheur il se trouve une tache de suie à son col.

Le résultat général fut que maître Wingate devait faire un rapport à milady, sans quoi l'on ne pourrait plus vivre sous le même toit que Roland Græme.

Le majordome les entendit tous en silence ; et leur faisant signe de se taire, il leur parla avec toute la dignité de Malvolio lui-même[1].

(1) Intendant ridicule d'une pièce de Shakspeare, — Éd.

— Messieurs, leur dit-il, sans vous oublier, mesdames, ne jugez pas plus mal de moi si je procède avec plus de précaution que de hâte dans cette affaire. Notre maître est un brave chevalier, et il doit commander hors de chez lui et dans son château, dans les champs et dans les bois, dans le salon et dans l'écurie, comme on dit. Notre maîtresse, que le ciel la bénisse! est une dame noble d'une illustre famille, héritière légitime de ce château et de ce domaine. Elle aime aussi à faire ses volontés; et quant à cela, montrez-moi la femme qui pense différemment. Or elle a soutenu, elle soutient et elle soutiendra ce maudit page. — Pourquoi? c'est ce que je ne puis vous dire. Mais comme on voit les dames de qualité prendre pour favori l'une un perroquet bavard, l'autre un singe de Barbarie, de même elle a pris pour le sien ce démon de page, sans aucune raison si ce n'est qu'elle l'a empêché de se noyer; ce qui n'aurait pas été un grand malheur. Ici maître Wingate fit une pause.

— Je le garantis contre tout accident d'eau douce ou d'eau salée, dit le fauconnier; s'il n'est pas pendu comme voleur ou comme assassin, je consens à ne jamais chaperonner un faucon[1].

— Paix, Adam Woodcock! dit Wingate en étendant la main. Or donc, milady s'étant prise de belle passion pour ce godelureau, comme je l'ai déjà dit, diffère en cela de notre maître, qui ne donnerait pas un shilling de sa peau. Mais me convient-il, à moi Wingate, de semer la division entre eux, de mettre, comme on dit, le doigt entre l'arbre et l'écorce, pour un jeune efflanqué que je voudrais pourtant de bon cœur voir chasser de la baronnie à coups de fouet! Prenons patience, et l'orage crèvera sans que nous nous en mêlions. J'ai été en service depuis que j'ai de la barbe au menton jusqu'à ce moment que cette barbe est grise, et j'ai vu rarement un domestique prospérer en prenant le parti de sa maîtresse contre son maître; mais j'ai tou-

---

(1) On se rappelle ici la première scène de *la Tempête*. — ÉD.

jours vu se perdre celui qui prenait parti pour le seigneur contre la dame.

— Et ainsi, dit Lilias, il faut que nous soyons tous, hommes et femmes, coqs et poules, dominés par ce petit parvenu. Je veux d'abord voir qui doit céder de nous deux, je vous le promets. J'espère, maître Wingate, qu'avec toute votre prudence vous voudrez bien dire à milady ce que vous avez vu aujourd'hui, si elle vous le commande.

— Dire la vérité quand milady me l'ordonne, répondit le prudent majordome, est en quelque sorte mon devoir, pourvu et bien entendu que je puisse la dire sans risque et sans inconvénient, soit pour moi-même, soit pour quelqu'un de mes camarades; car la langue d'un rapporteur peut faire autant de mal qu'une flèche de soldat.

— Mais ce page de Satan n'est pas un de vos camarades, s'écria Lilias, et je me flatte que vous n'avez pas dessein de le soutenir contre nous tous.

— Croyez-moi, mistress Lilias, si j'en trouvais l'instant propice, je lui donnerais de tout mon cœur un coup de langue, et il serait bien appliqué.

— Cela suffit, maître Wingate, il faudra bientôt qu'il déchante : si ma maîtresse ne me demande pas ce qui s'est passé avant qu'elle soit de dix minutes plus vieille, elle n'est pas femme, et je ne me nomme pas Lilias Bradbourne.

Pour exécuter son plan, Lilias ne manqua pas de se présenter devant sa maîtresse avec tout l'extérieur d'une personne qui possède un secret important; c'est-à-dire la bouche pincée, les yeux en l'air, les lèvres pressées l'une contre l'autre comme si elle les avait fait coudre pour prévenir toute indiscrétion, et avec un air de mystère répandu sur tout son extérieur, semblant dire : Je sais quelque chose, mais j'ai résolu de ne pas vous en instruire.

Lilias avait bien jugé du caractère de sa maîtresse. Toute bonne, toute sage qu'était lady Avenel, elle n'en était pas moins digne fille de notre mère Ève, et elle ne put voir l'air mystérieux de la femme de chambre sans désirer d'en connaître la cause secrète. Pendant quelques instants, mistress Lilias fit la sourde oreille, soupirant, murmurant tout bas quelques mots, levant plus que jamais les yeux vers le ciel : — elle n'avait rien à dire; elle espérait qu'il n'en arriverait rien. Toutes ces simagrées, comme elle le prévoyait, ne firent qu'exciter plus vivement la curiosité de lady Avenel. Elle presa davantage la suivante.

— Dieu merci, dit Lilias, je ne suis pas une rapporteuse ; je n'ai jamais fait d'histoires sur personne, Dieu merci ; jamais je n'ai médit de leur conduite; je ne suis jalouse de qui que ce soit. Au surplus, Dieu merci, il n'y a pas eu de meurtre jusqu'à présent.

— Un meurtre dans le château ! s'écria lady Avenel ; que veut-elle donc dire ? Lilias, expliquez-vous sur-le-champ ou vous aurez sujet de vous en repentir.

— Eh bien ! milady, répondit Lilias empressée de décharger son cœur, ou, comme le dit Chancer, d'ouvrir sa valise [1], puisque vous me l'ordonnez, je vous dirai la vérité; mais si elle vous déplaît, vous vous souviendrez que c'est vous qui l'avez voulu. Roland Græme a poignardé Adam Woodcock, voilà tout.

— Juste ciel ! s'écria lady Avenel, devenant pâle comme la mort, a-t-il été tué ?

— Non, Dieu merci, milady; mais il l'aurait été si l'on n'était venu bien vite à son secours. Au surplus, c'est peut-être votre bon plaisir que le jeune page poignarde les domestiques comme il les a jusqu'ici bâtonnés et maltraités à coups de fouet.

— Vous vous faites impertinente, Lilias ! allez dire au majordome de venir me parler sur-le-champ.

Lilias courut aussitôt chercher maître Wingate, et le fit venir en hâte devant sa maîtresse, après lui avoir dit, che-

---

(1) *To unbuckle her mail.*

min faisant, en forme d'avertissement : — Je lui ai attaché la pierre au cou ; c'est à vous de serrer le nœud de manière à ce qu'elle ne s'échappe pas.

Le majordome, trop prudent pour se compromettre, se contenta de lui faire un signe d'intelligence, et se présenta devant sa maîtresse avec une apparence de respect, partie réelle, partie affectée, et avec un air de sagacité qui annonçait la bonne opinion qu'il avait de lui-même.

— Que signifie ce que j'apprends, Wingate ? demanda lady Avenel ; est-ce ainsi que vous maintenez l'ordre dans le château ? Vous souffrez que les gens de la maison de sir Halbert Glendinning tirent le poignard l'un contre l'autre, comme s'ils étaient dans une caverne de brigands ! Woodcock est-il dangereusement blessé ? et qu'est devenu ce malheureux jeune homme ?

— Milady, jusqu'à présent aucun de vos gens n'a été blessé, répondit l'homme à la chaîne d'or ; mais je n'oserais prendre sur moi de vous dire combien il pourra y en avoir de blessés d'ici à Pâques si l'on ne prend quelque moyen pour en imposer à ce jeune homme. Ce n'est pas que ce jeune homme ne soit un beau jeune homme, ajouta-t-il en se reprenant, et fort adroit dans ses exercices ; mais il est un peu trop prompt à jouer des mains, du fouet et du poignard.

— Et à qui en est la faute, maître Wingate ? Votre devoir n'était-il pas de lui apprendre à se conduire convenablement, et à ne pas troubler la paix du château ?

— Si milady veut que j'en supporte le blâme, je dois sans doute me soumettre à sa volonté ; mais je la prie de considérer qu'à moins que je ne cloue son poignard dans le fourreau il ne m'est pas plus possible de l'empêcher de l'en tirer qu'il ne me le serait de fixer le vif-argent, ce dont toute la science de Raymond Lulle n'a pu venir à bout.

— Je n'ai que faire de votre Raymond Lulle, s'écria lady

Avenel perdant patience. Envoyez-moi M. Warden. Vous devenez tous beaucoup trop savans pour moi pendant les longues et fréquentes absences de votre maître. Plût à Dieu que ses affaires lui permissent de rester dans son château, pour y gouverner ses gens! car c'est une tâche qui devient trop difficile pour moi.

— A Dieu ne plaise, milady, que vous pensiez véritablement ce que vous venez de dire! vos vieux serviteurs ont droit d'espérer qu'après avoir rempli leurs devoirs pendant tant d'années vous leur rendrez assez de justice pour ne pas retirer votre confiance à leurs cheveux gris, parce qu'ils ne peuvent morigéner l'humeur impétueuse d'un jeune blanc-bec qui, il faut bien le dire, porte la tête un peu trop haute.

— Retirez-vous; j'attends tous les jours sir Halbert. A son retour il prendra lui-même connaissance de cette affaire. Laissez-moi, Wingate, ajouta-t-elle, et n'en dites pas davantage. Je sais que vous êtes un bon serviteur; je crois que le jeune homme est un peu vif, mais je ne puis m'empêcher de penser que ce sont mes bontés pour lui qui lui ont fait ici tant d'ennemis.

Le majordome fit une tentative pour expliquer ses bonnes intentions; mais sa maîtresse lui imposa silence, et il se retira après lui avoir fait un salut respectueux.

Le chapelain arriva; mais bien loin d'apporter à lady Avenel des consolations, il se montra disposé à rejeter sur son indulgence excessive la cause de tous les troubles que le caractère impétueux de Roland Græme avait déjà occasionnés et pourrait occasionner par la suite dans le château.

— Je suis fâché, honorable dame, lui dit-il, que vous n'ayez pas daigné écouter mes conseils dans l'origine. Il est aisé de diriger le cours du ruisseau qui sort de la source; mais quand il est devenu un torrent il est bien difficile de lutter contre lui, honorable dame (je me sers de cette expression non par un vain usage, mais parce que je vous ai toujours honorée et aimée comme une dame digne de l'être). C'est contre mon avis qu'il vous a plu d'élever ce jeune homme assez haut pour l'approcher de votre rang.

— Que voulez-vous dire, mon vénérable ami? je n'ai fait de ce jeune homme qu'un page; ai-je fait en cela quelque chose qui déroge à mon honneur et à ma dignité?

— Je ne conteste pas, milady, répliqua le prédicateur opiniâtre, les motifs de bienfaisance qui vous ont déterminée à vous charger de cet enfant, ni le droit que vous aviez de lui donner ce titre futile de page, si tel était votre plaisir ; quoiqu'il me soit impossible de deviner ce qu'on pouvait attendre de l'éducation d'un enfant à la suite d'une femme, si ce n'est de lui inspirer la fatuité, la mollesse, l'orgueil et l'arrogance. Mais je vous blâme plus directement de n'avoir pas pris assez de soins pour le préserver des dangers dont vous l'entouriez, pour dompter et humilier un esprit naturellement impérieux et superbe. Vous avez fait entrer un lionceau dans votre asile; vous avez admiré la beauté de sa crinière, la grace de ses mouvemens, et vous avez négligé de l'enchaîner comme l'exigeait son naturel féroce. Vous l'avez laissé aussi libre que s'il eût encore habité la forêt. Et maintenant qu'il montre les dents, qu'il mord, qu'il déchire, comme la nature l'y avait destiné, vous êtes surprise et vous appelez du secours.

— M. Warden, dit lady Avenel d'un ton piqué, vous êtes l'ancien ami de mon mari, et je crois à la sincérité de votre affection pour lui et pour tout ce qui lui appartient : mais permettez-moi de vous dire que, quand je vous ai prié de venir pour me donner des conseils, je ne m'attendais pas à recevoir de vous des reproches aussi durs. Si j'ai eu tort d'aimer ce pauvre orphelin plus que les autres enfans qui se trouvent dans la même situation, je doute qu'une semblable erreur mérite une censure aussi rigoureuse. Si son caractère impétueux exigeait plus de sévérité, il me semble que vous devriez réfléchir que je suis femme, et que si je me suis trompée involontairement, le devoir d'un ami est de me montrer le chemin que je dois suivre, et non de me reprocher de m'être égarée. Je voudrais que le bon ordre fût rétabli dans le château avant le retour de mon mari. Il n'aime pas à voir la discorde régner parmi ceux qui dépendent de lui, et je serais fâchée qu'il pût croire qu'un jeune homme que j'ai protégé y eût donné lieu. Que me conseillez-vous de faire?

— De renvoyer ce jeune homme de chez vous, milady.

— Vous ne pouvez me donner un tel conseil: comme chrétien, comme ami de l'humanité, vous ne pouvez me conseiller de renvoyer de chez moi un être qui n'a d'autre ressource que ma protection, et à qui cette protection, peu judicieuse si vous le voulez, a suscité tant d'ennemis.

— Je ne vous dis pas de l'abandonner tout-à-fait, milady: il est possible de lui trouver une autre place, ou de lui faire suivre une vocation plus convenable à sa naissance et à son caractère. Ailleurs il peut devenir un membre utile à la société; ici il n'est qu'un tison de discorde et une pierre d'achoppement. Ce jeune homme a des éclairs de bon sens et d'intelligence, quoiqu'il manque d'application; je lui donnerai une lettre de recommandation pour Olearius Schinderhausen, savant professeur à Leyde, qui a besoin d'un sous-maître. Là, indépendamment de l'instruction gratuite dont il pourra profiter, si Dieu lui en donne la grace, il aura cinq marcs d'appointement par an, sans compter les habits de réforme du professeur qui n'en porte aucun plus de deux ans.

— Cette place ne lui conviendra pas, mon bon monsieur Warden, dit lady Avenel retenant avec peine un sourire, nous réfléchirons à loisir sur cette affaire. En attendant, je me flatte que vous adresserez quelques remontrances à mes gens sur la nécessité de réprimer la haine et la jalousie, et que vous leur ferez sentir que leur devoir envers Dieu et leur respect pour leurs maîtres leur défendent de se livrer à des passions si dangereuses.

—Vous serez obéie, milady ; jeudi prochain je prononcerai une exhortation à cet effet. Je lutterai contre le démon de violence et de rage qui s'est introduit dans mon petit troupeau, et je me flatte qu'avec le secours du ciel je serai le chien vigilant qui chasse le loup de la bergerie.

La fin de cette conversation fut ce qui fit le plus de plaisir à Henry Warden. La chaire avait à cette époque pour remuer les passions populaires cette puissante influence que la presse a acquise depuis ; et ainsi que nous l'avons déjà vu, il avait obtenu des succès comme prédicateur. Il s'ensuivait qu'il s'exagérait beaucoup le pouvoir de son éloquence, et que, comme plusieurs de ses confrères de la même époque, il saisissait avec grand plaisir toute occasion de faire entrer dans ses discours quelque sujet important d'intérêt public ou particulier. Dans ce siècle grossier on ne connaissait pas cette délicatesse qui défend toute personnalité publique, et de même que le prédicateur de la cour interpellait quelquefois le roi lui-même, et lui prescrivait la marche qu'il devait suivre dans les affaires de l'état, ainsi l'aumônier d'un seigneur lui adressait en face et sans ménagement, dans la chapelle de son propre château, tous les reproches qu'il lui paraissait avoir mérités.

Le sermon par le moyen duquel Henry Warden se proposait de ramener la concorde dans le château d'Avenel avait pour texte ce passage bien connu : *Celui qui frappe du glaive périra par le glaive*. C'était un singulier mélange de bon sens et de pédantisme, d'éloquence véritable et de mauvais goût. Il s'étendit beaucoup sur le mot *frapper*, apprenant à ses auditeurs qu'il fallait entendre par-là les coups d'estoc ou de taille, les coups de lance, de flèche, de mousquet, et généralement de tout instrument pouvant donner la mort. De même il prouva que le mot *glaive* devait s'entendre de l'épée, du cimeterre et de la faux. — Mais, continua-t-il en prenant un ton plus animé, si le texte sacré prononce anathème contre quiconque frappe d'une de ces armes que l'homme a inventées pour exercer les hostilités ouvertes, à plus forte raison condamne-t-il l'usage de celles qui, d'après leur forme, semblent avoir été imaginées pour commettre des actes de perfidie et de trahison plutôt que pour attaquer un ennemi préparé à se défendre. Dans ce nombre, ajouta-t-il en fixant les yeux sur Roland Græme qui était assis sur un coussin aux pieds de sa maîtresse, et qui portait à sa ceinture cramosie un poignard à manche doré, dans ce nombre je comprends plus particulièrement cet instrument de mort que portent de notre temps non-seulement les bandits et les coupe-jarrets, auxquels il devrait être exclusivement consacré, mais même des jeunes gens dévoués au service d'honorables dames, et qui ne font la guerre que dans leur antichambre. Oui, mes frères, cette arme pernicieuse que le génie du mal peut seul avoir produite, est comprise dans le terme général de *glaive :* n'importe que ce soit un stylet que nous avons emprunté du traître Italien, un poignard à deux tranchans tel qu'en porte le sauvage montagnard, ou un couteau de chasse comme on en voit suspendus au ceinturon de nos maraudeurs des frontières, ou une dague, instrument inventé par Satan pour porter des coups plus sûrs et plus difficiles à parer. Le spadassin lui-même rougit de se servir de cet instrument de trahison, qui ne convient ni au soldat ni à l'homme, mais qui est l'arme favorite de ces êtres qui, passant leurs jours au service d'une femme, deviennent des hermaphrodites efféminés, et joignent aux défauts et aux passions d'un sexe la perfidie et la lâcheté de l'autre.

On ne saurait décrire l'effet que ce discours produisit sur la petite congrégation réunie dans la chapelle. Lady Avenel semblait embarrassée et offensée ; les domestiques pouvaient à peine cacher sous l'apparence d'une profonde attention la joie avec laquelle ils entendaient Henry Warden lancer les foudres de son éloquence contre le favori, objet du ressentiment général ; Lilias relevait la tête avec tout l'orgueil de l'animosité satisfaite, tandis que le majordome, gardant une stricte neutralité, fixait les yeux sur un écusson attaché à la muraille du côté opposé au prédicateur, et paraissait l'examiner avec soin, préférant probablement encourir le reproche de ne pas faire attention au sermon, plutôt que d'avoir l'air d'écouter avec une approbation marquée ce qui semblait contrarier si vivement sa maîtresse.

Le jeune homme contre qui cette harangue était dirigée, et qui n'avait pas encore appris à réprimer la violence de ses passions, ne put déguiser la fureur qu'il éprouvait en se voyant ainsi publiquement livré au mépris et à la censure du petit monde dans lequel il vivait. Ses lèvres pâlirent, et une vive rougeur lui couvrit le front ; il grinça les dents, se tordit les mains, et puis soudain il saisit machinalement l'arme à laquelle le prédicateur avait attaché un caractère si odieux ; enfin il sentit sa rage croître à un tel point que, craignant d'être poussé à quelque éclat, il se leva précipitamment, traversa la chapelle et en sortit à l'instant.

Le prédicateur s'interrompit un instant en le voyant passer avec la rapidité de l'éclair, jetant sur lui un regard auquel il aurait voulu donner le pouvoir destructeur du tonnerre. Mais dès que Roland fut sorti de la chapelle en tirant avec violence la porte qui communiquait au château, Warden trouva dans sa retraite une de ces occasions dont il savait profiter pour faire impression sur ses auditeurs. Prenant un ton lent et solennel, il prononça ce nouveau texte : *Il s'est retiré d'entre nous, parce qu'il n'était pas des nôtres !* — le malade a repoussé la coupe salutaire à cause de son amertume ; — le blessé n'a pas permis au chirurgien bienfaisant de sonder sa blessure pour la guérir ; — la brebis s'est enfuie du bercail pour se livrer aux loups dévorans, parce qu'elle n'a pu se conduire avec l'humilité exigée par le bon pasteur. — Ah ! mes frères, craignez l'orgueil ; craignez ce péché qui se montre souvent à nos faibles yeux sous des couleurs brillantes. Que sont les honneurs de la terre? — orgueil, et rien qu'orgueil. — Que sont nos talens dont nous sommes si fiers? — orgueil et vanité. — Les voyageurs parlent de sauvages qui s'ornent de coquilles, qui se teignent le corps, et sont aussi fiers de leur parure que nous le sommes de nos misérables avantages charnels. — C'est l'orgueil qui allume l'épée flamboyante qui garde l'entrée du paradis terrestre. — C'est l'orgueil qui a rendu Adam mortel, et qui l'a fait errer sur la surface de la terre dont il aurait été le maître. — L'orgueil a introduit parmi nous le péché, et double la noirceur de chaque péché qu'il cause. C'est l'avant-poste d'où le démon et la chair résistent le plus opiniâtrément aux assauts de la grace; jusqu'à ce qu'il soit emporté, point d'espoir pour le pécheur. Arrachez donc de votre cœur ce maudit rejeton de la pomme fatale; déracinez-le, fût-il adhérent aux principes mêmes de votre vie. Profitez de l'exemple de l'infortuné pécheur qui vient de nous quitter, et écoutez la grace qui parle à vos ames, avant que votre cœur soit endurci comme une meule de moulin. Luttez, résistez, et l'ennemi fuira loin de vous. Que la chute des autres vous serve d'exemple. Surtout ne vous fiez pas sur vos propres forces; car la confiance en soi-même est le symptôme le plus dangereux de cette maladie. Le pharisien se croyait peut-être humble lorsqu'il remerciait Dieu dans le temple de ne pas être comme le publicain : mais tandis que ses genoux pressaient le marbre, sa tête s'élevait aussi haut que le faîte du temple. Ne vous trompez point, n'offrez donc pas une fausse monnaie à celui à qui l'or le plus pur est à peine digne d'être présenté : elle serait reconnue au creuset de la sagesse toute-puissante. — Veillez, priez : les veilles peuvent quelque chose; les prières peuvent beaucoup; la grace peut tout.

Et il termina son discours par une exhortation touchante et animée, invitant ses auditeurs à implorer le secours de la grace divine, avec laquelle il n'est rien d'impossible à la faiblesse humaine.

L'auditoire n'écouta pas ce discours sans montrer beaucoup d'émotion, quoiqu'on puisse douter si le sentiment général de triomphe qu'inspirait la retraite honteuse du page était un des fruits de l'humilité chrétienne recommandée par le prédicateur. L'expression de la physionomie des auditeurs ressemblait beaucoup à l'air de satisfaction d'une troupe d'enfans qui, ayant vu punir un de leurs compagnons pour une faute dont ils n'étaient pas complices, se remettent à leur tâche avec une double ardeur, d'abord parce qu'ils n'ont pas été punis eux-mêmes, et ensuite parce que leur camarade l'a été.

Lady Avenel regagna son appartement avec des sentimens bien différens. Elle était mécontente que Warden eût pris pour sujet d'une discussion publique une affaire domestique à laquelle elle prenait un intérêt personnel. Mais elle savait que le digne homme réclamait ce droit comme appartenant à la liberté chrétienne due à son ministère, et que l'usage général du temps autorisait cette prétention. La conduite de son protégé l'affligeait encore bien davantage. En manquant d'une manière si publique non-seulement au respect qu'il devait avoir pour sa présence, mais à celui qu'on accordait invariablement alors à tout ministre des autels, il avait donné une preuve de cet esprit indomptable dont ses ennemis l'accusaient. Et cependant, tant qu'il avait été sous ses yeux, elle n'avait aperçu en lui que cette fierté bouillante et cette vivacité irréfléchie pardonnables à son âge. Elle sentait fort bien que cette opinion pouvait lui avoir été inspirée par un peu de partialité et par l'indulgence qu'elle lui avait toujours témoignée; et néanmoins elle ne croyait pas possible qu'elle se fût complètement trompée dans l'idée qu'elle avait conçue de son caractère. Une humeur emportée et violente ne peut guère se cacher sous une hypocrisie continuelle, et quoique Lilias lui fît quelquefois entendre charitablement que ces deux défauts n'étaient pas incompatibles, elle ne pouvait s'en rapporter aux observations des autres plutôt qu'à sa propre expérience. La pensée seule de ce jeune orphelin avait pour son cœur un charme dont elle ne pouvait s'expliquer la cause. Il semblait lui avoir été envoyé par le ciel pour remplir ces intervalles de langueur et d'ennui qu'occasionnaient les absences fréquentes de son mari. Peut-être lui devenait-il encore plus cher parce qu'elle ne lui voyait aucun autre ami qu'elle-même, et parce qu'elle sentait qu'en le sacrifiant elle faisait triompher sur son jugement celui de son mari, de Warden et de toute la maison, circonstance qui est rarement indifférente à la meilleure des femmes.

Enfin elle prit la résolution de ne pas abandonner son page tant qu'elle pourrait raisonnablement le protéger; et pour voir jusqu'à quel point elle pouvait encore le faire, elle donna ordre qu'on le fît venir en sa présence.

CHAPITRE V.

> « Quand les flots conjurés sont près d'ensevelir
> « Le vaisseau trop chargé sur le point de périr,
> « On voit sacrifier au danger qui la presse,
> « Le nautonnier son mât, le marchand sa richesse,
> « Chacun pense à ses jours plus qu'à ses intérêts.
> « Ainsi quand la révolte assiége son palais,
> « On voit maint potentat, conjurant la tempête,
> « Du plus cher favori faire tomber la tête. »
>
> *Ancienne comédie.*

Il se passa quelque temps avant que Roland Græme arrivât. Son ancienne amie Lilias, chargée d'aller l'avertir, avait d'abord cherché à ouvrir la porte du petit appartement qu'il occupait, se promettant sans doute charitablement de jouir de la confusion du coupable. Mais un morceau de fer rond ou carré, communément nommé verrou, opposa un obstacle invincible à ses bonnes intentions. Elle frappa et appela en même temps :—Roland! Roland Græme! monsieur Roland Græme! (en appuyant sur le mot *monsieur*) vous plairait-il d'ouvrir la porte? Que faites-vous donc? Faites-vous vos prières dans votre chambre, puisque vous n'avez pas jugé à propos de les finir à l'église? Il faudra sans doute vous y faire une tribune grillée pour soustraire votre noble personne aux regards du public! Ces sarcasmes n'obtinrent aucune réponse. —Eh bien! M. Roland, ajouta la suivante, je vais dire à ma maîtresse qu'elle vous fasse porter son message par quelqu'un qui soit en état d'enfoncer la porte.

—Que désire votre maîtresse? demanda le page sans se montrer.

—Oui-dà! ouvrez-moi la porte, et vous le saurez : il me semble qu'il convient que vous m'écoutiez face à face pour recevoir son message; et, pour vous faire plaisir, je ne vous le soufflerai pas par le trou de la serrure.

—Le nom de votre maîtresse est une sauvegarde pour votre impertinence, dit Roland en ouvrant la porte. Que me veut milady?

—Elle veut que vous veniez lui parler sur-le-champ dans le salon, répondit Lilias. Je présume qu'elle veut vous faire connaître ses intentions sur la manière de se comporter en quittant la chapelle.

—Dites à milady que je vais me rendre à ses ordres, dit Roland en rentrant dans son appartement, dont il ferma la porte sans attendre que Lilias se fût retirée.

—Charmante politesse! dit la suivante en partant; et elle informa sa maîtresse que Roland viendrait quand cela lui conviendrait.

—S'est-il servi de pareils termes, ou est-ce une addition de votre façon? lui demanda froidement sa maîtresse.

—Vraiment, milady, répliqua Lilias, évitant de répondre directement à cette question, il avait l'air de vouloir dire bien d'autres impertinences, si j'avais eu envie de les écouter. Mais le voici, et vous l'entendrez lui-même.

Roland Græme se présenta d'un air plus fier et le teint plus animé que de coutume. On voyait quelque embarras dans ses traits; mais on n'y apercevait ni crainte ni repentir.

—Jeune homme, lui demanda lady Avenel, que voulez-vous que je pense de la conduite que vous avez tenue aujourd'hui?

— Si elle vous a offensée, milady, j'en suis profondément affligé.

— Si vous n'aviez offensé que moi, je vous pardonnerais plus aisément; mais votre conduite offensera aussi votre maître. Vous vous êtes rendu coupable de violence envers vos camarades, et vous avez manqué de respect à Dieu en la personne de son ministre.

— Permettez-moi de vous répondre, milady, que si j'ai offensé ma maîtresse, ma bienfaitrice, mon unique protectrice, c'est la seule faute que je puisse me reprocher, la seule dont je puisse me repentir. Sir Halbert Glendinning ne me regarde pas comme étant à son service, et je ne le reconnais point pour mon maître; il n'a pas le droit de me blâmer d'avoir châtié un insolent valet, et je ne crains pas que le ciel soit courroucé contre moi parce que j'ai traité avec mépris les reproches d'un prédicateur intrigant qui n'était pas autorisé à m'en adresser.

Lady Avenel avait déjà eu occasion de remarquer le naturel irritable de son favori, et l'impatience avec laquelle il souffrait les reproches et les réprimandes. Mais en ce moment sa conduite prenait un caractère plus grave et plus déterminé, et elle hésita un instant sur la manière dont elle devait traiter un jeune homme qui se donnait tout à coup le ton et le langage d'un homme fait, et qui en montrait la résolution. Après un moment de réflexion, elle prit l'air de dignité qui lui était naturel, et lui dit :

— Est-ce bien à moi, Roland, que vous osez parler ainsi ? Est-ce pour me forcer à me repentir des faveurs dont je vous ai comblé que vous vous déclarez indépendant, et que vous ne reconnaissez de maître ni sur la terre ni dans le ciel ? Avez-vous oublié ce que vous étiez ? Songez-vous à ce que vous deviendriez si je vous retirais ma protection ?

— Je n'ai rien oublié, milady; je n'ai que trop de mémoire. Je sais que sans vous j'aurais péri dans ces eaux, dit-il en étendant la main vers le lac, dont on voyait par la croisée la surface agitée par un vent d'ouest. Votre bonté a été plus loin ; vous m'avez protégé contre la méchanceté des autres et contre ma propre folie. Vous êtes la maîtresse d'abandonner, si bon vous semble, l'orphelin que vous avez élevé. Vous avez tout fait pour lui, et il ne se permet aucune plainte ; cependant, milady, ne m'accusez pas d'ingratitude ; j'ai supporté pour vous ce que je n'aurais souffert pour personne au monde que pour ma bienfaitrice.

—Pour moi ! s'écria lady Avenel ; et que pouvez-vous avoir eu à endurer pour moi, quand tout ce que j'ai fait pour vous ne devrait vous inspirer que des sentimens de reconnaissance ?

—Vous êtes trop juste, milady, pour exiger que je sois reconnaissant de la froideur avec laquelle sir Halbert Glendinning m'a toujours traité, froideur qui va presque jusqu'à l'aversion ; des marques constantes de mépris et de malveillance que je n'ai cessé de recevoir de tout ce qui compose votre maison, et de l'homélie dont votre révérend chapelain a régalé aujourd'hui son auditoire à mes dépens.

—Entendit-on jamais pareille chose ! s'écria Lilias en levant vers le ciel les yeux et les mains ; il ne parlerait pas autrement s'il était le fils d'un chevalier ou d'un comte !

Le page lui lança un coup d'œil de mépris ; mais ne daigna pas lui répondre. Lady Avenel, qui commençait à se trouver sérieusement offensée, et qui cependant voyait avec peine la folie de son favori, reprit la parole sur le même ton.

—En vérité, Roland, vous vous oubliez d'une manière si étrange, que vous me forcerez à prendre des mesures pour vous faire perdre la trop bonne opinion que vous avez de vous-même, en vous replaçant dans le rang qui vous convient dans la société.

—Et le vrai moyen pour cela, dit Lilias, ce serait de le chasser du château en mendiant, comme il y est entré quand milady a eu la bonté de l'y accueillir.

— Lilias s'exprime trop durement, dit lady Avenel ; mais elle dit la vérité, jeune homme ; et je ne crois pas devoir ménager plus long-temps cet orgueil qui paraît vous avoir complètement tourné la tête. On vous a donné de riches vêtemens, on vous a traité comme le rejeton d'une noble famille, et vous avez oublié quel est le sang qui circule dans vos veines.

— Avec votre permission, milady, Lilias n'a pas dit la vérité ; et vous ne connaissez pas assez ma famille pour avoir le droit de la traiter avec un tel mépris. Je ne suis pas fils d'un mendiant ; ma grand'mère n'a jamais mendié, ni ici ni ailleurs : elle aurait plutôt péri de misère sur une lande déserte. Des malheurs nous ont chassés de notre demeure : pareil accident est arrivé à plus d'un autre. Le château d'Avenel, avec son lac et ses tours, n'a pas toujours mis ses maîtres à l'abri de l'infortune et du besoin.

— Voyez quelle assurance ! s'écria Lilias ; il reproche à milady les malheurs de sa famille !

— Il aurait pu m'épargner cette allusion, dit lady Avenel, affectée de ce souvenir.

— Elle était nécessaire pour ma justification, milady, dit Roland, sans quoi je n'aurais pas prononcé un mot qui pût vous causer la moindre peine. Mais croyez que le sang qui circule dans mes veines n'est pas un sang vil. Je ne connais point ma famille ; mais la seule parente que je possède m'a assuré qu'elle est de noble race, et je sens dans mon cœur quelque chose qui me confirme cette vérité.

— Et c'est d'après cette vague assurance que vous prétendez jouir des égards et des prérogatives qu'on n'accorde qu'au rang et à la naissance ! Allez, jeune homme, rendez-vous justice à vous-même, ou mon majordome vous châtiera comme un enfant opiniâtre et insolent. On vous a trop épargné les corrections qui conviennent à votre âge et à votre situation.

— Et avant que votre majordome me les fasse connaître,

s'écria Roland, s'abandonnant enfin aux mouvemens impétueux qu'il avait réprimés jusqu'alors, il fera lui-même connaissance avec mon poignard ! Milady, j'ai été trop long-temps le vassal d'une pantoufle et l'esclave d'un sifflet d'argent ; cherchez un autre que moi pour vous servir, et ayez soin de le choisir d'une naissance assez vile et d'un caractère assez bas pour se soumettre au mépris de vos valets, et pour donner le nom de maître à un vassal de l'Église.

— J'ai mérité cette insulte, dit lady Avenel, je l'ai méritée en endurant et en nourrissant si long-temps votre insolence. Retirez-vous, sortez du château ce soir même, et je vous fournirai des moyens de subsistance jusqu'à ce que vous puissiez vous en procurer d'une manière honnête, quoique je craigne bien que vos idées de grandeur imaginaire ne vous les fassent paraître tous comme indignes de vous, et que vous n'en vouliez connaître d'autres que la rapine et la violence. Sortez, et ne vous présentez jamais devant mes yeux.

Le page se jeta à ses pieds avec l'air du plus violent chagrin. — Ma chère et honorée maîtresse !... s'écria-t-il ; mais il lui fut impossible de prononcer une syllabe de plus.

— Levez-vous, lui dit sa maîtresse ; l'hypocrisie est un moyen qui ne suffit pas pour cacher l'ingratitude.

— Je suis incapable de l'une et de l'autre, milady, s'écria Roland avec feu, en se relevant avec cette vivacité qui lui était naturelle ; ne croyez pas que j'implore la permission de continuer à rester dans votre château ; depuis long-temps j'ai résolu de le quitter, et je ne me pardonnerai jamais d'avoir souffert que vous m'ayez dit : *Retirez-vous,* avant de vous avoir dit moi-même : *Je me suis retiré.* J'embrassais vos genoux pour vous conjurer de me pardonner une parole irréfléchie qui m'a échappé dans la chaleur de l'emportement, et que je n'aurais pas dû prononcer devant vous ; je ne vous demande pas d'autre grace. Vous avez fait beaucoup pour moi ; mais, je vous le répète, vous savez mieux ce que vous avez fait pour moi que ce que j'ai eu à souffrir pour vous.

— Roland, dit lady Avenel encore émue d'un sentiment de compassion pour son favori, vous pouviez avoir recours à moi quand vous vous trouviez insulté ; vous ne deviez ni souffrir les insultes, ni chercher à vous en venger vous-même, tandis que vous étiez sous ma protection.

— Et si ces insultes venaient de personnes que vous aimiez et que vous favorisiez, devais-je troubler votre tranquillité par des rapports fatigans et des plaintes éternelles ? Non, milady, j'ai supporté mon fardeau en silence, et la reconnaissance dont vous m'accusez de manquer est le seul motif qui m'ait empêché de vous demander justice, ou de me la faire à moi-même d'une manière plus certaine. Au surplus, il est temps que nous nous séparions. Je n'étais pas né pour vivre dans la dépendance, favorisé par ma maîtresse jusqu'à ce que je fusse victime des calomnies des autres. Puisse le ciel répandre ses bénédictions sur votre tête chérie et respectée, et, pour l'amour de vous, sur tout ce qui vous est cher!

Il avait déjà fait quelques pas pour sortir quand lady Avenel le rappela. Il s'arrêta sur-le-champ, et se retourna vers elle.

— Malgré mon mécontentement, lui dit-elle, je n'ai pas intention et il ne serait pas juste de vous congédier sans moyens d'existence ; prenez cette bourse.

— Pardon, milady, mais permettez-moi de me retirer sans me dégrader à mes propres yeux au point de recevoir l'aumône. Si le peu de services que j'ai pu vous rendre sont une compensation pour ma nourriture et mon entretien, je vous suis encore redevable de la vie, et c'est une dette dont je ne pourrai jamais m'acquitter. Reprenez donc cette bourse, et daignez plutôt me dire que je ne vous laisse pas courroucée contre moi.

— Je suis moins courroucée, dit lady Avenel avec douceur, que chagrine de vous voir un caractère si fantasque et si opiniâtre. Mais prenez cet or; vous en aurez certainement besoin.

— Que le ciel vous récompense de ce ton de bonté et de cette dernière marque d'indulgence! Quant à votre or, je ne puis l'accepter; j'ai du courage et des forces, et je ne suis pas aussi dépourvu d'amis que vous pouvez le croire; peut-être un jour pourrai-je vous prouver ma gratitude autrement que par des paroles.

A ces mots il fléchit le genou devant elle, saisit une de ses mains qu'elle ne chercha pas à retirer, la baisa respectueusement, et sortit à pas précipités.

Lilias resta quelques instans les yeux fixés sur sa maîtresse, qui était si pâle qu'on eût dit qu'elle allait s'évanouir. Mais lady Avenel retrouvant ses forces sur-le-champ, congédia sa suivante et se retira dans sa chambre.

CHAPITRE VI.

> « Il n'est dans la maison point de secret pour toi ;
> « Ce qu'on dit, ce qu'on fait, tu le sais et pourquoi?
> « C'est que tu rends souvent ta visite à l'office.
> « Pour être instruit de tout nul lieu n'est plus propice.
> « De ses maîtres on peut y jaser, Dieu merci !
> « Le laquais y bavarde, et la soubrette aussi. »
> *Ancienne comédie.*

Le lendemain de la scène que nous venons de décrire, le favori disgracié quitta le château de grand matin; et à l'heure du déjeuner le circonspect majordome et mistress Lilias, réunis dans la chambre de cette dernière, causaient gravement de l'événement du jour, ayant pour entretenir la conversation quelques gâteaux et un petit flacon de vin des Canaries, que le prudent intendant avait eu soin d'apporter.

— Le voilà donc parti! dit la soubrette en prenant son verre : eh bien, à son bon voyage!

— Amen! répondit gravement le majordome; je ne souhaite pas de mal au pauvre jeune homme.

— Et il est parti comme un canard sauvage, dit Lilias, de même qu'il est arrivé; on n'a pas eu besoin d'ouvrir les portes ni de baisser les ponts-levis pour lui. Il s'est embarqué sur l'*Hérode,* comme on appelle la barque, quoique ce soit une honte de donner le nom d'un chrétien à des planches jointes avec du fer; et il a traversé le lac sans autre aide que celle de ses deux bras. Il a laissé tous ses plus beaux habits éparpillés dans sa chambre. Je ne sais qui se donnera la peine de les ramasser ; ce n'est pourtant pas qu'ils n'en vaillent la peine.

— Sans doute, mistress Lilias, et dans ce cas je crois pouvoir prédire qu'ils ne resteront pas sur le plancher.

— Mais dites-moi donc, maître Wingate, n'êtes-vous pas réjoui jusqu'au fond du cœur de voir la maison débarrassée de ce petit parvenu qui prétendait nous jeter dans l'ombre?

— Quant à ce qui est de se réjouir, mistress Lilias, ceux qui ont vécu aussi long-temps que moi dans les grandes maisons ne se pressent jamais de se réjouir ; et pour Roland Græme, quoique son départ nous ôte un grand embarras, vous savez le proverbe : — on sait ce qu'on quitte, on ne sait ce qu'on prend.

— On ne sait ce qu'on prend! Moi je dis que nous ne pouvons jamais avoir rien de pire ou de si mauvais. Il aurait été la ruine de ma pauvre chère maîtresse (et ici elle prit son mouchoir), corps, ame et biens, car elle dépensait pour lui plus d'argent que pour quatre des domestiques de la maison.

— Mistress Lilias, dit le sentencieux majordome, je crois que nous ne devons pas nous inquiéter ainsi de notre maîtresse ; elle est compétente à tous égards pour prendre soin de son corps, de son ame, et de ses biens par-dessus le marché.

— Vous ne parleriez peut-être pas ainsi si vous aviez vu comme elle avait l'air de la femme de Loth hier soir quand le jeune page lui faisait ses adieux. Ma maîtresse est une femme sage, vertueuse, bienfaisante; il n'y a que du bien à en dire; mais je n'aurais pas voulu pour deux schellings et un plack que sir Halbert l'eût vue en ce moment.

— Fi, fi, fi, mistress Lilias! des serviteurs prudens doivent avoir des yeux et des oreilles, mais point de langue. D'ailleurs on sait combien milady est attachée à sir Halbert, et ce n'est pas sans raison; où trouver un meilleur chevalier dans tout le royaume?

— Fort bien! fort bien! je n'y entends pas de mal. Mais ceux qui vont chercher de l'honneur si loin de chez eux ne savent pas toujours ce qu'ils trouveront au logis, et voilà tout. Ne faut-il pas faire attention, d'ailleurs, à la solitude dans laquelle vit milady? N'est-ce pas cette raison qui lui a fait accueillir un petit mendiant qu'un chien avait été pêcher dans le lac?

— Et voilà justement pourquoi il ne faut pas tant se presser de se réjouir. Si votre maîtresse avait besoin d'un favori pour passer le temps, à présent que son protégé est parti, le temps n'en passera pas plus vite pour elle; et si elle en veut choisir un autre, soyez bien sûre qu'elle n'en manquera point.

— Et pourquoi ne fixerait-elle pas ce choix dans sa propre maison, parmi les personnes dont elle a éprouvé le zèle et la fidélité, qui depuis des années ont mangé son pain? J'ai connu bien des dames tout aussi huppées qu'elle qui n'ont jamais pensé à avoir d'autre amie ou d'autre favorite que leur femme de chambre, sauf les égards qu'elles avaient cependant pour leur ancien et fidèle majordome, maître Wingate.

— Sans doute, sans doute; je vois bien quel est votre but; mais vous n'y arriverez pas. En supposant les choses comme vous les représentez, ce ne seront ni vos cornettes, soit dit sans leur manquer de respect, mistress Lilias, ni mes cheveux blancs et ma chaîne d'or, qui rempliront le vide que le départ de Roland Græme va faire éprouver à notre maîtresse. Il arrivera quelque jeune ministre prêchant une nouvelle doctrine, quelque jeune médecin proposant un nouveau remède, quelque vaillant cavalier qui lui demandera la permission de porter ses couleurs pour courir la bague, quelque adroit ménestrel qui saura trouver le moyen d'arriver au cœur d'une femme, comme on dit que le signor

David Rizzio est arrivé à celui de notre pauvre reine, et voilà les gens qui remplaceront le favori, et non un vieux majordome et une femme de chambre entre deux âges.

— Je sais que vous avez de l'expérience, maître Wingate, et de bonne foi je voudrais que notre maître cessât de courir les champs, et s'occupât davantage des affaires de sa maison : je crains que le papisme n'y pénètre. Savez-vous ce que j'ai trouvé dans une des poches du maître page? Un chapelet, oui, un chapelet! des *ave* et des *credo* en grains d'or! Je me suis jetée dessus comme un faucon : voyez, le voici.

— Je n'en doute pas, je n'en doute pas, dit Wingate en remuant la tête d'un air expressif; j'ai souvent remarqué que le jeune homme se livrait à des pratiques qui sentaient le papisme; et il avait grand soin de se cacher pour cela. Mais vous trouverez le catholique sous le manteau du presbytérien, comme on a souvent découvert un fripon sous le capuchon d'un moine. — Que voulez-vous? nous sommes tous mortels. — Oh! c'est bien un vrai rosaire, ajouta-t-il en l'examinant avec attention, et il s'y trouve au moins quatre onces d'or.

— Et je vais me hâter de le faire fondre sur-le-champ, de peur qu'il ne cause la perdition de quelque pauvre ame.

— Bonne précaution, mistress Lilias! très bonne précaution.

— J'en ferai faire une paire de boucles de souliers, car je ne voudrais pas porter ailleurs qu'aux pieds des bijoux du pape, quoique la forme en fût changée. Non, quand ce seraient des diamans au lieu d'être de l'or. Voilà le résultat des allées et venues du père Ambroise dans le château; il est aussi fin que le chat qui guette l'instant de voler la crème.

— Le père Ambroise est frère de notre maître, dit gravement le majordome.

— Vous avez raison, maître Wingate ; mais est-ce une raison pour qu'il vienne pervertir de bons chrétiens et en faire des papistes ?

— A Dieu ne plaise ! mistress Lilias ; mais après tout, il y a dans le monde des gens qui sont pires que les papistes.

— Je ne sais où il faut les chercher, dit la suivante avec quelque aigreur ; mais je présume que si l'on vous parlait de Satan lui-même, vous diriez aussi qu'il y a des gens pires que lui.

— Bien certainement je le dirais, si je voyais Satan assis à côté de moi.

— Que Dieu nous protège ! s'écria Lilias en tressaillant ; quel plaisir trouvez-vous, maître Wingate, à m'effrayer ainsi ?

— Ce n'était pas mon intention, mistress Lilias. Écoutez-moi : les papistes ont le dessous quant à présent ; mais qui sait combien durera ce *quant à présent ?* Il existe dans le nord de l'Angleterre deux comtes papistes, les comtes de Northumberland et de Westmoreland, qui détestent jusqu'au mot de réformation, et qui sont assez puissans pour ébranler un trône de la chrétienté. Notre roi d'Écosse, que Dieu le protège ! est un vrai protestant, j'en conviens ; mais sa mère, qui était notre reine (je crois pouvoir dire aussi sans crime que Dieu la protège !), sa mère, dis-je, est catholique, et bien des gens commencent à croire qu'elle a été traitée bien durement, tels que les Hamilton de l'ouest, les Gordon du nord, et quelques-uns de nos clans des frontières qui désirent tous voir du nouveau ; et s'il arrive du nouveau, il est probable que la reine reprendra sa couronne, et alors on chantera la grand'messe ; et adieu les chaires, les robes de Genève et les bonnets de soie noire.

— Est-ce bien vous, maître Jasper Wingate, vous qui avez eu le bonheur d'entendre la parole et d'assister aux précieuses instructions du digne M. Henry Warden ? est-ce bien vous qui avez la patience de dire, ou seulement de penser, que le papisme puisse tomber sur nous comme un torrent, et que la femme Marie puisse encore faire du trône royal d'Écosse un trône d'abomination? Je ne m'étonne plus que vous fassiez tant de civilités à ce moine encapuchonné quand il vient ici avec ses yeux baissés qu'il n'ose jamais lever sur milady, avec sa voix mielleuse et ses bénédictions! Qui lui ferait bon accueil si ce n'est M. Wingate!

— Mistress Lilias, répondit le majordome du ton d'un homme qui veut terminer la discussion, il y a raison pour tout. Si j'ai fait politesse au père Ambroise, si j'ai permis qu'il eût quelques conférences secrètes avec ce Roland Græme, ce n'est pas que je me soucie le moins du monde de sa bénédiction ou de sa malédiction, mais c'est parce que je respecte le sang de mon maître; et si Marie remonte sur le trône, qui sait s'il ne deviendra pas un arbre qui puisse nous procurer un appui aussi solide que celui que son frère nous prête aujourd'hui? car la reine recouvrant son autorité, bonsoir au comte de Murray, et il sera bienheureux s'il peut conserver sa tête sur ses épaules. Or le chevalier notre maître partage nécessairement le sort du comte, son protecteur. Et qui doit plus vraisemblablement monter sur sa selle vide que le même père Ambroise? Le pape peut lui accorder dispense de ses vœux, et au lieu d'un moine de Sainte-Marie, nous verrions en lui un guerrier, sir Édouard Glendinning.

La colère et la surprise faisaient garder le silence à Lilias, tandis que son vieil ami, d'un air fort content de lui-même, faisait connaître ainsi ses spéculations politiques. Enfin son ressentiment se fraya passage et s'exhala en ces termes :

— Quoi! maître Wingate, vous qui avez mangé pendant tant d'années le pain de ma maîtresse, pour ne rien dire de celui de mon maître, vous pensez qu'elle puisse être dépossédée de son château d'Avenel par un misérable moine qui n'a pas même l'honneur d'être son parent? Moi qui ne suis qu'une femme, je voudrais voir auparavant lequel est le plus solide de son froc ou de mon cotillon. Fi! maître Wingate! si je ne vous regardais pas comme une ancienne connaissance, ceci irait aux oreilles de ma maîtresse, dût-elle me nommer bavarde et rapporteuse, comme lorsque je lui dis que Roland avait tué le cygne d'un coup de fusil.

Le majordome si prudent fut un peu déconcerté en voyant que les détails dans lesquels il était entré sur ses vues profondes avaient fait naître des soupçons sur sa fidélité, au lieu d'exciter l'admiration de sa sagesse et de sa prévoyance; et il s'efforça sur-le-champ de battre en retraite et de se justifier en adoucissant certaines expressions et en expliquant les autres. Cependant il se trouva intérieurement fort offensé de la manière déraisonnable dont il avait plu à mistress Lilias Bradbourne d'interpréter sa politique, et fut bien convaincu que si elle désapprouvait ses sentimens, c'était uniquement parce que si jamais le père Ambroise devenait maître du château, il aurait certainement besoin d'un intendant, et regarderait comme inutiles les services d'une femme de chambre.

Après cette explication, qui fut reçue comme le sont ordinairement les explications, les deux amis se séparèrent avec un peu moins de cordialité que de coutume, Lilias pour répondre au sifflet d'argent de sa maîtresse, qui l'appelait auprès d'elle, et le majordome pour s'acquitter des devoirs de son département. Wingate sentait que sa sagesse mondaine avait été prise en défaut par l'attachement moins intéressé de la femme de chambre; et Lilias se vit obligée de regarder l'intendant comme un homme dont le dévouement était entièrement subordonné aux circonstances.

CHAPITRE VII.

« Quand j'ai six sous dans ma bourse,
« Partout on me fait crédit;
« Mais quand je suis sans ressource,
« Il faut payer sans répit.

Ancienne chanson.

Tandis que le départ du page faisait le sujet de la conversation rapportée dans le chapitre précédent, le ci-devant favori continuait son voyage solitaire, sans trop savoir quel en était le but ni quel en serait le résultat. Il avait dirigé sa barque vers la partie du lac la plus éloignée du village, désirant échapper aux regards des habitans. Son orgueil lui disait que son départ exciterait leur surprise; et il répugnait à se voir l'objet de leur compassion, tandis que sa générosité lui faisait craindre que les marques d'intérêt qu'on pourrait lui donner ne fussent rapportées défavorablement au château. Il ne tarda pas à se convaincre qu'il n'avait rien à appréhender pour ses bons amis relativement à ce dernier point. A peine avait-il le pied sur le rivage, qu'il rencontra un jeune homme plus âgé que lui de quelques années, qui, en d'autres occasions, s'était trouvé trop honoré de l'accompagner à la chasse pour ramasser et porter son gibier. Ralph Fisher s'approcha pour le saluer avec autant d'empressement que d'humilité.

— Vous voilà en course de bien bonne heure, M. Roland! Et sans chien et sans faucon?

— J'ai peut-être dit adieu pour toujours aux chiens et aux faucons, Ralph; j'ai été renvoyé... je veux dire, je quitte le château.

Ralph fut surpris. — Quoi! dit-il, passez-vous au service du chevalier? allez-vous prendre la cuirasse et la lance?

— Non, non vraiment. J'ai quitté le château d'Avenel pour n'y plus rentrer.

— Et où allez-vous donc? demanda le jeune paysan.

— C'est une question à laquelle je ne pourrais répondre en ce moment, car je ne le sais pas encore moi-même.

— Au bout du compte, peu importe quel chemin vous preniez. Milady ne vous aura pas laissé partir sans mettre une bonne doublure aux poches de votre justaucorps.

— Ame sordide! croyez-vous que j'aurais accepté la charité d'une femme qui m'abandonne, à l'instigation d'un prédicateur hypocrite et d'une femme de chambre intrigante? Le pain que j'aurais acheté avec son argent m'aurait étouffé dès la première bouchée.

Ralph le regarda d'un air de surprise, non sans quelque mélange de mépris. — Eh bien, eh bien! dit-il, il n'y a pas de quoi se mettre en colère; chacun connaît son estomac. Quant à moi, si j'étais à courir les champs à pareille heure du jour sans savoir que devenir, je ne serais pas fâché de sentir dans ma poche une couple de doubles couronnes, n'importe d'où elles vinssent. Mais si vous voulez... oui, vous pouvez venir avec moi chez mon père... c'est-à-dire seulement pour aujourd'hui; car demain nous attendons mon oncle Menelaws avec toute sa famille; mais, comme je vous disais, pour aujourd'hui...

La froideur de cette invitation et le soin qu'avait pris Ralph de répéter qu'elle n'était faite que pour un jour offensèrent l'orgueil du favori disgracié.

— J'aimerais mieux passer la nuit sous la voûte des cieux,

comme je l'ai fait plus d'une fois sans nécessité aussi urgente, s'écria-t-il, que d'entrer dans la chaumière enfumée de votre père, qui sent l'usquebaugh et la tourbe plus que le plaid d'un montagnard.

—Comme vous voudrez, mon jeune maître, puisque vous êtes si délicat, répliqua Ralph; mais si vous allez bien loin le gousset vide, vous souhaiterez peut-être plus d'une fois de trouver un verre d'usquebaugh et un bon feu de tourbe. Au surplus, mon offre valait bien un *je vous remercie;* car tout le monde ne se soucierait pas de s'exposer à être mal vu pour faire politesse à un domestique renvoyé.

—Ralph, dit Roland Græme, songez que vous avez déjà fait connaissance avec ma houssine, avec celle que vous me voyez à la main.

Ralph, gaillard vigoureux et bien découplé, sentant la supériorité de ses forces, rit d'un air méprisant en entendant cette menace de la part d'un jeune homme faible et chétif.

— Ce peut bien être le même *gourdin*, répondit-il, mais non pas la même *main*[1]; et ces deux mots riment comme dans une ballade. Écoutez-moi, monsieur le ci-devant page de milady, quand vous leviez votre fouet, si je ne levais pas le mien, ce n'était pas de peur de vous, mais de vos maîtres; et aujourd'hui je ne sais qui me retient de vous payer de vos politesses avec cette branche de coudrier, et de vous montrer que j'épargnais alors la livrée du château, et non votre sang et vos os, M. Roland.

Malgré la rage qui l'étouffait, le favori disgracié fut assez prudent pour réfléchir qu'en continuant cette altercation il s'exposerait à se faire maltraiter par un paysan beaucoup plus âgé et plus robuste que lui; et tandis que son antagoniste restait devant lui les bras croisés, d'un air qui sem-

---

(1) *It may be the same wand*
But not the same hand.

blait le défier, il sentit avec amertume le changement de sa situation, et versa des larmes de dépit qu'il s'efforça inutilement de cacher avec les deux mains.

Le villageois grossier ne put s'empêcher d'être ému de la détresse de son ancien camarade.

— Écoutez donc, monsieur Roland, lui dit-il, je ne voulais que badiner. Quand ce ne serait qu'à cause de l'ancienne connaissance, je ne voudrais pas vous frapper. Mais à l'avenir mesurez bien votre homme avant de parler de houssine ; votre bras n'est qu'un fuseau, comparé au mien. Mais j'entends le vieux Adam Woodcock qui siffle son faucon ; allons le joindre ; nous passerons une joyeuse matinée, et nous irons ensuite chez mon père malgré la tourbe et l'usquebaugh. Qui sait? nous vous trouverons peut-être quelque moyen honnête de gagner votre pain, quoique cela ne soit pas facile dans le temps où nous vivons.

Le malheureux page ne répondit rien, et il avait encore le visage couvert de ses deux mains, tandis que Ralph continuait à lui donner ce qu'il croyait être des consolations.

— Quand vous étiez le favori de milady, on disait que vous étiez orgueilleux ; quelques-uns même vous appelaient papiste, et je ne sais pas quoi. A présent que vous n'avez plus personne pour vous soutenir, il faut que vous soyez affable et cordial, que vous écoutiez les instructions du ministre pour ôter toutes ces idées de la tête des gens. S'il vous dit que vous êtes en faute, il faut baisser la tête devant lui. Si un seigneur ou le favori d'un seigneur fait à son tour jouer la houssine sur vous, il faut lui dire : Je vous remercie d'avoir épousseté mon habit, ou quelque chose de semblable, en un mot faire ce que je faisais avec vous. Mais j'entends encore Adam Woodcock. Allons, venez, Roland, venez ; je continuerai à vous instruire chemin faisant.

— Je vous remercie, Ralph, répondit Roland en tâchant de prendre un air d'indifférence et un ton de supériorité ;

mais j'ai un autre chemin à suivre, et je ne puis marcher dans le vôtre.

— Fort bien, monsieur Roland; chacun connaît ses affaires, et je n'ai pas envie de vous détourner de votre chemin, comme vous dites. Allons, une poignée de mains avant de nous quitter. Vous ne voulez pas! soit! vous pouvez être fier tant qu'il vous plaira. Adieu donc, beaucoup de plaisir dans votre voyage!

— Adieu, adieu, dit Roland : et le paysan s'éloigna en sifflant, ne paraissant nullement fâché d'être débarrassé d'une connaissance qui pouvait lui devenir à charge sans lui être d'aucune utilité.

Roland Græme continua à marcher tant que Ralph put l'apercevoir, afin de ne pas avoir l'air de vaciller dans sa résolution, ou de n'avoir pas un but déterminé, s'il s'arrêtait sur le même lieu; mais cet effort lui fut pénible. Il se sentait comme étourdi; il lui semblait que la terre était mobile sous ses pieds, et il manqua deux ou trois fois de tomber, quoiqu'il fût sur un gazon très uni. Il continua pourtant à avancer en dépit de l'agitation intérieure qu'il éprouvait; et enfin, ayant vu Ralph disparaître derrière une colline, son courage l'abandonna tout à coup, il s'assit sur l'herbe, s'abandonna à l'expression naturelle de l'orgueil blessé, du chagrin et de la crainte, et versa un torrent de larmes.

Lorsque la première violence de sa douleur fut passée, le jeune homme, isolé et sans appui dans le monde, sentit le soulagement que procurent les larmes. Les siennes coulaient encore, mais elles n'avaient plus la même amertume. Des sensations affligeantes, mais plus douces, furent éveillées dans son ame par le souvenir de sa bienfaitrice, de l'inépuisable bonté qu'elle lui avait toujours témoignée en dépit de tant de traits d'insubordination qu'il se reprochait maintenant comme autant de crimes; de la protection qu'elle lui avait accordée tant contre la malveillance des autres que contre sa propre folie, et dont il aurait encore joui si l'excès de sa présomption ne l'eût forcée à la lui retirer.

—Quelques outrages que j'aie eus à supporter, pensa-t-il, ils ont été la juste récompense de mon ingratitude. N'ai-je pas eu tort d'ailleurs d'accepter l'hospitalité, de consentir à devenir l'objet de la tendresse plus que maternelle de ma bienfaitrice, et de lui cacher quelle était ma religion? Il faut qu'elle sache qu'un catholique n'est pas moins reconnaissant qu'un puritain; que j'ai été inconsidéré, mais non méchant; qu'au milieu de mes plus grands torts je l'ai toujours aimée, honorée, respectée; que l'orphelin a pu être insensé, mais qu'il n'a jamais été ingrat.

Ces idées se succédant rapidement dans son esprit, il reprit le chemin du château à grands pas. Mais quand il songea au mépris avec lequel on le verrait probablement arriver humilié, et comme on devrait naturellement le supposer, venant solliciter le pardon de sa faute et la permission de reprendre son service de page, il ralentit sa marche, mais il ne s'arrêta point.

—Qu'on m'accable de mépris et de dérision, pensa-t-il; qu'on parle de l'orgueilleux humilié, de la chute du superbe, peu m'importe; c'est un châtiment dû à ma folie, et je le souffrirai avec patience. Mais si ma bienfaitrice elle-même allait me croire assez lâche et assez bas pour n'avoir d'autre but en lui demandant mon pardon que d'obtenir qu'elle me rende tous les avantages dont je jouissais auprès d'elle, comment pourrais-je supporter ce soupçon?

Il s'arrêta à ces mots, et son orgueil, appelant à son secours toute son obstination naturelle, lui représenta que bien loin de regagner les bonnes graces de lady Avenel, il ne ferait qu'encourir son mépris en suivant la marche que lui avait inspirée la première ferveur de son repentir.

—Si j'avais un prétexte plausible, quelque raison à alléguer, quelque motif qui prouvât que je ne retourne pas au château en suppliant dégradé, avec quel empressement je m'y rendrais! Mais dans la situation où je me trouve, je ne puis m'y résoudre, mon cœur se briserait.

Comme il faisait ces dernières réflexions, quelque chose passa dans l'air si près de lui que la plume qui décorait sa toque en fut agitée. Il leva les yeux, et reconnut le faucon favori du sieur Halbert, qui, voltigeant autour de sa tête, semblait réclamer l'attention d'un ancien ami. Roland étendit le bras et fit le signal auquel était accoutumé l'oiseau, qui vint aussitôt se percher sur son poing, et qui, s'occupant à lisser ses plumes, regardait de temps en temps Roland comme pour lui demander pourquoi il ne le caressait pas suivant sa coutume.

—Ah! Diamant, s'écria-t-il, comme si l'oiseau l'eût entendu, nous devons être désormais étrangers l'un pour l'autre. J'ai été bien des fois témoin de tes prouesses; je t'ai vu attaquer plus d'un brave héron; mais c'en est fait, plus de chasse pour moi.

—Et pourquoi cela, monsieur Roland? dit Adam Woodcock, qu'un buisson avait caché jusqu'alors aux yeux du favori disgracié, pourquoi n'y aurait-il plus de chasse au faucon pour vous? Que serait la vie sans la chasse? Rappelez-vous la vieille ballade :

> Allan aimerait mieux dans un cachot languir,
> Que d'être libre aux lieux où nul faucon ne vole;
> Allan aimerait mieux mourir,
> Que vivre où le coursier jamais ne caracole.
> La chasse est le seul vrai plaisir.

La voix du brave fauconnier était amicale, son abord cordial, et la manière dont il chanta son couplet annonçait franchise et loyauté. Mais le souvenir de la querelle qu'il avait eue avec lui et de ses suites embarrassait Roland, et il ne savait que répondre. Woodcock vit son hésitation, et en devina la cause.

— Eh bien! monsieur Roland, lui dit-il, vous qui êtes à

moitié Anglais, puisque vous êtes né sur le territoire contesté, croyez-vous que moi qui le suis tout-à-fait, je puisse garder de la rancune contre vous, et quand vous êtes dans l'affliction? Ce serait agir comme certains Écossais (sauf le respect que je dois à mon maître), qui savent faire bonne mine à mauvais jeu, attendre l'occasion favorable, être avec vous à pot et à rôt, vous suivre à la pêche et à la chasse, rire, boire, jaser, et quand ils peuvent trouver leur belle vous paient une vieille dette d'un bon coup de poignard. Woodcock n'a pas de mémoire pour ses anciens comptes. Vous m'avez rudoyé, c'est vrai; mais qu'importe! Je puis supporter de vous un coup de poing plus facilement qu'une sottise d'un autre, car vous êtes connaisseur en faucons, quoique vous prétendiez qu'il faille laver la nourriture des fauconneaux. Allons, monsieur Roland, donnez-moi la main, et point de rancune.

La fierté de Roland se révoltait du ton de familiarité avec lequel lui parlait le bon Adam : mais il ne put résister à la franchise de son accueil cordial; et se couvrant le visage d'une main, il lui tendit l'autre, que le fauconnier serra amicalement.

— C'est bien, dit le fauconnier, fort bien! j'ai toujours dit que vous aviez un bon cœur, quoiqu'il y eût un peu de malice dans votre fait. Je suis venu par ici avec le faucon dans l'espoir de vous trouver, et j'ai rencontré Ralph Fisher qui m'a dit que vous étiez de ce côté. Vous lui avez toujours fait plus d'honneur qu'il ne mérite; il ne connaît de la chasse que ce que vous lui en avez appris. J'ai entrevu d'après ses discours ce qui s'était passé entre vous, et je m'en suis débarrassé. J'aimerais mieux un oiseau pilleur perché dans ma fauconnerie qu'un faux ami à mon côté. Mais à présent, monsieur Roland, dites-moi donc où vous comptez aller.

— Où il plaira à Dieu, répondit le page avec un soupir qu'il ne put retenir.

— Allons, allons, n'arrachez pas vos plumes, parce qu'on vous a donné l'essor : vous n'en volerez peut-être que plus haut. Voyez Diamant, c'est un noble oiseau, il a l'air fier de son chaperon, de ses sonnettes et de ses rubans ; mais il y a plus d'un faucon sauvage en Norwège qui ne voudrait pas changer de condition avec lui. C'est ce que je voulais dire de vous. Vous n'êtes plus un page de dame ; vous n'aurez plus de si beaux habits, une nourriture si friande, un lit si mollet. Qu'importe ! vous n'aurez d'autre maître que vous-même, vous ne serez plus obligé de répondre au sifflet, vous irez où vous voudrez. Vous n'aurez plus de chasse au faucon, c'est bien là le pire : mais qui sait ce qui vous est réservé? On dit que sir Halbert lui-même (j'en parle avec tout respect) a été sur le point d'être garde-chasse de l'abbé de Sainte-Marie; et maintenant il a des chiens, des faucons, et qui plus est, Adam Woodcock pour fauconnier.

— Vous avez raison, Adam, ce que vous dites est juste, reprit Roland les joues enflammées, le faucon n'en prendra que mieux son essor quand il sera délivré de ses sonnettes, quoiqu'elles soient d'argent.

— Voilà qui est parler ! et maintenant où allez-vous de ce pas?

— Je pensais aller à l'abbaye de Kennaquhair pour demander des conseils au père Ambroise.

— Que la joie vous accompagne, quoiqu'il soit probable que vous trouverez les moines dans le chagrin ; car on dit que les réformés menacent de les chasser de leurs cellules, et de chanter une messe au diable dans la vieille église, pensant qu'ils se sont trop long-temps privés de ce divertissement; et en vérité je suis tout-à-fait de cet avis.

— En ce cas, un ami peut n'être pas inutile au père Ambroise, dit le page fièrement.

— Oui, mon jeune brave, mais l'ami du père Ambroise pourrait bien ne pas s'en trouver mieux ; il serait possible qu'il attrapât quelque horion.

— Je m'en inquiète peu ; ce n'est pas la crainte d'un horion qui m'arrêtera. Mais je crains de semer la division entre les deux frères en allant voir le père Ambroise. J'irai donc d'abord à l'ermitage de Saint-Cuthbert. Je demanderai au vieil ermite le couvert pour une nuit, et j'enverrai à l'abbaye pour savoir si le père Ambroise pense que je puisse m'y présenter.

— Par Notre-Dame! dit le fauconnier, c'est un plan fort sage. Mais à présent, continua-t-il en faisant succéder à son air franc et ouvert une sorte d'embarras et de gaucherie qui semblait annoncer qu'il ne savait comment s'y prendre pour exprimer ce qui lui restait à dire, à présent vous savez que j'ai un sac pour porter la nourriture de mes faucons ; mais de quoi croyez-vous qu'il soit doublé?

— De cuir, bien certainement, répondit Roland, surpris qu'Adam eût l'air d'hésiter pour lui faire une question si simple.

— Ah! de cuir! oui sans doute, mon garçon : mais il y a une seconde doublure, une doublure d'argent. En même temps, lui montrant son sac, il lui fit remarquer une ouverture secrète fermée avec soin. Il y a là, ajouta-t-il, trente groats[1] d'argent, aussi bons qu'on en ait jamais frappé, et il y en a dix à votre service. Ouf! le gros mot est enfin lâché!

Le premier mouvement de Roland fut de refuser ce secours. Mais il se rappela qu'il venait de faire vœu d'humilité, et il pensa que c'était l'occasion de mettre à l'épreuve sa résolution. S'armant donc de courage, il répondit à Adam avec autant de franchise que son caractère lui permettait d'en montrer en faisant une chose si contraire à son penchant naturel, qu'il acceptait avec reconnaissance son offre amicale ; mais pour dédommager sa fierté blessée, il se hâta d'ajouter qu'il espérait pouvoir s'acquitter bientôt de cette dette.

(1) Ancienne monnaie d'Écosse. — Éd.

— Comme vous voudrez, jeune homme, comme vous voudrez, dit le fauconnier; et comptant son argent d'un air de plaisir, il lui remit la somme qu'il lui avait si généreusement offerte, ajoutant ensuite d'un ton de satisfaction: Maintenant vous pouvez marcher hardiment devant vous. Celui qui sait monter à cheval, donner du cor, suivre une meute, dresser un faucon, manier l'épée et le bouclier, qui a une paire de souliers, un justaucorps vert et dix bons groats dans son gousset, peut narguer le souci et faire son chemin dans le monde. Adieu, et que le ciel vous protège!

A ces mots, tournant brusquement sur ses talons, comme s'il eût voulu éviter les remercîmens de Roland Græme, il s'éloigna à grands pas, et le laissa continuer seul son voyage.

CHAPITRE VIII.

« Les cierges sont éteints, les autels renversés,
« La croix est abattue et la cloche est muette.
« Ces murs détruits, des saints les restes dispersés
« Annoncent de ces lieux la ruine complète;
   « Et du pieux anachorète,
« Hélas! peut-être aussi les jours sont menacés! »
                                    REDIVIVA.

L'ERMITAGE de Saint-Cuthbert était, à ce qu'on supposait, un des lieux de halte que ce vénérable saint avait daigné assigner à ses moines lorsque leur communauté, chassée de Lindisfern par les Danois, devint une société de religieux péripatéticiens, qui, portant le corps de leur patron sur leurs épaules, le promenèrent d'un lieu à l'autre à travers l'Écosse et les frontières d'Angleterre, jusqu'à ce qu'enfin le bienheureux mît un terme à leurs courses en choisissant son asile définitif dans la cathédrale pompeuse de Durham. Une odeur de sainteté resta attachée à chaque endroit où les moines s'étaient arrêtés dans leur pèlerinage; on y construisit des ermitages et des chapelles; et ceux qui avaient dans leur voisinage un de ces lieux saints n'en étaient pas peu fiers. Un des plus célèbres était l'ermitage de Saint-Cuthbert, vers lequel Roland Græme se dirigeait alors. Il était situé au nord-ouest de la grande abbaye de Kennaquhair, dont il dépendait.

On remarquait dans le voisinage quelques-uns de ces avantages qui toujours eurent de l'influence sur les prêtres de Rome, quand il s'agissait de choisir un lieu convenable à leurs établissemens religieux. Tout auprès se trouvait une fontaine aux eaux de laquelle on attribuait quelques vertus médicales, et qui naturellement avait le saint pour patron et gardien, ce qui n'était pas sans utilité pour l'anachorète de l'ermitage. Raisonnablement pouvait-on espérer quelque chose de la vertu de cette source consacrée à saint Cuthbert, si l'on ne faisait pas quelque offrande au chapelain du bienheureux[1]? Quelques perches de terrain fertile lui formaient un jardin. Une colline couverte de beaux arbres s'élevait derrière la cellule, et la mettait à l'abri des vents de l'est et du nord; et la façade, exposée au sud-ouest, donnait sur une vallée pittoresque dans laquelle serpentait un ruisseau dont les eaux rapides livraient combat à chaque petit rocher qui se trouvait sur leur passage.

L'ermitage était plutôt simple que grossièrement construit. C'était un petit bâtiment gothique, peu élevé, divisé

---

(1) On trouve dans *l'Abbé*, comme dans *le Monastère*, des preuves évidentes que le capitaine Clutterbuch et l'auteur de *Waverley*, qui s'est fait son éditeur, ont souvent mis les sentimens de leur secte anti-catholique à la place des expressions pieuses avec lesquelles sans doute le bénédictin, auteur du manuscrit original, parlait de tout ce qui tient au culte romain. — Éd.

en deux pièces, dont l'une était le domicile et l'autre l'oratoire de l'anachorète. Comme peu d'ecclésiastiques du clergé régulier osaient résider si près des frontières, le moine de Saint-Cuthbert avait été utile à tout le voisinage pour les affaires spirituelles, tant que la religion catholique avait conservé de l'ascendant dans le pays, attendu qu'il pouvait marier, baptiser, et même administrer tous les sacremens de l'Église romaine. Mais depuis quelque temps la foi protestante ayant gagné considérablement de terrain, il avait cru, par prudence, devoir vivre dans une profonde retraite pour éviter de fixer l'attention sur lui. Néanmoins l'état de son habitation, lorsque Roland Græme y arriva à la chute du jour, prouvait clairement que ses précautions avaient été vaines.

Le premier mouvement du page fut de frapper à la porte; mais il s'aperçut, à sa grande surprise, qu'elle était ouverte, c'est-à-dire que les gonds du haut en avaient été arrachés, et que ne tenant plus qu'à ceux du bas, elle ne pouvait plus servir de clôture. Un peu alarmé, il appela l'ermite, et n'ayant reçu aucune réponse, il examina l'extérieur de l'habitation avant de se hasarder à y entrer. Les arbustes qui en tapissaient les murailles paraissaient en avoir été arrachés récemment, et leurs guirlandes flétries traînaient à terre. La fenêtre était brisée. Enfin le jardin, que le cénobite cultivait avec le plus grand soin, offrait les traces de la dévastation causée par les hommes et les animaux qui l'avaient foulé aux pieds.

La sainte fontaine n'avait pas échappé aux profanateurs. La dévotion des anciens temps en avait protégé les eaux bienfaisantes par un dôme soutenu sur des colonnes. Il était démoli, et les pierres en avaient été jetées en grande partie dans la source, comme si pour avoir été autrefois de moitié dans les honneurs qu'on rendait au saint, elle devait être condamnée aujourd'hui à partager son impopularité. Le toit de l'ermitage avait été détruit en partie; on avait même essayé d'en renverser les murailles, et l'on voyait l'empreinte des marteaux et des leviers sur l'un des angles, dont on avait arraché quelques grosses pierres; mais l'ancienne maçonnerie avait plus de solidité que les assaillans de temps ou de patience, et ils avaient renoncé à cette œuvre de destruction.

Les édifices de ce genre offrent encore au milieu de leurs ruines des beautés mélancoliques, quand après un laps d'années la nature a fait disparaître graduellement les traces de la violence sous les herbes rampantes et les dégradations du temps. Mais quand on voit les horribles effets d'une dévastation récente, rien n'adoucit l'amertume d'un tel spectacle; tel était celui qui s'offrait en ce moment aux regards de Roland, et qu'il voyait avec le sentiment pénible qu'il devait naturellement faire naître.

Après le premier moment de surprise, il ne fut pas embarrassé pour deviner la cause de ces ravages. La destruction des édifices consacrés au culte de l'Église romaine ne fut pas simultanée dans toute l'Écosse. Elle eut lieu à différentes époques, suivant l'esprit qui animait les prédicateurs réformés, dont quelques-uns excitaient les auditeurs à ces actes de dilapidation, tandis que d'autres, avec plus de raison, voulaient que l'on conservât les bâtimens, et qu'on se contentât d'enlever les objets d'une dévotion idolâtre. De temps en temps la populace d'une ville ou d'un village, excitée par sa propre haine contre la superstition des catholiques, ou enflammée par les discours de quelque zélé prédicateur, reprenait l'œuvre de destruction, et faisait tomber sa fureur sur quelque église écartée, sur quelque chapelle obscure qui avait jusqu'alors échappé à son indignation contre la religion romaine. Dans certains cantons, les vices du clergé catholique, dont la source était dans ses richesses et la corruption de cette redoutable hiérarchie, n'avaient que trop justifié la terrible vengeance exercée alors contre les somptueux édifices qu'il avait habités: un ancien historien écossais en donne un exemple remarquable:

— D'où vient cette tristesse? disait une vieille matrone à quelques-uns de ses concitoyens qui manifestaient leur mécontentement en voyant la populace incendier un couvent magnifique. — Pourquoi gémir à la vue de ces flammes et de cette destruction? Si vous connaissiez la moitié des impiétés abominables commises dans cette maison, loin de vous plaindre, vous béniriez la justice divine qui n'a pas même voulu permettre que les murs insensibles qui ont servi d'abri à tant de débauches déshonorassent plus longtemps une terre chrétienne.

Quoique dans beaucoup de circonstances on pourrait, suivant la manière de juger de cette vieille matrone, considérer la destruction des édifices de la religion catholique comme un acte de justice, et dans beaucoup d'autres comme un trait de politique, il n'en est pas moins certain que la démolition de ces anciens monumens élevés par la magnificence et la piété des siècles passés dans un pays aussi pauvre que l'Écosse, où il n'existait aucune possibilité de les remplacer, était un acte de violence inutile et un trait de véritable barbarie [1].

La vie tranquille et retirée de l'ermite de Saint-Cuthbert l'avait sauvé jusque là du naufrage presque général; mais la destruction avait enfin étendu son bras jusqu'à lui. Roland, inquiet de savoir si le vénérable reclus n'avait du moins souffert aucune violence personnelle, entra enfin dans l'ermitage à demi démoli.

L'intérieur du bâtiment répondait à l'idée qu'il s'en était formée après avoir vu l'extérieur. Le peu de meubles que possédait le solitaire avaient été brisés, et l'on avait allumé un grand feu avec une partie de leurs débris pour brûler le reste de sa propriété, et principalement une vieille statue en bois de saint Cuthbert dans sa robe épiscopale, que l'on voyait à terre, comme le Dagon des Philistins, mutilée par

---

[1] On comprend pourquoi l'auteur, qui aurait pu mettre Knox en scène, a préféré lui substituer le caractère modéré, mais idéal, de Warden : « Détruisez les nids, s'écriait le réformateur, les corbeaux s'envoleront ! » — ED.

la hache, noircie par les flammes, mais sans être entièrement détruite. Dans le petit appartement qui servait d'oratoire, l'autel était renversé, et les quatre grosses pierres qui le formaient éparses sur les planches. Un grand crucifix en pierre placé dans une niche derrière l'autel en avait été arraché, et s'était brisé en trois morceaux par son propre poids en tombant à terre.

Roland Græme, nourri secrètement dans les principes de la religion romaine, vit avec horreur la profanation de ce qui à ses yeux était l'emblème le plus sacré de notre sainte religion.

— C'est le gage de notre rédemption, dit-il, que des mains impies ont osé outrager! Si Dieu daignait m'accorder assez de force pour le relever, pour le remettre en sa place, pour réparer cette profanation!

Il se mit sur-le-champ à l'ouvrage, et parvint, non sans peine, à relever le fragment qui formait la partie inférieure du crucifix, et à le replacer sur une énorme pierre qui lui servait de piédestal. Encouragé par ce premier succès, il employa toutes ses forces à relever le second fragment sur lequel était l'image du Sauveur, et ne fut pas peu surpris lui-même quand il eut réussi à le fixer sur le premier. Il venait de terminer ce travail pénible quand il entendit derrière lui une voix qu'il ne put méconnaître, qui s'écriait :
— Fort bien, bon et fidèle serviteur! c'est ainsi que j'aime à retrouver l'enfant de ma tendresse, l'espoir de mes vieux ans!

Roland se retourna, et reconnut la taille gigantesque de Magdeleine Græme. Elle était couverte d'une robe semblable à celle que portaient les pénitens dans les pays catholiques, mais de couleur noire, et ressemblant à un manteau de pèlerin, autant que la prudence le permettait dans un pays où, en certains cantons, on ne pouvait se rendre suspect de catholicisme sans s'exposer aux plus grands dangers. Il se jeta à ses pieds; elle le releva, et l'embrassa tendrement, mais avec un air grave qui allait presque jusqu'à la sévérité.

— Tu as bien conservé l'oiseau dans ton sein, lui dit-elle; dans ton enfance, dans ta jeunesse, tu as été fidèle à ta foi au milieu des hérétiques; tu as gardé ton secret et le mien au milieu de tes ennemis. Je pleurai en te quittant; moi qui verse rarement des larmes, j'en répandis de bien amères, moins dans la crainte de te perdre qu'à cause des dangers spirituels auxquels tu allais être exposé. Je n'osai pas même te faire mes adieux; mon chagrin m'aurait trahie devant ces hérétiques. Mais tu as été fidèle! A genoux, à genoux, te dis-je, devant ce signe sacré que les méchans injurient et blasphèment, et rends graces aux saints et aux anges qui t'ont préservé de la contagion de la lèpre dont sont infectés tous les habitans de la maison où tu as été élevé.

— Ma mère, répondit Græme, car c'est ainsi que je vous nommerai toujours, si vous me revoyez tel que vous le désiriez, c'est grace aux soins du vénérable père Ambroise, dont les instructions m'ont confirmé dans les principes que vous m'aviez donnés de bonne heure, et qui m'a appris à être à la fois fidèle et discret.

— Qu'il soit béni du ciel! s'écria-t-elle; béni dans sa cellule et dans le monde, dans la chaire et à l'autel! Que tous les saints répandent sur lui leur bénédiction! Ils sont justes, et ils opposent ses efforts religieux aux maux que son détestable frère cherche à attirer sur le royaume et sur l'Église. Mais le père Ambroise ne sait pas qui tu es?

— Comment aurais-je pu le lui apprendre? Vous m'avez seulement donné à entendre que sir Halbert Glendinning possède mon héritage, et que le sang qui coule dans mes veines est aussi noble que celui d'aucun baron écossais. Ce sont des choses que je n'ai jamais oubliées, mais c'est de vous seule que je puis en attendre l'explication.

— Et quand il en sera temps, tu ne la demanderas pas en

vain ; mais on dit, mon fils, que tu es prompt et impétueux ; et à des gens d'un tel caractère on ne doit pas légèrement confier des secrets qui doivent les émouvoir fortement.

— Dites plutôt, ma mère, que je suis patient et endurant. Quel effort de patience pouvez-vous exiger, dont ne soit capable celui qui pendant tant d'années a entendu ridiculiser et insulter sa religion, et qui n'a pas plongé son poignard dans le sein du blasphémateur?

— Mon fils, attends tout du temps et des circonstances. Le moment de la crise approche. De grands événemens vont se passer, et tu es appelé à y prendre part. Tu n'es donc plus au service de lady Avenel?

— Elle m'a congédié. J'ai assez vécu pour me voir renvoyé comme le dernier des domestiques.

— Tant mieux, mon enfant ; tu en auras plus de force pour entreprendre ce qui doit être exécuté.

— Pourvu que ce ne soit rien contre lady Avenel, comme vos paroles me donnent lieu de le craindre, ma mère ! s'écria Roland avec feu. J'ai mangé son pain ; j'ai été comblé de ses bienfaits ; jamais je ne consentirai à l'outrager et à la trahir.

— C'est ce dont nous parlerons plus tard, mon fils, reprit Magdeleine ; mais apprends que tu ne peux capituler avec ton devoir, et tu ne dois pas dire : Je ferai ceci, je ne ferai pas cela. Roland ! Dieu et les hommes ne peuvent souffrir plus long-temps la perversité de la génération actuelle. Vois-tu ces fragmens ? Sais-tu ce qu'ils représentent ? Et penserais-tu pouvoir être autorisé à faire des distinctions entre une race maudite qui viole, blasphème et détruit tout ce qu'il nous est ordonné de croire et de respecter ?

A ces mots, elle pencha la tête devant le crucifix ; ses traits offraient un singulier mélange d'enthousiasme, de zèle religieux et de ressentiment ; elle leva la main comme si elle allait prononcer un vœu, et s'écria : — Rendez-moi témoignage, grand saint dans le temple profané duquel nous

nous trouvons, que ce n'est point pour satisfaire ma propre vengeance que ma haine poursuit les impies, et qu'ainsi ni amitié ni affection terrestre pour aucun d'eux ne me feront retirer ma main de la charrue quand le soc passera sur le sillon condamné! Rends-moi témoignage, grand saint, qui fus toi-même jadis errant et fugitif comme nous; rends-moi témoignage, mère de miséricorde, reine du ciel; rendez-moi témoignage, anges et bienheureux!

Dans son enthousiasme, elle levait ses yeux ardens vers les étoiles qu'on commençait à voir briller dans le firmament, tandis que ses longs cheveux gris flottaient sur ses épaules au gré des vents qui entraient librement dans l'oratoire par le toit découvert et les fenêtres brisées.

Roland Græme avait été habitué de trop bonne heure à ses discours mystérieux, et savait trop bien par expérience qu'il était inutile de lui en demander l'explication, pour chercher à pénétrer le secret dessein qu'elle annonçait. Elle-même ne reprit plus cet entretien; et après avoir fini sa prière, en joignant les mains dans un recueillement solennel, elle fit le signe de la croix et s'adressa à son petit-fils sur un ton plus adapté aux affaires journalières de la vie.

— Il faut te mettre en route, Roland; il faut partir, mais pas avant demain matin. Comment vas-tu passer la nuit ici? Depuis quelques années tu t'es habitué à un lit plus doux que celui que nous trouvions quand nous parcourions ensemble les montagnes du Cumberland et du Liddesdale.

— Je n'en ai pas moins conservé les habitudes que j'avais contractées alors, ma bonne mère, celles de savoir coucher sur la dure et braver les intempéries des saisons. Depuis que nous nous sommes quittés, j'ai été chasseur et pêcheur, et ceux qui se livrent à ces occupations trouvent quelquefois un plus mauvais gîte que celui que le sacrilége nous a laissé ici.

— Que le sacrilége nous a laissé ici! répéta Magdeleine en appuyant sur ces paroles. Cela n'est que trop vrai, mon fils;

les fidèles enfans de Dieu ne trouvent pas même un abri dans la maison du Seigneur, dans le temple de ses saints. Nous passerons ici la nuit bien froidement, exposés aux vents qui sifflent par toutes les brèches que l'hérésie a faites à ces murs; mais bientôt ceux qui les ont faites auront un lit plus chaud, et ils ne le quitteront pas de toute l'éternité.

Malgré son caractère enthousiaste et singulier, Magdeleine semblait conserver pour Roland cette tendresse attentive et affectueuse que les femmes ont ordinairement pour leurs nourrissons et les enfans confiés à leurs soins. Il semblait qu'elle voulait continuer à faire pour lui tout ce qu'elle avait fait pendant son enfance, et qu'elle regardait le jeune homme qu'elle avait sous les yeux comme exigeant d'elle les mêmes soins que l'orphelin qui dans ses premières années avait été l'objet de sa constante sollicitude.

— Tu dois avoir faim, lui dit-elle comme ils sortaient de l'oratoire pour rentrer dans la pièce qui avait servi d'habitation à l'ermite; il te faudrait du feu pour te défendre contre le froid et le vent. Pauvre enfant, tu as entrepris un long voyage sans provisions, et tu n'as pas encore assez d'expérience pour suppléer par l'adresse aux moyens qui te manquent. Mais Notre-Dame a placé près de toi une personne à qui le besoin, sous toutes ses formes, est devenu aussi familier qu'elle avait été autrefois habituée à l'opulence et à sa splendeur; et c'est le besoin, Roland, qui est le père de l'industrie.

Déployant alors une activité qui faisait un contraste frappant avec le ton solennel de la prière, elle se mit à faire ses arrangemens pour la soirée. D'une poche cachée sous ses vêtemens elle tira un briquet, et les débris du mobilier de l'ermite, dont elle excepta avec un soin scrupuleux tout ce qui avait fait partie de la statue de saint Cuthbert, lui fournirent des éclats de bois en abondance pour allumer un feu clair et pétillant dans le foyer de la cellule déserte.

— Maintenant, dit-elle, il faut songer à souper.

— N'y pensez pas, ma mère, dit Roland, à moins que ce ne soit pour vous-même. Je supporterai facilement l'abstinence pour une nuit, et ce ne sera qu'une faible pénitence pour les transgressions aux commandemens de l'Église, dont mon séjour au château d'Avenel m'a rendu coupable malgré moi.

— A moins que ce ne soit pour moi-même! répéta Magdeleine; apprends, jeune homme, qu'une mère ne connaît pas la faim avant que celle de son enfant soit satisfaite. Roland, ajouta-t-elle avec un ton d'affection tout différent de sa manière habituelle, tu ne dois pas encore jeûner; ton âge t'en dispense. Tu es jeune, et la jeunesse ne peut se passer de nourriture et de sommeil. Ménage tes forces, mon enfant; ton souverain, ton pays et ta religion l'exigent. Que l'âge mûr soumette aux veilles et aux jeûnes un corps fait pour souffrir; mais la jeunesse, surtout dans ces temps difficiles, doit acquérir et entretenir les forces dont elle a besoin pour agir.

Tout en parlant ainsi, de la même poche qui avait fourni les moyens d'allumer du feu elle tira de quoi faire une collation; mais elle y toucha à peine, et elle prenait un plaisir comparable à celui d'un épicurien en voyant Roland manger avec un appétit que la marche et l'abstinence de toute la journée avaient aiguisé. Ce fut donc avec empressement qu'il obéit à ses recommandations de prendre la nourriture qu'elle plaçait devant lui avec une tendresse affectueuse. Mais quand il l'invita à partager avec lui le repas frugal qu'elle lui avait procuré, elle secoua la tête, et lorsque ses sollicitations devinrent plus pressantes, elle les repoussa avec une gravité solennelle.

— Jeune homme, dit-elle, tu ne sais ni à qui ni de quoi tu parles. Ceux à qui le ciel déclare ses desseins doivent mériter cette faveur en mortifiant leurs sens. Ils trouvent en eux ce qui les dispense du superflu de la nourriture terrestre nécessaire à ceux qui sont hors de la sphère de la vision. La nuit qu'ils passent en prière est pour eux le repos le plus doux, et dans la connaissance intime qu'ils ont de la volonté du ciel, ils trouvent un banquet plus riche que ne peuvent s'en procurer les rois de la terre. Mais toi, mon fils, ajouta-t-elle en reprenant le ton de l'affection maternelle, tu as besoin pendant ta jeunesse d'un sommeil rafraîchissant, et les soucis du jour doivent être oubliés dans le repos de la nuit. Tes devoirs sont aussi différens des miens que les moyens par lesquels nous devons nous disposer à les remplir. Il te faut la force du corps : je n'ai besoin que de celle de l'ame.

Tout en parlant ainsi elle remuait des feuilles sèches qui formaient la couche du solitaire ainsi que celle des hôtes à qui il accordait quelquefois l'hospitalité, et que les destructeurs de son humble cellule avaient laissées dans un coin sans y toucher. Elle les couvrit des vêtemens déchirés qu'elle trouva épars sur le plancher, ayant grand soin de ne pas faire servir à cet usage les débris d'ornemens sacerdotaux qu'elle reconnut ; et elle parvint à composer ainsi un lit qu'aucun voyageur fatigué n'aurait dédaigné. Roland voulut plusieurs fois l'aider à cet ouvrage, mais elle s'y opposa avec une sorte d'aigreur ; et quand il la supplia de prendre pour elle-même le lit de repos qu'elle venait de préparer, —Dors, Roland, lui dit-elle, dors, orphelin déshérité et persécuté, fils d'une trop malheureuse mère ; dors pendant que je vais prier près de toi dans l'oratoire.

Son air était trop sérieux, son ton annonçait trop d'enthousiasme et de fermeté pour que Roland pût résister à ses ordres. Il éprouva pourtant une sorte de honte en y cédant. Il semblait, comme nous l'avons déjà remarqué, qu'elle eût oublié les années qui s'étaient écoulées depuis leur séparation, et qu'elle s'attendît à trouver dans le jeune homme habitué à suivre toutes ses fantaisies, gâté par une indulgence excessive, l'obéissance passive de l'enfant qu'elle avait laissé au château d'Avenel. L'orgueil naturel de Roland ne pouvait manquer de s'en trouver blessé. Le souvenir de son ancienne soumission et un sentiment d'affection et de reconnaissance le firent pourtant obéir comme par une espèce d'instinct ; mais son esprit altier se révolta contre le joug.

—Ai-je quitté les chiens et les faucons, pensa-t-il, pour devenir l'esclave de ses volontés, comme si j'étais encore un enfant? moi dont les compagnons jaloux reconnaissaient eux-mêmes la supériorité dans tous ces exercices qu'ils prenaient tant de peine pour apprendre, et que je pratiquais sans étude, comme s'ils eussent été mon héritage naturel. Cela ne saurait être, cela n'aura pas lieu. Je ne serai pas comme le faucon qu'une femme porte chaperonné sur le poing, et auquel elle ne découvre les yeux qu'à l'instant où il doit s'élancer sur la proie. Il faut que je connaisse ses projets avant d'entreprendre de les seconder.

De semblables pensées occupèrent long-temps l'esprit de Roland Græme ; et malgré la fatigue qu'il avait éprouvée, le sommeil ne lui ferma les yeux que fort tard.

CHAPITRE IX.

> « Qu'un serment solennel confirme ta promesse;
> « A genoux prends le ciel à témoin de ta foi :
> « Ta parole autrement serait trop peu pour moi. »
> *Ancienne comédie.*

Après avoir passé la nuit dans ce sommeil profond qui suit assez souvent l'agitation et la fatigue, Roland fut éveillé par l'air frais du matin et par les rayons du soleil levant. Le premier sentiment qu'il éprouva fut celui de la surprise, quand, au lieu d'apercevoir de la fenêtre d'une tour élevée les eaux d'un beau lac, vue que présentait l'appartement qu'il occupait au château d'Avenel, il vit par la baie d'une croisée démolie le spectacle de la dévastation qu'offrait le jardin de l'anachorète. Il se frotta les yeux, s'assit sur sa couche de feuilles, et se rappela les événemens de la journée précédente. Plus il y réfléchissait, plus il les trouvait singuliers. En un seul jour il avait perdu la protectrice de sa jeunesse, et retrouvé celle qui avait été son guide et son unique appui pendant son enfance. Il sentait que la première de ces deux circonstances serait pour lui un sujet éternel de regrets, et il ne savait trop s'il devait se féliciter de la seconde. Il se souvenait que cette femme, qui lui avait tenu lieu de mère, s'était toujours montrée aussi passionnée dans sa tendresse pour lui qu'absolue dans l'exercice de son autorité; il se souvenait que l'affection qu'elle lui avait inspirée n'était pas sans mélange de crainte; il appréhendait qu'elle ne voulût reprendre le même empire sur toutes ses actions; la conduite qu'elle avait tenue la veille ne l'autorisait que trop à le croire, et cette idée était un contre-poids à la joie que lui avait d'abord causée cette rencontre.

— Elle ne peut, lui suggérait son orgueil, vouloir me conduire et me diriger comme un enfant, maintenant que j'ai atteint l'âge où l'on peut juger par soi-même de ses propres actions. Elle ne peut le vouloir; et si elle le voulait, elle verrait qu'elle s'est étrangement trompée.

Un sentiment de reconnaissance pour la personne contre laquelle son orgueil se révoltait ainsi l'arrêta au milieu de ces réflexions. Il repoussa les pensées qui s'élevaient involontairement dans son esprit, comme il aurait repoussé les instigations du malin esprit. Espérant trouver dans la prière de nouveaux moyens pour sortir victorieux de cette lutte, il chercha son chapelet; mais il s'aperçut qu'il l'avait oublié lors de son départ précipité du château d'Avenel.

— De mal en pire, pensa-t-il; elle m'a recommandé deux choses sous le plus grand secret : l'une de dire mon chapelet, l'autre de n'en informer personne. J'ai tenu ma parole jusqu'ici; mais quand elle me demandera où est mon rosaire, il faudra que je lui dise que je l'ai oublié. Voudra-t-elle croire que j'ai gardé le secret sur ma croyance, quand j'ai l'air d'en estimer si peu le symbole?

Il se promenait dans la cellule avec agitation. Il était attaché à sa religion : sa dernière pensée aurait été d'y renoncer; mais il n'était pas animé du même enthousiasme qui dévorait Magdeleine Græme.

La nature l'avait doué d'une excellente mémoire, et jamais il n'avait oublié les premières instructions que lui avait données son aïeule. Tout enfant qu'il était alors, il s'était trouvé fier de la confiance qu'elle avait témoignée en sa discrétion, et il s'était promis de lui prouver qu'elle n'était pas mal placée. Cette résolution n'était pourtant que celle d'un enfant ; et nécessairement elle aurait cédé peu à peu aux exemples et aux préceptes pendant son séjour au château d'Avenel, si elle n'avait été soutenue par les exhortations du père Ambroise, autrement Edouard Glendinning. Une lettre anonyme, remise entre ses mains par un pèlerin, lui avait appris qu'un enfant élevé dans la foi catholique se trouvait au château d'Avenel, au milieu des hérétiques, dans une situation aussi dangereuse que celle des trois enfans jetés dans la fournaise ardente. On le rendait responsable de la perte de cet agneau s'il devenait la proie des loups dévorans dans le repaire desquels on l'avait involontairement laissé. L'idée qu'une ame pouvait être en danger, qu'un catholique courait le risque d'apostasier, suffisait bien pour enflammer le zèle du bon père. Il fit donc des visites plus fréquentes au château, de crainte que, faute d'encouragement et d'instruction, le ciel ne perdît une ame et l'Église romaine un prosélyte.

Il ne pouvait pourtant avoir avec Roland que de courtes et rares entrevues. Elles suffisaient pour l'entretenir dans la résolution de ne pas changer de foi, mais ne pouvaient que lui inspirer un attachement aveugle aux pratiques extérieures de son culte. Il tenait à sa religion plutôt parce qu'il aurait regardé comme une honte de ne pas être fidèle à celle de ses pères, que par une conviction intime et par une croyance bien sincère en ses dogmes, qu'il connaissait à peine, ou, pour mieux dire, qu'il ne connaissait point. Cette religion, dans son opinion, formait une ligne de séparation entre lui et ceux avec qui il vivait. Cette idée frappait son amour-propre, et contribuait à lui inspirer du mépris pour ceux dont il ne partageait pas les opinions.

Plus d'une fois il avait entendu Henry Warden déclamer avec la véhémence qui le caractérisait contre les abus de l'Église romaine. Ce fanatique, pensait-il alors, ne sait guère quelles oreilles écoutent sa doctrine profane ; avec quel mépris et quelle horreur elles entendent ses blasphèmes contre une sainte religion qui couronna tant de rois, et que tant de martyrs ont scellée de leur sang.

La foi de Roland Græme ne consistait donc guère qu'en un sentiment de mépris pour ce qu'il appelait l'hérésie et pour ceux qui l'enseignaient. La religion catholique s'associait dans son esprit à des idées d'indépendance, et la religion protestante à un asservissement honteux aux opinions d'un prédicateur fougueux et fanatique. Du reste, il ne connaissait ni la différence qui existait entre les deux cultes, ni les dogmes particuliers à chacun d'eux, et il n'avait personne pour les lui expliquer. Le regret qu'il éprouva en s'apercevant qu'il avait oublié le rosaire qui lui avait été envoyé par les mains du père Ambroise, était donc plutôt la honte d'un soldat qui a égaré sa cocarde que le chagrin d'un homme religieux qui a perdu le symbole visible de sa foi.

Au résultat, cet oubli le contrariait beaucoup, et d'autant plus qu'il craignait que Magdeleine ne s'aperçût de sa négligence; car il ne pouvait douter que ce ne fût elle qui l'eût fait remettre secrètement au père Ambroise pour le lui donner; et n'aurait-elle pas lieu de s'imaginer qu'il attachait bien peu de prix à ses dons?

— Et elle ne manquera pas de m'en parler, se dit-il à lui-même, car l'âge n'a fait, je crois, qu'ajouter à la ferveur de son zèle : et ma réponse ne peut manquer d'exciter son courroux.

Tandis qu'il était enfoncé dans ses réflexions, Magdeleine Græme entra dans la cellule.

— Que la bénédiction du ciel descende sur ta tête au commencement de cette journée! mon fils, lui dit-elle d'un ton mêlé de dévotion et de tendresse; et cette bénédiction coula de ses lèvres avec une expression si solennelle et si pleine de tristesse qu'elle fit tressaillir le cœur du jeune homme. — T'es-tu levé de si bon matin pour jouir du premier rayon de l'aurore? Tu n'es pas sage, Roland; jouis du sommeil tandis que tu le peux ; le temps n'est pas éloigné où les veilles deviendront ton partage comme le mien.

Elle prononça ces mots avec un ton d'affection et d'inquiétude qui prouvait que si la dévotion était l'exercice habituel de son esprit, l'enfant qu'elle avait élevé l'attachait encore à la terre par les liens des affections humaines.

Mais elle ne s'abandonna pas long-temps à des mouvemens qu'elle regardait sans doute comme un oubli momentané des devoirs qu'elle se croyait appelée à remplir. — Allons, jeune homme, lui dit-elle, suis-moi, il est temps que nous partions.

— Et où allons-nous? lui demanda Roland ; quel est le but de notre voyage?

Magdeleine fit un pas en arrière, et le regarda d'un air de surprise mêlé de mécontentement.

— A quoi bon cette question? ne suffit-il pas que je te montre le chemin? As-tu vécu assez long-temps parmi les hérétiques pour apprendre à substituer la vanité de ton propre jugement au respect et à l'obéissance?

— Voici, pensa Roland, l'instant où je dois assurer ma liberté ou me résoudre à vivre à jamais en esclave. Je sens que je ne puis différer plus long-temps.

Les pressentimens du jeune homme se trouvèrent aussitôt justifiés, car Magdeleine, revenant tout à coup au sujet qui occupait presque exclusivement ses pensées, quoique personne ne sût mieux dissimuler sa religion quand elle en avait quelque motif, lui demanda : — Et ton chapelet, mon fils ? as-tu dit ton chapelet ce matin?

Le rouge monta au visage de Roland ; il sentit que l'orage était sur le point de gronder ; mais il ne voulut pas chercher à le détourner aux dépens de la vérité.

— J'ai oublié mon rosaire au château d'Avenel.

— Oublié ton rosaire ! tu as donc manqué en même temps aux devoirs de la religion et à ceux de la nature ! tu as perdu un gage de la plus pure affection, qui a été envoyé de si loin et avec tant de risques, dont chaque grain aurait dû te paraître plus cher que la prunelle de tes yeux!

— Je suis fâché que cela soit arrivé, ma mère; j'attachais un grand prix à un présent que je tenais de vous. Quant au reste, j'espère avec le temps faire mon chemin dans le monde, et pouvoir réparer la perte de quelques grains d'or. Jusque là un chapelet de grains de bois, ou même un rosaire de noisettes, me sera tout aussi utile.

— Quelques grains d'or! s'écria Magdeleine; tout jeune qu'il est, a-t-il déjà pris des leçons à l'école du démon? Un rosaire sacré par le saint père lui-même, sanctifié par sa bénédiction, n'est donc autre chose à tes yeux que quelques grains d'or! et tu peux réparer cette perte avec le produit d'un travail profane, ou en retrouver la vertu dans un rosaire de noisettes! C'est ainsi que Henry Warden, ce loup dévorant qui porte le ravage dans le troupeau du bon pasteur, t'a appris à penser et à parler!

— Ma mère, dit Roland Græme, je ne suis point un hérétique; je crois et je prie suivant les préceptes de notre Église; mais tout en regrettant cet accident, je ne puis y remédier.

— Mais tu peux t'en repentir du moins, répondit son guide spirituel, tu peux te repentir et t'humilier devant Dieu, expier ta faute par le jeûne, la prière et la pénitence, au lieu de me regarder d'un air aussi peu inquiet que si tu n'avais perdu qu'un bouton de ton pourpoint.

— Apaisez-vous, ma mère; je n'oublierai point cette faute dans la première confession que le temps ou l'occasion me permettra de faire, et je me soumettrai volontiers à telle pénitence que le prêtre voudra m'imposer. On ne pourrait exiger autre chose pour la faute la plus grave. Mais, ma mère, ajouta-t-il après un instant d'intervalle, ne vous fâchez pas contre moi si je vous demande une seconde fois où nous allons et quel est le motif de notre voyage. Je ne suis plus un enfant, je suis un homme, maître de mes mouvemens, ayant une épée à mon côté et un commencement de barbe au menton. Je vous suivrai jusqu'au bout du monde, si tel est votre plaisir, mais je me dois à moi-même de m'informer où vous vous proposez de me conduire, et dans quel dessein.

— Vous vous devez à vous-même, enfant ingrat! s'écria Magdeleine, la colère rappelant sur ses joues des couleurs que l'âge en avait effacées depuis long-temps. Vous ne vous devez rien, vous ne pouvez rien vous devoir; mais c'est à moi que vous devez tout : votre nourriture pendant votre enfance, votre existence pendant dix ans, vos moyens d'instruction depuis lors, toutes vos espérances d'honneur et de fortune pour l'avenir. — Plutôt que de te voir abandonner la noble cause à laquelle je t'ai dévoué, j'aimerais mieux cent fois que tu tombasses mort à mes pieds!

Roland fut alarmé de l'agitation avec laquelle elle parlait. Tous ses membres tremblaient, et ses forces paraissaient ne pas pouvoir résister à la violence de son émotion. Il se hâta de lui répondre : — Je n'oublie rien de ce que je vous dois, ma mère; dites-moi si mon sang peut vous prouver ma reconnaissance, et vous verrez si j'en suis avare : mais une obéissance aveugle a aussi peu de mérite que de raison.

— Anges et saints! s'écria Magdeleine, faut-il que j'entende sortir ces paroles de la bouche de l'enfant de toutes mes espérances, du nourrisson près du berceau duquel j'ai tant de fois, à genoux, fatigué tous les habitans du ciel de mes prières! Roland, ce n'est que par ton obéissance que tu peux me prouver ta reconnaissance et ton affection. Quel mérite aurais-tu à suivre la marche que je te prescrirais après t'en avoir fait connaître les raisons? Tu aurais alors pour motif de conduite, non mes ordres, mais ton propre jugement; tu n'exécuterais pas la volonté du ciel qui t'est manifestée par ta meilleure amie, par celle à qui tu te dois tout entier ; tu ne ferais que suivre les conseils aveugles de ta raison imparfaite. Écoute-moi, Roland, une destinée t'appelle, te sollicite, te demande impérieusement, la plus glorieuse destinée à laquelle un homme puisse prétendre; elle te parle par la voix de ta première, de ta meilleure, de ton unique amie? y résisteras-tu? En ce cas, retire-toi, laisse-moi en ce lieu; mes espérances sur la terre sont flétries et détruites; je m'agenouillerai devant cet autel profané; et quand les hérétiques reviendront, ils le teindront du sang d'une martyre.

— Non, ma mère, dit Roland à qui ce discours rappelait de pareilles scènes d'enthousiasme et de violence dont il avait été autrefois témoin, je ne vous abandonnerai point, je resterai près de vous, le monde entier ne me forcerait point à quitter vos côtés; je vous protégerai, je vous défendrai; je vivrai avec vous, ou je mourrai pour vous.

— Un seul mot, mon fils, vaudrait mieux que toutes ces phrases : dites-moi seulement je vous obéirai!

— Oui, ma mère, je vous obéirai, n'en doutez pas, et de toute mon ame; mais....

— C'en est assez, mon fils, dit Magdeleine l'interrompant à ce mot : l'obéissance que j'exige de toi doit être entière, et n'admet pas de conditions. Je te bénis, toi le souvenir vivant d'une fille chérie, pour m'avoir fait une promesse qui coûte tant à l'orgueil de l'homme. Mets ta confiance en moi, et apprends que dans le projet auquel tu dois prendre part, tu auras pour associés les puissans et les braves, le pouvoir de l'Église et l'orgueil de la noblesse. Qu'il réussisse ou qu'il échoue, que tu vives ou que tu périsses, ton nom sera inscrit au nombre de ceux avec lesquels il est également glorieux de vaincre ou de succomber, de vivre ou de mourir. Marchons donc, marchons; la vie est courte, et notre plan exige de longs travaux. Les saints, les anges, et toute l'armée bienheureuse des cieux ont en ce moment les yeux fixés sur cette terre stérile et déplorable d'Écosse. Que dis-je sur l'Écosse! ils ont les yeux fixés sur *nous*, Roland, sur une femme faible, sur un jeune homme sans expérience, qui, au milieu des ruines dont le sacrilége a rempli ce saint lieu, se dévouent à la cause de Dieu et à celle de leur souveraine légitime. Amen, ainsi soit-il. Les saints et les martyrs, témoins de notre résolution, nous la verront exécuter, ou ils entendront notre dernier soupir quand nous le rendrons pour cette sainte cause.

En parlant ainsi, elle tenait Roland d'une main, et levait l'autre vers le ciel, comme pour ne lui laisser aucun moyen de protester contre l'espèce de vœu solennel qu'elle prononçait pour elle et pour lui. Lorsqu'elle eut terminé cette sorte de manifeste de ses sentimens, elle ne lui laissa le loisir ni d'hésiter sur ce qu'il devait faire, ni de lui demander de nouvelles explications; mais passant par une de ces transitions qui lui étaient habituelles à un sujet tout différent, elle reprit le ton de la tendresse maternelle, et l'accabla de questions relatives à son séjour au château d'A-venel et aux divers talens qu'il avait acquis.

— Fort bien, dit-elle quand elle eut fini son interrogatoire; je vois que mon faucon a été bien dressé, et pourra prendre un essor si élevé que ceux qui se sont chargés de son éducation auront lieu de trembler autant que d'être surpris. A présent, faisons notre repas du matin, et ne nous inquiétons pas s'il est frugal; quelques heures de marche nous conduiront dans un endroit où rien ne nous manquera.

Ils déjeunèrent avec les restes de leurs provisions de la veille, après quoi ils se mirent en route. Magdeleine marchait en avant d'un pas ferme et plus léger qu'on n'aurait dû l'attendre de son âge, et Roland la suivait d'un air pensif et inquiet, peu satisfait de l'état de dépendance auquel il se trouvait de nouveau réduit.

—Dois-je donc, se disait-il à lui-même, être toujours dévoré de la soif de l'indépendance et de la liberté, et me voir toujours forcé par les circonstances à me laisser conduire par la volonté des autres?

CHAPITRE X.

> « Elle vivait dans la retraite,
> « Loin du monde, loin des flatteurs,
> « Sans amans, quoiqu'elle fût faite
> « Pour triompher de tous les cœurs. »
> WORDSWORTH.

Les deux voyageurs n'eurent pas en marchant une conversation bien animée. Magdeleine Græme chantait de temps en temps à voix basse quelqu'une de ces belles hymnes latines adoptées par l'Église catholique, récitait ensuite un *pater* ou un *ave*, et enfin se livrait à des méditations religieuses. Les pensées de son petit-fils roulaient sur des objets plus mondains. Quand un canard sauvage partait d'un marais et prenait son vol, il pensait à Adam Woodcock et à ses faucons ; et s'il passait près d'un bois dont les arbres et les taillis fussent mêlés de fougères, de genêts épineux et de myrtes sauvages, de manière à former un couvert presque impénétrable, son imagination le peuplait de daims et de cerfs, et il regrettait de ne pas avoir une meute pour les poursuivre. Mais le plus souvent ses idées se reportaient vers la bonne et bienfaisante maîtresse qu'il avait laissée justement offensée contre lui sans avoir fait aucun effort pour regagner son affection.

— Je marcherais plus légèrement, pensait-il, et mon cœur serait déchargé d'un grand poids, si je pouvais la revoir un instant et lui dire: Milady, l'orphelin que vous avez protégé a pu être insensé, mais il n'a jamais été ingrat.

Occupés ainsi tous deux de leurs pensées, ils arrivèrent vers midi dans un petit village dont les maisons étaient éparses, et où l'on voyait deux ou trois de ces habitations construites en forme de tour qu'on trouvait dans tous les villages frontières pour les motifs que j'ai expliqués ailleurs. Un ruisseau coulait près du village et arrosait la vallée dans laquelle il était situé. A quelque distance des autres maisons et à l'extrémité du village, était un édifice fort négligé et tombant presque en ruine, mais qui paraissait avoir été la demeure de personnes de quelque considération. Il était dans une situation fort agréable, dans un angle formé par le ruisseau, et devant l'entrée s'élevaient quatre grands sycomores; leur feuillage rendait moins sombre l'aspect de la maison, dont les murs étaient construits de pierres d'un rouge foncé. Elle était fort grande, et paraissait évidemment l'être trop pour ceux qui l'habitaient alors ; car une partie des croisées, et notamment celles du rez-de-chaussée, avaient été bouchées en maçonnerie ; les autres étaient défendues par de gros barreaux en fer. La cour, entourée d'un mur de clôture qui offrait un grand nombre de brèches, était pavée de dalles; mais celles-ci étaient entièrement couvertes d'orties, de chiendent et d'autres mauvaises herbes, qui, croissant entre leurs joints, en avaient déplacé un grand nombre. Des objets qui auraient exigé une attention encore plus sérieuse avaient été pareillement négligés, et prouvaient dans les maîtres l'excès de la nonchalance ou de la pauvreté. L'onde ayant miné peu à peu une partie de ses bords près d'un des angles du vieux mur, l'avait renversé, ainsi qu'une tour dont les débris étaient tombés dans le lit de la rivière. Le courant, interrompu par ces décombres, avait fait un détour en s'approchant davantage de la maison, dont il menaçait de miner aussi les fondations si l'on n'élevait promptement une digue pour s'opposer à ses ravages.

Ils avançaient vers cette demeure par un sentier sinueux, qui la leur présenta sous divers points de vue, et cet aspect attira l'attention de Roland Græme.

— Si nous allons dans cette maison, dit-il à son aïeule, je me flatte que ce n'est pas pour y faire un long séjour, car on dirait que deux jours de pluie du nord-ouest suffiraient pour la jeter dans la rivière.

— Vous ne voyez que par les yeux du corps, répondit Magdeleine. Dieu défendra ce qui lui appartient, malgré les mépris et l'abandon des hommes. Il vaut mieux bâtir sur le sable de l'humilité chrétienne que sur le rocher de la confiance humaine.

En parlant ainsi ils entraient dans la cour, et Roland put remarquer que la façade de la maison avait été autrefois ornée de sculptures en pierres rouges dont les murs étaient construits; mais tous ces ornemens avaient aussi été brisés, et des restes de niches et d'entablemens en étaient les seules traces. La principale porte d'entrée avait été murée : un petit sentier où l'herbe croissait, ce qui prouvait qu'il était peu fréquenté, conduisait à un guichet fermé par une porte solide garnie de gros clous à tête ronde. Magdeleine y frappa trois fois, faisant une pause entre chaque coup jusqu'à ce qu'on y eût répondu par un coup moins fort dans l'intérieur, et au troisième la porte fut ouverte par une femme maigre et pâle, qui prononça les mots : *Benedicti qui veniunt in nomine Domini*[1]. Les voyageurs entrèrent, et la portière ferma sur-le-champ la porte et poussa deux énormes verrous qui en assuraient intérieurement la clôture.

Cette femme les conduisit par un vestibule fort étroit dans une assez grande antichambre pavée en dalles, et dont les murs étaient bordés de bancs de pierre. Une seule

---

(1) Bénis ceux qui viennent au nom du Seigneur. — Tr.

croisée éclairait cette pièce ; elle était grande et en occupait presque entièrement l'un des bouts ; mais elle était vitrée en petits carreaux de couleur unis l'un à l'autre par des compartimens de pierre, de manière qu'en plein midi il ne régnait dans cet appartement qu'une espèce de crépuscule.

Ce fut là que la maîtresse de la maison, car c'était elle qui avait ouvert la porte, s'arrêta et embrassa Magdeleine Græme en lui donnant le nom de sœur, et en lui témoignant une affection respectueuse.

— Que la bénédiction de Notre-Dame soit avec vous, ma sœur ! dit-elle ensuite ; mots qui ne pouvaient laisser à Roland aucun doute sur la religion de leur hôtesse, quand bien même il aurait pu soupçonner sa vénérable et zélée conductrice de vouloir s'arrêter ailleurs que chez des catholiques orthodoxes. Les deux dames parlèrent à voix basse, ce qui lui donna le temps de faire quelques remarques sur l'extérieur de l'amie de son aïeule.

Elle paraissait avoir de cinquante à soixante ans. Ses traits avaient été beaux, mais ils étaient altérés par cette mélancolie née du malheur, qui prend souvent l'air du mécontentement. Ses vêtemens d'étoffe grossière et d'un brun foncé étaient de la plus grande simplicité, et de même que ceux de Magdeleine, ressemblaient beaucoup au costume d'une religieuse. Une grande propreté dans ses habits comme sur sa personne prouvait que si elle était pauvre, elle n'était pas réduite à l'abandon d'une extrême détresse, et qu'elle tenait encore assez à la vie pour ne point s'en refuser les choses nécessaires, quoiqu'elle eût renoncé à ses délicatesses. Ses manières, sa tournure, son port annonçaient une éducation qui la plaçait beaucoup au-dessus de l'état où elle se trouvait. Enfin sa vue faisait naître l'idée que l'histoire d'une telle femme devait être curieuse. Roland faisait cette réflexion quand la maîtresse du logis, s'approchant de lui, le regarda avec beaucoup d'attention, et à ce qu'il paraissait, avec quelque intérêt.

—Voici donc, dit-elle à Magdeleine, l'enfant de votre malheureuse fille, et c'est lui, l'unique rejeton de votre ancien arbre, que vous voulez dévouer à la bonne cause?

—Oui, répondit Magdeleine du ton de fermeté qui lui était ordinaire; oui, je le dévoue à la bonne cause, cœur et bras, corps et ame.

—Vous êtes bien heureuse, ma sœur, reprit la première, de pouvoir vous élever assez au-dessus des affections humaines pour conduire vous-même à l'autel une telle victime. Si j'avais été appelée à faire un tel sacrifice, à plonger un fils si jeune et si intéressant dans les intrigues et dans les querelles sanglantes du temps où nous vivons, l'obéissance ne m'aurait pas été moins pénible qu'elle ne le fut au patriarche Abraham quand il mena son fils Isaac sur la montagne.

Elle continua à considérer Roland d'un air compatissant. Ses regards, si long-temps fixés sur lui, lui firent monter la rougeur au visage, et il allait essayer de s'y soustraire en changeant de place, quand son aïeule l'arrêta d'une main, et séparant de l'autre les cheveux qui lui couvraient le front: —Regardez-le, ma sœur, dit-elle avec un mélange de tendresse orgueilleuse et de ferme résolution, regardez-le bien, car jamais vos yeux ne se sont arrêtés sur des traits plus nobles. Et moi aussi en le voyant j'éprouvai tout ce que pourrait éprouver un mondain, et je sentis chanceler ma résolution. Mais le vent ne peut faire tomber une feuille de l'arbre depuis long-temps flétri, et nul sentiment charnel ne peut s'introduire dans un cœur entièrement rempli par le sentiment de la dévotion.

Ses yeux donnaient un démenti formel à ses paroles, car de grosses larmes en coulaient en dépit d'elle-même, tandis qu'elle ajoutait : —Plus la victime est pure et parée, ma sœur, plus elle est digne d'être offerte. Et comme si elle eût voulu se dérober aux sensations qui l'agitaient : —Ma sœur, s'écria-t-elle, il échappera au danger comme Isaac; un bélier se trouvera pris par les cornes dans un buisson. Il ne sera pas permis à la main de ses frères révoltés de s'appesantir sur notre jeune Joseph. Le ciel peut employer pour la défense de ses droits les jeunes filles et les jeunes garçons, et même les enfans à la mamelle.

— Le ciel nous a abandonnés, dit sa sœur; les saints et les anges ont cessé de protéger cette terre maudite à cause de nos péchés et de ceux de nos pères. Nous pouvons obtenir la couronne des martyrs; mais jamais nous ne triompherons sur la terre. Un homme dont la prudence nous était si nécessaire dans cette crise vient d'être appelé dans un meilleur monde. L'abbé Eustache n'existe plus.

— Puisse son ame obtenir merci, dit Magdeleine, et puisse le ciel nous l'accorder aussi, à nous qui végétons encore sur cette terre de péchés! Sa mort est une perte irréparable pour nous; car où trouver maintenant un homme qui possède son expérience consommée, son zèle, sa prudence, son dévouement, sa sagesse et son courage? Mais, ma sœur, il est tombé, tenant en main la bannière de l'Église, et Dieu suscitera un bras pour la relever. Quel est celui que le chapitre a élu pour remplir sa place?

— On dit que pas un des pères n'osera l'accepter. Les hérétiques ont juré de s'opposer à l'élection; ils ont menacé d'une vengeance terrible toute tentative pour nommer un nouvel abbé de Sainte-Marie. *Conjuraverunt inter se principes, dicentes : Projiciamus laqueos ejus*[1].

— *Quousque tandem, Domine?* s'écria Magdeleine : ce serait un obstacle fatal à nos projets, ma sœur; mais je suis ferme dans ma croyance, et vous verrez le ciel susciter un successeur à l'homme vénérable qui vient de nous être si malheureusement enlevé. Mais où est votre fille Catherine?

— Dans le salon, répondit la matrone, mais..... et jetant un coup d'œil sur Roland, elle dit quelques mots à l'oreille de Magdeleine.

(1) Les princes ont comploté entre eux en disant : Détruisons ses filets. — Tr.

— Ne craignez rien, dit celle-ci; ce que je vous propose est légitime et nécessaire. Ne craignez rien de lui. Je voudrais qu'il fût aussi fortement asservi dans la foi, qui est la seule voie du salut, qu'il est éloigné de toute action, de toute parole, de toute pensée répréhensible. Quelque détestables que soient les hérétiques, ma sœur, il faut leur rendre la justice de convenir qu'ils élèvent la jeunesse dans les plus purs principes de morale.

— Ce n'est que dorer l'extérieur de la coupe, ma sœur, blanchir les murs du sépulcre. Au surplus il verra Catherine, puisque vous le jugez prudent et convenable. Suivez-nous, jeune homme, ajouta-t-elle; et elle marcha la première avec Magdeleine.

Ces mots étaient les seuls qu'elle eût encore adressés à Roland, qui les suivit en silence. Elles traversèrent à pas lents de nombreux corridors et des appartemens déserts et démeublés, et le jeune homme eut le loisir de faire quelques réflexions sur sa situation, réflexions d'une nature que son caractère impétueux regardait comme désagréables. Il semblait qu'il dût alors obéir à deux guides, à deux vieilles femmes qui paraissaient liguées pour diriger tous ses mouvemens suivant leur bon plaisir, et pour le faire servir d'instrument à l'exécution d'un projet à la connaissance duquel il n'était pas même admis. Il lui semblait que c'était trop exiger de lui; et il ne raisonnait pas trop mal en pensant que, quelque droit que son aïeule, sa bienfaitrice, eût de diriger sa conduite, elle n'avait pas celui de transmettre son autorité ni de la partager avec une autre qui semblait sans cérémonie prendre avec lui un ton non moins absolu.

— Cela ne peut durer long-temps, pensa-t-il; je ne serai pas toute ma vie l'esclave du sifflet d'une femme pour être montré comme une curiosité, aller quand elle l'ordonne, venir quand elle m'appelle. Non, de par saint André! La main en état de tenir la lance ne doit pas être aux ordres de la quenouille. A la première occasion je laisserai entre leurs mains le collier de l'esclavage ; je leur échapperai ; et qu'elles exécutent alors par leurs propres forces les projets qu'elles méditent. Ce sera peut-être même leur épargner de grands dangers, car j'entrevois que ces projets ne sont ni sûrs ni faciles : le comte de Murray et son hérésie ont pris de trop profondes racines pour avoir quelque chose à craindre de deux vieilles femmes.

Ils entraient alors dans un appartement, le premier dans lequel Roland eût encore aperçu quelques meubles. Il s'y trouvait des chaises, une table de bois sur laquelle était étendu un drap vert; un tapis couvrait le plancher; une grille garnissait la cheminée; bref la pièce semblait habitable, et était en effet habitée.

Les yeux de Roland trouvèrent une occupation plus agréable que celle de faire la revue du mobilier de cette chambre ; car l'habitante de cet appartement leur offrit un objet qui ressemblait peu à tout ce qu'il avait aperçu jusqu'alors.

Lorsqu'elle les avait vus entrer, elle s'était levée pour faire en silence une révérence aux deux matrones ; mais ayant aperçu Roland, elle ramena sur son visage un voile rejeté en arrière et qui flottait sur ses épaules, ce qu'elle fit avec beaucoup de modestie, mais sans montrer ni un empressement affecté ni l'embarras de la timidité.

Cependant Roland eut le temps de remarquer que la figure qu'on lui cachait était celle d'une jeune fille d'environ seize ans, dont les yeux avaient autant de douceur que d'éclat. A ces observations déjà favorables il pouvait ajouter la certitude que celle qui en était l'objet avait une charmante taille, peut-être un peu d'embonpoint, ce qui la faisait ressembler à une Hébé plutôt qu'à une sylphide, et une grace dans tous ses mouvemens qui ajoutait considérablement à ses charmes. Sa robe semblait coupée d'après une mode étrangère, et son jupon n'était pas assez long pour cacher deux jolis pieds appuyés sur la barre de la table devant laquelle elle était assise. Ses bras arrondis et ses doigts déliés étaient occupés à raccommoder le drap qui la couvrait. Le temps y avait fait de déplorables ravages qui, pour être réparés, avaient grand besoin de l'aiguille d'une habile ouvrière.

Il est bon de remarquer que ce ne fut que par quelques coups d'œil jetés à la dérobée que Roland Græme observa tous ces détails intéressans; et malgré le voile jaloux il crut une ou deux fois voir la jeune personne occupée pareillement à faire de son côté l'inspection de sa personne. Pendant ce temps les deux matrones continuaient à s'entretenir à voix basse, jetant de temps en temps sur les jeunes gens un regard qui ne laissa à Roland aucun doute qu'ils ne fussent le sujet de leur conversation. Enfin il entendit distinctement Magdeleine Græme prononcer ces paroles, quoiqu'à demi-voix : — Oui, ma sœur, il faut leur donner l'occasion de causer ensemble et de faire connaissance ; il faut qu'ils se connaissent l'un l'autre, sans quoi comment pourront-ils faire ce qui doit leur être confié?

La maîtresse du logis, n'étant probablement pas complètement convaincue par le raisonnement de son amie, parut faire encore quelques objections; mais le ton dictatorial de Magdeleine ne tarda pas à remporter la victoire.

— Eh bien! soit, ma chère sœur, dit la matrone; allons sur le balcon, nous y finirons notre conversation. Nous vous laissons pour quelques instans, dit-elle alors aux jeunes gens en se tournant vers eux; causez ensemble et faites connaissance.

S'avançant alors vers la jeune fille, elle releva son voile, et fit voir des traits où, quelle que fût la couleur ordinaire de son teint, on remarquait en ce moment plus de roses que de lis.

— *Licitum sit*[1], dit Magdeleine en regardant son amie.

— *Vix licitum*[2]! répondit celle-ci, dont la complaisance

---

(1) C'est chose permise. — Tr.
(2) A peine permise. — Tr.

semblait un peu forcée ; et continuant à arranger le voile de la jeune personne, elle le plaça de manière à couvrir ses traits sans les cacher, et lui dit à demi-voix, mais assez haut pour que Roland l'entendît : — Rappelle-toi qui tu es, Catherine, et à quoi tu es destinée.

Ouvrant alors une porte vitrée qui servait en même temps de fenêtre au salon, elle entra avec Magdeleine sur un grand balcon qui régnait autrefois le long de toute la façade du château du côté du sud. La balustrade en était tombée à l'une des extrémités, quelques pierres en étaient détachées çà et là ; mais malgré cet état de dégradation, il offrait encore une promenade sûre et agréable où l'on pouvait jouir de la fraîcheur de l'air pendant les soirées d'été, et des rayons bienfaisans du soleil pendant les jours d'hiver. Les deux vieilles dames s'y promenèrent fort occupées à causer de leurs affaires, pas assez cependant pour oublier de jeter un coup d'œil dans l'appartement chaque fois qu'elles passaient devant la porte ; ce que Roland ne manqua pas de remarquer.

CHAPITRE XI.

> « La vie à son printemps, tout alors est joyeux : »
> « Les fleurs ont plus d'odeur, l'écho nous répond mieux ;
> « On se plaît à braver l'orage et la tempête ;
> « Et relevant gaîment son jupon sur sa tête,
> « La jeune villageoise, en riant aux éclats,
> « Vers le hameau voisin précipite ses pas. »
> *Ancienne comédie.*

CATHERINE était dans l'âge heureux de l'innocence et de la gaîté. Après le premier moment d'embarras, la situation dans laquelle on venait de la laisser en lui ordonnant de faire connaissance avec un beau jeune homme dont elle ne savait pas même le nom, se présenta malgré elle à son esprit sous un point de vue tout-à-fait burlesque. Elle baissa ses beaux yeux bleu foncé sur l'ouvrage dont elle s'occupait, et conserva un sérieux imperturbable pendant les deux premiers tours de promenade que firent les matrones sur le balcon. Alors jetant un regard à la dérobée sur Roland, et voyant l'embarras qu'il éprouvait, tantôt changeant de position sur sa chaise, tantôt tournant sa toque entre ses mains, et montrant par tout son extérieur qu'il ne savait comment entamer la conversation, elle ne put conserver plus long-temps sa gravité; et après quelques efforts inutiles pour donner un autre cours à ses idées, elle partit d'un éclat de rire si naturel, quoique involontaire, que des larmes ajoutèrent à l'éclat de ses yeux, et que les tresses de ses beaux cheveux, agitées par cet accès d'hilarité, se déployèrent avec une nouvelle grace. La déesse des ris elle-même n'aurait jamais pu paraître plus aimable que Catherine en ce moment.

Un page de cour ne l'aurait pas laissée long-temps rire toute seule ; mais Roland avait été élevé à la campagne ; il avait autant d'orgueil que de timidité, et il se mit dans la tête qu'il était l'objet de ce rire inextinguible. Il essaya de le partager ; mais ses efforts furent si malheureux qu'ils ne produisirent qu'une espèce de grimace de mécontentement, qui redoubla tellement la gaîté de la jeune fille, qu'en dépit de tous ses efforts elle crut qu'elle ne pourrait jamais reprendre son sérieux ; car chacun sait que lorsqu'un tel paroxisme se déclare dans un moment et dans un lieu où l'on voudrait le moins s'y abandonner, plus on fait d'efforts pour s'en défendre et plus on sent l'inconvenance de s'y livrer, plus il devient impossible d'y résister et plus l'accès se prolonge.

Il fut certainement heureux pour Catherine, de même que pour Roland, que celui-ci ne partageât point la gaîté excessive de cette jeune fille. Étant assise le dos tourné vers le balcon, Catherine ne pouvait être aperçue par les deux graves matrones qui s'y promenaient ; mais Roland était placé de manière qu'il n'aurait pu se permettre une telle irrévérence sans exciter leur attention et sans attirer leurs reproches et sur lui et sur sa compagne. Il se sentit pourtant sur les épines jusqu'à ce que Catherine, ayant épuisé son envie de rire ou les moyens de s'y livrer, eût recommencé de bonne grace à faire agir son aiguille ; alors il lui dit d'un ton un peu sec qu'il n'était guère nécessaire qu'on leur recommandât de faire plus ample connaissance, attendu qu'ils semblaient déjà assez familiers.

Ce discours pensa mettre en mouvement une seconde fois tous les muscles du visage de Catherine : mais elle parvint à se rendre maîtresse d'elle-même ; et fixant les yeux sur son ouvrage, elle lui demanda pardon, et promit qu'elle éviterait de l'offenser davantage.

Roland avait assez de bon sens pour savoir qu'un air piqué serait souverainement ridicule en cette occasion, et il sentait que c'était avec une expression toute différente que ses yeux devaient se fixer sur la charmante rieuse dont les traits aimables avaient si bien joué leur rôle dans cette scène muette. Il essaya donc de sortir d'embarras en prenant un ton de gaîté qui fût d'accord avec celui de la jolie nymphe, et lui demanda à connaître son bon plaisir sur la manière de continuer une connaissance commencée sous de si joyeux auspices.

— C'est ce qu'il faut que vous décidiez vous-même, répondit-elle, car j'ai peut-être déjà fait un pas de trop en ouvrant la conférence.

— Eh bien! si nous commencions comme dans un livre de contes par nous demander l'un à l'autre notre nom et notre histoire.

— C'est fort bien imaginé, et la proposition fait honneur à votre jugement. Commencez donc ; je vous écouterai, et je me bornerai à vous faire quelques questions sur ce qui me paraîtra trop obscur. Voyons, ma nouvelle connaissance, apprenez-moi votre nom et votre histoire.

— Je me nomme Roland Græme, et cette grande vieille femme est mon aïeule.

— Et votre tutrice? Fort bien. Qui sont vos parens?

— Ils n'existent plus.

— Mais qui étaient-ils? car je présume que vous avez eu un père et une mère?

— Je le présume aussi; mais ce que je sais de leur histoire se borne à bien peu de chose. Mon père était un chevalier écossais qui est mort sur le champ de bataille ; ma mère était une Græme d'Heathergill, dans le territoire contesté : presque toute sa famille périt lorsque ce pays fut dévasté par lord Maxwell et par les Herries de Caerlaverock.

— Y a-t-il long-temps?

— Avant ma naissance.

— Ce doit être une époque bien éloignée, dit-elle en affectant un air grave, si éloignée, qu'il m'est impossible de leur donner des larmes.

— Ils n'en ont pas besoin, ils sont morts avec honneur.

— En voilà bien assez sur votre lignage, mon bon monsieur; ce que j'en aime le mieux, c'est l'échantillon qui en reste, dit-elle en jetant les yeux sur Magdeleine qui passait en ce moment devant la porte sur le balcon. Votre vénérable aïeule a l'air si grave, qu'elle pourrait faire pleurer tout de bon. Maintenant passons à votre propre personne; et si vous ne contez pas votre histoire plus vite, je n'en apprendrai pas la moitié, car la mère Bridget fait une pause plus longue chaque fois qu'elle passe devant la porte du balcon, et en sa présence on n'a pas plus envie de rire que dans le tombeau de vos ancêtres.

— Mon histoire ne sera pas longue. J'entrai au château d'Avenel en qualité de page de la maîtresse du logis.

— C'est une stricte huguenote, n'est-il pas vrai?

— Aussi stricte que Calvin lui-même. Mais ma grand'mère sait affecter le puritanisme quand cela lui convient; et elle avait le projet, j'ignore pourquoi, de me faire entrer au château. Je ne sais pourtant si elle y aurait réussi, car nous étions déjà dans le village voisin depuis plusieurs semaines sans qu'elle en eût pu trouver l'occasion. Mais j'eus pour introducteur un maître de cérémonies auquel je ne m'attendais point.

— Et qui était-il?

— Un grand chien noir nommé Wolf, qui me pêcha comme un canard dans un lac, et qui me présenta à sa maîtresse.

— C'était arriver sous les meilleurs aupices. Et qu'apprites-vous dans ce château? J'aime beaucoup à savoir à quoi mes connaissances peuvent être utiles au besoin.

— A chasser au faucon, à suivre une meute, à monter à cheval, à manier la lance, l'arc et l'épée.

— Et à vous vanter. Ce dernier talent serait en France le plus grand de tous ceux d'un page. Mais continuez, s'il vous plaît; comment un seigneur huguenot et une dame huguenote se sont-ils exposés au danger d'avoir dans leur château un page catholique?

— Parce qu'ils ne connaissaient pas cette partie de mon histoire, sur laquelle dès mon enfance on m'avait recommandé de garder le secret, et parce que mon aïeule, pour écarter d'autant mieux tout soupçon là-dessus, avait suivi avec la plus grande exactitude les instructions de leur chapelain protestant.

En finissant ces mots, Roland fit un mouvement pour approcher sa chaise de celle de Catherine.

— Ne vous approchez pas tant, mon beau monsieur, dit la fille aux yeux bleus; car je me trompe fort, ou nos vénérables parentes ne tarderont pas à venir interrompre notre conférence, si elles vous voient vouloir faire connaissance de trop près. Restez donc ou vous êtes, et répondez à mes questions. Par quels exploits avez-vous donné la preuve des talens distingués que vous aviez acquis?

Roland, qui commençait à entrer dans le ton et l'esprit de la conversation de sa jeune compagne, lui répondit avec gaîté : — Mes exploits étaient nombreux, belle demoiselle, et en fait de malice, d'espièglerie, je n'étais jamais en retard; je tirais sur des cygnes, je chassais des chats, j'effrayais les servantes, je volais des fruits dans le verger, sans parler du chapelain que je tourmentais de mille manières, ce qui était de mon devoir comme bon catholique.

Je crois que ces hérétiques ont dû faire une terrible pénitence en gardant si long-temps à leur service un page si accompli. Et peut-on savoir quel événement fâcheux les a privés d'un serviteur si estimable?

— Vous savez qu'il n'y a si longue route qui n'ait sa fin, et je suis arrivé au terme de la mienne.

— Je vous entends. Mais quelle a été la cause de cette grande catastrophe? Pour m'expliquer clairement, pourquoi vous a-t-on congédié?

L'histoire ne sera pas longue : je fis sentir ma houssine au fils du fauconnier; le fauconnier me menaça de me faire sentir son bâton. C'est un gaillard vigoureux, mais qui a un excellent cœur, et il n'existe dans toute la chrétienté personne à qui je pusse pardonner plus facilement de m'avoir frappé; mais je ne le connaissais pas alors, de sorte que je le menaçai à mon tour de mon poignard ; et adieu mes fonctions de page, adieu le beau château d'Avenel. Dès le même jour je rencontrai par hasard ma vénérable grand'mère, et... et mon histoire est finie. A la vôtre maintenant, belle demoiselle.

—Voilà une grand'mère bienheureuse de retrouver ainsi un page errant au moment où l'on venait de lui couper les lisières; et le page n'est pas moins heureux d'être devenu l'écuyer d'une digne grand'mère à l'instant où il cessait à peine d'entendre le sifflet de sa maîtresse.

— Tout cela n'est pas votre histoire, s'écria Roland, qui commençait à prendre goût à la vivacité de Catherine. Histoire pour histoire, c'est la règle entre compagnons de voyage.

— Attendez donc que nous le soyons!

— Oh! vous ne m'échapperez pas ainsi. Si vous ne vous rendez pas à la raison, j'appellerai dame..... dame Bridget, je crois, mais n'importe son nom, et je lui ferai mes plaintes de votre conduite.

— Cela ne sera pas nécessaire. Mon histoire est le pendant de la vôtre. Les mêmes mots peuvent servir à la raconter :

il n'y a à changer que le nom et la situation. Je me nomme Catherine Seyton, et je suis orpheline.

— Y a-t-il long-temps que vous avez perdu vos parens?

— C'est la seule question, dit Catherine en baissant ses beaux yeux avec une expression soudaine de chagrin, c'est la seule question à laquelle je ne puisse répondre en riant.

— Et dame Bridget est sans doute votre grand'mère?

Le nuage qui avait obscurci le front de Catherine se dissipa avec autant de promptitude que celui qui couvre un instant le soleil d'été; elle répondit avec son ton de gaîté ordinaire : —Vingt fois pire! c'est ma tante, et elle n'a jamais été mariée!

— Juste ciel! s'écria Roland; quelle histoire tragique! et quelles horreurs me reste-il à apprendre?

— De même que vous, j'ai été mise en service, en apprentissage, c'est-à-dire.

— Et vous avez été congédiée pour avoir pincé la duègne ou insulté la femme de chambre de milady?

— Non. Ici notre histoire varie; car ma maîtresse ferma maison, ou, ce qui revient au même, elle congédia toute sa maison, et maintenant je me trouve libre, une vraie fille de la forêt.

— Et je suis aussi charmé de l'apprendre que si quelqu'un doublait d'or mon pourpoint.

— Grand merci de votre gaîté, dit-elle; mais je ne vois pas en quoi cela peut vous intéresser.

— N'importe! n'importe! continuez, je vous prie. Nos deux bonnes dames se lasseront de se promener sur le balcon, où je les entends croasser comme deux vieilles corneilles; la fraîcheur du soir va les enrouer, et elles rentreront dans leur cage.—Quel était le nom de votre maîtresse?

— Un nom bien connu dans le monde. Elle avait une belle maison, bien tenue, bien réglée, et à la tête de laquelle était ma tante Bridget. J'avais un grand nombre de compagnes; nous nous levions de bonne heure, nous nous couchions tard, nous faisions de longues prières et des dîners fort courts.

— Vous serviez donc quelque vieille avare?

— Pour l'amour du ciel! ne blasphémez pas, s'écria Catherine avec une expression de crainte. Que Dieu me pardonne d'avoir parlé si légèrement, et de vous avoir fait commettre un grand péché! J'ai voulu badiner, mais c'était sans mauvaise intention. Sachez donc que cette maison était il n'y a pas long-temps le couvent de Sainte-Catherine de Sienne; ma tante en était l'abbesse; il s'y trouvait douze religieuses, et j'y étais novice. Mais les hérétiques sont venus à force ouverte, ont pillé la maison, l'ont presque démolie, et en ont chassé mes compagnes.

— Et que sont-elles devenues?

— Elles se sont dispersées de toutes parts. Les unes se sont retirées dans des couvens de France et de Flandre; les autres, je le crains bien, se sont laissé tenter par les vains plaisirs du monde. Ma tante et moi nous avons obtenu la permission de rester ici, ou pour mieux dire, on ferme les yeux sur le séjour que nous y faisons. Ma tante a des parens puissans parmi les Kerrs; ils ont menacé de leur vengeance quiconque nous insulterait, et leur protection fait notre sûreté; car l'arc et la lance sont aujourd'hui les meilleures raisons.

— Vous jouissez alors d'une protection sûre, dit le jeune homme; mais je suppose que vous perdîtes presque les yeux à force de pleurer quand sainte Catherine ferma maison avant que vous ne fussiez engagée à son service.

— Silence! pour l'amour du ciel! dit la demoiselle en faisant le signe de la croix, ne parlons plus de cela; non, je n'ai pas absolument pleuré à en perdre les yeux, ajouta-t-elle en les fixant sur son ouvrage, après lui avoir lancé un regard contre lequel il était impossible de se défendre sans avoir le cœur entouré de cette armure de triple airain dont Horace suppose qu'était armé celui du premier matelot qui osa braver sur un frêle esquif la fureur de l'océan. Or le cœur de notre page était sans défense.

— Qu'en dites-vous, Catherine? dit Roland ; nous trouvant tous deux renvoyés de service en même temps, et d'une manière si étrange, si nous prenions le parti, pour ne pas déranger le tête-à-tête de nos vénérables duègnes, de faire ensemble de notre côté quelques pas sur la route du monde?

— Belle proposition, en vérité! s'écria Catherine : elle est digne de sortir du cerveau d'un étourdi de page. Songez-vous que sur cette route on ne peut voyager les poches vides? Comment emplirons-nous les nôtres? Sans doute je chanterai des ballades, et vous couperez des bourses?

— Comme il vous plaira, petite dédaigneuse, dit le page piqué du ridicule que Catherine jetait sur son absurde proposition. Mais comme il prononçait ces mots, la porte du balcon s'ouvrit, et Magdeleine Græme ainsi que la mère abbesse, car c'est ainsi que nous devons maintenant l'appeler, rentrèrent dans l'appartement.

CHAPITRE XII.

> « Mon frère, écoute-moi............
> « Je suis le plus âgé, le plus saint, le plus sage ;
> « *Ergo*, ma sainteté, ma sagesse et mon âge
> « Sont des droits tout-puissans auxquels il faut céder. »
> *Ancienne comédie.*

Quand l'arrivée des deux matrones eut mis fin à la conversation que nous avons rapportée dans le chapitre qui précède, Magdeleine Græme parla en ces termes aux deux jeunes gens :

— Eh bien ! mes enfans, avez-vous bien causé ? avez-vous fait connaissance ensemble comme deux compagnons de voyage qui se trouvent sur une route couverte de ténèbres et parsemée de dangers, que le hasard a réunis, et qui étudient le caractère et les sentimens de ceux qui doivent partager leurs périls ?

Il était rare que l'enjouée Catherine pût retenir une plaisanterie, en sorte qu'elle parlait souvent quand il aurait été plus sage de se taire.

— Votre petit-fils, dit-elle, pense avec tant d'enthousiasme au voyage qu'il doit faire, qu'il me témoignait tout à l'heure le désir de le commencer à l'instant même.

— C'est avoir trop d'ardeur, Roland, dit Magdeleine, de même qu'hier vous montriez trop d'insouciance. Le juste milieu se trouve dans l'obéissance qui attend qu'on lui donne le signal, et qui obéit aussitôt qu'il est donné. Mais à présent, mes enfans, avez-vous assez bien étudié vos traits pour que dans quelque lieu que vous vous rencontriez, et quelque déguisement que les circonstances puissent vous forcer à prendre, vous reconnaissiez l'un dans l'autre l'agent secret de l'œuvre importante à laquelle vous êtes appelés à travailler? Regardez-vous encore; que chaque ligne de la physionomie de chacun de vous se grave d'une manière ineffaçable dans le souvenir de l'autre. Apprenez à reconnaître par le bruit des pas, par le son de la voix, par le mouvement de la main, par un seul clin d'œil, l'associé que le ciel vous a accordé pour exécuter sa volonté. Dis-moi, Roland Græme, reconnaîtras-tu Catherine Seyton dans quelque lieu et dans quelque temps que tu la revoies?

Roland répondit affirmativement, avec autant d'empressement que de vérité.

— Et toi, ma fille, dit-elle à Catherine, te rappelleras-tu les traits de ce jeune homme?

— En vérité, répondit Catherine, depuis un certain temps je n'ai pas vu assez d'hommes pour que leurs traits fassent confusion dans ma mémoire; je ne crois donc pas que j'oublie sur-le-champ ceux de votre petit-fils, quoique je n'y voie rien qui mérite un souvenir si particulier.

— Joignez donc vos mains, mes enfans, et donnez-vous le baiser de paix.

L'abbesse à ces mots se plaça entre les deux jeunes gens, les idées qu'elle avait puisées dans le cloître ne lui permettant pas de porter la complaisance au point que l'exigeait sa compagne.

— Ma sœur, dit-elle à Magdeleine, vous oubliez que Catherine est la fiancée du ciel; je ne puis permettre...

— C'est au nom du ciel que je leur ordonne de se donner le baiser de paix, s'écria Magdeleine avec toute l'énergie de son organe sonore. La fin, ma sœur, la fin sanctifie les moyens que nous sommes obligées d'employer.

— Ceux qui m'adressent la parole, dit dame Bridget en se redressant, et un peu offensée du ton d'autorité de son amie, m'appellent *dame abbesse* ou tout au moins *ma mère*. Lady d'Heathergill oublie qu'elle parle à l'abbesse de Sainte-Catherine.

— Quand j'étais lady d'Heathergill, dit Magdeleine, vous étiez sans doute abbesse de Sainte-Catherine; mais ces deux noms n'existent plus, et le respect qu'on leur accordait dans le monde a disparu avec eux. Aux yeux du jugement humain nous ne sommes plus que deux pauvres femmes, méprisées, dégradées, opprimées, que la vieillesse traîne vers le tombeau. Mais que sommes-nous aux yeux de Dieu? des ministres chargés d'exécuter ses ordres, dans la faiblesse desquels la force de l'Église sera manifestée, devant qui seront humiliées la politique de Murray et la présomption de Morton. Est-ce à de tels instrumens que vous voulez appliquer les règles étroites de la réclusion du cloître? Avez-vous oublié les ordres de vos supérieurs, qui ont enjoint la déférence envers moi dans toute cette affaire?

— Eh bien donc! dit l'abbesse d'un ton d'humeur, que le scandale et le péché retombent sur votre tête.

— J'y consens, répondit Magdeleine; et maintenant, mes enfans, je vous le répète, donnez-vous le baiser de paix.

Mais Catherine, qui avait peut-être prévu comment se terminerait la contestation, s'était échappée de l'appartement pendant cette discussion, et nous n'avons pas besoin d'ajouter que Roland ne fut pas le moins contrarié de sa disparition.

— Elle est allée, dit l'abbesse, nous préparer quelques rafraîchissemens. Ils offriront peu d'attraits à ceux qui vivent dans le monde; car je ne puis me dispenser d'exécuter les vœux que j'ai prononcés, quoiqu'il ait plu aux impies de

9

détruire le sanctuaire dans lequel ils doivent être observés.

— Cela est fort bien, ma sœur, dit Magdeleine. Il faut payer à l'Église jusqu'à la dernière obole des dîmes qui lui sont dues, et je ne vous blâme point d'observer scrupuleusement les règles de votre ordre; mais songez qu'elles ont été établies par l'Église, et que par conséquent la raison veut qu'on puisse s'en dispenser quand il y va du salut de l'Église même.

L'abbesse ne répondit rien.

Un homme qui aurait mieux connu la nature humaine que notre page sans expérience aurait trouvé quelque amusement à comparer les deux genres de fanatisme tout différens qui animaient ces deux femmes. L'abbesse, timide et mécontente, avait assez de petitesse d'esprit pour conserver des prétentions auxquelles la réformation avait mis fin, pour vouloir se conformer à d'anciens usages qu'elle ne pouvait faire revivre. Elle était dans le malheur ce qu'elle avait été dans la prospérité, scrupuleuse, orgueilleuse, et faible d'esprit. L'ame plus fière et plus élevée de Magdeleine prenait un essor plus hardi, et refusait de s'astreindre aux règles *ordinaires* dans les projets *extraordinaires* qui lui étaient suggérés par une imagination exaltée et capricieuse. Mais Roland Græme, au lieu de chercher à distinguer les différences qui existaient dans le caractère de ces deux vieilles dames, attendait avec impatience le retour de Catherine, ne doutant pas que son aïeule, qui ne paraissait nullement disposée à céder, ne renouvelât l'ordre du baiser de paix.

Il fut pourtant trompé dans son attente, ou pour mieux dire dans ses espérances. Catherine ne rentra que lorsque l'abbesse l'eut appelée. Elle plaça sur la table une cruche d'eau, des assiettes et des gobelets de bois; et Magdeleine, probablement satisfaite du triomphe qu'elle avait remporté sur l'abbesse en la forçant à se désister de son opposition, ne songea point à porter sa victoire plus loin; modération dont son petit-fils ne lui sut pas infiniment de gré.

Cependant Catherine continuait à faire les préparatifs d'un repas bien simple, car il ne consistait qu'en choux cuits *dans* l'eau, sans autre assaisonnement qu'un peu de sel. Elle y joignit du pain d'orge dont les morceaux semblaient comptés; il n'existait d'autre boisson que l'eau contenue dans la cruche dont nous avons déjà parlé. Après un bénédicité prononcé en latin par l'abbesse, on se mit à table. Malgré la frugalité du festin, les trois femmes parurent manger avec appétit quoique avec modération. Mais Roland Græme avait été habitué à meilleure chère. Sir Halbert Glendinning affectait de tenir sa maison avec une noble libéralité, et son hospitalité ne le cédait en rien à celle des grands barons du nord de l'Angleterre. Peut-être en agissant ainsi croyait-il jouer plus complètement le rôle pour lequel il était né, celui de grand seigneur et de chef d'un clan. Deux bœufs et six moutons n'étaient que la provision d'une semaine quand il était chez lui, et la différence n'était pas trop considérable quand il était absent. Le pain de froment et la meilleure bière se distribuaient à discrétion, tant à ses domestiques qu'à tout ce qui composait sa suite, et Roland Græme avait vécu plusieurs années sur ce théâtre d'abondance et de profusion. Ce n'était pas un bon moyen pour se préparer à un repas composé de choux bouillis et d'une cruche d'eau. Probablement sa physionomie prouva qu'il s'apercevait de cette différence; car l'abbesse lui dit:
— La table du baron hérétique chez qui vous avez longtemps vécu, mon fils, était sans doute plus délicatement servie que celle des filles de l'Église souffrante; et cependant les jours de fêtes les plus solennelles, quand mes religieuses étaient admises à ma table, les mets les plus recherchés qui nous étaient permis en ces occasions ne me paraissaient pas à moitié aussi délicieux que ces légumes et cette eau dont je préfère me nourrir que de manquer en rien à l'austérité de mes vœux. Il ne sera pas dit que la maîtresse de cette maison en fait le séjour de la joie et des festins, tandis que la

sainte Église, dont elle n'est qu'un membre indigne, ne connaît plus que des jours de deuil et de désolation.

— C'est fort bien dit, ma sœur, reprit Magdeleine; mais à présent il est temps non-seulement de souffrir pour la bonne cause, mais d'agir pour la faire triompher. Maintenant que nous avons fini notre repas de pèlerins, allons nous concerter sur notre voyage de demain, allons aviser à la manière dont ces jeunes gens doivent être employés, et aux mesures que nous pouvons prendre pour suppléer à leur manque de discrétion et d'expérience.

En dépit du mauvais dîner qu'il venait de faire, Roland sentit son cœur tressaillir en entendant cette proposition, ne doutant pas qu'il n'en résultât un nouveau tête-à-tête entre lui et la jolie novice. Mais il fut encore trompé dans ses calculs. Catherine, à ce qu'il paraît, n'avait pas envie de le favoriser à ce point; car, soit par délicatesse, soit par caprice, soit par quelqu'une de ces nuances indéfinissables qui séparent ces deux sentimens, et par lesquelles les femmes se plaisent à tourmenter et en même temps à captiver le sexe qui prétend à la supériorité sur elles, elle dit à l'abbesse qu'il était nécessaire qu'elle se retirât pendant une heure avant les vêpres; et sa supérieure lui ayant fait sur-le-champ un signe d'assentiment, elle se leva pour sortir. Avant de quitter l'appartement, elle salua les deux matrones en s'inclinant devant elles; après quoi elle fit à Roland une révérence plus familière, consistant en une légère inclination du corps et un faible mouvement de tête. Elle accomplit cet acte de politesse d'un air très grave; mais sous cette gravité Roland crut découvrir l'expression maligne d'un triomphe secret sur la contrariété qu'il éprouvait.

— Au diable la malicieuse fille! pensa-t-il en lui-même, quoique la présence de l'abbesse eût dû réprimer des idées si profanes : elle a le cœur aussi dur que l'hiène riante dont parle certain conte. Elle a envie que je ne l'oublie pas cette nuit du moins.

Les deux matrones se retirèrent aussi, après avoir formellement enjoint à Roland de ne pas sortir du couvent sous quelque prétexte que ce fût, et de ne pas même se montrer à une fenêtre, l'abbesse donnant pour raison de cette précaution que les hérétiques étaient toujours disposés à semer des bruits scandaleux contre les communautés religieuses.

—La rigueur de Henry Warden n'allait pas si loin, dit le ci-devant page quand il se trouva seul; car pour lui rendre justice, quelque sévère qu'il fût à exiger qu'on écoutât ses homélies avec la plus stricte attention, il nous laissait ensuite la liberté entière de nos actions; il prenait même quelquefois part à nos amusemens quand il les trouvait innocens, et je crois qu'il se serait difficilement contenté de choux et de pain d'orge pour son dîner. Mais ces deux vieilles femmes sont enveloppées de ténèbres et de mystère, et ne semblent vivre que de privations. Eh bien! puisqu'il m'est défendu de franchir le seuil de la porte et de regarder par une croisée, il faut, pour passer le temps, que je voie ce que contient l'intérieur de cette maison. Peut-être cette rieuse aux yeux bleus se trouvera-t-elle dans quelque coin.

Sortant donc de l'appartement par une porte opposée à celle par où les deux matrones étaient sorties, on peut croire aisément qu'il n'avait pas dessein de troubler leur tête-à-tête; il erra de chambre en chambre dans cet édifice désert, cherchant inutilement quelque chose qui pût l'amuser ou l'intéresser. Il passa dans une longue galerie sur laquelle donnaient les petites cellules des religieuse. Elles étaient ouvertes, inhabitées, et le peu de mobilier que les règles de l'ordre leur permettaient d'y avoir en était disparu.

—Les oiseaux sont envolés, pensa-t-il; mais se trouveront-ils plus mal en plein air que dans ces cages étroites, c'est ce que j'abandonne à la décision de la dame abbesse et de ma vénérable aïeule. Je crois que l'alouette qu'on a laissée ici aimerait à faire entendre son ramage sous la voûte azurée des cieux.

Un escalier tournant, aussi raide qu'étroit, comme pour rappeler aux religieuses leurs devoirs de jeûne et de mortification, le conduisit à d'autres appartemens qui composaient le rez-de-chaussée. Il les trouva dans un état encore plus déplorable que ceux qu'il venait de parcourir, parce qu'ils avaient essuyé la première fureur de ceux qui avaient assailli le couvent. Les fenêtres avaient été mises en pièces, les portes enfoncées, et même plusieurs cloisons brisées en différens endroits. Après avoir vu cette scène de désolation, fatigué d'un spectacle si triste et si uniforme, il se disposait à regagner l'appartement d'où il était parti, lorsqu'il entendit le mugissement d'une vache dans la chambre voisine de celle où il se trouvait. Il s'y attendait si peu dans un tel endroit, qu'il tressaillit comme si c'eût été le rugissement d'un lion, et il avait la main sur son poignard quand l'aimable Catherine Seyton parut à la porte de l'appartement où ce bruit s'était fait entendre.

—Salut, vaillant champion, lui dit-elle en riant; depuis le temps de Guy Warwick, personne ne fut plus digne d'attaquer une vache en combat singulier.

— Une vache! dit Roland; sur ma foi, je croyais entendre le diable rugir près de moi. Qui aurait jamais cru trouver une étable à vaches dans un couvent?

—Vache et veau peuvent maintenant venir ici, répondit Catherine, car nous n'avons aucuns moyens de les en empêcher. Maintenant je vous invite à retourner dans l'appartement que vous avez quitté.

—Pas avant que j'aie vu la recluse du couvent de Sainte-Catherine, répondit Roland; et il entra dans la chambre, en dépit des remontrances moitié sérieuses, moitié badines de la jolie novice.

La vache avait pour étable une grande salle, ci-devant réfectoire de l'abbaye. Le toit en était orné de moulures, et l'on voyait dans les murailles des niches qui avaient autrefois contenu des statues de saints que la rage des nouveaux iconoclastes avait brisées. Ces vestiges d'ornemens d'architecture faisaient un singulier contraste avec la mangeoire et le râtelier construits pour la vache dans un coin de l'appartement, le fourrage déposé pour sa nourriture et la paille étendue par terre pour sa litière.

—Sur ma foi, dit Roland, cette vache n'est pas la plus mal logée de toutes les habitantes du couvent.

—Vous feriez bien de rester avec elle, dit Catherine, et de suppléer par vos attentions filiales à la progéniture qu'elle a eu le malheur de perdre.

—Au moins resterai-je pour vous aider à préparer tout ce qu'il lui faut pour la nuit, charmante Catherine, répondit Roland en saisissant une fourche.

— Vous n'en ferez rien ; car outre que vous ne sauriez comment vous y prendre, vous m'attireriez une mercuriale, et j'en ai assez dans le cours ordinaire des choses.

—Quoi ! vous seriez grondée pour accepter mon assistance, quand je dois être votre confédéré dans quelque affaire de grande importance ? Cela serait tout-à-fait déraisonnable. Mais à présent que j'y pense, dites-moi donc si vous le pouvez quelle est cette grande entreprise à laquelle je suis destiné ?

— Que sais-je ! quelques oiseaux à dénicher sans doute, à en juger par le champion qu'on a choisi.

—Ma foi, celui qui a déniché des faucons sur le rocher de Gledscraig, ma jolie novice, a fait quelque chose dont il peut se vanter. Mais au diable les faucons ! je ne veux plus y penser, car ce sont ces misérables oiseaux qui m'ont fait commencer mes voyages. Fou que je suis ! si je n'avais pas eu le bonheur de vous rencontrer en chemin, je dévorerais mon poignard de rage ; mais puisque nous allons être compagnons de route....

—Compagnons de travaux, mais non de route. Apprenez

pour votre consolation que la dame abbesse et moi nous partirons demain avant vous et votre respectable aïeule; et si je souffre votre compagnie en ce moment, c'est en partie parce qu'il se passera peut-être bien du temps avant que nous nous revoyions.

—De par saint André! il n'en sera rien, et je ne me mettrai en chasse que de compagnie avec vous.

—Je présume que sur ce point comme sur les autres il faudra que nous fassions ce qui nous sera ordonné. Mais écoutez! j'entends la voix de ma tante.

L'abbesse arrivait effectivement. Elle lança un regard sévère sur sa nièce, tandis que Roland eut la présence d'esprit de feindre d'attacher la courroie qui tenait la vache.

— Ce jeune homme, dit Catherine, m'aidait à attacher Crombrie de plus près au poteau. La nuit dernière elle a alarmé tout le village en mettant la tête à la fenêtre et en mugissant. Si l'on ne découvre pas la cause de cette apparition, ces hérétiques nous traiteront de sorcières; et si on la découvre, ils nous prendront notre vache!

—Ne craignez rien à cet égard, dit l'abbesse avec un ton d'ironie. La personne à qui elle est vendue va la prendre à l'instant.

—Adieu donc, ma pauvre compagne, dit Catherine en passant la main sur l'épaule de l'animal: j'espère que tu tomberas en bonnes mains; car depuis quelque temps mes instans les plus heureux ont été ceux où je me suis occupée de toi. Plût à Dieu que je fusse née pour ne connaître jamais d'autres soins!

—Fi! fi! s'écria l'abbesse; sont-ce là des discours dignes du nom de Seyton, d'une sœur de cette maison, d'une élue marchant dans les sentiers de la grace? Et parler ainsi devant un étranger, devant un jeune homme! Allez dans mon oratoire, ma fille, et lisez-y vos *heures* jusqu'à ce que j'y vienne. Je vous ferai une leçon qui vous fera connaître le prix des avantages que vous possédez.

Catherine allait se retirer en silence après avoir jeté sur Roland un regard moitié chagrin moitié comique, qui semblait dire : — Vous voyez à quoi votre visite m'a exposée. Mais tout à coup changeant de dessein, elle s'avança vers lui et lui tendit la main en lui souhaitant le bonsoir. Il la serra vivement avant que l'abbesse interdite eût eu le temps de s'y opposer; et Catherine se tournant alors vers elle : — Pardonnez-moi, ma mère, lui dit-elle; il y a long-temps que nous n'avons vu une figure humaine nous regarder avec bienveillance. Ce jeune homme s'est présenté chez nous en ami, et je lui ai fait mes adieux comme à un ami, parce qu'il y a tout à parier que nous ne nous reverrons plus dans ce monde. Je puis voir mieux que lui que les projets que vous méditez sont au-dessus de vos forces, et que vous placez sur le haut du rocher une pierre dont la chute nous entraînera dans le précipice. C'est donc à une victime comme moi que je fais mes adieux.

Elle se retira après avoir prononcé ces paroles d'un ton qui annonçait qu'elle sentait profondément ce qu'elle venait d'exprimer, et bien différent de son enjouement et de sa légèreté ordinaires; et il était évident que malgré sa jeunesse et son inexpérience, Catherine avait plus de jugement et de pénétration qu'on n'aurait pu lui en supposer d'après sa conduite habituelle.

L'abbesse garda le silence après son départ, et la réprimande qu'elle préparait expira sur ses lèvres. Elle parut frappée du ton sérieux et presque prophétique que sa nièce venait de prendre; et faisant signe à Roland de la suivre, elle le conduisit dans le salon où l'on avait dîné et où était préparée une petite réfection, comme l'appela l'abbesse. Elle consistait en lait et en pain d'orge. Magdeleine Græme, appelée pour partager cette collation, sortit d'un appartement voisin; mais Catherine ne reparut point. Le repas fut court et silencieux, et dès qu'il fut terminé, Roland fut envoyé dans une chambre adjacente où il trouva un lit qu'on lui avait préparé.

Les circonstances étranges dans lesquelles il se trouvait produisirent l'effet qu'on devait en attendre, en empêchant le sommeil de lui fermer promptement les yeux, et il entendit les deux matrones conférer à demi-voix dans l'appartement qu'il venait de quitter. Leur entretien dura assez long-temps; et lorsqu'elles se levèrent pour se séparer, il entendit l'abbesse prononcer distinctement les paroles suivantes : — En un mot, ma sœur, je respecte votre caractère et l'autorité dont il a plu à mes supérieurs de vous investir; mais il me semble qu'avant d'entamer une entreprise si périlleuse nous devrions consulter quelqu'un des pères de l'Église.

— Et où trouver un évêque, un abbé fidèle et intrépide? s'écria Magdeleine. Le fidèle, l'intrépide Eustache n'existe plus; le ciel l'a retiré d'un monde corrompu, l'a soustrait aux persécutions et à la tyrannie des infidèles. Puisse-t-il, dans sa merci, lui accorder le pardon des fautes qu'a pu lui occasionner la fragilité de la nature humaine! Mais où trouver un homme comme lui, dont nous puissions recevoir les conseils?

— Le ciel y pourvoira, ma sœur. Les pères à qui il est encore permis d'habiter l'abbaye de Kennaquhair lui donneront un successeur, en dépit des menaces de l'hérésie. Ils confieront sa crosse à des mains pleines de courage, et placeront sa mitre sur une tête que le ciel aura douée de sagesse.

— C'est ce que je saurai demain, dit Magdeleine. Mais quel homme aujourd'hui acceptera des fonctions qui peuvent ne durer qu'un jour, si ce n'est celui qui veut obtenir des spoliateurs une part du pillage? Demain nous saurons si parmi des milliers de saints qui sont sortis de la maison de Sainte-Marie, il en est encore quelqu'un qui jette un regard de commisération sur cette abbaye jadis si florissante, aujourd'hui si malheureuse. Adieu, ma sœur; nous nous reverrons à Édimbourg.

— Le ciel soit avec vous! dit l'abbesse; et elles se séparèrent.

— Me voilà donc instruit, pensa Roland, que nous allons à Kennaquhair et ensuite à Édimbourg. Voilà ce que jai gagné à ne pas dormir. Cela convient assez à mes projets : à Kennaquhair, je verrai le père Ambroise ; à Édimbourg, je trouverai quelque moyen de faire mon chemin dans le monde, sans être à charge à mon affectionnée parente ; et dans cette ville, je reverrai la charmante novice aux yeux bleus et au sourire malin. Cette dernière idée l'occupait encore lorsqu'il s'endormit ; et pendant toute la nuit, ses rêves ne lui présentèrent que l'image de Catherine Seyton.

CHAPITRE XIII.

« Quoi ? Dagon sur sa base est encore affermi !
« Je le croyais déjà roulé dans la poussière ;
« Eh bien ! que cet instant soit son heure dernière !
« Qu'on me donne une hache, et l'on verra bientôt
« Ce dieu si révéré brûler comme un fagot. »

Athelstane, ou le Danois converti.

Roland Græme dormit long-temps et d'un sommeil profond ; car le soleil était déjà bien élevé sur l'horizon quand la voix de Magdeleine l'appela pour continuer leur pèlerinage. S'étant habillé à la hâte, il s'empressa d'aller la joindre, et la trouva sur le seuil de la porte, prête à partir. Cette femme extraordinaire montrait en tout une promptitude d'exécution et une persévérance dont la source était dans le fanatisme, et qui semblait absorber en elle tous les sentimens de l'humanité ; une seule affection interrompait parfois son enthousiasme mystérieux, comme un des rayons du soleil qui percent un instant la nue pendant un orage. C'était sa tendresse maternelle pour son petit-fils, tendresse qu'elle portait à un excès presque déraisonnable dans toutes les occasions où il ne s'agissait pas de la religion catholique, mais qu'elle n'écoutait plus dès qu'elle était en opposition avec les projets qu'elle avait conçus, avec les devoirs qu'elle s'était imposés. Elle aurait volontiers donné sa vie pour l'objet de toute son affection terrestre ; mais elle était prête à mettre en péril les jours de ce fils chéri, à les sacrifier même s'il le fallait pour assurer le triomphe de l'Eglise romaine en Écosse.

Pendant le chemin, à l'exception de quelques circonstances où sa tendresse maternelle se fit voir, soit en montrant des inquiétudes pour sa santé, soit en craignant qu'il ne fût fatigué, soit en cherchant à lui procurer tout ce dont il pouvait avoir besoin, elle ne l'entretint que du devoir de relever les honneurs abattus de l'Église, et de replacer un souverain catholique sur le trône. Quelquefois elle lui donnait à entendre, quoique d'une manière obscure et détournée, qu'elle était elle-même prédestinée par le ciel à jouer un rôle dans cette œuvre importante, et que si elle entreprenait cette tâche avec tant de zèle, c'est qu'elle avait une garantie plus qu'humaine qu'elle réussirait à l'accomplir. Mais elle s'exprimait à cet égard en termes si généraux et si ambigus, qu'il n'était pas facile de décider si elle se prétendait appelée par une vocation directe et surnaturelle, comme la célèbre Élisabeth Barton, dite communément la Nonne de Kent, ou si elle n'entendait parler que du devoir général de tous les catholiques, et dont elle sentait l'obligation à un degré extraordinaire.

Quoique Magdeleine Græme n'annonçât point positivement des prétentions à être considérée comme une femme élevée au-dessus de la classe ordinaire des mortels, la conduite d'une ou deux personnes parmi les voyageurs qu'ils rencontrèrent lorsqu'ils furent entrés dans une partie de la vallée plus populeuse semblait indiquer qu'ils la regardaient comme un être doué d'attributs supérieurs. Il est vrai que deux paysans qui conduisaient un troupeau de bestiaux, quelques villageois qui semblaient se rendre gaîment à une fête, un soldat qui rejoignait son corps, un étudiant qui sortait du collége comme l'annonçaient un habit noir râpé et le paquet de livres qu'il portait sous le bras, passèrent auprès d'eux sans les regarder, ou en jetant sur eux un coup d'œil de mépris; il est vrai que quelques enfans ameutés par l'air singulier de Magdeleine et par son costume, qui comme nous l'avons dit ressemblait beaucoup à celui d'un pèlerin, les poursuivirent quelque temps en poussant de grands cris et en les appelant papistes. Mais un ou deux passans qui nourrissaient encore au fond du cœur un respect secret pour la hiérarchie déchue, jetant d'abord autour d'eux un regard craintif pour voir si personne ne les observait, faisant ensuite un signe de croix, fléchirent un genou devant la sœur Magdeleine, ainsi qu'ils la nommèrent, lui baisèrent la main ainsi que le bas de la robe, et reçurent avec humilité la bénédiction dont elle paya leur hommage. Se levant alors et regardant encore avec inquiétude de tous côtés pour voir si personne n'était survenu, ils se remirent promptement en route; quelques-uns furent même assez hardis pour oser, quoiqu'ils pussent être vus par des personnes de la religion alors dominante, croiser les bras sur leur poitrine, faire de loin une inclination de tête, et annoncer ainsi en silence qu'ils reconnaissaient la sœur Magdeleine, et qu'ils honoraient également sa personne et ses principes.

Elle ne manquait pas de faire observer à son petit-fils ces marques d'honneur et de respect qu'elle recevait de temps en temps :

— Tu vois, mon fils, lui disait-elle, que les ennemis de la foi n'ont pas été en état de détruire le bon esprit, de déraciner le bon grain. Au milieu des hérétiques et des schismatiques, des spoliateurs des biens de l'Église et des blasphémateurs des saints, il se trouve encore un reste de vrais fidèles.

— Vous avez raison, ma mère, répondit Roland; mais il me semble que nous n'avons que bien peu de secours à en attendre. Ne voyez-vous pas que tous ceux qui portent des armes à leur ceinture, ou qui semblent d'un rang tant soit peu relevé, passent près de nous comme si nous étions les derniers des mendians, et que tous ceux qui nous témoignent quelque intérêt sont les plus pauvres des pauvres, des gens plongés dans la misère, qui n'ont ni pain à partager avec nous, ni armes pour nous défendre, ni talent pour s'en servir quand même ils en auraient? Par exemple, ce pauvre misérable qui vient de s'agenouiller devant vous avec tant de dévotion, dont les haillons annoncent le comble de l'indigence, et dont la maigreur et le teint jaune et pâle portent à croire qu'il est attaqué de quelque maladie interne, comment cet être tremblant et dénué de tout peut-il être utile aux grands projets que vous méditez?

— Comment peut-il y être utile, mon fils? dit Magdeleine avec plus de modération que Roland ne s'y attendait peut-être : quand ce digne fils de l'Église aura fait le pèlerinage de Saint-Ringan, qu'il entreprend par mon avis et avec l'aide de quelques bonnes ames, quand il reviendra guéri de tous ses maux et plein de vigueur et de santé, la récompense que sa foi aura obtenue ne parlera-t-elle pas plus haut aux oreilles du peuple abusé d'Ecosse que la voix de mille prédicateurs hérétiques?

— Sans doute, ma mère; et cependant je ne suis pas sans inquiétude, car il y a long-temps que nous n'avons entendu citer un miracle opéré par saint Ringan.

La matrone le regarda en face, et d'une voix tremblante d'émotion, s'écria : — Es-tu donc assez infortuné pour douter du pouvoir de ce bienheureux saint?

— Non, ma mère, répondit promptement le jeune homme, je crois tout ce que l'Église commande de croire;

mais sans douter du pouvoir de saint Ringan, on peut dire qu'il n'a pas voulu en faire usage depuis un certain temps.

— Et ce malheureux pays l'a-t-il mérité? dit Magdeleine en doublant le pas jusqu'au haut d'une éminence où conduisait le sentier qu'ils suivaient. Ici, ajouta-t-elle alors, s'élevait une croix qui fixait les limites des domaines de Sainte-Marie; ici même, sur cette hauteur, d'où l'œil du pèlerin pouvait apercevoir cet ancien monastère, la lumière du royaume, le séjour des saints, le tombeau des monarques. Qu'est devenu cet emblème de notre foi? Le voilà renversé sur la terre, c'est ce bloc informe dont les fragmens brisés ont été emportés pour servir à des usages profanes, jusqu'à ce qu'il devînt impossible de reconnaître sa première destination. Tourne maintenant les yeux du côté de l'est, mon fils, là où le soleil avait coutume de dorer de ses rayons des clochers majestueux dont les croix et les cloches ont été arrachées avec violence, comme si le pays avait été envahi par des païens barbares. Regarde ces murs crénelés dont nous apercevons les ruines, même à cette distance; et dis-moi quels miracles on peut attendre des saints dont on a violé et profané les temples et les images, si ce ne sont des miracles de vengeance? Jusques à quand seront-ils différés?

Elle leva les yeux au ciel, parut se recueillir un instant, et s'écria avec un nouvel enthousiasme et avec encore plus de vivacité: — Oui, mon fils, rien n'est stable sur la terre; la joie et le chagrin, le triomphe et la désolation se succèdent comme la clarté du soleil et les nuages: la vigne ne sera pas toujours foulée aux pieds; les branches stériles seront coupées et jetées au feu, et les rameaux fertiles se relèveront et porteront encore des fruits: aujourd'hui même, dans un instant peut-être, j'espère apprendre des nouvelles importantes. Marchons donc; ne nous arrêtons point: le temps est court, le jugement est certain.

Elle reprit alors le chemin qui conduisait à l'abbaye, chemin indiqué autrefois par des poteaux surmontés d'une croix pour guider le pèlerin ; mais tous ces signes religieux avaient disparu. Une demi-heure de marche les conduisit en face du monastère, qui n'avait pas entièrement échappé à la fureur du temps, quoique l'église eût été respectée jusqu'alors. Les cellules des moines, qui occupaient deux côtés de la grande cour, avaient été incendiées ; l'intérieur n'en offrait qu'un amas de ruines, et les murs extérieurs n'avaient résisté aux flammes que par leur épaisseur. Les appartemens de l'abbé, qui formaient le troisième côté, étaient encore habitables, et servaient de refuge au petit nombre de frères qui restaient encore à Kennaquhair, et qui n'y étaient en quelque sorte que tolérés. Leurs beaux jardins, leurs cloîtres magnifiques, leurs salles splendides, offraient des traces de dévastation, et bien des gens du village et des environs, jadis vassaux de l'abbaye, n'avaient pas hésité à venir choisir dans les ruines les matériaux propres à réparer leurs propres habitations. Roland vit des fragmens de colonnes gothiques richement sculptés servant à soutenir le toit d'une misérable chaumière, et mainte statue mutilée formait la borne d'une étable ou d'une écurie. L'église avait moins souffert que les autres bâtimens du couvent. Mais les statues et les images des saints, dénoncées par l'accusation d'idolâtrie à laquelle les avait justement exposées la dévotion superstitieuse des papistes, avaient été brisées par les réformés sans aucun égard pour l'élégance et la richesse des ornemens d'architecture qui les accompagnaient ; sans doute, si les dévastateurs n'avaient pas poussé plus loin la destruction, la perte de ces monumens de l'antiquité ne serait point un objet à mettre dans la balance avec l'établissement du culte réformé.

Nos voyageurs virent avec des sentimens bien différens la destruction de ces représentations sacrées et vénérables des saints et des anges, car c'est ainsi qu'ils avaient été accoutumés à les considérer. L'antiquaire peut la regretter comme un sacrifice nécessaire ; mais Magdeleine Græme la regardait comme un acte d'impiété qui appelait la vengeance signalée du ciel, sentiment que son petit-fils partagea cordialement en ce moment. Ni l'un ni l'autre ne chercha pourtant à exprimer par des paroles ce qui se passait dans son esprit; leurs mains et leurs yeux levés vers le ciel se chargèrent d'exprimer leurs pensées. Roland s'approchait de la grande porte de l'église; mais sa conductrice l'arrêta.

— Cette porte est condamnée depuis long-temps, lui dit-elle, afin que les hérétiques ne sachent pas qu'il existe encore parmi les frères de Sainte-Marie des hommes qui osent rendre à Dieu le seul culte qui lui est agréable dans le lieu où les ancêtres des impies lui adressaient leurs prières pendant leur vie, et ont été enterrés après leur mort. Suis-moi de ce côté, mon fils.

Roland la suivit; et Magdeleine, ayant regardé si personne ne les observait, car le danger des temps lui avait inspiré la prudence, lui dit de frapper à un petit guichet qu'elle lui montra. — Mais frappe doucement, ajouta-t-elle avec un geste qui indiquait la nécessité des précautions. Après un court intervalle pendant lequel on ne fit aucune réponse, elle dit à Roland de frapper une seconde fois, et la porte s'entrouvrant enfin laissa entrevoir le frère portier, qui, d'un air timide et craintif, cherchait à voir quels étaient ceux qui frappaient, en tâchant d'éviter d'en être aperçu. Quelle différence avec l'air d'importance et de fierté que prenait autrefois le portier du couvent, lorsque, se montrant aux pèlerins qui arrivaient à Kennaquhair, il leur ouvrait la porte en leur disant d'un ton solennel: *Intrate, mei filii!* Au lieu de cette invitation paternelle, il dit d'une voix tremblante: — Vous ne pouvez entrer en ce moment; les frères sont assemblés. Mais quand Magdeleine Græme lui eut dit à demi-voix: — Ne me reconnaissez-vous pas, mon père? il changea de ton sur-le-champ, et lui répondit: — Entrez, ma chère sœur; mais entrez promptement, car les yeux des méchans sont ouverts sur nous.

Ils entrèrent donc; et le portier, ayant fermé et verrouillé à la hâte le guichet, les conduisit par différens passages sombres et tortueux. Tout en marchant à pas lents il parlait à Magdeleine à voix basse, comme s'il eût craint que les murailles même entendissent ce qu'il avait à dire.

— Nos pères sont assemblés, ma digne sœur. — Assemblés en chapitre? — Oui, en chapitre, pour l'élection d'un abbé. Que le ciel nous protège! On ne sonnera pas les cloches, on ne chantera pas une messe solennelle, on n'ouvrira pas les grandes portes de l'église pour que le peuple puisse voir notre père spirituel et lui rendre hommage. Il faut que nos pères se cachent comme des brigands qui se choisissent un chef, au lieu de se montrer comme de saints prêtres qui élisent un abbé mitré!

— Qu'importe, mon père? répondit Magdeleine : les premiers successeurs de saint Pierre furent élus pendant les tempêtes des persécutions, non dans les salons du Vatican, mais dans les souterrains, dans les caveaux et sous les voûtes de Rome païenne; leur élection ne fut pas célébrée par des décharges de canon et de mousqueterie, par des fêtes et des feux d'artifice; les félicitations qui leur étaient adressées n'étaient autre chose que l'ordre d'un préteur et d'un licteur farouche qui traînait au martyre les pères de l'Église. C'est du sein d'une telle adversité que l'Église catholique s'éleva jadis, et les persécutions actuelles ne feront que la purifier. Et faites-y bien attention, mon père; jamais, dans les plus beaux jours de l'abbaye de Sainte-Marie, jamais le titre d'abbé n'a autant honoré celui qui en a été revêtu qu'il honorera celui qui consentira à s'en charger dans ce temps de tribulations. Et sur qui croyez-vous que le choix doive tomber?

— Sur qui pourrait-il tomber? ou pour mieux dire, qui oserait accepter cette dignité dangereuse, si ce n'est le disciple du bienheureux Eustache, le bon et courageux père Ambroise?

— Je le savais : mon cœur me l'avait dit avant que vos lèvres eussent prononcé son nom. Courage, brave champion de la foi ! n'hésite pas à monter à la brèche ! montre-toi pilote expérimenté, et saisis le gouvernail pendant que la tempête confond tous les élémens ! Retourne au combat, guerrier qui viens de relever l'étendard de ton armée ! Prends la houlette, digne berger d'un troupeau dispersé.

— Silence, ma sœur, silence ! dit le portier en ouvrant une porte qui conduisait dans l'église ; nos frères vont venir célébrer l'élection par le sacrifice de la sainte messe. Il faut que je les conduise à l'autel, car je suis sacristain, cellerier et portier en même temps ; trois charges de notre vénérable maison ont été imposées à un vieillard infirme.

Il les quitta en prononçant ces mots, et laissa Magdeleine et Roland dans cette vaste église, dont le style d'architecture, riche mais chaste, prouvait qu'elle devait son origine au commencement du quatorzième siècle, époque à laquelle ont été construits les plus beaux édifices gothiques. Toutes les statues qui en décoraient l'intérieur avaient été mutilées et renversées aussi bien que celles qui se trouvaient à l'extérieur ; et les tombeaux des princes et des guerriers n'avaient pas été plus épargnés. Des lances et des épées antiques, qui avaient été long-temps suspendues sur la tombe de vaillans chevaliers, les offrandes que la dévotion des pèlerins avaient consacrées à différens saints, des fragmens de statues de braves guerriers et de nobles dames représentés couchés ou agenouillés dans une attitude de dévotion sur la tombe où reposaient leurs dépouilles mortelles, étaient mêlés et confondus avec les débris des saints, des martyrs et des anges, qu'une violence dévastatrice avait arrachés de leurs niches.

Ce qui semblait encore plus fatal, c'était que, quoique cette scène de destruction se fût passée il y avait déjà plusieurs mois, les pères avaient tellement perdu tout courage et toute résolution, qu'ils n'avaient pas même osé débarrasser l'église de cet amas de ruines et y rétablir une sorte d'ordre, ce qui n'aurait pas exigé un travail bien considérable. Mais la terreur s'était emparée d'un corps autrefois si puissant; sentant qu'ils n'étaient laissés dans leur ancienne demeure que par une tolérance précaire et par une sorte de compassion, ils ne se hasardaient pas à faire un pas qu'on pût regarder comme une tentative pour reprendre leurs anciens droits, et ils se contentaient de célébrer secrètement les cérémonies de leur culte avec le moins d'ostentation possible.

Deux ou trois des frères les plus âgés avaient rendu depuis peu le tribut à la nature, et le lieu de leur sépulture se remarquait parce qu'il avait fallu en écarter les débris pour y placer leurs restes mortels. Une pierre qui couvrait le père Nicolas rappelait qu'il avait prononcé ses vœux sous l'abbé Ingelram, époque à laquelle sa mémoire se reportait si souvent. Une autre, placée plus récemment, consacrait le souvenir du père sacristain Pierre, célèbre pour son excursion aquatique avec le fantôme d'Avenel. Enfin une troisième, la plus récente de toutes, ne portait que ces mots : *Hic jacet Eustatius*, *abbas*. Personne n'avait osé y ajouter un seul mot d'éloge sur sa science ou sur son zèle infatigable pour la religion catholique.

Magdeleine lut tour à tour ces courtes épitaphes, et s'arrêta plus long-temps sur la tombe du père Eustache. — C'est un bonheur pour toi, dit-elle; mais hélas! c'est un malheur pour l'Église que tu aies été rappelé si tôt dans le séjour de la paix. Que ton esprit soit avec nous, saint homme! Encourage ton successeur à marcher sur tes traces; donne-lui ta hardiesse, tes talens, ton zèle et ta discrétion; car ta piété même n'excède pas la sienne. Comme elle parlait ainsi, une porte latérale qui conduisait de la salle du chapitre dans l'église s'ouvrit pour donner passage aux pères qui allaient présenter à l'autel le supérieur qu'ils venaient d'élire.

Autrefois, de toutes les cérémonies pompeuses inventées

par la hiérarchie romaine pour attirer la vénération des fidèles, celle-ci était une des plus imposantes. L'intervalle pendant lequel la place d'abbé restait vacante était un temps de deuil, ou, comme le disaient les moines dans leur langage emblématique, un temps de veuvage; et les accens de douleur se changeaient en chants de réjouissance et de triomphe lorsqu'un nouveau supérieur avait été choisi. Quand on ouvrait la grande porte de l'église dans une occasion si solennelle, et que le nouvel abbé y paraissait l'anneau abbatial au doigt, la mitre sur la tête, la crosse en main, et revêtu de tous les ornemens pontificaux, précédé de ses porte-bannières aux cheveux blancs et de ses jeunes thuriféraires, et suivi du cortége vénérable de tous ses moines, enfin entouré de tout ce qui annonçait le rang suprême auquel il venait d'être élevé, sa présence était un signal pour l'orgue et la musique, qui faisaient entendre les sons solennels du *Te Deum*, auxquels toute la congrégation répondait ensuite par des antiennes d'allégresse. Quelle différence aujourd'hui! sept à huit vieillards, courbés par le chagrin et le malheur autant que par l'âge, tremblans sous l'habit proscrit de leur ordre, conduisaient à l'autel le supérieur qu'ils venaient d'élire pour le reconnaître en cette qualité au milieu des ruines. C'était comme une troupe de voyageurs égarés se choisissant un chef dans les déserts de l'Arabie, ou comme des naufragés faisant l'élection d'un capitaine sur la plage inconnue où le sort les a jetés.

Ceux qui dans un temps paisible désirent le plus obtenir l'autorité sur les autres sont précisément ceux qui redoutent davantage d'en être revêtus dans ces momens critiques, où elle ne procure ni honneur ni crédit, ne donne que le droit pénible d'être le premier aux fatigues et aux dangers, et expose le chef infortuné au murmure des associés mécontens ou aux attaques personnelles de l'ennemi commun. Mais celui à qui le titre d'abbé de Sainte-Marie venait d'être conféré avait une ame faite pour ce poste éminent. Hardi et enthousiaste, mais patient et généreux; prompt et zélé, mais sage et prudent, il ne lui manquait pour devenir un homme véritablement grand que de soutenir une meilleure cause que celle de la superstition expirante. Mais si la fin couronne l'œuvre, elle sert aussi de règle pour établir le jugement de la postérité; et ceux qui soutiennent une mauvaise cause dans la sincérité de leur cœur, et qui succombent en la défendant, ne peuvent mériter que la compassion qu'on doit aux victimes généreuses d'une fatale erreur. Nous devons ranger parmi ce nombre Ambroise, dernier abbé de Kennaquhair, dont on doit condamner les desseins, puisque leur réussite aurait pu river pour jamais en Écosse les chaînes de l'ancienne superstition et de la tyrannie spirituelle, mais dont les talens commandaient le respect, et dont les vertus arrachaient l'estime même des ennemis de sa foi.

Le port noble et majestueux du nouvel abbé servit à donner de la dignité à une cérémonie dépouillée de tout autre attribut de grandeur. Ses frères, sentant les dangers qui les menaçaient, et se rappelant sans doute les jours plus heureux qu'ils avaient vus, avaient un air de terreur mêlé de chagrin et de honte, et semblaient se hâter de terminer l'office qu'ils célébraient, comme s'il eût dû les exposer à quelque nouveau péril.

Il n'en était pas ainsi du père Ambroise. Ses traits exprimaient à la vérité une profonde mélancolie, tandis qu'il s'avançait dans le chœur au milieu d'objets qu'il regardait comme sacrés; mais son front était serein et sa marche ferme et solennelle. Il semblait croire que l'autorité dont il allait être revêtu ne dépendait nullement des circonstances extérieures qui en accompagnaient l'investiture; et si son ame ferme était accessible à la crainte et à la douleur, ce n'était pas pour lui-même, mais pour l'Église, dont il avait embrassé la cause.

Il arriva enfin sur les marches brisées du maître-autel, les pieds nus, suivant la règle de son ordre, et tenant en main son bâton pastoral, car la bague abbatiale et la mitre ornée de pierres précieuses avaient été la proie des spoliateurs. Des vassaux respectueux ne venaient pas l'un après l'autre rendre foi et hommage à leur supérieur spirituel, et lui offrir le tribut d'usage d'un beau palefroi richement caparaçonné. L'évêque n'assistait point à la cérémonie pour recevoir dans les rangs de la noblesse ecclésiastique un nouveau dignitaire, dont la voix dans les assemblées du clergé devait être aussi puissante que la sienne. Les frères qui restaient, abrégeant les cérémonies d'usage, s'empressèrent de donner le baiser de paix à leur nouvel abbé, en signe d'affection fraternelle et d'hommage spirituel. La messe fut ensuite célébrée à la hâte, plutôt comme s'il s'agissait de satisfaire les scrupules d'une jeunesse impatiente qui va partir pour une partie de chasse, que comme la plus noble cérémonie de la solennité. Le prêtre officiant bégaya plusieurs fois en prononçant le service divin, et tourna souvent la tête, comme s'il se fût attendu à être interrompu avant la fin de la célébration des saints mystères; et les frères y assistaient d'un air qui prouvait que, quelque court qu'on eût cherché à rendre l'office, ils auraient désiré qu'il pût encore s'abréger.

Ces symptômes d'alarmes augmentèrent vers la fin de la cérémonie, et il paraissait que ce n'était pas sans raison ; car entre chaque strophe du dernier hymne, on entendit des sons d'une nature toute différente, d'abord dans le lointain, mais qui s'approchèrent peu à peu, et qui finirent par couvrir la voix des chantres. Le bruit des cors, des clochettes, des tambours, des cornemuses et des cymbales; des cris ressemblant tantôt à des éclats de rire, tantôt à des rugissemens de rage ; les tons aigus de voix de femmes et d'enfans joints aux clameurs plus bruyantes des hommes, tous ces sons divers formaient comme une confusion de voix étourdissante, qui imposa silence aux chants solennels des moines. On apprendra dans le chapitre suivant la cause et le résultat de cette interruption extraordinaire.

CHAPITRE XIV.

« Ni les flots écumans en rompant leurs barrières,
« Ni les vents déchaînés qui brisant leur prison,
« Du triste villageois renversent la moisson,
« Ne sont à comparer à ce groupe bizarre, -
« Plaisant, mais destructeur, burlesque, mais barbare. »,
La Conspiration.

Les moines avaient cessé leurs chants qui, de même que ceux des choristes dans la légende de la sorcière de Berkley[1], s'étaient terminés par un dièse de consternation. Tels qu'on voit dans une basse-cour une troupe de jeunes poulets effrayés par la vue d'un épervier, chercher d'abord à fuir et finir par se réfugier sous l'aile de leur mère, les moines firent d'abord un mouvement pour se disperser, et revinrent, par désespoir plutôt que par courage, se ranger autour de leur nouvel abbé. Celui-ci, conservant l'air de dignité paisible qu'il avait montré pendant toute la cérémonie, restait sur la marche la plus élevée de l'autel, comme pour se mettre plus en évidence, afin d'attirer sur lui le danger et de sauver ses compagnons par son dévouement, puisque c'était la seule protection qu'il pouvait leur donner.

(1) L'auteur fait ici allusion à une ballade romantique de Southey qu'il a déjà citée plusieurs fois; on trouve cette légende curieuse dans le tome second des *Living poets of England.* — Éd.

Magdeleine et Roland, à l'écart d'abord dans un coin obscur du chœur sans qu'on fît à eux aucune attention, s'avancèrent alors vers l'autel par un mouvement presque involontaire, comme s'ils eussent voulu partager le sort qui attendait les moines; quel qu'il pût être. Tous deux saluèrent l'abbé respectueusement ; et tandis que la matrone semblait vouloir lui adresser la parole, le jeune homme, fixant les yeux sur la grande porte de l'église où l'on frappait à coups redoublés, porta la main sur son poignard.

L'abbé leur fit signe à tous deux de se contenir : — Paix, ma sœur, dit-il d'un ton grave que le bruit qu'on faisait à la porte ne put empêcher d'entendre : paix ! laissez au nouvel abbé de Sainte-Marie le soin de répondre aux acclamations de ses vassaux, qui viennent sans doute célébrer son installation ; et vous, mon fils, gardez-vous de recourir à des armes terrestres. Si c'est le bon plaisir de notre protectrice que son saint temple soit profané par des actes de violence et souillé par le sang, que ce ne soit pas l'imprudence d'un enfant de l'Église catholique qui le fasse verser.

A chaque instant le bruit augmentait; les coups frappés à la porte devenaient plus violens, et l'on entendit plusieurs voix qui demandaient qu'on l'ouvrît. L'abbé s'avançant alors vers le portail avec calme, sans précipitation et sans trembler au milieu du péril qui le menaçait, demanda d'un ton d'autorité à savoir qui venait les troubler dans l'exercice de leur culte, et ce qu'on désirait d'eux.

Il y eut un moment de silence auquel succédèrent de grands éclats de rire. Enfin une voix répondit : — Nous voulons entrer dans l'église. Ouvrez-nous la porte, et alors vous verrez qui nous sommes.

— Au nom de qui demandez-vous à entrer ? dit l'abbé.

— Au nom de notre révérend seigneur l'abbé, répondit une voix du dehors ; et d'après les éclats de rire qui suivirent cette réponse, on peut juger que cette phrase avait un sens tout différent de ce que les expressions dont on s'était servi semblaient faire entendre.

— Je ne sais ni ne désire savoir ce que vous voulez dire, reprit l'abbé ; mais retirez-vous au nom de Dieu, et laissez en paix ses serviteurs. Je vous parle comme ayant un droit légitime pour commander ici.

— Ouvrez la porte, dit une autre voix d'un ton dur ; nous verrons qui a ici les meilleurs droits, messire moine, et nous vous montrerons un supérieur auquel nous devons tous obéir.

— Forçons la porte s'il ne veut pas l'ouvrir, s'écria un troisième, et à bas les chiens de moines qui veulent nous disputer nos priviléges !

Un cri général s'éleva : — Oui ! oui ! brisons la porte, et au diable les moines s'ils osent nous résister !

Au lieu de frapper à la porte, on commença alors à l'attaquer à coups de gros marteaux et de pieux ; et malgré sa solidité, elle n'aurait pu faire une longue résistance. Mais l'abbé, qui vit que toute opposition serait inutile, et qui ne voulut pas irriter les assaillans par une contradiction ouverte, leur demanda un moment de silence ; et l'ayant obtenu, non sans difficulté : — Mes enfans, leur dit-il, je ne veux pas vous laisser commettre un tel péché. On va vous ouvrir la porte. Le portier est allé en chercher la clef ; mais, je vous en supplie, réfléchissez bien si vous êtes dans une situation d'esprit qui vous permette d'entrer dans une sainte église.

— Point de papisme ! s'écria-t-on du dehors : nous sommes dans la même situation que les moines quand ils sont joyeux, c'est-à-dire quand ils ont pour leur souper un bon rostbeef, au lieu de choux cuits dans l'eau. Mais que votre portier se dépêche, et qu'il nous prouve qu'il n'a pas la goutte, sans quoi nous nous passerons de lui. N'est-il pas vrai, camarades ?

— Sans doute, répondirent cent voix. Qu'avons-nous besoin de l'attendre ?

Et ils n'auraient pas attendu plus long-temps si le portier ne fût heureusement arrivé en cet instant avec les clefs. Il s'acquitta de ses fonctions en tremblant, et dès qu'il eut ouvert le grand portail, il se retira avec la précipitation d'un homme qui vient de lâcher une écluse et qui craint d'être renversé par le torrent. L'abbé, qui avait pris son poste à dix pieds environ de la porte, ne montrait aucun symptôme de trouble ni de crainte, et tous les moines encouragés par l'exemple de sa fermeté, honteux d'abandonner leur supérieur et animés par le sentiment de leurs devoirs, s'étaient rangés derrière lui. Dès que la porte s'ouvrit, de grandes acclamations accompagnées d'éclats de rire se firent entendre; mais on ne vit pas, comme on pouvait s'y attendre, une multitude furieuse se précipiter dans l'église. Au contraire, un cri général s'éleva : halte! halte! un instant! de l'ordre! laissez passer l'abbé! il faut que les deux révérends pères puissent se voir et se parler.

La foule assemblée devant la porte offrait le spectacle le plus grotesque qu'on pût s'imaginer. Elle était composée d'hommes, de femmes et d'enfans déguisés d'une manière burlesque, et présentait des groupes aussi bizarres que variés. Un d'entre eux, monté sur une machine en carton peint, représentant par-devant une tête de cheval et ayant par-derrière une longue queue de crins, le tout couvert d'une longue pièce d'étoffe qui était supposée cacher le corps de l'animal, trottait, galopait, caracolait, et jouait parfaitement le rôle de cheval de bois dont il est si souvent question dans nos anciennes pièces, et qu'on voit encore figurer sur le théâtre dans le dénouement de la tragédie de Bayes [1]. Rival de l'adresse et de l'agilité que déployait ce personnage, un autre s'avançait sous les traits plus formidables d'un énorme dragon ayant des ailes dorées ; la gueule ouverte, une triple langue couleur de sang, et semblant

---

(1) Voyez l'ancienne comédie satirique du duc de Buckingham intitulée *The Rehearsal (la Répétition)*. — Éd.

chercher à saisir et à dévorer un jeune homme représentant la belle Sabœa, fille du roi d'Égypte, qui fuyait devant lui; tandis qu'un saint George grotesque avec un poêlon pour casque, et pour lance une broche, venait de temps en temps prendre sa défense, et forçait le monstre à abandonner sa proie. Un ours, un loup et deux autres animaux sauvages jouaient avec la discrétion de Snug le menuisier [1], car la préférence décidée qu'ils donnaient à leurs pattes de derrière prouvait suffisamment aux spectateurs les plus timides qu'ils avaient affaire à des bipèdes. On voyait ensuite un groupe d'Outlaws, ayant à leur tête Robin Hood et Petit-Jean son lieutenant. Ces derniers acteurs mettaient beaucoup de naturel dans leur jeu, et rien n'était moins étonnant, car la plupart étaient par profession les archers proscrits et les voleurs qu'ils avaient entrepris de représenter.

Il y avait aussi des mascarades d'un genre moins recherché : des hommes habillés en femmes, et des femmes en habits d'homme; des enfans vêtus en vieillards s'appuyant sur des béquilles, entourés de fourrures, et ayant leur petite tête serrée dans de grands bonnets, tandis que des vieillards prenaient le ton et le costume enfantin; d'autres avaient la figure barbouillée, et portaient une chemise par-dessus leurs vêtemens; quelques-uns étaient décorés de morceaux de rubans et d'ornemens en papier de couleur; ceux qui n'avaient rien de tout cela s'étaient noirci le visage, et avaient retourné leurs habits pour en mettre la doublure par-dessus; en un mot tout le rassemblement semblait être composé de fous et de jongleurs.

La halte que firent tous ces masques à la porte de l'église, tandis qu'ils semblaient attendre quelque personnage de plus grande considération qui devait les y précéder, donna le temps à l'abbé et aux moines de les regarder. Ils ne furent pas long-temps sans comprendre la cause et le but de cet attroupement.

(1) Dans *le Songe d'une nuit d'été*, de Shakspeare. — Éd.

Peu de lecteurs peuvent ignorer qu'il fut un temps où l'Église romaine[1], dans la plénitude de son pouvoir, non-seulement tolérait mais même encourageait des saturnales d'un genre à peu près semblable aux folies que se permettaient en ce moment les habitans de Kennaquhair et des environs. Dans ces occasions elle permettait à la populace, pour se dédommager des privations et des pénitences qui lui étaient imposées à d'autres époques de l'année, de commettre toutes sortes de folies qui quelquefois n'étaient que puériles et burlesques, mais qui quelquefois aussi étaient profanes et immorales. On parodiait d'une manière burlesque et ridicule les rites et les cérémonies les plus sacrées, et, chose bien étrange! avec l'approbation du clergé même[2].

Tant que la hiérarchie romaine fut dans une situation florissante, les prêtres ne paraissent pas avoir craint qu'il résultât des conséquences funestes de la faculté laissée au peuple de trop se familiariser avec les choses saintes et de les traiter avec tant d'irrévérence. Ils s'imaginaient alors que le laïque ressemblait au cheval du laboureur, qui ne se soumet pas avec moins de docilité au mors et à la bride, quoique son maître lui permette quelquefois d'errer librement dans les pâturages, et souffre même alors qu'il regimbe contre lui. Mais quand les temps changèrent, quand on conçut des doutes sur les doctrines de l'Église catholique, quand la haine contre ses prêtres se manifesta parmi les réformés, le clergé romain reconnut trop tard qu'il

---

(1) Nous voyons, dans l'intéressant roman d'*Anastase**, que les mêmes cérémonies burlesques avaient lieu dans l'Église grecque.

(*L'Auteur de Waverley.*)

(2) On peut lire, dans nos anciens chroniqueurs, la description non moins bizarre de la fête des fous et de celle des ânes. — Éd.

* *Anastase*, ou *Mémoires d'un Grec*. Cet intéressant roman, comme l'appelle Walter Scott, est dû à la plume savante de Thomas Hope, et a pris rang parmi les ouvrages marquans du dix-neuvième siècle. La traduction en deux vol. in-8° a été publiée chez Charles Gosselin. — Éd.

résultait des inconvéniens graves de ces jeux dans lesquels tout ce qu'il y avait de plus sacré était tourné en ridicule. Des politiques moins habiles que les prêtres de l'Église romaine auraient découvert bien aisément que les mêmes actions peuvent avoir un résultat bien différent quand on les fait avec un esprit de sarcasme, d'insolence et de haine, ou quand elles n'ont lieu que par suite d'une gaîté grossière. On songea alors à supprimer cet abus, et le clergé catholique fut imité en ce point par les prédicateurs réformés, qui furent plus choqués de l'immoralité de ces divertissemens profanes que disposés à profiter du ridicule dont ils couvraient l'Église de Rome et ses pratiques religieuses. Mais il se passa bien du temps avant qu'on pût réussir à déshabituer le peuple d'un amusement favori ; et en Écosse comme en Angleterre, la mitre de l'évêque catholique, le rochet du prélat protestant, la robe et la ceinture du prédicateur calviniste, furent tour à tour obligés plus d'une fois de céder la place à ces joyeux personnages, le Pape des fous, l'Enfant-évêque, et l'Abbé de la Déraison.

C'était ce dernier qui, en grand costume, s'approchait alors de la porte de l'église, vêtu de manière à former la caricature de l'abbé de Saint-Marie, qu'il venait narguer le jour même de son installation, en présence de son clergé et jusque dans son église. Ce prétendu dignitaire était un vieillard vigoureux, de moyenne taille, et devait son énorme rotondité à un ventre postiche dont il était affublé. Il portait sur la tête une mitre en cuir ressemblant à peu près à un bonnet de grenadier, grossièrement brodée, et garnie de colifichets d'étain. Le visage protégé par cette mitre se faisait surtout remarquer par un nez monstrueux orné d'une profusion de rubis. Sa robe de bougran était couverte d'une chape en canevas peint de toutes couleurs : sur son épaule gauche était représenté un hibou. Il portait de la main droite son bâton pastoral, et tenait de la gauche un petit miroir à manche, ressemblant ainsi à un célèbre bouffon dont les aventures récemment publiées avaient obtenu un grand succès parmi le peuple ; ouvrage que les bibliomanes se trouvent fort heureux de pouvoir se procurer *aujourd'hui* en le payant à raison d'une guinée la feuille.

Le cortége de ce haut dignitaire se composait de huit ou dix individus vêtus de manière à parodier le costume des moines de l'abbaye, et qui marchaient à la suite de leur soi-disant supérieur. La foule, qui s'était rangée pour les laisser passer, se précipita alors dans l'église en criant ; — Place ! place ! place au vénérable père Howleglas, au savant moine Antirègle, au révérend abbé de la Déraison.

Le charivari recommença alors ; et l'on n'entendit plus que les cris des enfans, les glapissemens des femmes, les éclats de rire des hommes, les hurlemens des bêtes, les sifflemens du dragon, les hennissemens du cheval ; et tous, courant dans l'église comme des insensés, tiraient le feu du pavé en le frappant de leurs souliers garnis de gros clous.

C'était une scène de tumulte ridicule qui fatiguait les yeux et qui aurait assourdi un spectateur indifférent. Mais aucun des moines ne pouvait l'être ; ils n'étaient pas sans crainte pour leur sûreté, et ils n'ignoraient pas que cette effervescence de gaîté populaire n'avait d'autre objet que de les tourner en dérision. Ils n'étaient guère rassurés par la réflexion qu'à la provocation la plus légère ces mêmes gens qui semblaient ne songer qu'à se divertir, puisant une nouvelle audace dans leur déguisement, pouvaient leur faire un mauvais parti, ou tout au moins passer à ces plaisanteries mises en action qu'on doit toujours attendre d'une multitude fantasque et naturellement portée au mal. Au milieu du désordre, ils avaient les yeux fixés sur leur abbé, comme des passagers, lorsque la tempête est au plus haut degré de fureur, jettent sur le pilote des regards qui annoncent qu'il ne leur reste aucun espoir dans leurs propres efforts, et qu'ils n'ont qu'une confiance médiocre dans tout ce que pourra faire la science de leur Palinure.

Le père Ambroise lui-même semblait ne savoir ce qu'il devait faire. Il était inaccessible à la crainte ; mais il sentait qu'il y aurait du danger à se livrer à l'indignation qu'il éprouvait, et qu'il pouvait à peine réprimer. Il fit un geste de la main comme pour demander le silence, et l'on n'y répondit que par un redoublement de clameurs et de vociférations. Mais quand Howleglas, l'imitant d'un air comique et moqueur, eut fait le même mouvement, les tapageurs lui obéirent sur-le-champ, espérant que la conversation qui allait avoir lieu entre les deux abbés leur fournirait un nouveau sujet de divertissement ; car ils comptaient beaucoup sur l'effronterie et l'esprit grossier de leur chef.

— Eh bien! s'écrièrent quelques-uns, allons, révérends pères, allons donc! essayez vos forces! moine contre moine, abbé contre abbé, c'est partie égale.

— Silence! s'écria Howleglas ; est-ce que deux savans pères de l'Église ne peuvent avoir une conférence sans que vous veniez ici, avec toute une ménagerie, beugler et crier comme s'il s'agissait d'exciter un dogue contre un taureau? Silence! vous dis-je, et laissez-nous, ce digne père et moi, conférer sur ce qui concerne notre juridiction et notre autorité.

— Mes enfans, dit le père Ambroise...

— Ce sont mes enfans aussi, s'écria l'abbé de la Déraison, et ce sont des enfans bien heureux. Il y en a qui seraient fort embarrassés pour nommer leur père, et ceux-ci en ont deux à choisir.

— S'il existe en toi autre chose que de l'impudence et de la grosièreté, dit le vénérable abbé, laisse-moi dire quelques mots à ces hommes égarés.

— S'il existe autre chose en moi, mon digne frère? dit Howleglas : j'ai en moi tout ce qui convient à la place que j'occupe aujourd'hui ; j'ai eu soin, ajouta-t-il en frappant sur son ventre postiche, de garnir ce matin mon intérieur de bon rostbeef, d'excellente ale et de délicieux brandevin.

Mais voyons, mon confrère, voyons, parlez, et j'aurai mon tour ensuite : agissons en bons camarades.

Pendant cette discussion, l'indignation de Magdeleine était montée au plus haut point. S'approchant de l'abbé, elle se mit à son côté, et lui dit d'une voix basse mais distincte ; — Réveillez-vous, père Ambroise, réveillez-vous donc! votre main n'est-elle pas armée du glaive de saint Pierre? Frappez, et chargez ces hérétiques des chaînes de l'excommunication, qui, forgées une fois par l'Église, sont ensuite rivées par le ciel.

— Paix! ma sœur, répondit l'abbé; que leur folie ne triomphe pas de notre prudence. Laissez-moi remplir mes devoirs; c'est la première fois que j'y suis appelé, et il est possible que ce soit la dernière.

— Mon digne confrère, dit Howleglas, écoutez les conseils de la sainte sœur. Jamais couvent ne peut prospérer sans les avis d'une femme.

— Silence, homme présomptueux, dit le père Ambroise : — Et vous, mes frères...

— Non, non! s'écria l'abbé de la Déraison, vous ne pouvez porter la parole à mes ouailles avant d'avoir conféré avec votre confrère du capuce. Je jure par les cloches et les cierges que pas un membre de ma congrégation n'écoutera un mot de ce que vous avez à lui dire ; ainsi vous ferez aussi bien de vous adresser à moi, puisque je consens à vous entendre.

Pour échapper à une conférence si burlesque, l'abbé tenta par un dernier appel de réveiller le respect qui pourrait survivre encore dans le cœur des habitans des domaines de l'abbaye, jadis si dévoués à leurs chefs spirituels ; mais l'abbé de la Déraison n'eut qu'à faire un signe avec le bâton qui lui servait de crosse, et la danse, le tapage, les cris recommencèrent avec un bruit qui n'aurait pas permis à un Stentor de se faire entendre.

— Maintenant, camarades, dit Howleglas, fermez la bouche, taisez-vous. Voyons si le coq de Kennaquhair voudra chanter, ou s'il s'enfuira en baissant la crête.

Le silence se rétablit sur-le-champ, et le père Ambroise en profita pour s'adresser à son antagoniste, voyant bien qu'il ne parviendrait jamais à se faire entendre autrement.
— Être infortuné, lui dit-il, ne peux-tu donc mieux employer ton esprit charnel qu'à abuser tes semblables et à les conduire dans les sentiers des ténèbres?

— En concience, mon frère, répondit l'abbé de la Déraison, je ne vois entre mon emploi et le vôtre qu'une petite différence : c'est que vous faites un sermon sur une plaisanterie, et que je fais une plaisanterie sur un sermon.

— Malheureux! reprit le père Ambroise, ne connaissez-vous d'autre sujet de plaisanterie que celui qui devrait vous faire trembler? Ne pouvez-vous prendre pour objet de votre dérision que la religion, que vous devriez honorer?

— Vous avez raison, mon révérend frère, dit Howleglas; ce que vous dites pourrait être vrai si, en riant aux dépens des hypocrites, j'entendais rire aux dépens de la religion. Quelle belle chose que de porter un froc, une ceinture et un capuchon! on devient un pilier de la sainte mère l'Église; il ne faut pas que les enfans jouent à la balle contre les murs, de peur de casser les vitraux.

— Et vous, mes amis, dit l'abbé en jetant les yeux autour de lui, et en parlant avec une véhémence qui le fit écouter tranquillement quelques instans, souffrirez-vous qu'un bouffon profane vienne insulter les ministres de Dieu jusque dans son temple? Vous avez presque tous vécu sous mes saints prédécesseurs qui furent appelés à commander dans cette église où je suis appelé à souffrir; les biens que vous possédez en ce monde, c'est à eux que vous en êtes redevables; et quand vous ne dédaigniez pas d'accepter des dons plus solides, la miséricorde et l'absolution de l'Église, vous ont-ils jamais été refusés? N'étions-nous pas occupés à prier quand vous vous divertissiez, à veiller quand vous vous livriez au sommeil?

— C'est ce que disaient quelques bonnes femmes de Kennaquhair, dit l'abbé de la Déraison. Mais cette plaisanterie n'obtint pas les mêmes applaudissemens que les précédentes, et le père Ambroise, voyant qu'il avait réussi à fixer l'attention, se hâta d'en profiter.

— Croyez-vous, continua-t-il, vous montrer reconnaissans et honnêtes en venant insulter et outrager quelques vieillards qui, de même que leurs prédécesseurs, ne vous ont jamais fait que du bien, qui n'ont d'autre désir que de mourir en paix au milieu des débris de ce qui fut autrefois la lumière du pays, et qui tous les jours adressent au ciel la prière d'être rappelés de ce monde avant que la dernière étincelle en soit éteinte, avant que cette contrée soit abandonnée aux ténèbres auxquelles elle a donné la préférence? Nous n'avons pas employé contre vous le tranchant du glaive spirituel pour nous venger de nos persécutions temporelles. Nous nous sommes vus dépouillés de nos possessions, presque privés du pain nécessaire au soutien de notre existence, et cependant nous n'avons pas voulu recourir aux armes terribles de l'excommunication. Nous ne vous demandons que de nous laisser vivre et mourir en paix dans cette église qui nous appartient, de souffrir que nous y implorions du ciel le pardon de vos péchés et des nôtres, et de ne pas venir nous y troubler par des insultes grossières et par une bouffonnerie sacrilége.

Ce discours, si différent de celui auquel on s'attendait, produisit sur cette foule un effet peu favorable à la continuation de ces folies. Les divers instrumens se turent, la danse cessa, le cheval discontinua ses cabrioles, et un silence profond s'établit. Plusieurs des animaux sauvages furent visiblement émus, on entendit l'ours pousser des sanglots, et l'on vit un grand renard s'essuyer les yeux avec sa queue. Le dragon surtout, naguère si terrible et si menaçant, montra un air de componction, et dit d'un ton de repentir : — Par la messe, je ne croyais pas qu'il y eût du mal à nous amuser de notre ancien passe-temps. Si j'avais cru que le bon père eût pris la chose si fort à cœur, vous m'auriez fait jouer le rôle du diable plutôt que celui du dragon.

Pendant ce moment de calme, l'abbé, au milieu de ce groupe grotesque, ressemblait au saint Antoine de Callot, triomphant des démons cherchant à le tenter : mais Howleglas ne voulut pas lui abandonner ainsi la victoire.

— Eh bien ! mes camarades, s'écria-t-il, que signifie tout ceci? Ne m'avez-vous pas nommé abbé de la Déraison? Est-il permis à aucun de vous d'écouter aujourd'hui un mot de sens commun? Ne m'avez-vous pas élu en chapitre solennel tenu dans le cabaret de la mère Martin? Allez-vous m'abandonner et renoncer à votre divertissement? Jouez la pièce jusqu'au bout. Si quelqu'un dit un mot de bon sens ou de raison avant la fin du jour; si j'entends qui que ce soit parler de réfléchir ou de considérer, en vertu des pouvoirs qui m'ont été donnés, je le condamne à faire le plongeon dans l'étang de Kennaquhair.

La populace, variable suivant sa coutume, répondit à ce discours par de nouvelles acclamations ; les tambours et les cornemuses firent entendre leurs sons discordans, les enfans crièrent, les bêtes rugirent, le cheval bondit, le dragon lui-même, malgré le repentir qu'il venait d'exprimer, sembla se disposer à poursuivre de nouveau la tremblante Sabœa. Il est pourtant à croire que l'abbé, qui s'efforçait d'obtenir une seconde fois le silence, aurait réussi à calmer cette nouvelle effervescence, si Magdeleine Græme n'eût lâché la bride à l'indignation qu'elle comprimait depuis si long-temps.

— Mauvais railleurs ! s'écria-t-elle d'une voix qui se fit entendre au milieu de la confusion des bruits de toute espèce ; enfans de Bélial, blasphémateurs, hérétiques, tyrans sanguinaires !

— Silence, ma sœur, je vous en supplie, je vous le commande, dit le père Ambroise : laissez-moi remplir mes devoirs ; ne me troublez pas dans l'exercice de mes fonctions.

Mais rien ne pouvait enchaîner le zèle de Magdeleine, et elle continua à vomir des imprécations, entremêlées de menaces au nom des papes, des conciles et de tous les saints, depuis saint Michel jusqu'à saint Dunstan.

— Camarades, dit Howleglas, cette digne dame n'a pas dit un seul mot de bon sens, par conséquent on peut la croire à l'abri du châtiment prononcé par nos réglemens. Mais quoiqu'elle n'ait dit que des sottises, elle a eu intention de parler raison. Ainsi donc, à moins qu'elle n'avoue et ne reconnaisse que tout ce qu'elle a dit n'a pas le sens commun, elle doit en être responsable comme si c'était de la raison de bon aloi. Trève donc de tes momeries, sainte femme, pèlerine, abbesse, qui que tu sois, à moins que tu ne veuilles faire connaissance avec notre étang ; nous ne voulons avoir de remontrances ni spirituelles ni temporelles dans notre diocèse de la Déraison.

En parlant ainsi il étendit les bras vers la vieille femme pour la saisir, et ses compagnons s'avancèrent pour le seconder, en s'écriant avec des transports de joie : — A l'étang ! à l'étang ! Mais un incident inattendu déconcerta ce projet. Roland Græme, qui avait vu avec indignation les insultes faites à son ancien précepteur spirituel, avait eu assez d'empire sur lui-même pour réfléchir qu'il ne pouvait lui être d'aucun secours, et que son intervention n'aboutirait probablement qu'à empirer encore la situation des choses. Mais quand il vit qu'on se disposait à en venir à des voies de fait envers son aïeule, toute sa prudence l'abandonna ; il se livra à son impétuosité naturelle ; et s'élançant le poignard à la main sur l'abbé de la Déraison, il lui en porta un coup qui l'étendit sur les carreaux de l'église.

CHAPITRE XV.

> « Quand la sédition appelle une cité,
> « Tout un peuple se lève, au tumulte excité.
> « Femmes, enfans, vieillards, poussent des cris de rage;
> « Tout sert d'arme à leurs bras; mais si quelque homme sage
> « Vient soudain se montrer à leurs regards surpris,
> « Son geste seul suffit pour apaiser les cris ±
> « On l'écoute; et bientôt cette foule indocile
> « Se dissipe sans bruit, comme l'onde tranquille
> « De ce torrent d'hiver qui, des monts descendu,
> « Consent à voir son cours dans un lit contenu. »
>
> Dryden, Én. de Virg.

Un épouvantable cri de vengeance fut poussé par les tapageurs dont les jeux venaient d'être interrompus d'une manière si effrayante; mais toute cette multitude était sans armes, et elle fut tenue en respect quelques instans par l'air de Roland, et par le poignard dont il menaçait de percer quiconque oserait avancer. L'abbé saisi d'horreur à cet acte de violence, levait les mains au ciel, et le suppliait de pardonner le meurtre qui venait d'être commis dans son sanctuaire. Magdeleine seule semblait triompher du coup qu'avait frappé son petit-fils, quoique sa physionomie annonçât aussi quelques craintes sur les suites qui pourraient en résulter pour cet enfant chéri. — Qu'il périsse dans son blasphème! s'écriait-elle : qu'il meure dans ce sanctuaire qu'il a osé insulter!

Mais la rage de la multitude, la douleur de l'abbé et le triomphe de Magdeleine venaient mal à propos et étaient sans fondement. Howleglas, qu'on croyait mortellement blessé, se releva tout à coup avec agilité en s'écriant : — Miracle, mes amis ! miracle aussi grand qu'on en vit jamais dans l'église de Kennaquhair ! Les blessés sont guéris, les morts ressuscitent. Maintenant, comme votre abbé légitime, je vous défends de toucher qui que ce soit sans mon ordre. Vous, ours et loup, gardez ce jeune écervelé; mais ne lui faites aucun mal. Vous, mon révérend confrère, retirez-vous avec vos camarades dans vos cellules, car notre conférence a fini comme toutes les conférences finissent, c'est-à-dire par laisser à chacun l'opinion qu'il avait en y arrivant; et si nous nous battons pour nos opinions, vous, vos moines et votre église, vous n'aurez pas beau jeu : ainsi donc prenez vos flûtes et retirez-vous.

Le tumulte recommença; et cependant le père Ambroise hésitait encore, ne sachant trop si son devoir était de faire face à l'orage, ou de se réserver pour un temps plus heureux. L'abbé de la Déraison vit ce qui se passait dans son esprit; et prenant un ton plus naturel que celui qu'il avait affecté jusqu'alors, il lui dit d'un air sérieux : — Révérend père, nous sommes venus ici plutôt pour rire que pour malfaire; nous aboyons plus que nous ne mordons, et surtout nous n'avons dessein de vous faire aucune violence personnelle. Mais c'est pour cela que je vous invite à vous retirer, tandis que le chemin est libre; car quand le faucon est lâché sur sa proie, il est trop tard pour le siffler. Si mes gaillards se montent une fois la tête, l'abbé de la Déraison lui-même aura fort à faire pour les maintenir en ordre.

Les moines se pressèrent autour de l'abbé pour l'inviter à céder au torrent. — Cette espèce de mascarade, lui dirent-ils, était un usage que leurs prédécesseurs avaient toléré; et le père Nicolas lui-même avait joué le rôle du dragon dans le temps de l'abbé Ingelram.

Et nous recueillons aujourd'hui les fruits des semences qu'ils ont si imprudemment répandues, dit Ambroise. Ils ont appris aux hommes à se faire un jeu des choses les plus saintes ; doit-on s'étonner qu'ils aient fini par les mépriser, par les blasphémer? Mais j'y consens, mes frères, retirons-nous dans nos cellules, et allons nous y mettre en prières. Et vous, dit-il à Magdeleine, je vous ordonne, par l'autorité que j'ai sur vous et au nom de la sûreté de ce jeune homme, de nous suivre sans prononcer un seul mot. Mais un instant! Quelles sont vos intentions à l'égard de ce jeune homme que vous retenez prisonnier? demanda-t-il à Howleglas d'un ton sévère. Ne voyez-vous pas qu'il porte la livrée de la maison d'Avenel? Ceux qui ne craignent pas le courroux du ciel peuvent au moins redouter la vengeance des hommes.

— Ne vous en inquiétez pas, répondit Howleglas : nous savons qui il est et ce qu'il est.

— Je vous conjure, dit l'abbé d'un ton suppliant, de lui pardonner l'acte de violence auquel un zèle imprudent l'a porté.

— Je vous dis, mon père, de ne pas vous en inquiéter, reprit Howleglas ; mais retirez-vous avec votre suite mâle et femelle, ou je ne me charge pas d'éviter à cette vieille sainte un bain froid dans l'étang. Quant à la rancune, malgré ma rotondité, dit-il en frappant sur son ventre, il n'y a point encore assez de place là-dedans pour la loger; tout y est rempli par de la paille et de la bourre, Dieu merci, car c'est ce qui m'a sauvé du poignard de ce jeune écervelé, aussi bien qu'aurait pu le faire une cotte de mailles de Milan

Dans le fait, le poignard bien dirigé de Roland était entré dans la bourre du ventre postiche que l'abbé de la Déraison portait comme une des marques distinctives de son rôle, et la violence seule du coup avait renversé pour un moment ce vénérable personnage.

A peu près satisfait par les assurances de ce digne personnage, et se voyant d'ailleurs obligé de céder à une force supérieure, l'abbé sortit de l'église à la tête de ses moines ; la troupe joyeuse resta donc maîtresse du champ de bataille. Mais malgré le désordre qui y régnait, elle n'accompagna pas la retraite des religieux des mêmes cris de dérision dont elle les avait salués en arrivant. Le discours de l'abbé avait fait sentir aux uns une émotion de honte, aux autres un mouvement de remords, à tous un certain degré de respect momentané. Ils gardèrent un profond silence jusqu'à ce que le dernier moine fût sorti par la porte latérale qui communiquait à la salle du chapitre et de là aux appartemens de l'abbé, et il fallut même une exhortation d'Howleglas pour rappeler parmi eux une joie bruyante.

— Eh bien ! camarades, leur dit-il, à quoi songez-vous donc ? Pourquoi ne vois-je plus autour de moi que des visages de carême ? Est-ce le radotage d'une vieille femme qui vous a fait perdre votre gaîté ? vous seriez plus fous qu'elle n'est folle. Allons, tambours et cornemuses, éveillez-moi tous ces endormis ; que les hommes dansent, que les femmes crient, que les enfans piaillent, que le cheval caracole, que le dragon siffle ; et vous, ours et loup, attention à votre prisonnier ! Dansons et réjouissons-nous aujourd'hui ; les soucis viendront demain. En restant sans rien faire, nous vieillissons d'autant, et la vie est trop courte pour en passer un seul instant dans l'oisiveté.

Cette exhortation pathétique produisit l'effet désiré. Ils mirent de l'eau sale dans les bénitiers, remplirent l'église d'une fumée de laine et de plumes brûlées en guise d'encens, et célébrèrent une parodie du service divin, l'abbé de la Déraison officiant à l'autel ; puis ils chantèrent des chansons burlesques et plus que profanes sur des airs d'église, et profanèrent tous les ornemens sacerdotaux et les vases sacrés qu'ils purent trouver. Après avoir fait tout ce qu'une imagination déréglée put leur suggérer en ce genre, ils se mirent enfin à commettre des actes de destruction plus durables; ils détruisirent quelques restes de sculpture qui avaient échappé aux dévastateurs qui les avaient précédés, brisèrent les vitraux peints, et n'épargnèrent pas même les ornemens qui existaient encore sur quelques tombeaux.

Le goût des démolitions, comme tous les autres goûts, s'accroît à mesure qu'on y cède. Après avoir détruit partiellement les uns après les autres tous les restes de décorations dont l'architecture avait orné cette église, quelques esprits des plus malfaisans commencèrent à voir les choses plus en grand, et à méditer une œuvre de destruction plus complète : — Abattons, s'écrièrent-ils, abattons ce vieux nid de corbaux! — Oui, oui, répondirent les autres, il y a assez long-temps que le pape et ses noirs oiseaux y sont nichés. Et en même temps l'abbé de la Déraison entonna la ballade suivante, alors fort en vogue parmi les basses classes du peuple :

>Voulant nous faire la loi,
>Le pape est un bon apôtre :
>C'est un aveugle, ma foi,
>Qui veut en conduire un autre.
>>Amusons-nous:
>>Faisons les fous,
>Moquons-nous de sa censure;
>>Amusons-nous,
>>Faisons les fous,
>>Sous la verdure.

>L'évêque, au lieu de prêcher,
>Courtise nos jeunes filles;
>Le moine vient dénicher
>Les écus dans nos familles.
>>Amusons-nous,
>>Faisons les fous,
>Moquons-nous de leur censure;
>>Amusons-nous,
>>Faisons les fous,
>>Sous la verdure.

Tandis qu'ils répétaient en chorus, d'une voix de tonnerre, le refrain de cette chanson empruntée à une ballade de chasseur, le cortége de l'abbé de la Déraison devenait de plus en plus tumultueux, et ce vénérable prélat n'était plus capable lui-même de gouverner ses ouailles, quand un chevalier couvert de son armure et suivi de trois ou quatre hommes d'armes entra dans l'église, et leur ordonna d'une voix imposante de terminer leur scène profane.

Sa visière était levée ; mais quand elle eût été baissée, la branche de houx qui surmontait son casque aurait suffi pour faire reconnaître sir Halbert Glendinning. Passant par le village de Kennaquhair en retournant chez lui, il avait entendu le bruit extraordinaire qu'on faisait dans l'église de l'abbaye, et qui retentissait à plus d'un mille à la ronde, et concevant des inquiétudes pour la sûreté de son frère, il s'était empressé de s'y rendre.

— Que signifie cela ? dit-il d'un ton sévère : êtes-vous des chrétiens, êtes-vous des fidèles sujets du roi, vous qui dévastez de cette manière une église qui lui appartient ?

Tous gardèrent le silence, quoique plusieurs fussent surpris d'entendre un zélé protestant leur faire des reproches de ce qui, suivant eux, devait être un sujet d'éloges.

Le dragon prit enfin sur lui de jouer le rôle d'orateur de la troupe, et murmura du fond des replis de carton dans lesquels il était enveloppé, qu'ils ne faisaient qu'employer le balai de la destruction pour nettoyer l'église de tous les vestiges du papisme.

— Croyez-vous donc, dit sir Halbert, que cette mascarade et ces actes de violence ne soient pas aussi condamnables que le papisme ? et croyez-vous que le papisme ait infecté jusqu'à ces murs de pierre ? Cherchez à guérir la lèpre de vos ames, réprimez votre licence insolente, combattez votre orgueil, évitez des excès criminels, cela vaudra mieux que de vouloir purifier des murailles en les abattant. Ne savez-vous pas que ce que vous faites ici est un des restes des superstitions de l'Église romaine?

— Merci de nous! s'écria le dragon d'un ton d'humeur bien d'accord avec son rôle : n'êtes-vous venu ici que pour nous faire des reproches? nous aurions aussi bien fait de rester romains, si nous ne sommes pas libres de nous livrer à nos amusemens.

— Est-ce à moi que tu parles ainsi? dit Glendinning. Quel amusement trouves-tu donc à ramper comme un grand ver de terre? Sors de ton étui de carton peint, ou, foi de chevalier, je t'écraserai comme le reptile que tu représentes.

— Reptile! répéta le dragon offensé; tout chevalier que vous êtes, je crois que ma naissance vaut bien la vôtre.

Sir Halbert ne répondit à ce sarcasme que par deux coups du bois de sa lance si bien appliqués, que si les cerceaux qui formaient les côtes du dragon n'eussent été d'une certaine force, il en aurait brisé quelques-unes à l'insolent acteur qui en jouait le rôle. Celui-ci se hâta de se débarrasser de son déguisement, de crainte qu'il ne plût au chevalier de redoubler la dose; et quand l'ex-dragon parut devant Glendinning sous ses traits naturels, il lui offrit une figure de sa connaissance, celle de Dan d'Howlet-Hirst, un de ses anciens camarades de la vallée de Glendearg avant que le destin l'eût placé au-dessus de l'état où il était né.

Dan regarda le chevalier en fronçant le sourcil, comme pour lui reprocher d'avoir maltraité un ancien ami; et Glendinning, naturellement bon et humain, se repentit lui-même de sa vivacité.

— J'ai eu tort de te frapper, lui dit-il; mais en vérité, Dan, je ne pouvais te reconnaître. Au surplus, tu as toujours été un peu extravagant; mais viens au château d'Avenel, et tu verras si mes faucons sont bien dressés.

— S'ils sont bien dressés! s'écria l'abbé de la Déraison; si nous ne lui en faisons pas voir qui volent avec la rapidité d'une fusée, je consens à recevoir de Votre Honneur des horions semblables à ceux que vous venez de lui appliquer.

— C'est toi, drôle! dit le chevalier reconnaissant sa voix; et par quel hasard te trouves-tu ici?

Le faux abbé, se débarrassant à la hâte du nez postiche et du ventre supplémentaire qui le déguisaient, parut devant son maître sous sa figure naturelle, celle d'Adam Woodcock, fauconnier d'Avenel.

— Eh bien! continua le chevalier, me diras-tu comment tu as osé venir porter le trouble dans une maison où tu sais que mon frère demeure?

— J'en demande pardon à Votre Honneur, répondit Woodcock; mais c'est précisément pour cette raison que j'y suis venu. Je savais qu'il s'agissait dans le pays de nommer un abbé de la Déraison, et comme je suis en état de chanter, de danser et de sauter, et que je puis me flatter d'être aussi fou qu'aucun homme qui ait jamais brigué une place, j'ai pensé que si je me faisais nommer, je pourrais être ici de quelque utilité au frère de Votre Honneur, dans le cas où les choses ne se passeraient pas tout-à-fait en douceur.

— Tu es un rusé coquin, dit sir Halbert, et je sais fort bien que tu ferais plus volontiers un mille par amour pour l'ale, pour le brandevin, ou pour une semblable échauffourée, qu'un seul pas par intérêt pour ma maison; mais va-t'en; emmène tes tapageurs au cabaret, si bon leur semble; voici quelques couronnes pour payer l'écot. Que les folies d'aujourd'hui se terminent sans plus de désordres, et soyez sages demain.

Obéissant aux ordres de son maître, le fauconnier rassembla sa troupe découragée, disant à voix basse: — Allons-nous-en! allons-nous-en! *Tace* est un mot latin qui veut dire chandelle[1]. Ne songez pas au puritanisme du bon chevalier; nous finirons la journée gaîment chez la dame

---

(1) Expression proverbiale dont le sens est qu'il faut savoir obéir et se taire; mais l'origine de cette burlesque traduction du mot *tace* est perdue. — Éd.

Martin, autour d'un baril de bonne double ale. — Allons, en avant cornemuses et tambours! silence jusqu'à ce que nous soyons sortis du cimetière; après quoi, grand tapage. Ours, loup, renard, marchez sur vos pattes de derrière tant que nous serons dans l'église, et ensuite montrez-vous en bêtes comme il faut. Je ne sais quel diable l'a envoyé ici pour troubler notre fête. Mais chut, mes amis! ne lui échauffez pas la bile, car sa lance est plus pesante qu'une plume, comme les côtes de Dan peuvent en rendre témoignage.

— Sur mon ame, dit Dan, si c'eût été tout autre qu'un ancien camarade, je lui aurais prouvé que je suis en état de lui frotter les oreilles.

— Paix, mon garçon, dit Adam, silence; qu'il ne vous entende point parler ainsi, si vous avez quelque considération pour vos os : il faut savoir recevoir un horion en passant, quand il n'est pas donné par méchanceté.

— Ce n'est pas là mon avis, répliqua Dan d'Howlet-Hirst en résistant avec humeur aux efforts de Woodcock, qui cherchait à l'entraîner hors de l'église.

En ce moment l'œil perçant du chevalier aperçut Roland entre ses deux gardes. — Oui-dà, s'écria-t-il, et vous aussi! Holà, hé, fauconnier, as-tu donc osé amener ici le page de ta maîtresse pour le faire figurer au milieu de tes ours et de tes loups, couvert de ma livrée? Puisque vous faisiez de telles extravagances, ne pouvais-tu le déguiser en singe, pour sauver du moins l'honneur de ma maison? Faites-le avancer.

Adam Woodcock était trop juste et trop honnête pour souffrir que le ressentiment de son maître tombât sur un jeune homme qui ne l'avait pas mérité. — Je vous jure, lui dit-il, par saint Martin.....

— Et qu'as-tu de commun avec saint Martin?

— Pas grand'chose, si ce n'est quand il envoie tant de

pluie qu'il n'est pas possible de faire sortir un faucon. Mais j'assure à Votre Seigneurie, sur mon honneur....

— Dis plutôt sur ta sottise, si tu veux que je te croie.

— Si Votre Honneur ne veut pas que je parle, je sais qu'il est de mon devoir de me taire ; mais je dois vous dire que ce n'est pas moi qui ai amené ici ce jeune homme, et que, si vous l'y voyez, c'est que....

— C'est qu'il y est venu volontairement pour prendre part à vos folies, je m'en doute bien. Approchez, jeune étourneau, et dites-moi si votre maîtresse vous a permis de quitter le château, et de déshonorer ma livrée en vous joignant à de tels extravagans.

— Sir Halbert, répondit Roland avec fermeté, lady Avenel m'a accordé la permission, ou pour mieux dire m'a donné l'ordre de disposer dorénavant de mon temps à mon gré. C'est contre ma volonté que je me suis trouvé témoin de ce qui s'est passé ici ; et si je porte encore votre livrée, ce n'est que jusqu'à ce que je puisse me procurer des vêtemens sur lesquels on ne voie aucune marque de servitude.

— Je ne comprends rien à tout cela, dit sir Halbert : expliquez-vous clairement, jeune homme : je ne me mêle pas de deviner des énigmes. Lady Avenel vous avait pris sous sa protection. Vous a-t-elle congédié ? Qu'avez-vous fait pour vous attirer sa disgrace ?

— Moins que rien, Votre Honneur, répondit Adam Woodcock, rien qui vaille la peine d'en parler. Une sotte querelle avec moi, qu'on a plus sottement encore rapportée à milady, a fait perdre sa place à ce pauvre jeune homme. C'est moi qui avais tort d'un bout à l'autre, j'en conviens, si ce n'est quant au lavage de la nourriture des faucons, car sur ce point je ne puis céder.

Là-dessus le bon fauconnier raconta l'histoire de l'événement qui avait occasionné le renvoi du page, mais d'une manière si favorable pour Roland qu'il ne fut pas possible au chevalier de se méprendre sur ces motifs généreux.

— Je vois que tu as un bon cœur, Adam, lui dit-il.

— Aussi bon que celui du meilleur fauconnier du monde; et quant à cela il en est de même de ce jeune homme. Mais comme il est par sa place à demi gentilhomme, il est tout simple qu'il ait la tête près du bonnet.

— D'après tout ce que je viens d'entendre, dit le chevalier, il semblerait que lady Avenel s'est montrée un peu sévère, car il y avait à peine de quoi congédier un jeune homme dont elle avait pris soin depuis tant d'années. Mais je ne doute nullement que cet étourdi n'ait rendu son affaire plus mauvaise par la manière dont il lui aura parlé. Quoi qu'il en soit, ceci vient à propos pour un projet que j'avais conçu. Retirez-vous, Woodcock, emmenez toutes vos bêtes; et vous, Roland, suivez-moi.

Roland sortit avec lui par la porte latérale, sans lui répondre. Le chevalier s'arrêta dans le premier appartement qu'il trouva ouvert, et donna ordre à un homme de sa suite d'aller prévenir de son arrivée son frère Édouard Glendinning. Ayant ensuite renvoyé toute sa suite, qui ne fut pas fâchée de pouvoir aller joindre le fauconnier et sa bande joyeuse chez la mère Martin, il resta seul avec le page, et après s'être promené quelques instans en silence, lui adressa la parole en ces termes :

— Vous devez avoir remarqué, jeune homme, que j'ai rarement paru faire quelque attention à vous au château d'Avenel. Je vois que le feu vous monte au visage; mais écoutez-moi, et ne m'interrompez point. Si je ne vous ai pas distingué davantage, ce n'est pas que je n'aperçusse en vous des qualités louables; mais j'y voyais aussi des défauts que mes éloges n'auraient fait qu'augmenter. Votre maîtresse agissant dans l'intérieur de sa maison suivant son bon plaisir, comme elle avait le droit incontestable de le faire, vous avait pris pour favori, vous avait traité en parent plutôt qu'en personne attachée à son service : et si une pareille distinction vous a inspiré quelque vanité et quelque présomption, il serait injuste, d'un autre côté, de ne pas reconnaître que vous avez fait des progrès dans tous vos exercices, et que vous avez donné en plusieurs occasions des marques d'un esprit noble et généreux. Après vous avoir élevé d'une manière qui devait faire naître en vous quelques sentimens d'arrogance et de fierté, il ne serait pas équitable de vous abandonner parce que vous n'avez pu vous défendre des défauts auxquels votre situation vous exposait inévitablement. Ainsi donc j'ai résolu de vous garder à ma suite jusqu'à ce que je puisse disposer honorablement de vous de quelque autre manière, et vous faciliter les moyens de vous avancer dans le monde, pour faire honneur à la maison qui vous a élevé.

Si Roland Græme trouva dans le discours de sir Halbert Glendinning des choses propres à flatter son amour-propre, il lui parut que c'était un or qui n'était pas sans alliage. Cependant sa conscience lui dit à l'instant qu'il devait accepter avec reconnaissance l'offre que lui faisait l'époux de sa protectrice; et sa prudence, quelque rang secondaire que cette vertu tînt parmi celles du page, lui remontra qu'il entrerait dans le monde sous des auspices bien différens à la suite de sir Halbert Glendinning, d'un chevalier renommé par sa sagesse et sa valeur, et jouissant du plus haut crédit, qu'en suivant dans ses courses une vieille femme errante, pour devenir l'agent de ses projets chimériques; car c'était ainsi qu'il les envisageait. Cependant une forte répugnance à rentrer dans une maison d'où il avait été renvoyé avec une sorte de mépris lui fit garder le silence quelques instans.

— Vous semblez hésiter, jeune homme, reprit le chevalier en le regardant d'un air de surprise. Le monde vous présente-t-il donc une perspective assez séduisante pour que vous puissiez balancer à accepter l'offre que je vous fais? Ai-je besoin de vous rappeler que, quoique vous ayez offensé votre bienfaitrice au point de l'obliger à vous congédier, elle ne pourra jamais songer sans douleur et sans regret que l'enfant qu'elle a si long-temps protégé entre dans le monde, sans autre guide que son expérience, dans un temps de troubles tel que celui où nous vivons? Ne devez-vous point par reconnaissance lui épargner ce chagrin, comme vous devez uniquement par prudence humaine chercher à vous avancer sous ma protection?

Roland lui répondit d'un ton respectueux, mais avec hardiesse : — Je suis reconnaissant des bontés dont j'ai été long-temps l'objet dans le château du chevalier d'Avenel, et je suis charmé d'apprendre pour la première fois que je n'ai pas été assez malheureux pour être tout-à-fait au-dessous de son attention, comme je le croyais. Il ne s'agit que de m'indiquer ce que je puis faire pour prouver ma reconnaissance à ma constante protectrice, et je le ferai aux dépens de mes jours.

— Ce ne sont là que des mots, jeune homme; de grandes protestations usurpent souvent la place de services effectifs. En quoi pouvez-vous servir lady Avenel aux dépens de vos jours? Je vous dis seulement qu'elle apprendra avec plaisir que vous soyez entré dans une carrière où vous pouvez faire honorablement votre chemin dans le monde. Quel motif auriez-vous pour hésiter à accepter mes offres?

— Depuis que j'ai été congédié du château, j'ai retrouvé ma seule parente, du moins la seule que je connaisse. Je dois la consulter pour savoir si elle consent que j'accepte votre proposition, ou si la déférence que je dois à son autorité, à son âge et à ses infirmités croissantes, ne me font pas un devoir de rester auprès d'elle.

— Et où est donc cette parente?

— Dans ce monastère.

— Allez donc la chercher. Vous obtiendrez sûrement son approbation. Il faudrait qu'elle fût plus que folle pour la refuser.

Roland quitta l'appartement pour chercher son aïeule, et dans le même instant le nouvel abbé y entra.

Les deux frères s'accueillirent en frères qui s'aiment et qui ne se voient que rarement. Une affection vive et mutuelle les attachait l'un à l'autre ; mais dans tout ce qui avait rapport à la politique et aux discordes civiles, l'ami et le conseiller protestant du comte de Murray était diamétralement opposé au prêtre de l'Église catholique romaine. Cette différence d'opinion était peut-être une des causes qui rendaient leurs entrevues peu fréquentes ; mais elles n'auraient guère pu l'être davantage sans risquer de donner de l'ombrage et de la méfiance à leurs amis respectifs. Après qu'ils se furent cordialement embrassés, sir Halbert Glendinning exprima à son frère la satisfaction qu'il éprouvait d'être arrivé assez à temps pour empêcher les tapageurs d'exécuter complètement leurs projets de destruction.

— Et cependant, Édouard, ajouta-t-il, quand je jette les yeux sur vos vêtemens, je ne puis m'empêcher de croire qu'il existe encore dans l'enceinte du monastère un abbé de la Déraison.

— Pourquoi railler mon habit, Halbert ? dit l'abbé : c'est l'armure spirituelle de ma profession, et par conséquent elle me sied autant que cette cuirasse et ce baudrier vous conviennent.

— Fort bien, mon frère ; mais il me semble qu'il y a peu de prudence à revêtir une armure quand on n'est pas en état de combattre. C'est une témérité dangereuse que de défier un ennemi auquel on ne peut résister.

— C'est ce dont on ne peut juger avant le jour de la bataille, Halbert. Mais, dans tous les cas, il me semble qu'un homme brave, même en désespérant de la victoire, doit périr les armes à la main plutôt que de les rendre à des conditions déshonorantes. Mais brisons là-dessus, c'est un sujet sur lequel nous ne pouvons être d'accord ; et venez plutôt, tout hérétique que vous êtes, prendre votre part du festin de mon installation. Ne craignez pas que votre zèle pour le rétablissement de la discipline primitive de l'Église soit choqué par la vue d'une table splendidement servie dans l'intérieur d'un cloître. Nous ne sommes plus dans le temps de notre ancien ami l'abbé Boniface. Le supérieur de Sainte-Marie n'a plus de forêts remplies de daims et de gibier ; de pâturages couverts de troupeaux ; de champs chargés de riches moissons : ses celliers ne renferment plus des provisions abondantes en huile, en vin, en ale et en denrées de toute espèce ; la place de cellerier aujourd'hui n'est qu'un titre sans fonctions. Le repas que nous vous offrirons sera semblable à celui qu'un ermite offre dans un roman à un chevalier errant ; mais malgré sa simplicité, il nous paraîtra délicieux si vous consentez à le partager avec nous, et tous mes frères vous remercîront de la protection que vous nous avez accordée contre les perturbateurs qui sont venus insulter Dieu dans son temple.

— Je suis sincèrement fâché, mon cher Édouard, de ne pouvoir rester avec vous ; mais il n'est à propos ni pour vous ni pour moi que j'assiste au repas de votre installation. Si je puis jamais avoir la satisfaction de vous protéger efficacement, je le devrai surtout au soin que je prends pour qu'on ne puisse pas même me soupçonner de soutenir ou d'approuver vos rites et vos cérémonies religieuses. Il faudra tout le crédit dont je puis jouir sur mes amis pour garantir de tout danger l'homme audacieux qui, au mépris de la loi et des édits du parlement, a osé accepter la place d'abbé de Sainte-Marie.

— Ne vous imposez pas cette tâche, mon frère : je donnerais le plus pur de mon sang pour vous voir défendre l'Église par conviction de la justice de sa cause ; mais tant que vous resterez malheureusement son ennemi, je ne veux pas que vous couriez le moindre risque de vous compromettre pour me protéger personnellement. Mais qui vient ici troubler le court entretien de deux frères qui ont si rarement le plaisir d'être ensemble?

C'était Magdeleine Græme qui ouvrait la porte de l'appartement à l'instant où l'abbé prononçait ces paroles.

—Qui est cette femme? que nous veut-elle? demanda sir Glendinning en fronçant le sourcil.

—Que vous ne me connaissiez pas, répondit la matrone, c'est ce qui importe fort peu. Je viens, par votre ordre, pour vous déclarer que je consens que Roland Græme rentre à votre service; après quoi je ne vous ennuie pas plus longtemps de ma présence. Que la paix soit avec vous!

A ces mots, elle se tourna vers la porte pour se retirer; mais sir Halbert Glendinning l'arrêta par ses questions.

—Qui êtes-vous? qui êtes-vous? s'écria le chevalier. Pourquoi n'attendez-vous pas pour me répondre?

—J'étais, quand j'appartenais au monde, une femme dont le nom en valait bien un autre. Maintenant je suis Magdeleine, pauvre pèlerine, pour l'amour de la sainte Église.

—Ah! ah! une catholique! je croyais que lady Avenel m'avait dit que Roland Græme avait reçu le jour d'une famille protestante.

—Son père était hérétique, ou pour mieux dire, il n'était ni catholique ni protestant, n'allait ni à l'église ni au prêche. Et moi aussi, car les péchés du temps font les pécheurs; et moi aussi j'ai feint quelquefois de me conformer à vos rites profanes, et ma bouche a souvent prononcé ce que mon cœur désavouait: mais j'avais une dispense pour agir ainsi.

—Vous voyez, dit sir Halbert à son frère avec un sourire malin, que ce n'est pas tout-à-fait sans raison que nous vous accusons d'être amis des réserves mentales.

—Vous ne nous rendez pas justice, mon frère; ne voyez-vous pas que l'esprit de cette femme n'est pas complètement sain, grace, dois-je dire, à vos barons maraudeurs et à vos ministres persécuteurs.

— Je ne disputerai pas avec vous sur ce point, Édouard : les malheurs du temps où nous vivons sont si multipliés, que les deux Eglises peuvent se les partager, et en avoir encore de reste. A ces mots il se mit à une fenêtre, et sonna d'un petit cor qu'il portait en bandoulière.

— Quoi, mon frère! dit l'abbé, songez-vous déjà à partir? nous n'avons passé que quelques minutes ensemble.

— Hélas! dit sir Halbert, et pendant ce peu d'instans nous n'avons pas toujours été d'accord. Je pars, mon frère, parce qu'il faut que je me hâte de détourner les conséquences fâcheuses qui peuvent résulter de l'acte imprudent et téméraire que vous avez fait aujourd'hui. Vous, dame Magdeleine, avertissez votre jeune parent que nous allons monter à cheval. Je n'ai pas dessein de l'emmener à Avenel avec moi; il pourrait en résulter de nouvelles querelles entre lui et mes gens. Il serait exposé à quelques railleries dont sa fierté aurait à souffrir, et je désire lui épargner cette épreuve. Il se rendra sur-le-champ à Édimbourg avec un homme de ma suite que je vais envoyer pour rendre compte de tout ce qui s'est passé ici. Vous semblez charmée de cette nouvelle? ajouta-t-il en fixant ses yeux perçans sur Magdeleine Græme.

— Oui, répondit-elle en le regardant à son tour avec le calme de l'indifférence, parce que j'aimerais mieux voir Roland orphelin, sans amis et sans fortune, abandonné du monde entier, que l'objet du mépris des serviteurs du château d'Avenel.

— Ne craignez rien, il ne sera méprisé par personne.

— Cela peut bien être; mais pour cela je m'en rapporte plus à sa conduite qu'à votre protection.

A ces mots elle partit. Le chevalier la suivit un instant des yeux; puis se tournant vers son frère, et lui exprimant de la manière la plus affectueuse tous ses vœux pour son bonheur, il lui demanda la permission de le quitter. — Mes gens, lui dit-il, sont trop occupés au cabaret pour faire attention au son de mon cor, et j'aurais tort de les attendre plus longtemps.

— En les dégageant d'obligations plus élevées, Halbert, lui répondit l'abbé, vous leur avez appris à mépriser votre propre autorité.

— Ne craignez rien à cet égard, Édouard, lui dit Halbert, personne ne sait mieux obéir que celui qui est libre de toute soumission servile.

Il se préparait à partir lorsque l'abbé, l'arrêtant, lui dit :
— De grace, mon frère, accordez-moi un instant. On va nous apporter quelques rafraîchissemens : ne quittez pas une maison que je dois maintenant appeler la mienne jusqu'à ce que la violence m'en expulse, avant d'avoir au moins rompu le pain avec moi.

Au même instant le vieux père qui remplissait la triple fonction de portier, de sacristain et de cellerier, entra dans l'appartement, apportant du pain et des noix, et un flacon de vin. Il l'avait trouvé, dit-il avec le ton de cette humilité qui n'est pas fâchée de se faire valoir, à force de fureter dans tous les coins du cellier.

Le chevalier en remplit un petit gobelet d'argent, et l'ayant vidé il invita son frère à lui faire raison, en ajoutant que c'était du vin d'Allemagne, très vieux et de première qualité.

— Vous ne vous trompez pas, dit le père cellerier, car j'ai trouvé ce flacon dans le coin que le vieux père Nicolas (Dieu fasse paix à son ame!) appelait le coin de l'abbé Ingelram. Or l'abbé Ingelram avait été élevé chez les bénédictins de Wurtzbourg, et le vignoble qui produit ce vin est à peu de distance de cette ville.

— Il est excellent, révérend père, dit le chevalier, et c'est pour cela que je vous prie d'en boire un verre avec mon frère et moi.

Le vieux moine jeta un regard timide sur son supérieur.

— *Do veniam*, dit l'abbé; et le vieillard, prenant d'une

main tremblante la coupe remplie d'un breuvage auquel il n'était plus accoutumé, la vida lentement, comme pour en mieux savourer le bouquet, et la remit sur la table en secouant la tête d'un air mélancolique, comme s'il eût pris congé d'un ami pour toujours. Les deux frères se regardèrent en souriant; mais quand sir Halbert pressa de nouveau l'abbé de remplir la coupe et de la vider à son tour, le père Ambroise secoua aussi la tête, et lui dit :—Ce n'est pas dans pareil jour, mon frère, que l'abbé de Sainte-Marie doit se livrer au plaisir des sens. Et remplissant d'eau le gobelet :— C'est avec de l'eau du puits de Sainte-Marie, ajouta-t-il, que je vous ferai raison, et je vous souhaite toute sorte de bonheur, et surtout celui de reconnaître vos erreurs funestes.

— Et moi, mon cher Édouard, je vous souhaite le libre exercice de votre raison, afin que vous puissiez vous charger de remplir des devoirs plus sérieux et plus importans que ceux que vous impose le vain titre que vous avez été assez imprudent pour prendre aujourd'hui.

Les deux frères se séparèrent, non sans regrets; et cependant chacun d'eux, étant inébranlable dans son opinion, éprouva une espèce de soulagement par l'absence de l'autre, l'affection la plus sincère ayant encore besoin d'être nourrie par une certaine conformité de sentimens.

Bientôt on entendit le son des trompettes du chevalier d'Avenel, et l'abbé monta sur le haut d'une tour démantelée, d'où l'on pouvait voir les cavaliers gravir une colline qui faisait face au pont-levis de l'abbaye. Tandis qu'il regardait cette troupe marcher en bon ordre, Magdeleine Græme s'approcha de lui.

— Vous venez, lui dit-il, pour jeter un dernier coup d'œil sur votre petit-fils. Le voilà confié au soin du meilleur chevalier de toute l'Écosse, sa foi seule exceptée.

— Je vous prends à témoin, mon père, dit Magdeleine, que ni Roland ni moi nous n'avons engagé le chevalier d'Avenel, comme on l'appelle, à reprendre cet orphelin dans sa maison. Le ciel, qui confond les sages par leur propre sagesse et les méchans par leur méchanceté même, l'a mis précisément dans la situation où pour le bien de l'Église je désirais le voir.

— Je ne vous comprends pas, ma sœur.

— N'avez-vous jamais entendu dire, mon père, qu'il existe des esprits assez puissans pour renverser les murs d'un château quand ils y sont une fois admis, mais qui ne peuvent y pénétrer si on ne les invite, si on ne les force à y entrer? Roland a été introduit ainsi deux fois dans la maison d'Avenel par ceux qui en portent le titre. Qu'ils en attendent le résultat!

A ces mots elle descendit de la tour; et l'abbé après avoir réfléchi un instant sur ce qu'elle venait de lui dire, et qu'il attribua à l'égarement de son esprit, reprit le chemin du cloître; et alla célébrer son installation dans sa nouvelle dignité, non par un banquet splendide, mais par le jeûne et la prière.

CHAPITRE XVI.

> « Passant de la jeunesse à la virilité,
> « Il te faut plus d'aplomb et plus de gravité;
> « Il faut laisser ces jeux qui charmaient ton jeune âge;
> « Dans ton port, ton maintien, ton air et ton visage,
> « Annoncer l'homme fait, dont la mine et le ton
> « Prouvent qu'il sent qu'il a de la barbe au menton.
> « Tu n'en courras pas moins de folie en folie;
> « Mais que la raison reste à la superficie. »
> *La Vie*, poème.

Le jeune Roland Græme trottait gaîment sur son cheval à la suite de sir Halbert Glendinning. Il était délivré de la crainte qui le tourmentait le plus, celle d'être exposé à la dérision et aux sarcasmes s'il était retourné sur-le-champ au château d'Avênel. — Il y aura eu bien du changement quand on m'y reverra, se disait-il à lui-même; je porterai la cuirasse d'airain, au lieu du justaucorps de buffle, et le casque d'acier au lieu de la toque avec une plume. Ils seront bien hardis ceux qui oseront plaisanter l'homme d'armes sur les folies du page; et je me flatte qu'avant d'y retourner j'aurai fait quelque chose de plus important que d'exciter des chiens contre un daim, ou d'escalader des rochers pour dénicher des faucons.

Roland ne pouvait cependant s'empêcher d'être surpris

en songeant avec quelle facilité son aïeule, malgré ses opinions religieuses, avait consenti à le laisser rentrer au service de la maison d'Avenel, et il l'était encore plus en se souvenant de la joie mystérieuse qu'elle avait montrée en lui faisant ses adieux à l'abbaye.

— Le ciel, lui avait-elle dit en l'embrassant, le ciel prépare ses voies par les bras mêmes de ceux de nos ennemis qui se croient les plus forts et les plus sages. Toi, mon fils, souviens-toi d'être prêt à répondre à l'appel de ta religion et de ton pays; et n'oublie pas que tous les liens d'affection charnelle, comparés à ceux qui doivent t'enchaîner à des objets si sacrés, ne sont que ce que le faible brin de chanvre est au câble que nulle force ne saurait rompre. Tu n'as pas oublié la figure et les traits de Catherine Seyton, mon fils?

Roland voulait répondre négativement; mais l'émotion que lui causa cette question imprévue fit expirer la parole sur ses lèvres, et Magdeleine continua son exhortation.

— Il ne faut pas que tu l'oublies, mon fils; et je vais te confier quelque chose que j'espère que tu trouveras bientôt l'occasion de lui remettre secrètement en mains propres.

En même temps elle remit à Roland un très petit paquet, dont elle lui recommanda de prendre le plus grand soin, et qu'elle lui enjoignit de ne laisser voir à personne qu'à Catherine Seyton, qui, lui rappela-t-elle (sans nécessité), était la jeune fille qu'il avait vue le jour précédent. Elle lui donna alors sa bénédiction solennelle, et le recommanda à la grace de Dieu.

Il y avait dans son air et ses manières quelque chose qui sentait le mystère; mais Roland n'était ni d'un âge ni d'un caractère à perdre beaucoup de temps en cherchant à l'approfondir. Il ne songea bientôt plus qu'aux plaisirs que lui promettait un voyage où tout allait être nouveau pour lui. Il était enchanté d'aller à Édimbourg, et d'y aller pour jouer le rôle d'un homme au lieu de celui d'un page ; mais le comble de sa joie était de penser qu'il reverrait Catherine Seyton, dont les charmes et la vivacité avaient fait une impression si douce sur son imagination. En jeune homme sans expérience, mais plein d'ardeur, prêt à faire son premier début sur la scène active du monde, il sentait bondir son cœur à la seule pensée qu'il allait voir le spectacle brillant d'une cour guerrière, dont les hommes d'armes de la suite de sir Halbert Glendinning racontaient tant de merveilles quand ils venaient avec leur maître au château d'Avenel ; récits qui ne manquaient pas d'exciter l'admiration et l'envie de tous ceux qui, comme Roland, ne connaissant les cours et les camps que par ouï-dire, étaient condamnés aux amusemens solitaires et à la réclusion presque monastique d'un château situé au milieu d'un lac entouré de montagnes sauvages. — On parlera de moi, pensait-il, si je puis, au risque de ma vie, trouver quelque occasion de me signaler ; et Catherine Seyton, au lieu de rire de la gaucherie d'un jeune page novice, accordera un coup d'œil d'approbation au soldat qui se sera distingué. Il ne manquait qu'un accessoire pour faire monter son enthousiasme au plus haut degré ; et il le possédait en se trouvant de nouveau monté sur un cheval vif et plein de feu, au lieu d'être obligé de voyager péniblement à pied comme il l'avait fait les jours précédens.

Excité par sa vivacité naturelle à laquelle tant de circonstances tendaient à donner tout son essor, la voix et la gaîté de Roland Græme se firent remarquer plus d'une fois au milieu du bruit des chevaux et des cavaliers, et attirèrent même l'attention du chevalier, qui vit avec plaisir que le jeune homme répondait avec un ton de bonne humeur aux railleries de ceux qui entreprenaient de le plaisanter sur le congé qu'il avait reçu et sur son prompt retour.

— Monsieur Roland, lui dit un des hommes d'armes, je croyais que la branche de houx de votre toque était flétrie.

— Elle a éprouvé une petite gelée blanche, dit Roland; mais vous voyez qu'elle est aussi verte que jamais.

— C'est une plante qui ne réussit guère sur un terrain aussi chaud que votre tête, monsieur Roland, reprit le premier, qui était un vieil écuyer de sir Halbert Glendinning.

— Si elle a de la peine à y croître, je la soutiendrai par des lauriers et des myrtes, et je les ferai monter assez haut pour me dédommager de cette croissance tardive.

En parlant ainsi, il piqua les flancs de son coursier; et le retenant en même temps, il le fit caracoler pour donner une preuve de son adresse. Sir Halbert le regardait avec cette espèce de plaisir mélancolique qu'éprouve l'homme qui, après avoir goûté toutes les jouissances de la vie et reconnu leur vanité, voit le jeune homme entrer joyeux dans le monde, et n'y apercevoir qu'espérance de bonheur.

Cependant Adam Woodcock le fauconnier, s'étant débarrassé de son costume d'abbé de la Déraison, et ayant repris l'habit de sa profession, c'est-à-dire un justaucorps vert, auquel étaient suspendus d'un côté un sac et de l'autre un couteau de chasse, la main gauche couverte d'un gant qui lui montait jusqu'au milieu du bras, et ayant sur la tête une toque à plume, rejoignit la cavalcade, aux bonnes jambes de son petit cheval; il entra sur-le-champ en conversation avec Roland.

— Ainsi donc, mon jeune page, vous voilà encore une fois enrôlé sous la branche de houx?

— Oui, mon bon ami, et en état de vous rendre les dix groats d'argent que vous m'avez prêtés.

— Et que vous avez voulu me payer il n'y a guère qu'une heure, avec dix pouces d'acier. Sur ma foi, je crois qu'il est écrit dans le livre de la destinée que tôt ou tard il faut que je fasse connaissance avec votre poignard.

— Ne parlez pas ainsi, mon cher Adam; j'aimerais mieux m'en percer moi-même. Comment aurais-je pu vous reconnaître de la manière dont vous étiez affublé?

— Sans doute, sans doute, dit le fauconnier, qui comme poète et comme acteur ne pouvait pas manquer d'une certaine dose d'amour-propre; je crois, sans me flatter, que jamais Howleglas ni abbé de la Déraison n'a mieux joué son rôle pour un divertissement de carnaval; mais aussi tant que je garde mon masque, je défierais le diable de dire qui je suis. Quel malheur que le chevalier soit arrivé avant que la farce fût finie! vous m'auriez entendu chanter ma nouvelle ballade d'une voix qui se serait fait entendre jusqu'à Berwick. Cependant, monsieur Roland, ne jouez pas si légèrement du poignard à l'avenir; car si je n'avais pas eu le ventre solidement rembourré, je ne serais sorti de l'église que pour entrer dans le cimetière.

— Allons, Adam, dit Roland, changeons de conversation; celle-ci nous mènerait trop loin, et je n'ai plus que quelques instans à rester avec vous. Je ne retourne pas à Avenel; je me rends à Édimbourg, par ordre du chevalier.

— Je le sais, dit Adam; c'est ce qui fait que nous avons le temps de régler tous nos comptes chemin faisant; car le chevalier m'a chargé de vous conduire à Édimbourg.

— Vous! Adam, et quelles sont vos instructions?

— Voilà une question à laquelle je ne puis répondre, dit le fauconnier; mais ce que je puis vous dire, c'est que, soit qu'on lave ou qu'on ne lave pas la viande des jeunes faucons, et quelque chose enfin qui arrive à la perche et à la mue, il faut que j'aille avec vous à Édimbourg, et que je vous remette sain et sauf entre les mains du régent à Holyrood.

— Comment! du régent? s'écria Roland d'un ton de surprise.

— Oui, sur ma foi, du régent; et je vous réponds que si vous n'entrez pas directement à son service, au moins vous y serez attaché comme étant un des serviteurs du chevalier d'Avenel.

— Et de quel droit, s'écria Roland, le chevalier d'Avenel

prétend-il m'attacher au service d'un autre, en supposant qu'il ait celui de me regarder comme étant au sien?

— Plus bas! plus bas! dit le fauconnier : c'est une question que je ne conseille à personne d'élever, à moins qu'il n'ait une montagne, un lac, ou ce qui vaudrait encore mieux, les frontières d'un autre royaume entre lui et son seigneur féodal.

— Mais je ne reconnais pas sir Halbert Glendinning pour mon seigneur féodal; et il n'a aucune autorité...

— Plus bas, vous dis-je, jeune homme : songez que si vous encourez le déplaisir du chevalier, ce sera une affaire plus sérieuse que de perdre la protection de sa femme. En vous touchant du petit doigt il peut vous faire plus de mal qu'elle ne vous en ferait par le soufflet le mieux appliqué. Et, sur ma foi, c'est un homme à respecter; pur et fidèle, mais aussi dur et aussi tranchant que l'acier. Ne vous souvenez-vous pas du pauvre Cock de Capperlawe qu'il a fait pendre devant sa porte pour une simple méprise, pour une misérable paire de bœufs qu'il avait pris en Écosse, croyant qu'il les prenait en Angleterre? J'étais ami de Cock de Capperlawe. Dans tout le clan des Kerrs, il n'y avait pas un plus honnête homme; cependant il s'y trouvait des hommes dignes de servir d'exemple sur toutes les frontières; des hommes qui n'auraient pas voulu prendre moins de vingt vaches d'un coup de filet, qui se seraient crus déshonorés s'ils avaient enlevé quelques moutons égarés; enfin, qui dans toutes leurs maraudes se faisaient toujours honneur et profit. Mais chut! Sa Seigneurie s'arrête, et nous voici près du pont. Avançons pour recevoir ses derniers ordres.

Adam Woodcock ne se trompait pas. Sir Halbert Glendinning avait fait faire halte à sa troupe dans le chemin creux conduisant au pont qui était encore sous la garde de Pierre, alors bien vieux, et que l'on avait surnommé Garde-Pont, et il fit signe à Roland et à Woodcock de s'avancer vers lui.

— Woodcock, dit-il, tu sais à qui tu dois conduire ce jeune homme. Et, vous, Roland, obéissez avec zèle et discrétion à tous les ordres qui vous seront donnés. Réprimez votre caractère hautain et fougueux ; soyez juste, brave et fidèle, et vous avez tout ce qu'il faut pour vous élever bien au-dessus de votre situation actuelle. Tant que vous vous conduirez d'une manière sage et honorable, vous pouvez compter sur la protection du chevalier d'Avenel.

Les laissant alors en face du pont, dont la tour qui en fermait le centre commençait à jeter sur la rivière une ombre prolongée, sir Halbert Glendinning tourna à gauche avec sa troupe, et se dirigea vers la chaîne des montagnes au milieu desquelles le lac et le château d'Avenel étaient situés. Il ne restait en arrière que le fauconnier, Roland Græme, et un domestique que le chevalier leur laissa pour prendre soin de leurs chevaux et les servir sur la route.

Dès que le principal corps des cavaliers se fut mis en chemin vers l'ouest, ceux qui devaient se diriger vers le nord et qui avaient à traverser la rivière s'avancèrent vers sa rive ; et appelant Pierre à grands cris, ils lui ordonnèrent de baisser le pont à l'instant en réclamant le passage gratuit.

— Je ne le baisserai pas sans argent, répondit Pierre d'une voix que la colère et la vieillesse rendaient tremblante : que vous soyez papistes ou protestans, peu m'importe. Le papiste me menace du purgatoire et m'offre des indulgences ; le protestant dégaîne son épée et me parle de liberté de conscience ; mais pas un ne me dit : Pierre, voilà le péage qui vous est dû. Je suis fatigué de tout cela ; et mon pont ne se baissera plus que pour ceux qui me paieront argent comptant. Je ne me soucie pas plus de Genève, que de Rome ; je n'ai besoin ni d'homélies ni de pardons ; de l'argent comptant, voilà le seul passeport que je connaisse.

— Voici un vieux maroufle, dit Woodcock à son compagnon, et il ajouta à haute voix : — Chien de garde-pont, crois-tu que nous ayons refusé de payer le denier de saint

Pierre à Rome, pour le payer à Pierre, garde-pont à Kennaquhair? Baisse ton pont à l'instant pour les serviteurs de la maison d'Avenel, ou je te jure par le bras de mon père, et c'était un vigoureux compère du comté d'York, que notre maître te fera sauter toi et ta tour dans le milieu de la rivière, à l'aide du fauconneau que nous allons chercher à Édimbourg pour le conduire vers le sud.

— Au diable soient les fauconneaux, dit Pierre en murmurant, et les canons et les fusils, et tous les engins détestables que la perversité des hommes a imaginés pour la destruction des murailles! C'était un bon temps que celui où l'on n'avait à craindre qu'une volée de flèches qui ne pouvaient pas faire plus de mal à de bons murs qu'une nuée de grêle; mais aujourd'hui il n'y a ni pierres ni mortier qui tiennent, et le plus faible est toujours forcé de céder au plus fort.

S'étant consolé par cet axiome, Pierre baissa le pont, et leur permit d'y passer. A la vue de ses cheveux blancs qui couvraient en partie des traits que l'âge et la mauvaise humeur ne rendaient nullement agréables, Roland se sentit porté à lui donner à titre d'aumône ce qu'il réclamait pour droit de passage; mais Adam Woodcock s'y opposa. — Qu'il porte la peine de l'avarice et de la cupidité qu'il montrait autrefois, dit-il; quand le loup a perdu ses dents, il ne mérite pas plus d'égards qu'un roquet.

Laissant Pierre garde-pont, d'oppresseur devenu opprimé, regretter amèrement que les temps fussent changés, et désolé de ne plus voir sur son pont que des hommes d'armes de seigneurs protestans qui se faisaient livrer passage de vive force, au lieu de paisibles pèlerins qui se soumettaient à ses exactions, nos voyageurs se dirigèrent vers le nord; et Woodcock, qui connaissait parfaitement le pays, proposa d'abréger considérablement la route en coupant par la petite vallée de Glendearg, si célèbre par les aventures qui s'y étaient passées bien des années auparavant, et qui sont rapportées dans la première partie du manuscrit du Bénédictin. On doit bien penser que Roland les connaissait, ainsi que les commentaires, additions et embellissemens dont on les avait ornées; car dans le château d'Avenel, comme dans toutes les grandes maisons, les subalternes n'avaient aucun sujet de conversation qui leur fût plus agréable que les affaires particulières de leur maître et de leur maîtresse. Mais tandis que Roland considérait avec intérêt ces lieux où l'on disait que s'étaient passés des événemens contraires à l'ordre de la nature, Adam Woodcock ne songeait qu'au désagrément qu'il avait eu d'être interrompu par le chevalier d'Avenel avant d'avoir pu terminer sa ballade, et il cherchait à s'en consoler en chantant quelques couplets tels que celui-ci :

>Le frère vide un flacon
>En nous parlant d'abstinence;
>En caressant un tendron
>Il nous prêche la décence.
> Amusons-nous,
> Faisons les fous,
>Moquons-nous de sa censure;
> Amusons-nous,
> Faisons les fous,
> Sous la verdure.

— Sur mon honneur, ami Woodcock, dit Roland, je sais que vous ne craignez ni saints ni diables; mais à votre place, je ne voudrais pas chanter des chansons si profanes dans cette vallée de Glendearg, où l'on dit qu'il s'est passé des choses si étranges.

— Ne me parlez pas de vos fantômes et de vos spectres, répondit Adam; je ne m'en inquiète pas plus qu'un faucon d'une troupe d'oisons. Tous ces êtres-là étaient des papistes, et ils ont déniché depuis que nos chaires sont occupées par de braves ministres qui nous prêchent la sainte doctrine. Je suis fâché qu'on ne m'ait pas laissé achever ma ballade; vous auriez entendu un couplet où je leur donne une bonne touche. Écoutez ; et il continua sur le même air :

> Les lutins et les esprits
> Qui nous tourmentaient sans cesse,
> Ont disparu du pays
> Depuis qu'ils n'ont plus de messe.
>   Amusons-nous,
>   Faisons les fous,
> Moquons-nous de la censure;
>   Amusons-nous,
>   Faisons les fous,
>   Sous la verdure.

J'aurais voulu du moins que le chevalier d'Avenel eût eu assez de patience pour me laisser aller jusqu'à ce couplet : il aurait ri de bon cœur, et c'est ce qui ne lui arrive pas souvent.

— Si tout ce qu'on dit de sa jeunesse est vrai, dit Roland, il a moins de droits que personne de rire des esprits.

— Oui, si tout est vrai ; mais qui peut nous en assurer ? Ces histoires d'esprits, de revenans, d'apparitions sont des contes inventés par les moines pour en imposer à notre crédulité. C'est en nous faisant croire aux spectres et aux fantômes qu'ils nous portaient à adorer des images de bois et de pierre.

— Mais, mon cher Adam, les catholiques prétendent qu'ils n'adorent pas ces images de bois et de pierre, et que les honneurs qu'ils leur rendent ne s'adressent pas à elles, mais aux objets qu'elles représentent.

— Ta, ta, ta ! je n'entends rien à ces distinctions ; mais le fait est que, grace à ces images, les moines soutiraient aux vieilles femmes leur beurre, leur lard, leur fromage, leur laine, leur grain, et jusqu'à leurs bouts de chandelle. Que me direz-vous à cela ?

La nécessité avait appris à Roland à couvrir sa religion d'un profond secret, et à ne pas en prendre la défense quand on l'attaquait devant lui, pour qu'on ne le soupçonnât point d'avoir adopté les principes de l'Église qui aujourd'hui avait perdu sa popularité. Il laissa donc Adam Woodcock s'applaudir de son triomphe, curieux de connaître si quelqu'un de ces esprits autrefois si actifs ne le punirait pas de ses sarcasmes et de son incrédulité avant qu'ils sortissent de la vallée de Glendearg. Ce fut pourtant ce qui n'arriva point. Ils passèrent la nuit dans la chaumière d'un paysan, et reprirent le lendemain matin la route d'Édimbourg.

CHAPITRE XVII.

« Salut à tes palais, capitale chérie,
« Édina, de l'Écosse et la gloire et l'honneur !
« Où, fidèle à ses rois, mon illustre patrie
« Vit jadis la justice assurer son bonheur. »
BURNS.

—Voilà donc Edimbourg! dit Roland en arrivant au haut d'une éminence d'où l'on découvrait cette grande capitale du nord; voilà cette cité dont j'ai si souvent entendu parler! voilà la Vieille enfumée[1]!

—Oui vraiment, répondit le fauconnier; et à vingt milles de distance, vous pouvez voir le nuage de fumée suspendu sur ses murailles, comme le faucon qui plane sur une volée de canards sauvages. Voilà le cœur de l'Écosse, et chacune de ses palpitations se fait ressentir depuis les rives du

---

(1) *Auld Reekie*, nom écossais d'Édimbourg. — Éd.

Solway jusqu'au fond de la baie de Duncan. Voilà là-bas le vieux château, et plus loin à droite, sur cette élévation, est celui de Craigmillar, où il s'est passé de mon temps bien des scènes joyeuses.

— N'était-ce pas là que la reine tenait sa cour ?

— Oui, oui, elle était reine alors; mais aujourd'hui il ne faut pas que vous lui donniez ce nom. Eh bien! qu'on en pense ce qu'on voudra! quand même tout ce qu'on dit d'elle serait vrai, plus d'un cœur s'affligera pour Marie Stuart; car voyez-vous, monsieur Roland, c'était la plus belle créature que j'aie jamais vue; et dans tout le pays il n'existait pas une dame qui aimât davantage le vol du faucon. J'étais à Roslinmoor à la partie de chasse au vol qui devait décider de la gageure entre le baron de Roslin, qui était en état de juger un faucon aussi bien que qui que ce fût en Écosse, et Bothwell, qui était la bête noire de la reine. Il s'agissait d'un tonneau de vin du Rhin et d'un anneau d'or. Jamais oiseaux ne firent mieux leur devoir. Il me semble encore la voir montée sur son palefroi blanc qui courait avec tant de légèreté qu'on eût dit qu'il ne voulait toucher des pieds que les fleurs des bruyères; je crois entendre encore sa voix, aussi douce, aussi harmonieuse que le chant d'une grive[1], se mêler au bruit que nous faisions en criant et en sifflant pour animer nos faucons; comme tous les nobles se pressaient autour d'elle! et heureux qui pouvait en obtenir une parole et un regard! Les cavaliers couraient au grand galop dans les taillis et sur les montagnes, au risque de se casser le cou, pour obtenir les éloges et un coup d'œil d'une si belle reine. — Ah! dans l'endroit où elle est à présent, elle ne verra plus guère de chasse au vol! Oui, oui, la pompe et le plaisir passent aussi vite que le coup d'aile d'un faucon.

— Et où est détenue maintenant cette pauvre reine? de-

---

(1) *Mavis*; c'est le *turdus musicus* de Linnée, dont le chant est très agréable, et dont le nom se retrouve dans les poésies écossaises aussi souvent que celui du rossignol dans les poésies du midi — Éd.

manda Roland, qui prenait intérêt au sort d'une femme dont les graces et la beauté avaient fait une si vive impression, même sur le cœur insouciant d'Adam Woodcock.

— Où elle est emprisonnée? dame! dans quelque château fort vers le nord, à ce qu'on dit. Quant à moi, je n'en sais rien : et à quoi bon s'inquiéter de ce qu'on ne peut empêcher? Si elle avait su se servir de son pouvoir pendant qu'elle en jouissait, elle n'en serait pas venue à cette passe. On dit qu'il faut qu'elle cède la couronne à ce bambin de prince, car on ne prétend pas qu'elle la reprenne jamais. Notre maître a travaillé à cette besogne aussi bien que ses voisins; et si la reine rentrait dans ses droits, on pourrait bien voir de la fumée au château d'Avenel, à moins qu'il n'eût l'adresse de faire ses conditions.

— La reine Marie enfermée dans un château fort, au nord de ses états! s'écria Roland.

— Oui, à ce qu'on dit du moins, dans un château, derrière cette grande rivière qui vient de tout là-bas, c'est-à-dire qui a l'air d'une rivière, mais qui est un bras de mer, et l'eau en est amère comme la saumure.

— Et parmi tous ses sujets, s'écria Roland avec vivacité, il ne s'en trouve pas un qui ose risquer quelque chose pour sa délivrance!

— C'est une question délicate, monsieur Roland, répondit le fauconnier; et si vous la faites souvent, je suis bien aise de vous prévenir que vous vous ferez enfermer vous-même dans quelqu'un de ces châteaux, à moins qu'on ne préfère vous couper la respiration pour vous éviter l'embarras de la répéter. Risquer quelque chose! Eh, mon Dieu! songez donc que Murray a le vent en poupe maintenant : c'est un bon vent, et du diable si quelqu'un peut l'attraper. Non, non, où elle est il faut qu'elle reste jusqu'à ce que le ciel la délivre, ou que son fils devienne le maître : mais Murray ne la laissera jamais prendre son vol; il la connaît trop bien. Et faites bien attention : nous nous rendons à Holyrood, où vous trouverez abondance de nouvelles et de nombreux courtisans pour les raconter ; mais écoutez mon avis, et soupirez tout bas, comme disent les Écossais. Écoutez l'opinion de chacun, et gardez la vôtre pour vous. S'il arrive que vous appreniez quelque chose qui vous plaise, ne sautez pas de joie, comme si vos faucons avaient fait une belle chasse. Notre vieux M. Wingate dit, et il connaît bien le bétail de la cour : Si quelqu'un vous dit que l'ancien roi Coul est ressuscité, contentez-vous de répondre : — Est-il bien vrai? je n'en savais rien ; mais n'ayez pas l'air plus ému que si quelqu'un vous disait comme une nouvelle que l'ancien roi Coul est mort et enterré. Ainsi donc prenez garde à vous, monsieur Roland, car vous vivez au milieu d'une génération aussi âpre à la curée qu'un faucon affamé. Surtout ne dégaînez pas au premier mot que vous entendrez de travers, car vous trouverez des lames aussi chaudes que la vôtre, et vous vous ferez tirer du sang sans consulter les médecins ou l'almanach.

— Vous verrez que je serai aussi prudent que ferme, mon bon ami, répondit Roland ; mais au nom de Notre-Dame, quelle est donc cette église en ruines si près de la ville? A-t-il passé ici un abbé de la Déraison qui a fini par y mettre le feu?

— Là ! voilà que vous vous laissez encore emporter comme un faucon mal dressé qui n'écoute ni signal ni sifflet. C'est une question que vous deviez me faire à voix basse, comme je vous y répondrai.

— Si je reste long-temps ici, il est probable que je perdrai le ton naturel de ma voix : mais enfin, quelles sont ces ruines?

— Les ruines de l'église de Field, dit le fauconnier en baissant la voix et en plaçant un doigt sur sa bouche d'un air mystérieux : ne m'en demandez pas davantage. Quelqu'un a triché au jeu, et quelqu'un en a eu le blâme, et ce jeu a commencé là où l'on ne pourrait peut-être pas le jouer de notre temps. Pauvre Henry Darnley! quoiqu'il ne fût qu'un âne, il se connaissait en fauconnerie ; mais on lui a donné le vol pendant la nuit par un beau clair de lune.

La mémoire de cette catastrophe était si récente que Roland détourna les yeux avec horreur des ruines de l'édifice où elle s'était passée, et les accusations auxquelles elle donna lieu contre la reine se présentèrent à son esprit avec une telle force, qu'elles formèrent un contre-poids à la compassion que commençaient à lui inspirer ses infortunes actuelles.

Ce fut dans cet état d'agitation d'esprit occasionné partie par l'horreur, partie par l'intérêt de la curiosité, que Roland traversa la scène de ces événemens terribles dont le bruit était parvenu jusque dans les solitudes les plus éloignées de l'Écosse, comme l'écho répète dans les montagnes les éclats du tonnerre qui gronde dans l'éloignement.

— Maintenant, pensa-t-il, maintenant ou jamais je vais devenir un homme, et jouer mon rôle dans ces grands événemens dont les simples habitans de nos hameaux parlent comme si les acteurs étaient des êtres d'une classe supérieure à la nôtre. Je saurai pourquoi le chevalier d'Avenel lève la tête si fort au-dessus des autres barons ses voisins, et comment des hommes peuvent à force de valeur et de prudence changer une casaque de toile grise pour un habit d'or et de pourpre. On prétend que je ne brille pas par la prudence ; eh bien! il faudra que la valeur y supplée : je veux être un homme parmi les hommes, ou un mort parmi les morts.

Il fut distrait de ses projets d'ambition par des idées de plaisir, et commença à former quelques conjectures sur le temps et le lieu où il reverrait Catherine Seyton, et sur la manière dont il renouvellerait connaissance avec elle. Il était encore enseveli dans cette rêverie quand il s'aperçut qu'il était dans Édimbourg, et toute autre idée céda la place à cette sensation d'étonnement qui fait éprouver une espèce de vertige à l'habitant d'un pays presque désert quand il se trouve pour la première fois dans une cité vaste et populeuse, où il forme une unité au milieu de tant de milliers de citoyens.

La principale rue d'Édimbourg était alors, comme elle est encore aujourd'hui, une des plus grandes rues de l'Europe. L'extrême élévation des maisons [1], la variété des pignons, des créneaux et des balcons gothiques dont la ligne de l'horizon était bordée de chaque côté, auraient suffi, avec la largeur de la rue, pour frapper de surprise des yeux moins novices que ceux du jeune Græme. La population serrée dans les murs de la ville, et rendue alors plus nombreuse par la quantité de lords du parti du roi qui y étaient accourus de toutes parts avec leur suite pour se rassembler autour du régent Murray, pouvait être comparée à un essaim d'abeilles dans cette rue magnifique et spacieuse. Les boutiques, au lieu d'avoir comme à présent de grandes fenêtres derrière lesquelles les marchandises sont exposées à la vue, avaient des étalages avancés, comme dans les bazars modernes, sur lesquels étaient rangés les divers objets mis en vente. Quoique les marchandises étalées ainsi ne fussent pas les plus belles qu'il fût possible de voir, Roland croyait avoir sous les yeux toutes les richesses du monde entier en voyant ici des balles de toile de Flandre, là des pièces de tapisseries, ailleurs des meubles d'usage journalier : la vaisselle d'argent surtout le frappait d'étonnement. Mais rien n'attirait ses yeux comme les boutiques d'armuriers, où il voyait des épées et des poignards fabriqués en Écosse, et des armures défensives importées de la Flandre. A chaque pas il trouvait tant à regarder, tant à admirer, que ce ne fût pas sans peine qu'Adam Woodcock parvint à le faire avancer à travers cette scène d'enchantement.

Le spectacle de la foule qui remplissait les rues était un

---

[1] Il y avait autrefois dans High-Street des maisons de quatorze étages. La plus haute que nous ayons vue en 1822 n'en avait plus que onze. — Ed.

autre sujet de surprise. Ici il remarquait une dame élégante couverte de son voile de soie, avec un écuyer qui lui ouvrait le passage, un page qui portait la queue de sa robe, et une suivante chargée de sa Bible, indiquant par là qu'elle se rendait à l'église; — là un groupe de bourgeois prenaient le même chemin, avec leurs manteaux courts à la flamande, leurs larges hauts-de-chausses et leurs pourpoints à grand collet, mode à laquelle les Écossais furent long-temps fidèles, ainsi qu'à la toque surmontée d'une plume. Ensuite venait le ministre lui-même, portant la robe et le rabat de Genève, écoutant d'un air grave et attentif quelques personnes qui l'accompagnaient, et qui sans doute étaient en conversation sérieuse sur le sujet religieux qu'il allait traiter. Il ne manquait pas de passans d'autres classes et de toute apparence.

À chaque instant Roland rencontrait un dameret qui passait d'un air suffisant, habillé à la mode la plus nouvelle, ou à la française, avec son pourpoint tailladé, ses pointes de même couleur que la doublure, sa longue épée d'un côté et son poignard de l'autre, suivi d'une escorte de serviteurs robustes proportionnée à son rang et à sa qualité, qui marchaient d'un air militaire, armés d'une longue épée et d'un petit bouclier rond avec une pointe d'acier au centre, assez semblable à la targe dont se servent les Highlanders. Deux de ces bandes, dont chacune avait pour chef un homme d'importance, se rencontrèrent au milieu du pavé, ou, comme on l'appelle sur la « couronne de la chaussée, » poste d'honneur qu'on ne cède pas en Écosse sans d'aussi bonnes raisons que celles qui peuvent faire céder en Angleterre le côté de la muraille. Les deux chefs étant du même rang, et probablement animés l'un contre l'autre soit par une différence dans leurs opinions politiques, soit par le souvenir de quelque ancienne querelle féodale, s'avancèrent fièrement, sans se déranger d'un seul pas à droite ou à gauche; et aucun d'eux ne montrant la moindre envie de faire place à l'autre, ils s'arrêtèrent tous deux un instant, et mirent ensuite l'épée à la main. Les gens de leur suite imitèrent leur exemple ; une vingtaine de lames sortirent du fourreau en *même temps*, et l'on n'entendit plus que les cliquetis des armes et les cris des combattans qui faisaient retentir l'air du nom de leur chef, les uns criant : à l'aide ! Leslie ! Leslie ! et les autres : Seyton ! Seyton ! en jouant sur le mot de ce slogan ou cri de guerre : *set-on ! set-on*[1] *!* en avant ! en avant ! assommez-moi ces coquins !

Si le fauconnier avait eu de la peine auparavant à faire avancer Roland, il trouva maintenant que c'était une entreprise au-dessus de ses forces. Le jeune homme arrêta son cheval, battit des mains, et enchanté de cette querelle, il poussait des cris aussi forts qu'aucun des combattans.

Le bruit du combat attira deux ou trois autres troupes semblables et quelques passans isolés, qui se jetant dans la mêlée prirent parti pour l'un ou l'autre des deux chefs, suivant que les y portait un sentiment de haine ou d'affection.

L'affaire devint alors plus sérieuse ; et quoique les hommes armés d'épées et de boucliers fissent plus de bruit que de mal, cependant quelques bons horions furent donnés et reçus ; et ceux qui portaient des rapières, arme plus formidable que l'épée écossaise ordinaire, se firent quelques blessures dangereuses. Deux hommes étaient déjà étendus sur le carreau ; et le parti des Seyton, moins nombreux que celui de leurs adversaires, dont la plupart des renforts survenus avaient grossi les rangs, commençait à se défendre faiblement et à lâcher pied, quand Roland, voyant que le chef des Seyton, quoique combattant avec un courage sans égal, pressé par plusieurs assaillans, était sur le point de succomber, s'écria vivement : — Woodcock, si vous êtes un homme, mettez l'épée en main, et courons au secours du Seyton.

Sans attendre de réponse et sans écouter les prières du

(1) *Set-on ! set-on !* en avant ! *Slogan*, cri de guerre. — Éd.

fauconnier, qui le conjurait de ne pas se mêler d'une querelle. qui lui était étrangère, le fougueux jeune homme se jeta à bas de son cheval, tira son épée, et se précipitant au milieu de la mêlée en criant comme les autres : Seyton! Seyton! fit mordre la poussière à l'un de ceux qui serraient de plus près le chef de ce parti, qui, reprenant courage à la vue de ce secours inattendu, se remit à combattre avec une nouvelle fureur.

Mais en ce moment quatre des magistrats de la ville, qu'on reconnaissait à leur manteau de velours et à leur chaîne d'or, arrivèrent avec une garde de hallebardiers et de citoyens armés de longues épées, qui, habitués à ce genre de service, se jetèrent hardiment au milieu des combattans, les séparèrent, et les forcèrent à faire retraite de différens côtés, chaque parti laissant des blessés sur le champ de bataille.

Le fauconnier, qui s'arrachait la barbe de désespoir en voyant la témérité de son compagnon, s'avança alors vers lui avec son cheval, dont il avait saisi la bride.

Monsieur Roland, lui dit-il, monsieur le fou, monsieur l'oison, vous plairait-il de remonter à cheval et de pousser en avant? Avez-vous envie de rester ici pour qu'on vous conduise en prison, et qu'on vous fasse payer les folies de ce jour?

Roland qui avait commencé à faire retraite avec les Seyton, comme s'il eût été leur allié naturel, revint à lui en s'entendant adresser ces reproches sans cérémonie, et reconnaissant qu'il avait agi inconsidérément, il obéit à Woodcock d'un air un peu honteux, et s'élança vivement sur son cheval; renversant alors d'un coup du poitrail de l'animal un officier de la ville qui s'avançait pour se saisir de lui, il partit au galop suivi de son compagnon, et fut bientôt hors d'atteinte de la clameur de haro. Mais de semblables rencontres étaient si fréquentes à Édimbourg à cette époque, qu'une fois la querelle apaisée on n'y songeait plus, à moins que quelque homme de considération n'eût succombé, auquel cas il était du devoir de ses parens et de ses amis de venger sa mort à la première occasion. Le bras de la police était si faible qu'il n'était pas rare de voir de pareilles escarmouches durer des heures entières quand les combattans étaient nombreux et de forces égales ; mais depuis quelque temps le régent, homme d'un caractère ferme et décidé, sentant combien il serait dangereux de tolérer de tels actes de violence, avait ordonné aux magistrats d'avoir toujours des gardes sur pied pour prévenir le désordre, ou du moins pour en abréger la durée, comme cela venait d'arriver.

Le fauconnier et son jeune compagnon descendaient alors la Canongate[1]; et voyant que personne n'était à leur poursuite, ils avaient ralenti le pas de leurs chevaux pour ne pas attirer sur eux l'attention. Roland baissait la tête, en homme qui sentait que sa conduite n'avait pas été très prudente.

— Vous plairait-il de me dire une chose, monsieur Roland Græme ? lui demanda le fauconnier. Je voudrais savoir s'il y a en vous un diable incarné ou non ?

— Je crois, monsieur Adam Woodcock, pouvoir vous répondre non.

— Alors je voudrais bien savoir par quelle influence, par quelle instigation il faut que, de manière ou d'autre, vous vous fourriez toujours dans quelque mauvaise affaire ? Que diable aviez-vous besoin de vous mêler des querelles de ces Leslie et de ces Seyton, dont vous n'aviez pas entendu prononcer le nom une seule fois dans toute votre vie ?

— Vous n'y êtes pas, mon bon ami ; j'ai des raisons particulières pour être ami des Seyton.

— Il faut donc qu'elles soient bien secrètes ; car j'aurais gagé que vous ne connaissiez pas même leur nom, et je suis encore porté à croire que ce qui vous a engagé à risquer votre tête sans cervelle dans une affaire qui ne vous con-

---

(1) *Canongate* (Porte-des-Chanoines), l'un des différens noms que porte la grande-rue ou rue-haute (High-Street). Voyez *les Chroniques de la Canongate*. — Éd.

cernait en rien, ce n'est pas tant l'intérêt que vous prenez aux Seyton ou aux Leslie que votre passion pour ce maudit cliquetis d'armes, qui semble avoir pour vous le même charme que le bruit qu'on fait sur une marmite pour un essaim de mouches à miel. Mais que ceci vous serve de leçon; et songez bien que si vous avez le projet de dégaîner chaque fois que vous verrez une lame en l'air dans Édimbourg, ce n'est pas la peine de jamais remettre la vôtre dans son fourreau, et qu'en y allant de cette manière vous n'aurez pas le plaisir d'en jouer long-temps. C'est ce que je laisse à votre considération.

— En vérité, Adam, je vous remercie de vos avis; je vous promets de les suivre aussi fidèlement qu'il me sera possible, et je ferai en sorte qu'on reconnaisse en moi votre élève en l'art de la prudence et du mystère dans la nouvelle carrière où je vais entrer.

— Vous ferez bien, monsieur Roland. Ce n'est pas que je vous fasse un crime d'avoir la tête un peu trop près du bonnet. Je sais qu'on peut habituer au poing un faucon sauvage, et qu'on ne peut jamais rien faire d'une poule. Ainsi, entre deux défauts vous avez choisi le meilleur. Mais je m'aperçois, monsieur Roland, qu'indépendamment du goût tout particulier que vous avez pour faire voir le jour à votre flamberge, vous avez aussi l'habitude de regarder sous le nez toutes les femmes qui passent, comme si vous espériez trouver parmi elles quelque ancienne connaissance : et cependant, sachant combien peu de ces oiseaux sauvages vous avez vus jusqu'ici, je serais aussi surpris de vous voir reconnaître quelque femme, que je l'ai été tout à l'heure de vous voir prendre parti si chaudement pour les Seyton.

— Folie, sottise, Adam. Je veux seulement voir quels yeux ces jolis faucons cachent sous leurs chaperons.

— Oui; mais c'est une curiosité qui est fort dangereuse, monsieur Roland. Autant vaudrait présenter le poing nu à un aigle. On ne peut chasser sans péril ces jolis oiseaux.

Elles ont autant de détours, de ruses et de faux-fuyans que le gibier le plus malin que jamais faucon ait poursuivi ; et d'ailleurs, chacune de ces dames est accompagnée de son mari ou de son amant, de son frère ou de son cousin, ou au moins de son écuyer. Mais vous ne m'écoutez pas, monsieur Roland ; vous n'avez des yeux que pour cette gentille demoiselle qui marche si lestement devant nous. Par ma foi, je garantis qu'elle figurerait bien dans un bal, dans une contredanse. Une paire de sonnettes mauresques en argent irait aussi bien à ces jolies petites jambes qu'aux pattes du plus beau faucon de Norwége.

— Vous êtes fou, Adam ; je ne m'inquiète ni de la jeune fille ni de ses jambes. Mais, que diable ! puisqu'on a des yeux, il faut bien qu'ils s'arrêtent sur quelque chose.

—C'est vrai, monsieur Roland ; c'est très vrai ; mais je vous conseille de fixer les vôtres sur quelques autres objets. Voyez, il n'y a pas dans toute la rue une seule femme portant un voile de soie, qui ne soit, comme je vous le disais tout à l'heure, escortée d'un écuyer, d'un cousin, d'un amant, d'un mari, ou bien de deux vigoureux gaillards armés d'épées et de boucliers qui la suivent de près ; mais vous ne faites pas plus d'attention à moi qu'un autour ne s'inquiète d'un papillon.

— Si vraiment, Adam, je vous écoute, je ne perds pas un mot de ce que vous dites. Mais gardez mon cheval un instant ; je vous rejoindrai avant que vous ayez eu le temps de siffler.

A ces mots, et avant qu'Adam eût pu finir le sermon qu'il avait interrompu, Roland, au grand étonnement du fauconnier, sauta à bas de son cheval, lui en jeta la bride, et s'élança dans un de ces passages étroits qui s'ouvrent sous une porte cintrée et qui conduisent dans la grande rue, cherchant à y rejoindre cette jeune fille à laquelle son compagnon lui avait reproché de faire trop d'attention, et qui elle-même venait de tourner par ledit passage.

— Sainte Marie! sainte Magdeleine! saint Benoît! saint Barnabé! s'écria le pauvre fauconnier abandonné au milieu de Canongate, en voyant le jeune homme sur lequel il était chargé de veiller courir, en vrai fou, après une jeune fille qu'il n'avait jamais vue, comme le supposait Woodcock. — Saint Satan! saint Beelzébuth! continua-t-il, car il me ferait jurer par les saints et par les diables, quelle mouche a piqué l'étourdi? Mais que ferais-je tandis que le pauvre garçon va se faire couper la gorge, aussi sûr que je suis né au pied de Roseberry-Topping! Si je pouvais trouver quelqu'un pour garder nos chevaux, j'irais.... mais on est aussi malin ici que dans le comté d'York, et adieu la bride, adieu le cheval, comme nous disons. Si j'apercevais un de nos gens, un bout de branche de houx vaudrait un gland d'or, ou si je voyais seulement un de ceux du régent; mais laisser nos chevaux à des étrangers, c'est impossible; et m'en aller sans savoir ce qu'est devenu ce jeune fou, c'est ce que je ne veux pas.

Il faut pourtant que nous abandonnions le fauconnier au milieu de sa détresse, pour suivre le jeune étourdi qui l'avait mis dans cet embarras.

La dernière partie des remontrances d'Adam Woodcock, quoique destinée pour l'utilité de Roland, avait été entièrement perdue pour lui, parce que dans une jeune personne qui passait dans la rue, et qui était couverte d'un voile de soie rayée tel qu'en portent aujourd'hui les dames de Bruxelles, il avait cru reconnaître quelque chose qui ressemblait beaucoup à la taille svelte et à la tournure pleine de graces de Catherine Seyton. Pendant que les graves avis du fauconnier frappaient inutilement ses oreilles, ses yeux avaient continué à se fixer sur un objet si intéressant; enfin la belle était sur le point d'entrer sous un de ces passages qui conduisent de Canongate dans les maisons de la rue voisine (passage qui était orné d'un écu d'armes ayant pour support deux grands renards en pierre); elle avait soulevé son voile, probablement pour voir quel était le cavalier qui depuis quelque temps ne la perdait pas de vue ; et le jeune Roland avait reconnu sous le plaid de soie deux grands yeux bleus pleins de malice et de gaîté, qu'il ne fallait voir qu'une fois pour ne plus les oublier. En jeune fou sans expérience, aussi peu habitué à être contrarié qu'à obéir, il abandonna son mentor, lui jeta sur le bras la bride de son cheval, et se mit à la poursuite de Catherine Seyton.

La vivacité d'esprit des femmes est passée en proverbe ; mais il paraît que celui de Catherine ne lui suggéra pas de meilleur expédient que d'avoir recours à la légèreté de ses jambes pour se soustraire à la poursuite du page, en se mettant à l'abri sans qu'il pût découvrir où elle se retirait. Mais il n'est pas aisé de gagner de vitesse un jeune homme de dix-huit ans qui poursuit celle qu'il aime. Catherine traversa une grande cour pavée, décorée de grands vases de pierre dans lesquels végétaient, dans leur sombre majesté, des ifs, des cyprès, et d'autres arbres verts parfaitement en harmonie avec l'air de dignité antique de l'édifice en face duquel ils étaient placés comme ornement. C'était une construction massive, de forme carrée, entourée de grands murs noirs, élevée de cinq étages, et dont toutes les fenêtres étaient surmontées de lourdes architraves chargées d'emblèmes féodaux et religieux.

Catherine Seyton, faisant le meilleur usage de ces jolies jambes qui s'étaient attiré les éloges du prudent et circonspect Woodcock lui-même, parcourut cette cour avec la vitesse d'une biche lancée par des chasseurs. Elle arriva à une grande porte située au centre de l'édifice ; et comme elle n'était fermée que par un loquet, elle se trouva en un instant dans l'intérieur de la maison. Mais si elle avait fui avec la légèreté d'une biche, Roland l'avait poursuivie avec l'ardeur d'un jeune chien de chasse lâché pour la première fois sur sa proie. Quoi qu'elle pût faire, il ne la perdit pas un seul instant de vue ; et il est remarquable que dans une telle course, le jeune homme qui cherche à atteindre sa maîtresse a toujours un grand avantage sur la jeune fille qui cherche à échapper à son amant ; cet avantage ne saurait être compensé par l'avance qu'elle peut avoir sur lui. A un détour du passage, il vit flotter sa robe ; à un autre, il vit son voile ; plus loin, il entendit le bruit de ses pas, quelque légers qu'ils fussent, et enfin il la vit distinctement entrer dans la maison.

Étourdi et inconsidéré comme nous l'avons peint, ne connaissant le monde que par les romans qu'il avait lus, ne songeant jamais à résister à l'impression du moment, Roland, qui possédait d'ailleurs autant de courage que de vivacité, n'hésita pas un instant à avancer vers la maison qui recélait l'objet de sa recherche. Il essaya à son tour de lever le loquet ; et la porte ayant cédé au premier effort, il eut le plaisir de songer qu'il se trouvait sous le même toit que Catherine. Y étant entré avec la même précipitation qu'il l'avait poursuivie, il était dans un grand vestibule un peu sombre, où le jour ne pénétrait que par des vitraux de différentes couleurs, et l'obscurité était encore redoublée par la hauteur des murs de clôture qui entouraient la cour, et qui ne permettaient pas au soleil d'y envoyer un seul rayon. Les murailles étaient couvertes de vieilles armures rouillées entremêlées d'armoiries taillées dans la pierre, de festons, de couronnes, etc., choses auxquelles Roland Græme n'accorda pas un instant d'attention.

Le seul objet qu'il daigna remarquer fut Catherine Seyton, qui se croyant à l'abri de toute poursuite s'était assise sur un grand banc de chêne à l'extrémité du vestibule, et cherchait à reprendre haleine après sa course précipitée. Le bruit que fit Roland en entrant la troubla tout à coup. Elle tressaillit en poussant un cri de surprise, et s'échappa par une des portes qui s'ouvraient dans cette antichambre comme dans un centre commun. Roland s'avança aussitôt vers la même porte qu'il entr'ouvrit. Elle communiquait à une *grande galerie bien éclairée*, au bout de laquelle il entendit plusieurs voix et le bruit des pas de plusieurs personnes qui semblaient approcher avec précipitation. Rappelé à la raison par l'apparence d'un danger serieux, il délibérait s'il devait rester, quand Catherine, rentrant dans le vestibule par une autre porte, accourut à lui avec autant de vitesse qu'elle en avait mis à le fuir quelques minutes auparavant.

— Quel mauvais génie vous a amené ici? s'écria-t-elle: fuyez, ou vous êtes un homme mort. Mais non, restez: ils viennent; la fuite n'est plus possible. Dites que vous demandez lord Seyton.

Sans attendre sa réponse, elle disparut par la porte par laquelle elle venait d'entrer, et au même instant celle qui donnait sur la galerie s'ouvrit avec grand bruit, et six ou sept jeunes gens richement vêtus se précipitèrent dans l'antichambre l'épée à la main.

— Quel est le téméraire, dit l'un d'eux, qui a osé entrer dans notre maison?

— Taillons-le en pièces, s'écria un autre; qu'il porte la peine de l'insulte que nous avons reçue aujourd'hui. C'est quelque émissaire des Rothes.

— Non, de par sainte Marie! dit un troisième, c'est un homme de la suite de ce paysan anobli, de ce scélérat d'Halbert Glendinning, qui se fait appeler chevalier d'Avenel, jadis vassal de l'Église, aujourd'hui pillant ses domaines.

— C'est la vérité, reprit le premier; je le reconnais à la branche de houx qui est leur signe de ralliement. Qu'on garde la porte! il faut qu'il nous rende raison de cette insolence.

Deux d'entre ces braves coururent à la porte, et s'y placèrent l'épée à la main, comme pour empêcher Roland de s'échapper. Les autres s'avancèrent vers le page, qui eut assez de bon sens pour sentir que toute tentative de résistance serait inutile et imprudente. Différentes voix lui demandèrent en même temps, d'un ton qui n'était nullement amical, qui il était, d'où il venait, son nom, le motif de son entrée dans la maison, et qui l'y avait envoyé. Le nombre des questions qu'on lui faisait à la fois lui fournit une excuse pour ne pas y répondre sur-le-champ, et au même instant un nouveau personnage entra dans l'antichambre; et dès qu'il y parut, tous ceux qui entouraient Roland d'un air menaçant reculèrent avec respect.

C'était un homme de grande taille, dont les cheveux noirs commençaient à grisonner, quoique ses yeux et ses traits annonçassent encore tout le feu de la jeunesse. Il était sans habit, et sa chemise de toile de Hollande était teinte de sang; mais il avait jeté sur ses épaules un manteau pourpre bordé de riches fourrures, qui suppléait à ce qui manquait à ses vêtemens. Il portait sur sa tête une toque de velours cramoisi, relevée sur le côté par une chaîne d'or formée d'un grand nombre d'anneaux et qui en faisait trois fois le tour, suivant la mode adoptée à cette époque par les seigneurs écossais.

— Que signifie cet emportement, mes enfans et mes amis? dit-il en entrant; qui entourez-vous avec cet air de menace? Ignorez-vous que ce toit doit être la protection de quiconque vient sous son abri, soit avec des sentimens pacifiques, soit dans un esprit d'hostilité déclarée?

— Milord, répondit un des jeunes gens, c'est un traître, un espion qui s'est introduit chez vous.

— Cette accusation est fausse! s'écria Roland avec hardiesse; je suis venu pour parler à lord Seyton.

— Belle excuse, s'écrièrent plusieurs voix, et fort vraisemblable! Un homme attaché au service de Glendinning!

— Silence! s'écria lord Seyton; car c'était lui-même; laissez-moi voir ce jeune homme de plus près. De par le ciel! c'est bien lui qui, il n'y a que quelques minutes, est venu si bravement à mon secours, à l'instant même où plusieurs de mes gens songeaient à leur sûreté plus qu'à la mienne. Au lieu du traitement que vous lui faites éprouver. il a droit à votre reconnaissance et à vos remercîmens.

Toutes les lames rentrèrent dans leurs fourreaux, et lord Seyton, prenant Roland par la main, le remercia de la générosité avec laquelle il l'avait secouru, et ajouta qu'il ne doutait pas que le même intérêt qui l'avait porté à prendre sa défense, ne l'eût ensuite amené chez lui pour avoir de ses nouvelles.

Roland inclina la tête d'un air à confirmer lord Seyton dans cette opinion.

— Ou peut-être, continua le lord, est-il quelque chose en quoi je puisse vous être utile, pour vous montrer ma gratitude.

Mais Roland crut devoir s'en tenir à l'excuse que lord Seyton lui avait suggérée lui-même si à propos, et lui dit qu'ayant remarqué qu'il avait reçu une blessure, il avait désiré s'assurer par lui-même qu'elle n'était pas dangereuse, et que c'était le seul motif qui l'avait amené chez lui.

— Ce n'est qu'une égratignure, dit lord Seyton ; et je venais d'ôter mon habit pour que mon chirurgien y mît un léger appareil, quand les cris de ces étourdis nous ont interrompus.

Roland Græme, le saluant avec respect, fit un mouvement pour se retirer, car n'étant plus en danger d'être traité comme espion, il commençait à craindre qu'Adam Woodcock, qu'il avait quitté si brusquement, ne le mît dans un nouvel embarras en venant faire dans l'hôtel des enquêtes sur lui ; ou que, ne sachant ce qu'il était devenu, il s'en allât sans l'attendre. Mais lord Seyton ne le laissa pas échapper si aisément.

— Un instant, jeune homme, lui dit-il : faites-moi connaître votre nom et votre rang. Lord Seyton, depuis un certain temps, a été plus habitué à se voir abandonné par ses amis que secouru par des étrangers. Mais les temps peuveut changer, et il peut un jour avoir des moyens de prouver sa reconnaissance à ceux qui lui ont rendu service.

— Je me nomme Roland Græme, milord. Je suis en ce moment page au service de sir Halbert Glendinning.

— Je l'avais bien dit, s'écria un des jeunes gens : j'aurais gagé ma vie que c'était une flèche tirée du carquois de *l'infidèle*. C'est un piége, milord, une ruse concertée pour vous faire accorder votre confiance à un espion. Vos ennemis savent dresser à ce rôle les femmes et les enfans.

— Si vous parlez de moi, s'écria Roland, c'est une fausseté. Personne en Écosse ne pourrait m'apprendre à jouer le rôle d'un traître.

— Je vous crois, jeune homme, dit lord Seyton : les coups que je vous ai vu porter étaient trop bien appliqués pour que vous pussiez agir de concert avec ceux qui les recevaient. Croyez-moi pourtant, je ne me serais pas attendu à me voir secouru par quelqu'un de la maison de votre maître, et je voudrais savoir quel motif a pu vous engager à mettre votre vie en danger pour défendre la mienne.

— Mon maître lui-même en aurait fait autant, milord, répondit Roland ; il n'aurait pas vu un homme d'honneur accablé par le nombre de ses ennemis sans lui prêter le secours de son bras. Telles sont du moins les leçons de chevalerie que nous recevions au château d'Avenel.

— Le bon grain est tombé sur un bon terrain, jeune homme, dit lord Seyton ; mais si vous pratiquez constamment ces leçons honorables dans ce temps désastreux où la force prend sans cesse la place du droit, je crains bien que votre vie ne soit pas longue.

— Qu'elle soit donc courte, dit Roland, pourvu qu'elle finisse avec honneur. Mais à présent, milord, permettez-moi de vous saluer et de prendre congé de vous : un de mes camarades m'attend à deux pas avec mon cheval.

— Recevez du moins ce gage de mon souvenir, jeune homme, et portez-le pour l'amour de moi. A ces mots, détachant la chaîne d'or qui entourait sa toque, et qui se fermait par un médaillon, il la lui présenta.

Roland ne fut pas peu fier de recevoir un tel présent, qu'il regardait comme le prix de son courage. Il attacha sur-le-champ la chaîne à sa toque; et ayant fait ses remercîmens au noble baron, il sortit de l'antichambre, traversa à la hâte la cour et le passage, et arriva dans Canongate à l'instant où Woodcock se déterminait à abandonner les deux chevaux à leur destinée et à la garde du premier venu, pour se mettre à la recherche de son jeune compagnon.

— Quelle nouvelle équipée avez-vous faite? s'écria-t-il dès qu'il l'aperçut, très charmé de le revoir, quoiqu'il remarquât en lui un peu d'agitation.

— Ne me faites pas de questions, dit Roland en sautant légèrement sur son cheval; mais voyez, ajouta-t-il en lui montrant son nouvel ornement, combien il faut de temps pour gagner une belle chaîne d'or.

— De par saint Hubert! s'écria le fauconnier, à Dieu ne plaise que vous l'ayez dérobée ou prise par violence! et cependant je ne vois pas comment diable vous pourriez l'avoir eue autrement. Je suis venu ici souvent, j'y ai passé des mois entiers, et personne ne m'a encore donné ni chaîne ni médaillon.

— Vous voyez, mon ami Adam, que j'ai été plus heureux que vous en moins de temps. Mais soyez bien tranquille, je ne l'ai ni dérobée ni prise de force; je l'ai légitimement gagnée, et elle m'a été donnée librement.

— Quel diable de page es-tu donc, Roland, dit le fauconnier, avec ta fanfaronne[1] autour du cou? Je crois, ma foi, que l'eau refuserait de te noyer et le chanvre de t'étrangler : tu es congédié du service de milady pour devenir

(1) Nom donné aux chaînes d'or que portaient les guerriers de cette époque. Ce mot est d'origine espagnole; car la mode de porter des chaînes d'or et de riches ornemens du même genre avait surtout commencé parmi les conquérans du Nouveau-Monde. — Éd.

l'écuyer de milord; et maintenant, pour avoir suivi une jeune demoiselle dans je ne sais quelle grande maison, tu obtiens une chaîne et un médaillon, quand un autre n'y aurait gagné que des coups de bâton sur les épaules, sinon quelque bon coup de poignard dans la poitrine. — Mais nous voici en face de la vieille abbaye. Que votre bonheur vous accompagne en traversant cette cour, et de par Notre-Dame! vous pouvez défier toute l'Écosse.

A ces mots, ils arrêtèrent leurs chevaux, se trouvant vis-à-vis la vieille porte cintrée qui conduit dans l'abbaye ou le palais d'Holyrood, et qui termine la rue dans laquelle ils se trouvaient. Un sombre passage voûté aboutissait à la cour, où paraissait la façade des bâtimens irréguliers dont une aile existe encore aujourd'hui, et fait partie du palais moderne construit sous le règne de Charles Ier.

En entrant dans la cour, le page et le fauconnier remirent leurs chevaux à un domestique à qui Adam Woodcock ordonna d'un ton d'autorité de les conduire à l'écurie, ajoutant qu'ils étaient de la suite du chevalier d'Avenel.

— Il faut nous montrer ici pour ce que nous sommes, dit-il à son jeune compagnon à demi-voix : car chacun est traité d'après les airs qu'il se donne, et celui qui est trop modeste peut suivre la muraille, comme dit le proverbe. Ainsi donc, monsieur Roland, retroussez votre toque et mettez-la sur l'oreille, et marchons bravement sur le haut de la chaussée.

A ces mots, prenant un air d'importance convenable selon lui au rang et à la dignité de son maître, Adam Woodcock marcha en avant, et précéda Roland dans la grande cour du palais d'Holyrood.

CHAPITRE XVIII.

« Ne vois-tu pas le ciel se couvrir d'un nuage?
« L'Océan ne jouit que d'un calme trompeur.
« Ainsi, dans un état, des partis la fureur
« Feint d'hésiter encor, sommeille en apparence,
« Mesure ses moyens, et calcule en silence
« Si sa force déjà lui permet d'éclater. »
Albion, poème.

— Laissez-moi donc le temps de respirer, Adam, dit le jeune page au fauconnier qui avançait à grands pas dans la cour ; vous ne faites pas attention que je viens ici pour la première fois ; donnez-moi un instant pour jeter les yeux autour de moi. Me voilà donc à Holyrood, dans ce séjour de la valeur et de l'élégance, de la puissance et de la beauté !

— Oui vraiment, dit Woodcock ; mais je voudrais pouvoir vous chaperonner comme un faucon, car vos yeux ont l'air de chercher une autre querelle ou une seconde fanfaronne, et vous ressemblez à un faucon sauvage ; je voudrais vous avoir placé sain et sauf sur le perchoir.

C'était en effet un spectacle tout nouveau pour Roland que le vestibule d'un palais continuellement traversé par des groupes divers, les uns brillans de gaîté, les autres pensifs et semblant tout occupés des affaires publiques et des leurs.

C'était ici un homme d'état à cheveux gris, à l'air réservé et plein de dignité, avec son manteau fourré et ses pantoufles noires; là un militaire couvert de peau de buffle et d'acier, avec une longue rapière traînant à terre, la moustache relevée et le sourcil froncé: plus loin on voyait passer l'humble serviteur de milord le régent, dont le cœur était rongé d'orgueil et la main prête à exécuter tous les ordres; rampant devant son maître, insolent à l'égard de tous les autres. Près de lui un humble solliciteur à regard inquiet, à démarche timide; un officier gonflé de son pouvoir éphémère, se faisant place à coups de coudes à travers ses supérieurs et peut-être ses bienfaiteurs; un prêtre astucieux qui cherchait à obtenir un meilleur bénéfice; un fier baron qui sollicitait une concession des domaines de l'Église; un grand brigand qui venait demander le pardon de ses déprédations, et le franklin [1] dépouillé qui venait demander justice. Une foule de gardes et de soldats, et des messagers partaient et arrivaient: on entendait au dehors les hennissemens des chevaux et le cliquetis des armes; en un mot, c'était une confusion brillante où les yeux de la jeunesse ne voyaient qu'éclat et splendeur, et où ceux de l'expérience n'auraient vu que vanité et fausseté, des espérances trompeuses, des promesses mensongères, l'orgueil sous le masque de l'humilité, et l'insolence sous les traits de la franchise ou de la générosité.

Fatigué de l'attention que Roland donnait à une scène dont la nouveauté n'était pas sans attraits pour lui, Adam Woodcock s'efforçait de le faire avancer, de crainte que son air de surprise n'attirât sur lui les sarcasmes de quelque courtisan; mais il fut lui-même abordé par un homme portant une toque verte surmontée d'une plume, et un habit de même couleur, garni de six larges galons d'argent, et brodé en violet; Woodcock le reconnut aussi, et tous deux s'écrièrent en même temps:

— Quoi, Adam Woodcock!

(1) Nom qu'on donnait autrefois en Angleterre aux propriétaires roturiers. — Éd.

— *Quoi*, Michel L'aile-au-vent[1]! Et comment se porte la fameuse chienne noire?

— Hé, hé, elle nous ressemble, Adam; elle ne rajeunit pas. Quatre pattes ne peuvent pas porter un chien éternellement. Elle a eu huit ans aux dernières feuilles; mais nous la conservons pour la race, c'est ce qui prolonge ses jours. Que faites-vous ici? Milord désire vous voir; il vous a déjà demandé plusieurs fois.

— Lord Murray m'a demandé! s'écria Adam : le régent du royaume! J'ai faim et soif de présenter mes respects à ce bon seigneur. Sans doute il se rappelle de la chasse de Garnwarth-moor, où mon faucon de Drummelzier a battu tous ceux de l'île de Man, et lui a fait gagner cent couronnes d'un baron anglais nommé Stanley.

— Pour ne pas vous flatter, Adam, je vous dirai qu'il ne pense ni à vous ni à votre faucon. Il a pris lui-même un vol plus élevé, et il a trouvé une meilleure proie. Mais venez, suivez-moi; j'espère que nous allons renouveler connaissance comme de bons camarades.

— Quoi! vous voulez que je vide un pot avec vous? mais il faut d'abord que je dépose en lieu sûr ce jeune gaillard, afin qu'il ne trouve ni fille à courtiser ni garçon à battre.

— Est-il donc de cette humeur?

— Oui, vraiment; tout gibier lui est bon.

— Eh bien! qu'il vienne avec nous, car nous ne pouvons faire en ce moment une partie complète; il ne s'agit que de nous humecter les lèvres : je serai bien aise d'avoir des nouvelles de Sainte-Marie avant que vous voyez milord, et je vous dirai de quel côté vient le vent.

En parlant ainsi il ouvrit une porte latérale du vestibule, et leur ayant fait traverser plusieurs passages obscurs avec l'aisance d'un homme qui connaissait les détours les plus secrets du palais, il les conduisit dans une petite chambre où il plaça devant le fauconnier du pain, du fromage et un

---

(1) Wing-the-Wind. — Éd.

pot d'ale mousseuse qu'Adam vida plus d'à moitié du premier trait. Reprenant alors haleine, et essuyant la mousse restée sur ses moustaches, il observa que les inquiétudes que son jeune compagnon lui avait données lui avaient desséché le gosier.

— Eh bien! étanchez votre soif, dit L'aile-au-vent en prenant une grande cruche pour remplir le pot qui était sur la table, et ne vous gênez pas; je connais l'office. Mais à présent faites attention à ce que je vais vous dire. Ce matin le comte de Morton est venu trouver milord dans une humeur terrible.

— Ils sont donc toujours amis? dit Woodcock.

— Oui, oui, répondit Michel; pourquoi non? il faut bien qu'une main aide l'autre. Mais comme je vous le disais, le comte de Morton était dans une humeur terrible; et pour vous dire la vérité, il est rare de le voir autrement qu'en colère; et il dit à milord, car j'étais en ce moment avec lui, prenant ses ordres relativement à des faucons que nous attendons de Darnoway, et qui vaudront vos faucons à longues ailes, l'ami Adam.

— Je le croirai quand je les verrai au vol, dit Woodcock, répondant à cette parenthèse inspirée par l'amour du métier.

— Quoi qu'il en soit, dit Michel reprenant son récit, le comte de Morton, dans son humeur terrible, demanda à milord le régent s'il était traité comme il devait l'être. Mon frère, dit-il, devait être feudataire de Kennaquhair, et tous les domaines de Sainte-Marie devaient être érigés pour lui en fief relevant du roi; et voilà que ces perfides moines ont l'insolence de nommer un nouvel abbé qui fera valoir ses prétentions contre les droits de mon frère; et qui plus est, les coquins de vassaux des environs ont brûlé et pillé tout ce qui restait de l'abbaye, de sorte que lorsque mon frère aura chassé ces fainéans de prêtres, il n'aura pas une maison où il puisse reposer sa tête. — Milord le voyant de cette humeur, lui a répondu tranquillement : — Ce sont de fâcheuses nouvelles, Douglas ; mais je me flatte que vous n'êtes pas bien informé. Halbert Glendinning est parti hier pour le sud avec une troupe de lanciers, et bien certainement, si les moines de Sainte-Marie avaient osé nommer un abbé, si l'abbaye avait été brûlée ou dévastée, il aurait pris des mesures sur-le-champ pour châtier une telle insolence, et m'aurait dépêché un messager. — Le comte de Morton lui répliqua... — Mais je vous prie, Adam, de faire bien attention que je vous parle ainsi par amitié pour vous et pour votre maître, parce que vous êtes mon ancien camarade, et que sir Halbert m'a rendu des services et peut m'en rendre encore, et aussi parce que je n'aime point le comte de Morton, qu'en général on craint plus qu'on ne l'aime : ainsi ce serait mal à vous si vous me trahissiez. — Mais, dit le comte au régent, prenez garde, milord, d'accorder trop de confiance à ce Glendinning. Il sort d'une race de paysans : ce sang-là ne peut être fidèle à la noblesse ! (Par saint André, ce sont ses propres paroles.) D'ailleurs, continua-t-il, il a un frère qui est moine à Sainte-Marie, et sans l'avis duquel il ne fait pas un pas. Il s'est fait des amis sur la frontière, entre autres Buccleuch et Fernieherst, et il se joindrait à eux à la moindre apparence de changement dans les affaires. Et le régent lui répondit, comme un noble lord qu'il est : — Fi donc ! comte, fi donc ! je réponds de la loyauté de Glendinning ; et quant à son frère, c'est un songe-creux qui ne pense qu'à son chapelet et à son bréviaire. Si les nouvelles que vous m'annoncez sont vraies, je réponds que Glendinning m'enverra le capuchon d'un moine pendu et la tête d'un de ses vassaux séditieux exécutés par voie de brève et sommaire justice. Et le comte de Morton s'est retiré mécontent, à ce qu'il me parut. Mais depuis ce temps milord a demandé plusieurs fois s'il n'était pas arrivé de messager de la part du chevalier d'Avenel. Je vous dis tout cela, Adam, afin que vous voyiez de quelle manière vous devez parler au régent, car il me semble qu'il ne sera pas content si ce que le comte de Morton lui a annoncé se trouve vrai, et que sir Halbert n'ait pas pris des mesures très sévères.

Il y avait dans ce récit certains traits qui firent pâlir le visage naturellement hardi d'Adam Woodcock, malgré le secours qu'il venait de puiser dans le pot d'ale d'Holyrood.

— Qu'est-ce que ce farouche lord Morton voulait dire par une tête de vassal? demanda-t-il d'un air mécontent à son ami.

— Non pas, Adam, non pas, ce n'est pas le comte de Morton, c'est le régent qui disait que si l'abbaye avait été brûlée ou dévastée, votre maître lui enverrait la tête du chef des séditieux.

— Est-ce là le fait d'un bon protestant? s'écria Woodcock, d'un vrai lord de la congrégation? On nous choyait quand nous renversions les couvens des comtés de Fife et de Perth; nous n'en faisions jamais assez.

— Sans doute, répondit Michel; mais alors Rome était encore maîtresse, et nos grandes gens avaient décidé qu'il ne lui resterait pas en Écosse un endroit où elle pût reposer sa tête; mais aujourd'hui que les papistes sont en déroute, et que les abbayes, les prieurés, leurs maisons et leurs terres sont entre les mains de nos grands seigneurs à qui on fait des concessions, on ne veut plus que nous portions si loin le zèle de la réformation.

— Mais je vous dis que l'abbaye de Sainte-Marie n'est pas détruite, s'écria Adam avec une agitation toujours croissante. On a bien cassé quelques vitres peintes, on a renversé quelques saints de leurs niches; et quel est le noble protestant qui aurait souffert de pareilles choses dans sa maison? Mais quant à ce qui est de l'avoir brûlée, c'est une calomnie; nous n'avions pas seulement une allumette, sauf la mèche qu'avait le dragon dans sa poche pour mettre le feu à la fusée qui devait lui faire vomir des flammes contre saint George. Oh! j'avais bien pris mes mesures.

—Comment, Adam, est-ce que vous auriez mis la main à *cette belle œuvre*? Je ne voudrais pas vous effrayer, voyez-vous, surtout au moment où vous venez de faire un voyage ; mais je vous avertis que le comte de Morton nous a amené d'Halifax une demoiselle comme vous n'en avez jamais vue. Si elle vous met les bras autour du cou, vous n'en retirerez pas votre tête.

—Ta! ta! ta! je suis trop vieux pour qu'une demoiselle me fasse tourner la tête. Je sais bien que le comte de Morton irait aussi loin qu'un autre pour une jolie fille ; mais que diable avait-il besoin d'en aller chercher une à Halifax? et au bout du compte que peut-elle avoir de commun avec ma tete?

— Beaucoup plus que vous ne pensez, Adam. La fille d'Hérode, dont les pieds et les jambes firent tant de besogne, ne faisait pas sauter une tête d'homme plus proprement que la demoiselle dont je parle. C'est une hache, mon vieux camarade, une hache qui tombe d'elle-même comme une fenêtre[1], sans que le bourreau ait besoin d'y toucher.

—Sur ma foi, c'est une invention précieuse. Que le ciel nous en préserve!

Roland voyant que la conversation des deux amis ne finissait pas, et inquiet, d'après ce qu'il venait d'entendre, pour la sûreté du nouvel abbé de Sainte-Marie, interrompit alors leur entretien. — Il me semble, Woodcock, qu'il faudrait songer à remettre au régent la lettre de votre maître. Je ne doute pas qu'il n'y ait parlé de ce qui s'est passé à Kennaquhair de la manière la plus favorable possible pour tous ceux qui y sont intéressés.

— Le jeune homme a raison, dit L'aile-au-vent, milord en attend des nouvelles avec impatience.

— L'enfant a assez d'esprit pour soigner le fils de son

---

(1) Les fenêtres en Angleterre s'ouvrent du haut en bas, comme on en voit encore quelques-unes en France dans de très vieilles maisons.

père, dit le fauconnier en tirant du sac, emblème de ses fonctions, une lettre adressée par sir Halbert au comte de Murray; et à cet égard j'en sais autant que lui. Ainsi, monsieur Roland, vous voudrez bien présenter vous-même au régent la lettre de mon maître : un jeune page la lui remettra avec plus de grace qu'un vieux fauconnier.

— Fort bien dit, vieux rusé! lui répliqua son ami. Mais il n'y a qu'un moment vous aviez tant d'empressement de voir milord! Voulez-vous pousser le jeune homme dans la nasse, de peur d'y entrer vous-même? Croyez-vous que la demoiselle dont je parlais embrassera plus volontiers sa peau douce et blanche que votre vieux cou tané et ridé?

—Ta! ta! ta! dit le fauconnier, voilà bien de l'esprit pour rien. Je vous dis que le jeune homme ne court aucun risque; il n'a pas mis la main à la pâte. C'était bien la meilleure farce qu'on ait jamais jouée, et j'avais fait la plus belle ballade..... malheureusement je n'ai pas eu le temps de la chanter tout entière. Mais chut! *tace*, comme je le dis quelquefois, est un mot latin qui signifie prudence. Conduisez le jeune homme en présence du régent, et j'irai voir ce qu'est devenu mon cheval, afin d'être prêt à prendre mon vol si on lâche quelque faucon sur moi. J'aurai bientôt mis Soltra-Edge entre le régent et moi s'il veut me jouer un mauvais tour.

— Allons donc, jeune homme, suivez-moi, dit Michel, puisque le vieux matois veut vous faire marcher en enfant perdu.

A ces mots, sortant avec lui, il lui fit traverser différens corridors, jusqu'à ce qu'ils fussent arrivés au bas d'un grand escalier de pierre, dont les marches étaient si larges et en même temps si basses, que la montée en était extraordinairement facile. Quand ils furent au premier étage, Michel ouvrit la porte d'une antichambre si obscure, que Roland, n'ayant pas vu une petite marche maladroitement placée sous le seuil même de cette porte, trébucha et pensa tomber.

— Prenez garde, dit Michel en baissant la voix et en regardant autour de lui pour voir s'ils étaient seuls ; — prenez garde, jeune homme ; ceux qui tombent à cet endroit ne se relèvent pas toujours. Voyez-vous cela ? ajouta-t-il d'un ton encore plus bas en lui montrant sur le plancher des taches d'un rouge noirâtre sur lesquelles brillait un rayon de lumière ; voyez-vous cela, jeune homme ? marchez avec précaution ; d'autres sont tombés ici avant vous.

— Que voulez-vous dire ? lui demanda le page en frémissant, quoique sans savoir pourquoi. Sont-ce des taches de sang ?

— Oui, oui, répondit Michel parlant toujours à voix basse et l'entraînant par le bras ; c'est du sang que la trahison a répandu, et que la trahison a vengé ; c'est le sang du signor David, ajouta-t-il après avoir encore regardé autour de lui.

Le cœur de Roland se resserra en apprenant si inopinément qu'il se trouvait sur le lieu où Rizzio avait été massacré, catastrophe qui avait répandu une horreur générale, même dans ce siècle grossier, et dont le bruit avait semé la consternation dans toutes les chaumières et dans tous les châteaux d'Écosse, sans en excepter celui d'Avenel. Mais son guide le pressa d'avancer sans lui permettre de lui faire d'autres questions, et de l'air d'un homme qui craignait d'en avoir déjà trop dit sur un sujet si dangereux. A l'autre bout de cet appartement, il frappa modestement à une petite porte qui fut ouverte lentement par un huissier.

— Voici, lui dit L'aile-au-vent, un page qui apporte au régent une lettre du chevalier d'Avenel.

— Le conseil est levé, répondit l'huissier ; mais donnez-moi cette lettre, Sa Grâce le régent recevra tout à l'heure le messager.

— Je dois la lui remettre en mains propres, répliqua Roland ; tels sont les ordres que j'ai reçus de mon maître.

L'huissier le toisa de la tête aux pieds d'un air surpris de sa hardiesse, et lui dit d'un ton aigre : — Oui-dà, mon jeune maître! tu chantes bien haut pour un si jeune coq, et pour un coq de village surtout.

— Si nous étions en temps et lieu convenables, répondit Roland, je te ferais voir que je sais faire autre chose que chanter. Mais fais ton devoir, et va dire à ton maître que j'attends ses ordres.

— Mon devoir! répéta l'huissier offensé : tu es bien insolent de me parler de mon devoir ; mais je trouverai l'occasion de t'apprendre le tien. En attendant, reste là jusqu'à ce qu'on ait besoin de toi. Et à ces mots il ferma la porte sans lui permettre d'entrer.

Michel L'aile-au-vent, qui pendant cette altercation s'était éloigné de son jeune compagnon, suivant l'usage des courtisans de toutes les classes et de tous les siècles, reprit alors assez de hardiesse pour se rapprocher de lui. — Vous êtes un jeune homme d'espérance, lui dit-il ; et mon vieil ami avait raison de vouloir vous déposer en lieu sûr. Vous n'êtes à la cour que depuis cinq minutes, et vous avez si bien employé votre temps que vous vous êtes fait un ennemi mortel de l'huissier de la chambre du conseil. Autant aurait valu offenser le sommelier en second.

— Peu m'importe qui il est. J'apprendrai à ceux à qui je parle à me répondre avec civilité. Je ne suis pas venu d'Avenel pour me laisser insulter à Holyrood.

— Bravo, jeune homme, bravo! voilà de bonnes dispositions, si vous pouvez les maintenir. Mais silence! voilà la porte qui s'ouvre.

L'huissier, reparaissant alors, dit d'un ton et d'un air plus civils que Sa Grace le régent désirait voir sur-le-champ le messager du chevalier d'Avenel ; et en conséquence, précédant Roland, il le conduisit dans la salle où le conseil venait de se tenir. On y voyait une grande table en chêne, entourée de chaises du même bois, et au haut bout de laquelle était un grand fauteuil couvert de velours cramoisi. Des plumes, des écritoires et divers papiers y étaient placés dans une sorte de désordre. Deux conseillers privés, qui étaient restés après les autres, prenant leurs toques et leurs épées, saluèrent respectueusement le comte de Murray, et se retirèrent par une porte située en face de celle par où le page venait d'entrer. Le régent venait sans doute de dire quelque bon mot; car la physionomie des deux hommes d'état avait cet air riant que ne manque jamais de prendre un courtisan quand son maître daigne plaisanter en sa présence.

Le régent lui-même riait de bon cœur, et leur dit : — Adieu, milords, et ne manquez pas de me rappeler au souvenir du coq du nord.

Il se tourna alors vers Roland, et toutes les traces de sa gaîté réelle ou factice disparurent de son visage aussi promptement qu'on voit s'effacer sur la surface des eaux d'un lac le cercle qu'y trace la pierre qu'un passant y a jetée. En moins d'un instant ses traits reprirent leur expression naturelle, grave, sérieuse et même mélancolique.

Cet homme d'état distingué, car ses plus grands ennemis ne lui refusaient pas ce titre, possédait les plus nobles qualités aussi bien que cet air de dignité qui sied au pouvoir dont il était revêtu ; et s'il eût succédé au trône en qualité d'héritier légitime, il est probable qu'il aurait figuré dans l'histoire comme un des plus grands rois d'Écosse. Mais la déposition et l'emprisonnement de sa sœur et de sa bienfaitrice sont des crimes qui ne sauraient être excusés que par ceux aux yeux de qui l'ambition peut justifier l'ingratitude. Il portait un pourpoint de velours noir, taillé à la mode de Flandre, et un chapeau à haute forme retroussé d'un côté par une agrafe en brillans qui était son seul ornement. Il avait un poignard à sa ceinture, et son épée était placée sur la table.

Tel était le personnage devant lequel Roland Græme se trouvait en ce moment avec un sentiment de crainte respectueuse bien différent de sa hardiesse et de sa vivacité ordinaires. Dans le fait, la nature et l'éducation lui avaient donné de l'assurance; mais il n'était nullement impudent, et la supériorité morale des talens et de la gloire lui en imposait plus qu'une prétention fondée sur le rang ou la richesse. Il aurait bravé sans la moindre émotion la présence d'un comte qui n'aurait eu d'autre distinction que sa ceinture et sa couronne; mais il en éprouvait une profonde en se voyant devant un illustre guerrier, un homme d'état célèbre, gouvernant une nation, et chef de ses armées. Les hommes les plus grands et les plus sages sont flattés du respect que leur témoigne la jeunesse. Murray prit d'un air gracieux la lettre que lui offrait le page, et répondit avec complaisance à quelques mots que Roland balbutia en rougissant pour lui présenter les hommages du chevalier d'Avenel. Il s'arrêta même un instant avant de rompre le fil de soie qui servait de cachet à la lettre, pour lui demander son nom, tant il était frappé de ses traits agréables et de sa tournure.

— Roland Græme, dit-il en répétant les paroles que le page venait de prononcer avec embarras; quoi! êtes-vous de la famille des Graham du comté de Lennox?

— Non, milord, répondit Roland; mes parens demeuraient sur le territoire contesté.

Murray, sans lui faire d'autres questions, se mit à lire ses dépêches. Pendant cette lecture son front prit une expression de mécontentement, comme s'il eût appris quelque chose qui lui causait de la surprise et du déplaisir. Il s'assit en fronçant le sourcil, lut la lettre deux fois et garda le silence quelques minutes; quand il leva les yeux, ses regards rencontrèrent ceux de l'huissier, qui étaient fixés sur lui avec cet air d'observation attentive qui cherche à pénétrer ce qui se passe dans le fond de l'ame; l'huissier, se voyant surpris par le régent, chercha à donner à sa physionomie cette expression insignifiante qui semble tout voir sans rien remarquer, expression dont on peut recommander l'usage à tous ceux qui, quel que soit leur grade, sont admis près des grands dans les momens où ils croient pouvoir se dispenser de se tenir sur leurs gardes. Les grands hommes sont aussi jaloux de leurs pensées que la femme du roi Candaule était jalouse de ses charmes, et ne sont pas moins disposés à punir ceux qui, même involontairement, ont surpris leur esprit dans son déshabillé, si l'on veut bien permettre cette expression.

— Sortez, Hyndman, lui dit le régent d'un ton sévère, et portez ailleurs vos talens d'observation. Vous êtes trop connaisseur pour le poste que vous remplissez ; il ne convient qu'à des hommes qui n'ont pas votre intelligence supérieure. Fort bien maintenant, vous avez l'air d'un sot ; tâchez de le garder, et cela pourra vous conserver votre place. Retirez-vous.

Hyndman partit, confus et déconcerté ; et parmi les causes de la haine qu'il avait déjà vouée à Roland, il n'oublia pas que celui-ci avait été témoin de la réprimande qu'il venait de recevoir.

Dès qu'il fut sorti, le comte de Murray s'adressa de nouveau à Roland : — Vous m'avez dit que vous vous nommiez Armstrong, je crois ?

— Non, milord, je me nomme Roland Græme. Mes parens portaient le surnom d'Heathergill, et demeuraient sur le territoire contesté.

— Oui, oui, je savais que c'était un nom du territoire contesté. Avez-vous quelques connaissances à Édimbourg ?

— Je n'y suis arrivé que depuis une heure, milord, répondit Roland, qui aima mieux éluder cette question que d'y répondre directement, et qui crut qu'il était prudent de ne point parler de son aventure avec lord Seyton. — C'est la première fois de ma vie que je suis venu dans cette ville.

— Comment ! et vous êtes page de sir Halbert Glendinning ?

— Page de lady Avenel, milord, et il n'y a que trois jours

que j'ai quitté son château pour la première fois depuis que j'y étais entré, c'est-à-dire depuis mon enfance.

—Un page de dame, dit le régent à demi-voix, comme se parlant à lui-même : il est étrange qu'il m'envoie le page de sa femme pour une affaire d'une si haute importance. Morton dira que cela est tout d'une pièce avec la nomination de son frère à la place d'abbé ; et cependant un jeune homme sans expérience n'en est peut-être que plus convenable à mes vues. Eh! qu'avez-vous appris au service de lady Avenel?

—A chasser, milord, à...

—A chasser le lapin et la belette, dit le comte de Murray en souriant ; car telle est la chasse dont s'occupent les dames.

—A chasser le daim et le cerf, milord, répondit Roland, qui sentit le feu lui monter au visage à ce sarcasme ; mais peut-être ces animaux s'appellent-ils à Édimbourg des lapins et des belettes. J'ai appris aussi à manier ce que nous appelons sur nos frontières la lance et l'épée, et qu'on nomme peut-être ici des joncs et des roseaux.

—Tu parles avec bien de la hardiesse, dit le régent ; mais je te le pardonne en faveur de ta franchise. Tu connais donc le devoir d'un homme d'armes?

—Autant que la théorie peut l'apprendre à qui n'a point encore combattu, milord ; car notre maître ne permettait jamais aux gens de sa maison de faire des excursions, et je n'ai jamais eu la bonne fortune d'assister à une bataille rangée.

—La bonne fortune! répéta le régent avec un sourire amer : crois-moi, jeune homme, la guerre est le seul jeu où les deux partis se trouvent en perte quand il est fini.

—Pas toujours, milord, dit le page qui avait retrouvé son audace ordinaire, si la renommée n'est pas trompeuse.

—Que veux-tu dire? dit le régent, dont le visage s'anima à son tour, et qui soupçonnait Roland de vouloir faire allusion au rang suprême auquel les guerres civiles l'avaient élevé lui-même.

— Je veux dire, milord, répondit Roland sans changer de ton, que celui qui combat vaillamment trouve de la gloire pendant sa vie, ou de l'honneur après sa mort, et j'en conclus que la guerre est un jeu où aucune des parties ne peut perdre.

Le régent sourit, et secoua la tête. En ce moment la porte s'ouvrit, et le comte de Morton se présenta.

— Je viens à la hâte, dit-il, et j'entre sans me faire annoncer, parce que je vous apporte des nouvelles importantes. Comme je vous le disais, Édouard Glendinning a été nommé abbé de Sainte-Marie, et...

— Silence! milord, répondit le régent; je le sais, mais...

— Mais peut-être vous le saviez avant moi, milord, dit Morton, dont le sourcil rouge et épais semblait se hérisser sur son front.

— Morton, s'écria Murray, ne me soupçonnez point; respectez mon honneur. J'ai eu assez à souffrir des calomnies de mes ennemis, pour que mes amis m'épargnent leurs injustes soupçons. Nous ne sommes pas seuls, ajouta-t-il en se rappelant le page, sans quoi je vous en dirais davantage.

Il conduisit le comte de Morton dans une des embrasures profondes des fenêtres, où l'on pouvait aisément s'entretenir sans être entendu. Roland les y vit entrer en conversation d'un air très animé. Murray semblait grave et sérieux, Morton jaloux et offensé; mais à mesure que la conversation avançait, le front du dernier parut reprendre plus de sérénité.

Lorsque l'entretien se fut animé, ils parlèrent plus haut, ayant peut-être oublié qu'il se trouvait un tiers dans la salle, ce qui était d'autant plus facile, que de la place qu'ils avaient choisie pour leur conférence, ils ne pouvaient l'apercevoir; de sorte que Roland se trouva forcé d'entendre leur conversation plus qu'il ne s'en serait soucié; car, tout page qu'il était, une curiosité basse n'avait jamais été un défaut qu'on pût lui reprocher; et malgré l'audace de son caractère, il ne pouvait s'empêcher de penser qu'il y avait quelque péril à entendre l'entretien secret de deux hommes puissans et redoutés. Cependant il ne pouvait ni se boucher les oreilles, ni se retirer sans en avoir reçu l'ordre; et tandis qu'il réfléchissait sur le moyen à employer pour leur rappeler qu'il était là, il avait déjà entendu tant de choses qu'il aurait été maladroit, et peut-être encore plus dangereux de se montrer à eux tout à coup, au lieu d'attendre tranquillement la fin de leur conférence. Ce qu'il avait entendu n'était pourtant qu'une partie de leur conversation: un politique plus habile et mieux informé des événemens du temps en aurait sans peine compris le sens; mais Roland ne put faire que des conjectures générales et fort vagues sur le sujet de leurs discours.

— Tout est prêt, dit Murray, et Lindesay va partir; il ne faut pas qu'elle hésite plus long-temps. Vous voyez que je suis vos conseils, et que je m'endurcis contre toute autre considération.

— Il est vrai, milord, dit Morton, que quand il s'agit de marcher au pouvoir, vous n'hésitez pas et vous allez droit au but; mais quand vous êtes maître de la citadelle, prenez-vous les mêmes soins pour vous y défendre et vous y maintenir? Pourquoi ce nombre de domestiques autour d'elle? Votre mère n'a-t-elle pas une maison assez nombreuse pour qu'elle puisse servir à toutes deux, sans que vous y ajoutiez une suite inutile et qui peut être dangereuse?

— Fi, Morton, fi! une princesse! ma sœur! Puis-je faire moins que de lui assurer les honneurs qui lui sont dus?

— Oui, c'est ainsi que partent toutes vos flèches: elles sont décochées avec force, dirigées avec adresse; mais toujours quelque considération les rencontre en chemin comme un vent contraire, et les empêche d'atteindre au but.

— *Ne parlez pas ainsi*, Morton; que n'ai-je pas osé ? que n'ai-je pas fait ?

— Vous avez fait assez pour acquérir, mais pas assez pour conserver. Ne croyez pas qu'elle pense et qu'elle agisse de même. Vous l'avez profondément blessée dans son orgueil et dans son pouvoir. C'est en vain que vous voudriez maintenant guérir cette blessure en y versant quelque baume, la chose est impossible. Au point où vous êtes arrivé, il faut perdre le titre de frère affectionné pour acquérir celui d'homme d'état habile et résolu.

— Morton ! s'écria Murray avec quelque impatience, je ne puis souffrir ces reproches; ce que j'ai fait est fait; ce qui me reste à faire je le ferai; mais je n'ai pas, comme vous, une ame de bronze; je ne puis oublier... mais il suffit ! J'exécuterai ce que j'ai résolu.

— Et je garantis, dit Morton, que le choix de ces consolations domestiques tombera sur...

Ici il baissa la voix pour prononcer quelques noms qui échappèrent aux oreilles de Roland. Murray lui répondit sur le même ton, mais cependant assez haut pour que le page entendît ces derniers mots : — Et je suis sûr de lui, parce qu'il m'est recommandé par Glendinning.

— C'est une recommandation dans laquelle vous devez prendre beaucoup de confiance, d'après la conduite qu'il vient de tenir à l'abbaye de Sainte-Marie. Vous êtes instruit de l'élection de son frère? Sir Halbert votre favori, lord Murray, n'est pas moins sensible que vous à l'affection fraternelle.

— De par le ciel ! Morton, ce sarcasme mériterait une réponse sévère; cependant je vous pardonne, parce qu'il s'agit aussi des intérêts de votre frère. Au surplus, cette élection sera annulée. Mais je dois vous dire, comte de Morton, que tant que je tiendrai le glaive de l'état au nom du roi mon neveu, ni lords ni chevaliers, en Écosse, ne résisteront à mon autorité. Si je souffre les insultes de mes amis, c'est parce que je les connais pour tels, et je pardonne leur hardiesse en considération de leur fidélité.

Morton murmura quelques mots qui semblaient être des excuses. Le régent lui répondit d'un ton plus doux, et ajouta : — D'ailleurs, indépendamment de la recommandation de Glendinning, j'ai un gage de la fidélité de ce jeune homme : sa plus proche parente s'est livrée entre mes mains pour me garantir son zèle, et consent à être traitée comme il le méritera par sa conduite.

— C'est quelque chose, répondit Morton ; mais, par intérêt et par amitié pour vous, je vous conseille de vous tenir sur vos gardes. Nos ennemis se mettent de nouveau en mouvement, comme les mouches et les hannetons après l'orage. George Seyton était ce matin dans les rues, suivi d'une vingtaine d'hommes, et il a eu une querelle avec mes amis les Leslie. Ils se sont rencontrés dans Canongate, se sont bravement battus, et les Leslie avaient le dessus, quand le prévôt est arrivé avec ses gardes, qui les ont séparés avec leurs hallebardes, comme s'il se fût agi d'un combat de chiens contre un ours.

— Le prévôt n'a fait qu'exécuter mes ordres. Quelqu'un a-t-il été blessé?

— George Seyton lui-même a été blessé par Black Ralph Leslie. Que le diable emporte la rapière qui ne l'a pas percé de part en part! Mais Ralph a eu aussi la tête presque fendue par un jeune page que personne ne connaît. Dick Seyton de Windigowl a eu le bras percé, et le sang de deux des Leslie a coulé aussi. C'est là tout ce qui mérite attention. Un vassal ou deux de côté et d'autre ont mordu la poussière; des servantes d'auberge, qui seules risquent de perdre quelque chose dans cette bataille, ont emporté ces drôles, en leur chantant le *coronach* des ivrognes.

— Vous parlez de cette affaire bien légèrement, Douglas, dit le régent au comte de Morton. De telles querelles, de telles voies de fait seraient une honte pour la capitale du

Grand-Turc : qu'en faut-il dire quand elles ont lieu dans un pays chrétien, dans un état réformé? Mais si je vis, de pareils abus ne seront pas de longue durée. Quand on lira mon histoire, je veux qu'on dise que si je me suis élevé au pouvoir en détrônant ma sœur, du moins, quand j'en ai été revêtu, je m'en suis servi pour le bien public.

— Et pour celui de vos amis, ajouta Morton : c'est pourquoi je me flatte que vous allez donner à l'instant des ordres pour annuler l'élection de cet abbé postiche, Édouard Glendinning.

— Vous serez satisfait sur-le-champ, répondit Murray; et sortant de l'embrasure de la croisée : Holà, Hyndman! s'écria-t-il. Mais ses yeux tombant en même temps sur Roland Græme : — Sur ma foi, Douglas, lui dit-il en se tournant vers son ami, nous avons été trois à tenir conseil !

— Et comme un secret n'est sûr qu'entre deux, ajouta Morton, il faut disposer de ce gaillard.

— Fi donc, Morton! un enfant! un orphelin! Approche, jeune homme: tu m'as donné la liste de tes talens; as-tu celui de dire la vérité?

— Quand elle peut m'être utile, milord, répondit Græme.

— Elle te sera utile, dit le régent; car le moindre mensonge te perdrait. Qu'as-tu entendu et compris de notre conversation?

— Fort peu de chose, milord, répondit Roland sans se déconcerter, si ce n'est qu'il m'a semblé qu'on paraissait révoquer en doute la loyauté du chevalier d'Avenel, sous le toit duquel j'ai été élevé.

— Et qu'as-tu à dire à ce sujet? lui demanda Murray, en fixant sur lui des yeux perçans qui semblaient vouloir lire ses pensées les plus secrètes.

— Cela dépendrait de la qualité de ceux qui parleraient contre l'honneur du baron dont j'ai si long-temps mangé le pain : s'ils étaient mes inférieurs je dirais qu'ils en ont menti, et je les en punirais avec le bâton ; s'ils étaient mes égaux, je dirais encore qu'ils en ont menti, et je leur offrirais le combat à l'épée ; s'ils étaient mes supérieurs.... A ces mots, il s'arrêta.

— Parle, jeune homme, parle sans crainte, dit le régent. Que ferais-tu dans ce dernier cas?

— Je dirais qu'il est mal d'accuser un homme absent, et que mon maître est en état de rendre compte de toutes ses actions à quiconque osera le lui demander bravement face à face.

— Et ce serait bravement parler, dit Murray. Qu'en dites-vous, Morton?

— Je dis que si ce jeune gaillard ressemble autant à un de nos anciens amis par l'astuce de son caractère qu'il lui ressemble par le front et les yeux, il peut y avoir une grande différence entre ce qu'il pense et ce qu'il dit.

— Et à qui trouvez-vous qu'il ressemble tellement?

— A Julien Avenel, à ce parfait modèle de loyauté.

— Mais ce jeune homme est né dans le territoire contesté.

— Qu'importe! Julien y a fait plus d'une excursion ; et il était fin chasseur quand il poursuivait une biche.

— Fadaises! dit le régent, fadaises! Holà, Hyndman! Avancez, seigneur de la curiosité, et reconduisez ce jeune homme à son compagnon; et ayez soin tous deux, dit-il à Roland, de vous tenir prêts à vous mettre en route au premier signal. Et à ces mots il lui fit signe d'un air gracieux de se retirer.

CHAPITRE XIX.

> « C'est cela !...... mais non.... si... c'est ce que je cherchais;
> « C'est ce que chaque jour au ciel je demandais.
> « Je ne sais cependant ce que je dois en croire.
> « Serais-je le jouet d'un prestige illusoire ?
> « Sur le verre trompeur que l'art a su polir,
> « On croit voir les objets se mouvoir, s'arrondir. »
> *Ancienne comédie.*

L'Huissier, dont l'apparente gravité dissimulait mal sa rancune jalouse, conduisit Roland Græme dans une pièce du rez-de-chaussée où il trouva son compagnon le fauconnier. L'homme en place leur annonça en peu de mots que cette chambre serait leur résidence, jusqu'à ce qu'il plût à Sa Grace de leur signifier ses ordres ultérieurs, et qu'ils devraient se rendre à telle heure à la paneterie, au cellier, à l'office et à la cuisine, pour y recevoir leurs rations de vivres. Ces instructions furent aisément comprises par Adam Woodcock, qui avait déjà fait plus d'un voyage à la cour. — Quant à votre coucher, ajouta l'huissier, vous irez à l'hôtel de Saint-Michel ; le palais est en ce moment rempli par les gens à la suite de la première noblesse d'Écosse.

Dès qu'il fut parti : — Allons, monsieur Roland, s'écria

le fauconnier avec toute l'ardeur d'une vive curiosité, allons, des nouvelles, des nouvelles; déboutonnez-vous et contez-moi tout ce qui s'est passé. Que vous a dit le régent? A-t-il demandé Adam Woodcock? Nos comptes sont-ils soldés, ou reste-t-il quelque chose à payer pour l'abbé de la Déraison?

— Tout va bien de ce côté, Adam; et quant au reste... Et pourquoi avez-vous retiré la chaîne et le médaillon de ma toque?

— Il était temps de le faire. Ce coquin d'huissier à face de vinaigre commençait à demander quels brimborions papistes vous portiez là. Par la Saint-Hubert! il aurait volontiers confisqué le métal par scrupule de conscience, comme cette autre babiole que mistress Lilias a trouvée dans une de vos poches à Avenel, qu'elle a fait fondre et qu'elle porte maintenant à ses pieds sous la forme de boucles. Voilà ce que c'est aussi que de vous charger de reliques papistes.

— La coquine! s'écria Roland; a-t-elle fondu mon rosaire afin d'en faire des boucles pour ses vilains pieds? Cet ornementleur siéra aussi bien qu'aux sabots d'une vache. Qu'elle les garde, au surplus: j'ai joué plus d'un tour à la vieille Lilias, faute d'avoir rien de mieux à faire, et les boucles lui serviront de souvenir. Vous rappelez-vous le verjus que je mis dans les confitures le jour qu'elle devait déjeuner avec le vieux Wingate, aux fêtes de Pâques?

— Si je me le rappelle, monsieur Roland? Oui, oui. Le majordome eut la bouche tordue comme un bec de faucon pendant vingt-quatre heures; et tout autre page que vous aurait reçu une fameuse discipline dans la loge du portier. Mais les bonnes graces de milady étaient un mur qui s'élevait toujours entre votre peau et la verge: Dieu veuille que vous n'ayez pas à vous repentir de la protection qu'elle vous a accordée en pareilles occasions!

— Au moins j'en serai toujours reconnaissant, Adam, et je vous remercie de m'en avoir rappelé le souvenir.

— Tout cela est bon, mon jeune maître; mais les nouvelles! dites-moi les nouvelles! Qu'allons-nous devenir? Que vous a dit le régent?

— Rien que je doive répéter, Adam, répondit le page en secouant la tête.

— Oh! oh! s'écria le fauconnier; une heure passée à la cour donne-t-elle déjà tant de prudence? Vous avez fait bien des choses en peu de temps, monsieur Roland! Vous vous êtes battu, et vous avez gagné une chaîne d'or; vous vous êtes fait un ennemi de monsieur l'huissier avec ses jambes comme deux perchoirs de faucons; vous avez eu audience du premier homme de l'état, et vous êtes devenu mystérieux comme si vous aviez vécu à la cour depuis l'instant de votre naissance. Je crois, sur mon ame, que vous auriez pu courir avec la coquille sur la tête, comme les jeunes courlis que nous poursuivions dans les environs de Sainte-Marie; et plût à Dieu que nous y fussions encore! Mais asseyez-vous, monsieur Roland; Adam Woodcock n'a jamais été homme à vouloir connaître les secrets des autres. Mais asseyez-vous donc, et j'irai chercher les vivres; je connais depuis long-temps le sommelier et le panetier.

Le bon fauconnier partit alors pour s'occuper de cette affaire importante; et pendant son absence Roland Græme se livra à ses réflexions sur les événemens étranges et compliqués de cette journée. Deux jours auparavant il était inconnu, ignoré, errant à la suite d'une vieille parente dont il ne croyait pas lui-même le jugement bien sain; et maintenant il était devenu, sans savoir ni comment, ni pourquoi, ni jusqu'à quel point, le confident de quelque important secret d'état qui intéressait personnellement le régent lui-même. Il était bien vrai qu'il ne comprenait qu'imparfaitement en quoi consistait ce secret dont on l'avait, sans le vouloir, rendu le confident involontaire; mais il n'en trouvait sa situation que plus intéressante. Il éprouvait la même sensation qu'un homme qui contemple pour la première fois un paysage pittoresque qu'un brouillard ne lui permet de découvrir que partiellement : les rochers, les arbres et tout ce qui l'entoure reçoit une nouvelle majesté de la force de l'imagination, qui creuse des précipices sans fond, et qui élève les montagnes jusqu'au-dessus des nuages.

Mais il est rare que les hommes, surtout à l'âge de bon appétit qui précède vingt ans, se laissent assez absorber par des sujets réels ou de simple conjecture pour oublier l'heure à laquelle les besoins du corps réclament à leur tour quelques instans d'attention. Aussi notre héros, si nos lecteurs consentent à lui accorder ce titre, ne fut-il nullement fâché de voir reparaître son ami Woodcock portant sur un plat de bois une succulente portion de bœuf rôti, et sur un autre une ration non moins abondante de cette espèce de légumes qu'on nomme en Écosse *lang-kaile*[1]. Un domestique l'accompagnait, chargé d'un énorme pot de bière, de pain, de sel, et de tous les accessoires pour le dîner.

Quand ils eurent placé sur la table tout ce qu'ils venaient d'apporter, et que le domestique se fut retiré, le fauconnier dit en soupirant que depuis qu'il fréquentait la cour, il trouvait que la vie y devenait plus dure de jour en jour pour les pauvres gens de la suite des grands seigneurs. Il fallait se faire jour à coups de coudes pour entrer dans la cuisine, et la plupart ne pouvaient y obtenir que des réponses bourrues et quelques os décharnés. C'était encore pis à la porte du cellier : il fallait littéralement se battre pour y pénétrer, et encore n'y recevait-on plus que de la petite bière au lieu de l'ale qui s'y distribuait autrefois. — Malgré cela, ajouta-t-il en voyant que Roland avait déjà fait une brèche considérable aux provisions, je crois qu'au lieu de regretter le passé, il vaut mieux profiter du présent, et prendre le temps comme il vient, pour ne pas perdre des deux côtés.

A ces mots, Adam approcha une chaise de la table, et

---

(1) Choux bouillis sans sauce. — Éd.

tirant son couteau de sa gaîne, car chacun alors était muni de ce premier instrument des festins, il imita l'exemple de son jeune compagnon, qui avait oublié son inquiétude sur l'avenir pour satisfaire un appétit aiguisé par la jeunesse, l'exercice et l'abstinence de tout un jour.

Quoique leur repas fût très frugal, ils n'en dînèrent pas moins de bon appétit aux dépens du roi ; et Adam Woodcock, malgré la critique qu'il avait faite de la bière de ménage du palais, en avait vidé quatre grandes rasades avant de se rappeler qu'il s'était permis d'en médire. S'étalant ensuite avec volupté dans un grand fauteuil, étendant la jambe droite et croisant l'autre par-dessus avec un air de joyeuse indolence, il rappela à son jeune compagnon qu'il n'avait pas entendu tous les couplets de la ballade composée pour la fête de l'abbé de la Déraison ; et là-dessus il se mit à entonner :

> Voulant nous faire la loi
> Le pape est un bon apôtre...

Roland qui, comme on doit le supposer, n'avait nul plaisir à entendre tourner en ridicule ce qui était pour lui un objet de vénération, prit brusquement son manteau et le jeta sur ses épaules, action qui fit aussitôt cesser la chanson du fauconnier.

— Mais où diable allez-vous encore courir ? s'écria-t-il ; est-il donc impossible que vous restiez une heure en place ? Il faut que vous ayez du vif-argent dans les veines. Vous ne pouvez pas plus goûter l'agrément d'une compagnie tranquille et sensée, qu'un faucon déchaperonné ne pourrait rester sur mon poing.

— S'il faut vous le dire, Adam, répondit le page, j'ai dessein d'aller faire une promenade pour voir cette belle ville. Autant vaudrait encore être enfermé dans un château au milieu d'un lac, que de demeurer ici toute la soirée entre quatre murailles, pour écouter de vieilles ballades.

— Vieilles! répéta Adam. A quoi pensez-vous donc, monsieur Roland? Elle est toute nouvelle, et jamais ballade n'eut un plus joyeux refrain.

— Cela est possible, dit Roland; mais je l'entendrai quelque autre jour, quand la pluie battra contre les croisées, et qu'il n'y aura dans le voisinage ni trépignement de coursiers, ni son d'éperons, ni panaches flottans, pour détourner mon attention : quant à présent, j'entre dans le monde, et il faut que je satisfasse ma curiosité.

— Mais je réponds de vous, s'écria le fauconnier, et vous ne ferez pas une enjambée sans moi, jusqu'à ce que le régent vous ait reçu de mes mains sain et sauf. Si vous le voulez, nous pouvons aller à l'hôtel de Saint-Michel, et vous y verrez le monde, mais par la fenêtre, entendez-vous; s'il s'agit de courir les rues pour chercher des Seyton et des Leslie, et faire faire une douzaine de boutonnières à votre justaucorps avec une rapière ou un poignard, c'est ce que je n'entends pas, je vous en préviens.

— Eh bien! de tout mon cœur, dit le page, allons à l'hôtel de Saint-Michel. Ils sortirent donc du palais, après avoir rendu un compte exact de leurs noms et de leurs qualités aux sentinelles qui venaient de prendre leurs postes à la porte pour la soirée : celles-ci ouvrirent le guichet du grand portail, et le jeune page et son guide arrivèrent bientôt à l'hôtel ou auberge de Saint-Michel.

C'était un bâtiment considérable situé au fond d'une grande cour, donnant sur la principale rue d'Édimbourg, au bas de Calton-Hill. Cette auberge ressemblait à ces caravanserais de l'Orient, où les voyageurs ne trouvent que le couvert, et sont obligés de pourvoir à tous leurs besoins, plutôt qu'à nos hôtels modernes, où,

> Pourvu qu'il ait la bourse bien garnie,
> On peut toujours mener joyeuse vie.

Cependant le tumulte et la confusion qui régnaient en ce lieu destiné au service du public n'étaient pas sans intérêt pour les yeux de Roland. Lui et son compagnon cherchèrent le chemin de la grande salle ; car ni hôte ni garçon ne se présentèrent pour le leur montrer. Elle était remplie de voyageurs et d'habitans de la ville, qui entraient et sortaient, saluant les uns, coudoyant les autres : ici l'on jouait, là on buvait, plus loin on chantait ; chaque groupe, sans faire attention aux autres, agissait comme si la salle lui eût été exclusivement destinée. Quel contraste avec l'ordre et la régularité qu'on maintenait toujours au château d'Avenel ! Dans un coin on plaisantait en poussant de grands éclats de rire ; dans un autre on se querellait avec bruit : mais chacun, ne songeant qu'à ce qui l'occupait, ne faisait aucune attention à ce qui se passait autour de lui.

Le fauconnier, traversant l'appartement, trouva une place vacante près de l'embrasure d'une croisée, et s'y étant assis avec son jeune compagnon, il demanda qu'on leur servît quelques rafraîchissemens. Après avoir employé toute la force de ses poumons pour répéter vingt fois cet ordre en criant, il parvint à obtenir d'un garçon un reste de chapon froid et la moitié d'une langue de bœuf, avec un flacon de vin soi-disant de France. Il demanda qu'on y ajoutât un pot de brandevin. — Il faut que nous fassions ce soir une petite débauche, monsieur Roland, dit-il; et nargue du souci jusqu'à demain !

Mais il y avait trop peu de temps que Roland avait dîné pour faire honneur à ce nouveau repas, et il se sentait plus de curiosité que d'appétit. Regardant par la fenêtre qui donnait sur une grande cour entourée de remises et d'écuries, il suivait des yeux tout ce qui s'y passait ; tandis que Woodcock, après avoir comparé son compagnon aux oies du laird de Macfarlane, qui aimaient mieux jouer que manger, avait recours alternativement à la coupe et à la fourchette, chantant à demi-voix l'air de sa ballade, et battant la mesure d'une main sur la petite table ronde devant laquelle il était assis. Il était souvent interrompu dans cet exercice par les exclamations qui échappaient à Roland quand celui-ci voyait dans la cour quelque chose qui pût l'intéresser.

La scène y était aussi bruyante que variée ; car une grande partie de la noblesse d'Écosse se trouvant alors à Édimbourg, les gens de leur suite, leurs chevaux et leurs équipages remplissaient toutes les auberges de cette ville. On y voyait quelques douzaines de valets étrillant les chevaux de leurs maîtres, sifflant, chantant, riant, et se lançant les uns aux autres des sarcasmes dans un style que le ton de décence qu'on exigeait des domestiques au château d'Avenel rendait fort étranges aux oreilles du jeune page ; des écuyers nettoyaient leurs armes et celles de leurs seigneurs ; un ouvrier assis dans un coin peignait des bois de lances en jaune et en vermillon ; des piqueurs conduisaient en laisse des chiens de chasse de noble race muselés avec soin, crainte d'accidens : tous allaient, venaient, se mêlaient ensemble, se séparaient sous les yeux enchantés de Roland, dont l'imagination avait peine à concevoir que des objets qu'il connaissait si bien pussent offrir un tableau si varié et si amusant pour lui. Aussi interrompait-il à chaque instant les rêveries tranquilles de l'honnête Woodcock, qui cherchait peut-être à ajouter quelque nouveau couplet à sa ballade.

— Voyez, Adam, s'écriait-il, voyez ce cheval bai ! par saint Antoine, quel beau poitrail ! et cette belle jument pie, que ce drôle en gilet gris étrille aussi maladroitement que s'il n'avait jamais touché qu'une vache ! Je voudrais être près de lui pour lui apprendre son métier. Mais regardez donc la noble armure de Milan que cet écuyer s'occupe à frotter : ce n'est qu'argent et acier, comme l'armure de parade du chevalier d'Avenel, dont le vieux Wingate fait tant de cas. Et voyez-vous cette jolie laitière qui traverse la cour avec ses deux seaux pleins de lait ? elle a l'air d'avoir bien chaud : il faut que la laiterie ne soit pas très voisine ; ne la voyez-vous pas avec son corset rouge, comme votre favorite Cisly Sunderland !

— Par mon chaperon, monsieur Roland, il est bien

heureux que vous ayez été en lieu de grace. Même au château d'Avenel, vous étiez bien assez éveillé ; mais si vous aviez vécu dans le voisinage de la cour, vous seriez le plus grand vaurien de page. Fasse le ciel que tout cela finisse bien ! Et il se remit à chanter entre ses dents l'air de sa ballade.

— Finissez donc de jouer du tambour sur la table, et de m'ennuyer de vos fredons, Woodcock ; approchez-vous de la fenêtre, avant d'avoir laissé votre raison au fond de ce pot de brandevin. Voyez ce joyeux ménestrel qui vient d'entrer dans la cour avec une danseuse qui a des sonnettes autour des chevilles : tenez, tenez, tout le monde s'attroupe autour d'eux pour entendre la musique ; cela est bien naturel. Venez, Adam, venez, allons les entendre de plus près.

— Je consens à passer pour une buse, pour un autour, si je change de place pour eux. A quoi pensez vous donc, monsieur Roland ? Si vous aimez la musique, il ne tient qu'à vous d'en entendre de bonne sans aller si loin, mais vous ne voulez pas m'écouter.

— Mais la jeune fille au corset rouge y va aussi, Adam. En vérité, on va danser. Le gilet gris a envie de danser avec le corset rouge ; mais le corset rouge ne paraît pas s'en soucier.

Tout à coup, changeant son ton de légèreté en une exclamation de surprise et d'intérêt, il s'écria : Reine du ciel ! qu'est-ce que je vois ! et il garda ensuite le silence.

Le sage Adam Woodcock, qui tout en affectant de mépriser les observations du page y trouvait une sorte d'amusement, désira enfin rendre à la langue de son jeune compagnon sa première élasticité, dans l'espoir de pouvoir lui expliquer ce qui semblait lui causer de l'étonnement, et lui prouver par-là combien la connaissance qu'il avait de la cour lui donnait de supériorité.

— Eh bien donc ! monsieur Roland, lui dit-il, qu'est-ce

que vous avez vu qui vous fait perdre la parole tout à coup ?

Roland ne répondit rien.

— Je vous dis, monsieur Roland Græme, que dans mon pays il est de la politesse de répondre quand on vous parle.

Roland garda encore le silence.

— Il a le diable au corps! s'écria le fauconnier. Il faut qu'il ait avalé sa langue, et je crois que les yeux vont lui sortir de la tête.

Vidant à la hâte son gobelet, il se leva, et s'approcha de Roland dont les regards étaient toujours fixés sur la cour avec l'air du plus vif intérêt, quoiqu'il fût impossible à Adam Woodcock de distinguer au milieu de la scène animée qui s'y passait rien qui justifiât une attention si soutenue.

— Il faut qu'il soit devenu fou, pensa le fauconnier.

Roland avait pourtant de bonnes raisons pour être surpris, quoiqu'il ne jugeât pas à propos de les communiquer à son compagnon.

Les sons de la harpe du ménestrel avaient déjà attiré un cercle nombreux, quand Roland vit entrer dans la cour un nouveau personnage qui attira exclusivement toute son attention. C'était un jeune homme qui paraissait à peu près du même âge que lui, quoique de plus petite taille, et dont le costume et la tournure annonçaient qu'il suivait la même profession, car il avait l'air de malice et de prétention d'un page, et il était couvert de vêtemens élégans cachés en grande partie sous un grand manteau de pourpre. En arrivant il leva la tête du côté des croisées; et à son extrême surprise, sous sa toque de velours rouge surmontée d'une grande plume blanche, Roland reconnut des traits profondément gravés dans son souvenir, ces grands yeux bleus pleins d'esprit et de feu, ces sourcils bien arqués, ce nez qui se rapprochait de la forme aquiline, ces lèvres de rubis dont un sourire malin qu'elles semblaient chercher à supprimer était l'expression habituelle ; en un mot, la figure et la taille de Catherine Seyton sous des habits d'homme, et empruntant, de manière à tromper tous les yeux, l'air et la tournure d'un jeune page étourdi.

—Saint George et saint André! se disait-il à lui-même dans l'excès de sa surprise, vit-on jamais jeune fille si audacieuse! Elle semble pourtant un peu honteuse de cette mascarade, car elle a plus de couleurs que de coutume, et elle cherche à se cacher le visage sous son manteau. Mais, sainte Marie! comme elle fend la foule d'un pas aussi ferme et aussi hardi que si jamais elle n'avait porté le cotillon! Saints du paradis! elle lève sa houssine comme si elle voulait en frapper ceux qui lui bouchent le passage. Par l'ame de mon père! elle serait digne de servir de modèle à tous les pages. Eh bien! quoi? va-t-elle frapper tout de bon le gilet gris?

Il ne fut pas long-temps dans cette incertitude : le gilet gris dont il avait déjà parlé plusieurs fois se trouvant sur le chemin du page, et s'entêtant à garder sa place avec l'obstination ou la stupidité d'un paysan, la houssine lui fut appliquée sur les épaules de manière à lui faire faire un tour de côté, en se frottant la partie qui venait d'être caressée avec si peu de cérémonie. Le gilet gris lâcha deux ou trois juremens d'indignation, et Roland songeait déjà à courir dans la cour pour prêter main-forte à Catherine métamorphosée; mais il vit que le rustre n'avait pas les rieurs pour lui, et dans le fait il n'aurait pas eu beau jeu à cette époque à vouloir se frotter contre un justaucorps de velours brodé ; de sorte que le drôle, qui était un des domestiques de l'auberge, se remit à étriller sa jument pie au milieu des huées de tous les spectateurs, parmi lesquels se distinguait surtout le corset rouge, qui pour couronner la disgrace du gilet gris eut la cruauté d'accorder un sourire d'approbation à celui qui venait de le châtier; et s'approchant de celui-ci avec un air d'aisance que n'aurait pas eu une laitière de village, mais qui convenait à une servante de basse-cour dans une auberge de grande ville : — Mon jeune monsieur, lui dit-elle d'un ton gracieux, cherchez-vous quelqu'un ici, que vous paraissez si pressé?

— Oui vraiment, répondit le page ou le prétendu page : j'ai besoin de parler à un jeune étourneau ; cheveux noirs, yeux noirs, justaucorps vert, une branche de houx au bonnet, l'air d'un petit-maître de province. Je l'ai inutilement cherché dans toutes les allées et dans toutes les cours de Canongate. Que le diable puisse l'emporter!

— Quoi! comment! que veut-elle dire? s'écria en lui-même Roland, plus étonné que jamais.

— Je vais voir s'il serait chez nous, répondit la demoiselle de l'auberge.

— Si vous le trouvez, dit le page en la suivant, je vous donnerai un groat d'argent aujourd'hui, et un baiser dimanche, quand vous aurez un tablier blanc.

— Quoi donc! murmura encore le jeune Græme. En voici bien d'une autre! De plus fort en plus fort.

Presque au même instant la fille entra dans la salle, et y introduisit celui qui avait causé l'étonnement du jeune Græme.

Tandis que la vestale déguisée parcourait la salle de l'air le plus hardi, jetant des regards assurés sur les différens groupes qui s'y trouvaient, Roland, à qui ce qu'il venait d'entendre avait causé une sorte de confusion qu'il regardait comme indigne du caractère hardi et entreprenant auquel il aspirait, résolut de ne pas s'en laisser imposer par cette jeune fille si extraordinaire; de l'aborder avec un air si fin, si malin, si pénétrant, qu'il lui ferait voir qu'il la reconnaissait et qu'il était maître de son secret, et de la forcer à s'humilier devant lui, ou du moins à implorer sa discrétion par un regard.

Ce plan pouvait être fort bien imaginé ; mais tandis que Roland appelait à son secours ce regard malin, ce sourire dissimulé, cet air d'intelligence qui devaient assurer son triomphe, il rencontra le regard ferme et assuré de l'autre page *mâle ou femelle*, qui, en le reconnaissant pour être celui qu'il cherchait, l'aborda d'un air dégagé, et lui dit d'un ton familier : — Monsieur Branche-de-houx, je voudrais vous dire un mot.

La voix qui venait de prononcer ce peu de paroles était bien celle qu'il avait entendue au couvent de Sainte-Catherine, les traits qu'il avait sous les yeux lui paraissaient encore plus ressembler à Catherine Seyton que lorsqu'il les avait vus de loin dans la cour ; et cependant le sang-froid et le ton d'assurance avec lesquels parlait le prétendu page confondirent tellement toutes les idées de Roland, qu'il commença à douter du témoignage de ses sens. Le regard malin dont il voulait armer ses yeux fit place à une sorte de timidité honteuse, et le demi-sourire qu'il méditait ne fut plus que l'insignifiante grimace de quelqu'un qui rit pour cacher son embarras.

— Est-ce qu'on n'entend pas l'écossais dans votre pays, Branche-de-houx? reprit l'être indéfinissable : je vous ai dit que j'avais à vous parler.

— Quelle affaire avez-vous avec mon compagnon, mon jeune coq de bataille? dit Woodcock voulant venir au secours de son jeune ami, quoiqu'il ne comprît pas comment la présence d'esprit et la vivacité de Roland l'avaient abandonné tout à coup.

— C'est ce qui ne vous regarde pas, mon vieux coq du perchoir, répondit le page au justaucorps pourpre. Mêlez-vous de vos faucons. Je vois à votre sac et à votre gant que vous êtes garde du corps dans une compagnie d'oiseaux de proie.

Ces mots furent accompagnés d'un rire si franc et si naturel, qu'il rappela à Roland l'accès de gaîté auquel Catherine s'était livrée à ses dépens lors de leur première entrevue dans le couvent ; et ce ne fut pas sans peine qu'il retint

l'exclamation : — De par le ciel ! c'est Catherine Seyton ! Il réprima pourtant ce mouvement, et se contenta de lui dire :
— Il me semble, beau page, que nous ne sommes pas tout-à-fait étrangers l'un à l'autre.

— Si nous nous sommes jamais vus, c'est donc en rêve, et mes jours sont trop bien remplis pour que je me souvienne des songes de la nuit.

— Ou peut-être pour vous rappeler aujourd'hui ceux que vous avez vus, il n'y a que deux jours.

Le page au justaucorps pourpre le regarda à son tour d'un air surpris. Je ne comprends pas plus ce que vous voulez dire, s'écria-t-il, que le cheval qui me sert de monture. Si votre dessein est de me chercher querelle, parlez clairement ; vous me trouverez aussi disposé à vous répondre que qui que ce soit dans tout le Lothian.

— Quoiqu'il vous plaise de me parler comme à un étranger, dit Roland, vous devez assez me connaître pour savoir qu'il est impossible que j'aie la moindre envie d'avoir une querelle avec vous.

— Eh bien ! laissez-moi donc m'acquitter de ma commission et me débarrasser de vous. Suivez-moi par ici, que ce vieux gant de cuir ne puisse nous entendre.

A ces mots, il conduisit Roland vers la fenêtre d'où celui-ci l'avait vu entrer dans la cour, tourna le dos à la compagnie qui se trouvait dans la salle, et ayant regardé attentivement autour de lui pour voir si personne ne les observait, tira de dessous son manteau une épée à lame courte, dont la poignée d'argent doré était du travail le plus exquis, et dont le fourreau était orné de lames d'or. La présentant alors à Roland : — Je vous apporte cette arme, lui dit-il, de la part d'un ami qui vous l'offre, sous la condition solennelle que vous ne la tirerez du fourreau que lorsque vous en serez requis par votre souveraine légitime. On connaît votre caractère fougueux et la promptitude avec laquelle vous vous mêlez des querelles des autres.

C'est donc une pénitence qui vous est imposée par ceux qui ne veulent que votre bien, et dont la main influera sur votre destinée en bien ou en mal. Voilà ce que j'étais chargé de vous dire. Ainsi donc, si vous voulez me donner votre parole positive, me faire la promesse formelle que vous exécuterez la condition dont je viens de vous informer, cette épée est à vous. Si cela ne vous convient pas, je reporterai Caliburn[1] à ceux qui vous l'envoient.

— Et ne puis-je vous demander qui sont ceux qui veulent me faire un tel présent? dit Roland en admirant la beauté de l'arme qu'on lui présentait.

— Je ne suis pas chargé de répondre à cette question.

— Mais si quelqu'un m'insulte, m'attaque, ne puis-je me servir de cette épée pour me défendre?

— Non, pas de cette épée. N'avez-vous pas la vôtre? Eh! d'ailleurs, pourquoi portez-vous un poignard?

— Pour rien de bon, dit Adam Woodcock qui venait de s'approcher d'eux; et c'est ce dont je puis vous rendre témoignage aussi bien que qui que ce soit.

— Retire-toi, mon vieux, dit le page au justaucorps pourpre, tu as une face de curiosité qui s'attirera un soufflet si elle se fourre où elle n'a que faire.

— Un soufflet! mon jeune maître mal appris, dit Adam Woodcock tout en se retirant; prenez-y bien garde, car un soufflet serait suivi d'un autre.

— Un peu de patience, Adam, dit Roland Græme; maintenant, mon cher confrère, dit Roland, car il faut bien que je vous nomme ainsi, puisque vous ne voulez pas me permettre de vous donner un autre nom en ce moment, ne puis-je pas du moins tirer une fois cette épée de son fourreau, afin de voir si la lame en est aussi bonne que la poignée en est belle?

— Non certainement. Je ne dois vous la laisser que sous

---

(1) Nom de l'épée d'Arthur. Voyez *la Veillée de Saint-Jean*. — Éd.

la promesse formelle que dans aucun cas et sous quelque prétexte que ce puisse être, vous ne la tirerez du fourreau avant d'en recevoir l'ordre de votre souveraine légitime.

— Je me soumets à cette condition, dit Roland en prenant l'épée, et je reçois cette arme parce que votre main me la présente; mais si nous devons, comme je suis porté à le croire, coopérer ensemble à quelque grande entreprise, un peu plus de confiance et d'ouverture de votre part sera nécessaire pour donner à mon zèle l'impulsion convenable. Je ne vous presse pas davantage en ce moment, il suffit que vous me compreniez.

— Moi, je vous comprends! s'écria le page supposé ou véritable : pendez-moi si cela est vrai. Je vous vois me faisant des signes avec un air de mystère et d'intelligence, comme si quelque intrigue bien compliquée se tramait entre nous, tandis que voilà la première fois que nous nous voyons.

— Quoi! vous nierez que nous nous soyons déjà vus?

— Sans contredit, et devant toutes les cours de justice de la chrétienté.

— Et vous nierez sans doute aussi qu'il nous a été recommandé de bien étudier les traits l'un de l'autre, afin que, sous quelque déguisement que nous nous rencontrions, chacun de nous pût reconnaître en l'autre l'agent secret qui lui est associé dans une grande œuvre? Ne vous souvenez-vous pas que Magdeleine et dame Bridget.....

— Bridget! Magdeleine! répéta l'autre page en levant les épaules et en jetant sur lui un regard de compassion: ou vous rêvez ou vous êtes fou! Votre esprit voyage-t-il dans la lune? Croyez-moi, monsieur Branche-de-houx, prenez un bon chaudeau, mettez un bonnet de nuit de laine sur votre cerveau malade, et je prie Dieu qu'il soit plus sain demain à votre réveil.

Il le quittait après lui avoir fait des adieux si polis; mais comme il passait près de la table devant laquelle Adam Woodcock était encore assis, celui-ci l'arrêta en lui disant:

—Jeune homme, à présent que vos affaires sont finies, ne boirez-vous pas un verre de brandevin avec nous? Asseyez-vous, et écoutez une bonne chanson.

Et sans attendre sa réponse, il commença le premier couplet de sa fameuse ballade :

> Voulant nous faire la loi,
> Le pape est un bon apôtre....

Il est probable que le vin et l'eau-de-vie avaient produit quelque effet sur la tête du fauconnier, sans quoi il aurait sans doute réfléchi sur le danger de parler politique, ou de se permettre des plaisanteries d'un genre polémique dans une assemblée nombreuse composée de personnes dont on ne connaît ni les opinions ni les sentimens, et à une époque où tous les esprits étaient en fermentation.

Pour lui rendre justice, il reconnut son erreur, et s'arrêta tout court dès qu'il vit que le mot de pape avait interrompu la conversation des différens groupes qui se trouvaient assemblés; que les uns, se levant en fronçant le sourcil, portaient la main sur leurs armes, comme pour se préparer à prendre part à la querelle qu'ils prévoyaient, tandis que les autres, plus prudens et plus circonspects, se hâtaient de payer leur écot et se disposaient à partir avant que l'orage éclatât.

Et tout annonçait qu'il ne tarderait pas à éclater; car à peine le second vers chanté par le fauconnier avait-il frappé l'oreille du page au justaucorps pourpre, que levant sa houssine d'un air menaçant, il s'écria : — Quiconque ose parler du saint père devant moi avec irrévérence a reçu le jour d'une chienne d'hérétique, et je le traiterai comme un chien hargneux.

— Et moi je te briserai les os, jeune roquet, répondit Adam, si tu oses seulement me toucher du bout du doigt.

Et en même temps, comme pour braver les menaces du

jeune page, il recommença à chanter, d'une voix ferme et sonore :

> Voulant nous faire la loi,
> Le pape est un bon apôtre ;
> C'est un aveugle....

Mais il ne put aller plus loin ; car à peine avait-il prononcé ce dernier mot qu'un coup de houssine, qui lui fut appliqué à travers la figure par le page étranger, le priva de l'usage des yeux. Irrité du coup et de l'insulte, Adam, tout aveugle qu'il était lui-même momentanément, se serait précipité sur son insolent adversaire, si Roland, contre son caractère, n'eût pour cette fois joué le rôle d'homme prudent et de pacificateur. Se jetant entre eux : — De la prudence, Woodcock, s'écria-t-il ; vous ne savez pas à qui vous avez affaire ; et vous, dit-il au page qui semblait jouir de la rage du fauconnier, qui que vous soyez, retirez-vous : si vous êtes ce que je conjecture, vous devez savoir qu'il y a de bonnes raisons pour ne pas vous compromettre dans une bagarre.

— Pour cette fois, Branche-de-houx, dit le page inconnu, vous avez atteint juste, quoique vous tiriez au hasard. Holà ! garçon, donnez une pinte à ce vieux tapageur pour qu'il se lave les yeux, et voici une couronne française pour lui acheter une compresse.

A ces mots, jetant une pièce d'argent sur la table, il se retira d'un pas tranquille et ferme, regardant hardiment à droite et à gauche comme pour défier quiconque aurait voulu s'opposer à sa sortie, et jetant un coup d'œil de mépris sur deux ou trois bourgeois qui, prétendant que c'était une honte de souffrir qu'on pût ainsi se déclarer le champion du pape, s'efforçaient de trouver la poignée de leurs épées qui malheureusement alors étaient embarrassées dans les plis de leurs manteaux ; mais comme leur adversaire fut hors de leur portée avant qu'ils y eussent réussi, ils ne jugèrent pas nécessaire de persister dans leurs efforts, et l'un d'eux dit à son voisin : — C'est, ma foi, plus qu'on ne peut supporter, que de voir un pauvre homme traité de cette manière pour chanter une ballade contre les abominations de Babylone. Si l'on souffre que les papistes viennent nous manquer ainsi en public, nous verrons bientôt reparaître tous ces vieux tondus de moines.

— Le prévôt devrait y prendre garde, répondit l'autre, et avoir toujours une garde de cinq ou six hommes armés de pertuisanes, prêts à venir au premier coup de sifflet pour mettre à la raison ces adorateurs d'images. Mais, voyez-vous, voisin Lugleather, il ne convient pas à des citoyens tranquilles comme nous de chercher querelle à des pages effrontés qui appartiennent à des nobles, et qui ne connaissent que le blasphème et la violence.

— Malgré tout cela, voisin, dit Lugleather, j'aurais étrillé le cuir de ce jeune godelureau aussi promptement que je tanne celui d'un veau, si la poignée de mon épée n'avait été pour le moment hors de la portée de ma main; et avant que j'eusse tourné mon ceinturon, le gaillard avait détalé.

— Eh bien! eh bien! voisin, dit un troisième, qu'il s'en aille à tous les diables, et que la paix soit avec nous. Mon avis est que nous payions notre écot, et que nous nous retirions en bons frères. La cloche de Saint-Giles sonne le couvre-feu, et les rues ne sont pas sûres quand la nuit vient.

Les bons bourgeois arrangèrent leurs manteaux, se disposèrent à partir, et celui qui paraissait le plus déterminé des trois, appuyant la main sur la poignée de son épée, dit que quiconque voudrait parler en faveur du pape, ce soir dans la grande rue d'Édimbourg, ferait bien de se munir du glaive de saint Pierre pour se défendre.

Tandis que la mauvaise humeur excitée par l'audace du jeune présomptueux s'évaporait ainsi en vaines menaces,

Roland Græme s'occupait à réprimer l'indignation beaucoup plus sérieuse d'Adam Woodcock.

— Après tout, lui dit-il, c'est un coup de houssine donné au hasard; essuyez-vous les yeux, et dans quelques instants vous n'en verrez que plus clair.

— De par le ciel que je ne puis voir! répondit Adam, vous ne vous êtes pas conduit aujourd'hui en véritable ami. Bien loin de prendre mon parti, vous m'avez empêché de me venger.

— N'êtes-vous pas honteux, Adam? dit Roland déterminé à faire des reproches au lieu d'en essuyer, et à jouer le rôle d'un ami de la paix! fi! vous dis-je : est-ce à vous de parler ainsi? vous qui avez été envoyé avec moi pour empêcher mon innocente jeunesse de tomber dans les piéges!

— Je voudrais de tout mon cœur que votre innocente jeunesse eût la corde autour du cou, s'écria Woodcock qui commençait à voir où tendait ce discours.

— Et au lieu, continua Roland, de me donner l'exemple de la prudence et de la sobriété, comme aurait dû le faire le fauconnier de sir Halbert Glendinning, vous avez bu je ne sais combien de pintes d'ale, un gallon de vin, et un pot d'eau-de-vie.

— Le pot était bien petit, dit Adam que sa conscience réduisait à se tenir sur la défensive.

— Il était assez grand pour vous empoter, Adam; et alors, au lieu d'aller sagement vous mettre au lit pour y cuver votre boisson, vous commencez à beugler une méchante ballade contre le pape, de manière à vous faire arracher les yeux. Sans moi, quoique votre ivresse vous rende assez ingrat pour m'accuser de vous avoir abandonné au besoin; sans moi, dis-je, ce jeune page, en sus du coup de houssine, vous aurait peut-être coupé la gorge, car je le voyais tirer une épée large comme ma main et affilée comme un rasoir. Et c'est là l'exemple que vous donnez à un jeune homme sans expérience! Fi! Adam! fi!

— Oui, fi! fi! de tout mon cœur, dit le fauconnier tenant toujours un mouchoir sur ses yeux ; fi de ma folie d'avoir attendu autre chose que des railleries d'un page comme vous, qui, s'il voyait son père dans l'embarras, ne ferait qu'en rire, au lieu de l'aider à en sortir !

— Je vous aiderai, mon bon Adam, répondit Roland en riant tout bas; je vous aiderai à regagner votre chambre ; vous y cuverez cette nuit votre ale, votre vin, votre eau-de-vie, votre colère et votre indignation, et vous vous éveillerez demain avec tout l'esprit que le ciel vous a donné. Mais je vous préviens d'une chose, Adam, c'est qu'à l'avenir, quand il vous plaira de me reprocher d'avoir la main trop prompte, de jouer trop aisément de l'épée ou du poignard, vos remontrances serviront de prologue à la mémorable aventure de la houssine dans l'hôtel de Saint-Michel.

Ce fut avec de telles expressions de condoléance qu'il conduisit le fauconnier un peu humilié jusque dans leur chambre, où il se mit lui-même au lit. Mais il se passa quelque temps avant qu'il pût s'endormir. Si le page que Roland avait vu était véritablement Catherine Seyton, quelle amazone, quelle virago ce devait être ! Quelle présence d'esprit ! quelle hardiesse ! Il y a sur son front de l'assurance pour vingt pages, pensait Roland, et je dois m'y connaître un peu ! et pourtant ses traits, son regard, sa tournure, le soin qu'elle prenait de se couvrir de son manteau, sa grace toujours la même, sa voix, son sourire, tout annonçait Catherine Seyton, ou c'est le diable qui a pris sa figure. Une bonne chose, c'est que me voilà débarrassé des sermons éternels de cet Adam Woodcock, de cet âne qui, ayant à peine quitté ses faucons, voulait jouer avec moi le rôle de pédagogue et de prédicateur.

Cette réflexion consolante, jointe à l'espèce d'indifférence avec laquelle la jeunesse prend assez ordinairement les événemens de la vie, procura à Roland Græme un sommeil profond et tranquille.

CHAPITRE XX.

> « Eh quoi ! vous le privez de son guide fidèle ;
> « De celui dont les soins, la prudence, le zèle,
> « L'instruisaient en tous points, comme on dresse un faucon !
> « Que va-t-il devenir sans un tel compagnon ? »
> *Ancienne comédie.*

A peine le jour commençait-il à poindre, qu'on entendit frapper à grands coups à la porte de l'hôtel, et ceux qui frappaient ainsi ayant annoncé qu'ils venaient de la part du régent, on se garda bien de les faire attendre. Un moment après, Michel L'aile-au-vent était au chevet du lit de nos voyageurs.

— Debout ! debout ! s'écria-t-il : il n'est plus temps de dormir quand le comte de Murray a besoin de vous.

Les deux dormeurs se levèrent à l'instant, et commencèrent à s'habiller.

— Vous, mon vieil ami, dit Michel à Woodcock, vous allez monter à cheval à l'instant, porter ce paquet aux moines de Kennaquhair, et celui-ci au chevalier d'Avenel. Et en même temps il lui remit deux lettres.

— Il s'agit d'annuler l'élection que les moines ont faite d'un abbé, je le parie, dit Woodcock en mettant les deux lettres dans son sac, et l'on charge le chevalier d'Avenel d'y veiller. Mettre deux frères l'un contre l'autre, ce n'est pas là, ma foi, jouer un franc jeu!

— N'allez pas fourrer votre nez là-dedans, mon vieux, dit Michel. Tout ce que vous avez à faire, c'est de monter à cheval à l'instant; car si les ordres que vous portez ne sont pas exécutés ponctuellement, il ne restera que les murailles de l'abbaye de Kennaquhair, et peut-être du château d'Avenel : j'ai entendu le comte de Morton parler sur un ton bien haut avec le régent, et nous sommes dans un temps où il ne serait pas prudent de se quereller avec lui pour des bagatelles.

— Tout cela est bel et bon, dit Adam; mais parlons un peu de l'abbé de la Déraison. Est-il pour quelque chose dans tout cela? De bonne foi, si l'on voulait lui jouer un mauvais tour, j'enverrais les paquets à tous les diables, et je mettrais Sa Révérence à l'abri de l'autre côté des frontières.

— On n'y pense pas, répondit Michel; on sait que c'est une folie dont il est résulté plus de bruit que de mal. N'ayez aucune crainte pour le passé; mais prenez-y garde, mon vieux camarade; et quand vous trouveriez en route une douzaine d'abbayes vacantes, ne mettez pas une mitre sur votre tête, pas même comme abbé de la Déraison : le temps n'y est pas favorable : la demoiselle dont je vous ai parlé meurt d'envie d'étendre ses bras autour du cou d'un moine bien dodu.

— Elle ne caressera jamais le mien en cette qualité, dit Woodcock en entourant son cou brûlé par le soleil de deux ou trois tours d'un mouchoir de couleur. Monsieur Roland! monsieur Roland! cria-t-il en même temps : alerte! alerte! il faut retourner au perchoir; et grace au ciel plutôt qu'à notre prudence, nous y arriverons sans boutonnière à notre justaucorps.

— Le jeune page ne retourne pas avec vous, dit L'aile-au-vent : le régent a d'autres ordres à lui donner.

— Grands saints du ciel! s'écria le fauconnier, Roland

Græme rester ici tandis que je retourne à Avenel! mais cela est impossible. Comment voulez-vous que le jeune homme se comporte dans le monde sans moi? C'est un faucon qui ne connaît que mon sifflet, encore est-ce tout au plus s'il l'écoute toujours.

La langue de Roland lui démangeait. Il avait grande envie de demander à Woodcock lequel avait manqué de prudence la veille : le chagrin sincère que montrait Adam lui fit perdre toute envie de plaisanter à ce sujet. Mais malgré la réserve du page, le fauconnier n'échappa point tout-à-fait; car s'étant tourné au jour en s'habillant, Michel jeta par hasard un regard sur son visage, et s'écria : — Bon Dieu! mon ancien camarade, qu'est-il donc arrivé à vos yeux? ils sont enflés au point qu'on les croirait sur le point de vous sortir de la tête!

— Ce n'est rien, ce n'est rien, dit Adam en jetant un regard suppliant sur Roland. Voilà ce que c'est que de dormir sur un misérable grabat, sans oreiller.

— Vous êtes devenu bien délicat, Woodcock! j'ai vu le temps où vous dormiez à ravir sans autre oreiller que la bruyère, et où vous vous éveilliez le matin vif comme un faucon; et aujourd'hui vos yeux ressemblent à....

— Qu'importe à quoi ils ressemblent! Qu'on me fasse cuire une pomme, arrosons-la d'un pot d'ale pour nous rincer le gosier, et vous me verrez tout changé.

— Et vous me chanterez votre ballade sur le pape.

— De tout mon cœur, c'est-à-dire quand nous serons à cinq ou six milles de cette bonne ville, si vous voulez prendre votre cheval pour me donner un pas de conduite.

— Cela ne m'est pas possible, Adam; tout ce que je puis faire, c'est de boire avec vous le coup du matin, et il faut qu'ensuite je vous voie monter à cheval. Je vais donner ordre qu'on le selle, et qu'on vous fasse cuire une pomme sans perdre de temps.

Quand il fut parti, le bon fauconnier prenant Roland par

la main : — Puissé-je ne jamais chaperonner un faucon, lui dit-il, si je ne suis pas aussi chagrin de vous quitter que si vous étiez mon propre enfant, vous demandant pardon de la liberté. Je ne saurais dire ce qui fait que je vous aime tant, à moins que ce ne soit pour la même raison que j'aimais ce cheval vicieux que vous savez; ce petit cheval noir que mon maître le chevalier d'Avenel avait nommé Satan, et auquel M. Warden donna le nom de Seyton, disant qu'il ne convenait pas de donner à une créature le nom du prince des ténèbres.

— Il lui convenait bien moins encore, s'écria Roland, de donner à un animal vicieux le nom d'une noble famille.

— Cela peut être, monsieur Roland; mais Seyton ou Satan, c'était de tous les chevaux de l'écurie celui que j'aimais le plus. Il ne fallait pas dormir sur son dos; il caracolait, cabriolait, dansait, se cabrait, ruait, mordait, et vous donnait de la besogne; encore finissiez-vous souvent par vous trouver étendu sur le carreau. Eh bien! je crois que si je vous préfère à tous les jeunes gens que j'ai jamais connus, c'est parce que vous avez les mêmes qualités.

— Grand merci, mon cher Adam, grand merci de la bonne opinion que vous avez de moi.

— Ne m'interrompez donc pas! ne m'interrompez pas! Malgré tout cela, Satan était un excellent cheval... Mais à présent que j'y pense, je crois que je donnerai votre nom aux deux jeunes faucons que j'élève à Avenel. J'appellerai l'un Roland et l'autre Græme; et tant qu'Adam Woodcock vivra, vous ne manquerez jamais d'un ami. Touchez là, mon enfant!

Roland lui serra la main avec cordialité, et le fauconnier continua son discours en ces termes :

— Maintenant que vous allez vous lancer dans le monde, monsieur Roland, sans avoir mon expérience pour guide, ce qui n'est pas sans danger, j'ai trois avis à vous donner. Le premier, c'est de ne jamais dégaîner un poignard sans de fortes raisons. Tout le monde n'a pas un justaucorps aussi bien rembourré que celui de certain abbé que vous connaissez. Le second, c'est de ne pas courir après chaque jolie fille que vous rencontrerez, comme un faucon se jette sur une grive : vous ne gagneriez pas toujours une fanfaronne pour vos peines ; et en parlant de cela, voici la vôtre que je vous rends : ayez-en soin, car elle est pesante, et pourra dans l'occasion vous servir à plus d'une fin. Le troisième, et ce sera le dernier, c'est de vous méfier du flacon. Des gens plus sages que vous y ont laissé leur raison en le vidant, et je pourrais vous en citer des exemples sans les aller chercher bien loin ; mais cela est inutile, car si vous oubliez vos escapades, à coup sûr vous vous souviendrez de mes peccadilles. Adieu donc, mon cher enfant !

Roland répondit comme il le devait à ces témoignages d'amitié, et le chargea de présenter ses humbles respects à sa bonne maîtresse, et de lui exprimer combien il regrettait de l'avoir offensée, en l'assurant en même temps qu'il tâcherait de se comporter dans le monde de manière à ce qu'elle n'eût pas à rougir de la protection qu'elle lui avait accordée.

Le fauconnier embrassa son jeune ami, et monta sur son cheval, que le domestique qui l'avait accompagné venait d'amener à la porte sellé et bridé. Il s'éloigna lentement, comme s'il avait perdu sa vivacité ordinaire. Le bruit de chaque pas du cheval retentissait au fond du cœur de Roland, qui sentit qu'il se trouvait encore une fois un être isolé dans le monde.

Il fut tiré de cette rêverie par Michel L'aile-au-vent, qui lui rappela qu'il était nécessaire qu'ils allassent sur-le-champ au palais, le régent devant se rendre à la cour des Sessions de bonne heure dans la matinée. Ils partirent donc, et L'aile-au-vent, vieux domestique favori qui avait un accès plus facile auprès du régent que bien des personnages plus élevés en grade, introduisit Roland dans une petite chambre, où il trouva le chef du gouvernement de l'Écosse.

Le comte de Murray était en robe de chambre de couleur

sombre, avec une toque et des pantoufles de même étoffe ; mais, même dans ce négligé, il tenait à la main son épée dans le fourreau, précaution qu'il prenait toujours lorsqu'il recevait des étrangers, plutôt par déférence pour les remontrances de ses amis et de ses partisans que par crainte pour sa sûreté. Il répondit par un signe de tête au salut respectueux de Roland, et fit un tour ou deux dans la chambre en fixant sur lui des yeux pénétrans, comme pour lire au fond de son ame.

— Vous vous nommez Julien Græme, je crois ? lui dit-il enfin.

— Roland Græme, milord, non pas Julien.

— Oui, ma mémoire confondait ; Roland Græme, du territoire contesté. Eh bien ! Roland, tu connais les devoirs qu'impose le service d'une dame.

— Je dois les connaître, milord, les ayant exercés si long-temps près de lady Avenel ; mais je me flatte de ne plus avoir à les remplir, le chevalier d'Avenel m'ayant promis...

— Silence, jeune homme, c'est à moi de parler et à vous d'écouter et d'obéir. Il est nécessaire, au moins pour quelque temps, que vous entriez de nouveau au service d'une dame, d'une dame qui par son rang n'a pas d'égale en Écosse ; et, ce service fini, je vous donne ma parole de chevalier et de prince qu'il s'ouvrira devant vous une carrière qui pourrait satisfaire les désirs les plus ambitieux. Je vous prendrai dans ma maison, et vous donnerai un emploi près de ma personne, ou, si vous le préférez, je vous donnerai le commandement d'une compagnie de ma garde. D'une part comme de l'autre, c'est un avancement que le plus fier des lords du pays voudrait obtenir pour son second fils.

— Oserai-je vous demander, milord, à qui mes humbles services sont destinés ? dit Roland en voyant que le régent semblait attendre une réponse.

— Vous le saurez en temps et lieu, répondit Murray. Mais un instant après, semblant chercher à surmonter une répugnance secrète qui l'empêchait de s'expliquer davantage, il ajouta : — Au surplus, pourquoi ne vous dirai-je pas que vous allez entrer au service d'une très illustre..... d'une très malheureuse dame..... de Marie d'Écosse ?

— De la reine, milord ? s'écria le page, ne pouvant retenir cette exclamation de surprise.

— De celle qui fut la reine, répondit Murray d'un ton qui offrait un singulier mélange d'embarras et de mécontentement. Vous devez savoir, jeune homme, que son fils règne aujourd'hui en sa place.

En parlant ainsi il soupira avec une émotion qui était peut-être en partie naturelle et en partie affectée.

— Et je vais la servir dans sa prison, milord ? demanda Roland avec une simplicité franche et hardie qui déconcerta un peu le politique.

— Elle n'est point en prison, répondit le régent d'un ton d'humeur : à Dieu ne plaise qu'elle y soit ! Elle a seulement abandonné le soin des affaires publiques, et s'est retirée du monde jusqu'à ce que le nouvel état des choses soit suffisamment consolidé pour lui permettre de s'y remontrer avec pleine et entière liberté, sans que des malveillans puissent la faire servir d'instrument à leurs intrigues. C'est pour cette raison, ajouta-t-il, qu'en lui donnant une suite aussi brillante que le permet la retraite dans laquelle elle vit en ce moment, il devient nécessaire que je puisse avoir toute confiance dans les personnes qui sont placées près d'elle. Vous voyez donc que vous aurez en même temps à remplir une place très honorable en elle-même, et à en exercer les fonctions de manière à vous faire un ami du régent d'Écosse. On m'a dit que vous êtes un jeune homme doué d'une intelligence singulière, et je vois dans vos yeux que vous comprenez d'avance tout ce que je pourrais vous dire à ce sujet. Vous trouverez dans cet écrit le détail de tous vos devoirs. Le point essentiel, c'est la fidélité ; j'entends la fidélité envers moi et envers l'état. Vous aurez donc à surveiller non-seulement toutes les tentatives qui pourraient être faites pour ouvrir une communication avec les lords qui sont devenus chefs de bandes dans l'ouest, comme Hamilton, Seyton, Fleming et plusieurs autres, mais jusqu'au désir qu'on pourrait en montrer. Il est vrai que mon illustre sœur, réfléchissant sur les malheurs qu'ont attirés sur ce pauvre royaume les mauvais conseillers qui abusèrent autrefois de sa bonté excessive, a résolu de ne prendre aucune part à l'avenir aux affaires de l'état. Mais il est de notre devoir, comme agissant au nom du roi notre jeune neveu, de nous armer de précautions contre les dangers qui pourraient résulter de tout changement, de toutes vacillations dans ses intentions. Vous aurez encore à surveiller avec grand soin tout ce qui annoncerait dans notre sœur la moindre disposition soit à quitter le lieu de sûreté où elle se trouve en ce moment, soit à s'ouvrir une communication au dehors, et vous ferez part de tout ce que vous pourrez remarquer à notre mère, chez qui elle est logée. Si pourtant vos observations vous faisaient découvrir quelque chose d'important, quelque chose qui allât au-delà du simple soupçon, ne manquez pas de m'en donner avis sur-le-champ. Cet anneau vous autorisera à commander un cavalier pour ce service... Maintenant tu vas partir. S'il y a dans ton cerveau la moitié de l'intelligence que tes regards annoncent, tu comprends parfaitement tout ce que je viens de te dire, tout ce que je pourrais y ajouter... Sers-moi fidèlement, et aussi vrai que je suis régent du royaume, ta récompense sera grande.

Roland fit un salut respectueux, et se disposait à se retirer quand le comte lui fit signe de rester.

—Je te donne une grande preuve de confiance, jeune homme, dit-il; car de toutes les personnes qui composent la suite de ma sœur, il n'est que toi que j'aie choisi moi-même. Les femmes à son service ont toutes été nommées par elle. Il eût été trop dur de lui refuser ce droit, quoique certaines gens crussent qu'il était impolitique de le lui accorder. Tu es jeune et bien fait; gagne leur confiance, et vois si sous l'apparence de la légèreté de leur sexe elles ne couvrent pas de plus profonds desseins. Si elles creusent une mine, prépare une contre-mine. Du reste comporte-toi avec décorum et respect à l'égard de ta maîtresse. C'est une princesse, quoiqu'elle soit malheureuse ; elle a été reine, quoiqu'elle ne le soit plus. Elle a droit à toute ta déférence, et rends-lui tous les honneurs qui peuvent s'accorder avec la fidélité que tu me dois ainsi qu'au roi. Adieu maintenant. Un instant! Tu vas voyager avec lord Lindesay, un homme de l'ancien monde, dur, mais honnête, quoique sans éducation. Prends garde de l'offenser, car il n'est point patient, et j'ai entendu dire que tu aimes à railler. Il prononça ces mots en souriant, et ajouta d'un ton plus sérieux:—J'aurais voulu que la mission de lord Lindesay eût été confiée à quelque seigneur d'un caractère plus doux et plus flexible.

— Et pourquoi cela, milord? demanda le comte de Morton, qui arrivait en ce moment; le conseil a décidé pour le mieux. Nous n'avons eu que trop de preuves de l'obstination de cette dame, et le chêne qui résiste au tranchant poli de l'acier doit être abattu avec la hache de fer brut. Eh! voilà donc son page? Milord vous a sans doute donné ses instructions, jeune homme, et vous a dit ce que vous avez à faire. Je n'y ajouterai qu'un mot : — Vous allez dans le château d'un Douglas; la trahison n'y peut prospérer. Le premier instant où vous donnerez lieu au soupçon sera le dernier de votre vie. Mon parent William Douglas n'entend par raillerie, et s'il a jamais sujet de douter de votre foi, vous danserez en l'air sur ses murailles avant que le soleil se soit couché sur sa colère... Et la dame aura-t-elle aussi la visite d'un aumônier?

— De temps en temps, Douglas. Il serait dur de lui refuser des consolations spirituelles qu'elle regarde comme essentielles à son salut.

— Vous avez toujours trop de mollesse, milord. Quoi!

voulez-vous qu'un prêtre perfide aille raconter l'histoire de ses lamentations à nos ennemis en Écosse, aux Guise, à Rome, en Espagne, je ne sais où enfin?

— Nous prendrons de telles mesures, comte, que nous n'aurons rien à craindre à cet égard.

— Faites-y bien attention, milord; vous connaissez mon opinion sur la jeune fille que vous lui avez permis de prendre pour la servir; une jeune fille d'une famille qui plus qu'aucune autre a toujours été notre ennemie, lui a toujours été dévouée. Si nous n'y avions pris garde, elle se serait aussi pourvue d'un page qui n'aurait pas été moins à sa convenance. J'ai entendu dire qu'une vieille folle de pèlerine catholique, une demi-sainte, dit-on, s'occupait à lui chercher un sujet convenable.

— Nous avons du moins échappé à ce danger, Morton, et nous trouvons même un avantage à placer chez elle un jeune homme élevé chez Glendinning. Quant à la jeune fille dont vous parlez, vous ne pouvez lui reprocher une pauvre suivante en place de ses quatre nobles Marie et de leurs longues robes de soie.

— Je lui passe la suivante, s'écria Morton; mais je ne puis supporter l'aumônier. Je crois que les prêtres de toutes les sectes se ressemblent. Voilà John Knox; il a montré assez d'ardeur pour tout renverser, et maintenant ne veut-il pas reconstruire? n'a-t-il pas l'ambition de devenir fondateur d'écoles et de colléges avec les domaines des abbayes et des prieurés que les nobles écossais ont gagnés le fer à la main, et dont il voudrait aujourd'hui faire de nouvelles ruches pour de nouveaux bourdons!

— John est un homme de Dieu, dit le régent, et son projet est le fruit d'une imagination pieuse.

Grace au sourire composé dont il accompagna ces mots, il était impossible de déterminer s'il voulait approuver le plan du réformateur écossais ou le tourner en dérision. S'adressant à Roland Græme, comme s'il eût pensé qu'il avait été assez long-temps témoin de cette conversation, il lui ordonna de monter à cheval sur-le-champ, attendu que lord Lindesay était prêt depuis long-temps. Le page le salua, et sortit de l'appartement.

Guidé par Michel L'aile-au-vent qui l'attendait au bas de l'escalier, il trouva son cheval sellé et bridé dans la cour du palais, où étaient rassemblés une vingtaine de cavaliers dont le chef ne montrait pas peu d'impatience.

— Est-ce là ce singe de page que nous avons attendu si long-temps? demanda-t-il d'un ton d'humeur à L'aile-au-vent : lord Ruthven arrivera au château bien avant nous.

Michel lui répondit que le jeune homme avait été retenu par le régent, qui lui donnait ses instructions.

Le chef prononça avec humeur quelques mots inarticulés pour exprimer qu'il se trouvait satisfait de cette explication, et appelant un des gens de sa suite : — Edward, lui dit-il, ayez l'œil sur ce gaillard, et qu'il ne parle à personne!

S'adressant alors à un homme d'un certain âge, dont l'air était respectable, et qui était le seul de la compagnie qui parût élevé au-dessus du rang de domestique : — Sir Robert, lui dit-il, hâtons-nous de monter à cheval; nous n'avons pas de temps à perdre.

Pendant ce temps, et tandis qu'ils traversaient le faubourg, Roland eut le temps de considérer l'air et les traits du baron qui était le chef de la cavalcade.

Les années, en s'accumulant sur la tête de lord Lindesay de Byres, n'avaient pas laissé des traces bien profondes de leur passage. Sa taille droite et ses membres robustes prouvaient qu'il était encore en état de supporter les fatigues de la guerre. Ses sourcils épais, commençant à grisonner, ombrageaient deux grands yeux noirs pleins de feu, et rendus plus vifs par l'enfoncement de ses orbites. Ses traits fortement prononcés et naturellement durs, le semblaient encore davantage par suite de deux grandes cicatrices, résultat de blessures qu'il avait reçues à la guerre. Ces traits qui semblaient faits pour exprimer de fortes passions étaient couverts d'un casque d'acier sans visière, et une barbe noire parsemée de quelques poils gris lui tombait presque sur la poitrine. Il portait un justaucorps de buffle, qui avait été autrefois doublé en soie et orné de broderies, mais que le temps et le sort des batailles avaient considérablement endommagé. Sa cuirasse d'acier, jadis polie et bien dorée, était maintenant rongée par la rouille. Une épée de forme antique et d'une taille peu commune, si lourde qu'on ne pouvait s'en servir qu'en la tenant des deux mains, espèce d'arme qui commençait alors à ne plus être en usage, était suspendue à son cou par un baudrier ; la poignée s'élevait au-dessous de son épaule gauche, et la pointe touchait à son éperon droit. Il fallait une dextérité toute particulière pour la tirer du fourreau. En un mot tout son équipement était celui d'un guerrier négligeant son extérieur jusqu'à la misanthropie ; et le ton bref, dur et hautain avec lequel il parlait à ses subordonnés avait le même caractère de rudesse.

Le personnage qui marchait à côté de lord Lindesay à la tête de la cavalcade offrait un contraste parfait par son air, ses manières et ses traits. Le peu de cheveux qui lui restaient étaient déjà blancs, quoiqu'il ne parût avoir que quarante-cinq à cinquante ans. Sa voix était douce et insinuante, sa taille élancée, et légèrement courbée par habitude plutôt que par l'effet des années. Son visage pâle exprimait la finesse et l'intelligence ; son œil était vif, quoique plein de douceur, et tout en lui annonçait un caractère doux et conciliant : il montait un petit cheval habitué à l'amble, tel que ceux dont se servaient ordinairement les dames, les ecclésiastiques, et les hommes suivant des professions paisibles. Il avait un pourpoint de velours noir, avec une toque et une plume de même couleur, attachée par un médaillon d'or ; et sa seule arme offensive et défensive était une petite épée, qu'il semblait porter plutôt pour indiquer son rang que pour s'en servir.

Cette cavalcade, en sortant de la ville, se dirigea vers l'ouest. Roland, chemin faisant, aurait bien voulu apprendre quelque chose de l'objet de la mission de lord Lindesay ; mais l'air du camarade près duquel on l'avait placé n'invitait pas à la familiarité. Le baron lui-même n'avait pas l'air plus farouche et plus repoussant que son fidèle Edward, dont les moustaches grises retombant sur ses lèvres semblaient placées comme une herse devant la porte d'un château pour empêcher qu'aucun mot n'en sortît sans nécessité absolue. Le reste de la troupe semblait dominé par la même taciturnité, et marchait comme une compagnie de chartreux plutôt que comme une troupe de soldats. Roland Græme fut surpris d'une discipline si sévère ; car quoique le chevalier d'Avenel se distinguât par l'exactitude et le décorum qu'il exigeait des gens de sa suite dans leur service, une marche était un moment de licence pendant lequel il leur était permis de rire, de causer, de chanter, en un mot de charmer l'ennui du voyage par tout ce qui n'excédait pas les bornes d'une honnête liberté. Ce silence, qui lui paraissait si extraordinaire, lui donna le temps d'appeler à son aide le peu de jugement qu'il possédait pour réfléchir sur sa situation, qui, aux yeux de toute personne raisonnable, aurait paru des plus dangereuses et des plus embarrassantes.

Il était évident que par suite des circonstances indépendantes de sa volonté il avait formé des liaisons contradictoires avec les deux factions ennemies dont la haine déchirait le royaume, sans qu'il fût lui-même, à proprement parler, attaché à l'une ou à l'autre. Cette place dans la maison de la reine détrônée, que le régent venait de lui donner, était précisément celle que lui destinait son aïeule Magdeleine Græme ; car quelques mots échappés au comte de Morton en conversant avec Murray avaient été pour lui à ce sujet un rayon de lumière : cependant il n'était pas moins constant que ces deux personnes, l'une ennemi déclaré, l'autre ardent défenseur de la religion catholique ; l'une à la tête du nouveau gouvernement du jeune roi, l'autre regardant ce gouvernement comme une usurpation criminelle, devaient requérir et attendre des services bien différens de l'individu qu'ils s'accordaient tous deux à vouloir placer au même poste. Il ne fallait pas de bien profondes réflexions pour prévoir que ces prétentions contradictoires pourraient le mettre bientôt dans une situation embarrassante pour son honneur, et dangereuse pour sa vie ; mais Roland n'était pas de caractère à prévoir le mal avant qu'il arrivât, et à se proposer des difficultés, sans nécessité absolue, pour le plaisir de les combattre. — Je vais voir, pensait-il, cette belle et infortunée Marie Stuart dont j'ai tant entendu parler, et il sera assez temps alors de décider si je serai du parti du roi ou de celui de la reine. Ni l'un ni l'autre ne peut dire que je lui aie fait de promesse, que je lui aie engagé ma parole ; car tous deux m'ont fait marcher en aveugle, sans me donner la moindre lumière sur ce qu'ils prétendaient exiger de moi ; mais il est heureux que ce Morton ait apporté ce matin sa figure renfrognée dans le cabinet du régent, sans quoi celui-ci ne m'aurait pas laissé partir sans me faire promettre de me conformer à toutes ses volontés, et au bout du compte il me semble que ce n'est pas jouer de franc jeu avec cette pauvre reine, que de placer près d'elle un page pour l'espionner.

Après avoir raisonné avec cette légèreté sur une matière de cette importance, le jeune étourdi porta ses pensées sur des sujets plus agréables. Il admira les tours gothiques de Barnbougle, qui, s'élevant sur un rocher battu par la mer, dominent un des plus beaux paysages d'Écosse. Tantôt il examinait combien les environs qu'il découvrait seraient favorables pour chasser, soit avec une meute, soit avec des faucons ; tantôt il comparait la marche lente et monotone de la troupe dont il faisait partie, à la vivacité avec laquelle il parcourait naguère les collines des environs d'Avenel. Transporté par ce joyeux souvenir, il donna un coup d'éperon à son cheval, et lui fit exécuter une caracole brillante, ce qui lui attira aussitôt une réprimande sévère de son grave voisin; qui lui signifia de garder son rang et de marcher tranquillement et en bon ordre, ou que ces mouvemens fougueux feraient prendre des mesures qui ne seraient probablement pas de son goût.

Cette mercuriale et la contrainte à laquelle Roland se trouva obligé rappelèrent à son souvenir son guide, son compagnon Adam Woodcock, toujours accommodant, toujours de bonne humeur. Le fauconnier fit voyager son imagination jusqu'au château d'Avenel. Il se représenta la vie libre et tranquille qu'on y menait, la bonté inépuisable de la protectrice de son enfance, et jusqu'aux habitans des écuries, du chenil et de la fauconnerie : mais toutes ces idées cédèrent bientôt la place à une autre, à celle de Catherine Seyton, de cette énigme vivante, qui se montrait à son esprit, tantôt telle qu'il l'avait vue chez lord Seyton et au couvent de Sainte-Catherine, tantôt page à justaucorps pourpre, tantôt couverte d'un costume fantastique qui réunissait les attributs des deux sexes, de même qu'un songe étrange nous offre quelquefois en même temps le même individu sous deux caractères différens. Le présent mystérieux qu'il avait reçu se présentait aussi à sa mémoire : cette épée qu'il portait alors à son côté, et qu'il avait promis de ne tirer du fourreau que par l'ordre de sa souveraine légitime. Mais ce mystère n'en serait pas un bien long-temps; il était probable qu'il en aurait la clef à la fin de son voyage.

Ce fut en s'occupant de pareilles idées que Roland Græme suivit lord Lindesay jusqu'à un petit bras de mer qu'ils traversèrent sur un bac qui les attendait. La seule aventure qui leur arriva dans ce passage fut qu'un de leurs chevaux se cassa une jambe en entrant dans le bac; accident qui n'était pas rare alors, et qui n'a cessé d'avoir lieu que depuis peu d'années, ce passage ayant été récemment rendu plus facile. Mais un trait qui caractérise l'époque dont nous parlons, c'est que pendant qu'ils s'embarquaient on fit feu sur eux d'une coulevrine placée sur les murs du vieux château de Rosythe, situé au nord de ce bras de mer, et dont le seigneur avait des sujets de ressentiment contre lord Lindesay. On ne tira qu'un seul coup qui ne blessa personne; mais c'était une démonstration d'animosité. Lord Lindesay ne chercha point à tirer vengeance de cette insulte; on débarqua sur l'autre rive, et nul événement ne troubla le reste du voyage qui se termina sur les rives du Lochleven, dont la belle nappe d'eau réfléchissait les rayons brillans d'un soleil d'été.

Un ancien château s'élevant sur une île située presque au centre de ce lac rappela au page celui d'Avenel, où il avait été élevé; mais ce lac était d'une grandeur beaucoup plus considérable, et l'on y voyait plusieurs îles, indépendamment de celle sur laquelle la forteresse était située. Au lieu d'être entouré de toutes parts de montagnes comme celui d'Avenel, ce lac ne l'était que du côté du sud, où se terminait la chaîne du Ben-Lomond. De tous les autres côtés on voyait la vaste et fertile plaine de Kinross[1].

Roland contempla avec une sorte de consternation ce château fort, qui alors comme aujourd'hui ne consistait qu'en un grand bâtiment semblable à une prison d'état, environné d'une grande cour, flanqué de deux grandes tours rondes à ses angles, et dans lequel se trouvaient quelques bâtimens extérieurs de peu d'importance. Un bouquet de vieux arbres placé près du château faisait seul diversion à l'aspect sombre de ce lieu. Le page, en jetant les yeux sur cet édifice isolé en quelque sorte du reste du monde, ne put s'empêcher de gémir sur le sort d'une princesse condamnée à vivre dans un pareil séjour, et de se plaindre un peu de sa propre destinée.

— Il faut, pensa-t-il, que je sois né sous l'astre qui pré-

---

(1) Voyez les *Vues pittoresques d'Ecosse*. — Éd.

side aux dames et aux lacs ; car je ne puis éviter d'être au service des unes et de demeurer au milieu des autres. Mais si l'on prétend me claquemurer dans ce donjon sans me laisser la liberté des mouvemens, on se trompe : autant vaudrait essayer d'y renfermer une troupe de canards sauvages, qu'un jeune homme habitué à nager comme eux.

Lorsque toute la troupe fut rangée sur le bord de l'eau, on déploya l'étendard de lord Lindesay, en l'agitant de droite et de gauche, et lui-même sonna d'un cor de chasse qu'il portait. On répondit à ce signal en arborant une bannière sur les murs du château ; deux hommes s'occupèrent à mettre à flot une barque qui était sur la rive opposée.

— Il se passera quelque temps avant que cette barque arrive jusqu'à nous, dit sir Robert : ne ferions-nous pas bien d'entrer dans quelque maison du village pour mettre ordre à notre toilette avant de nous présenter au château ?

— Faites ce qu'il vous plaira, sir Robert, répondit Lindesay ; quant à moi, je n'ai ni le temps ni l'envie de songer à de telles vanités. Cette femme m'a fait monter plus d'une fois à cheval, et la vue d'un justaucorps usé et d'une armure rouillée ne doit pas lui blesser les yeux. C'est elle qui a réduit l'Écosse à porter cette livrée.

— Pourquoi parler avec tant de dureté ! dit sir Robert ; si elle a eu des torts elle les a payés bien cher, et en la dépouillant de son autorité il n'est pas juste de lui refuser les hommages extérieurs qui sont dus à une femme et à une princesse.

— Je vous le répète, sir Robert, faites ce qu'il vous plaira ; quant à moi, je suis trop vieux pour songer à m'adoniser, afin de plaire aux dames dans leur boudoir.

— Dans leur boudoir, milord ! est-ce à ce vieux château sombre et isolé dont toutes les fenêtres sont grillées, et qui sert de cachot à une reine, que vous donnez un pareil nom ?

— Nommez-le comme il vous plaira, sir Robert ; si le

régent avait voulu envoyer un orateur capable de conter des douceurs à une captive, il aurait trouvé dans la cour plus d'un galant qui aurait brigué l'occasion de prononcer quelque beau discours tiré d'Amadis de Gaule, ou du Miroir de la chevalerie. Mais quand il a fait choix du vieux Lindesay, le comte Murray savait qu'il parlerait à une femme malavisée comme ses anciennes fautes et sa situation actuelle l'exigent. Je n'ai pas cherché cette commission; on me l'a en quelque sorte jetée sur le corps, et je ne me gênerai point pour mettre à l'exécuter plus de cérémonie qu'il n'en faut.

A ces mots lord Lindesay descendit de cheval, et s'enveloppant de son manteau, s'étendit sur le gazon en attendant l'arrivée de la barque qu'on voyait alors fendre les eaux du lac. Sir Robert Melville, qui avait aussi mis pied à terre, se promenait en long et en large sur la rive, les bras croisés sur la poitrine, jetant souvent les yeux sur le château, et offrant dans tous ses traits un mélange de chagrin et d'inquiétude. Le reste de la troupe, dans un état d'immobilité parfaite, ressemblait à des statues équestres, et l'on ne voyait pas même remuer la pointe des lances qui brillaient au soleil.

Dès que la barque s'approcha du rivage, lord Lindesay se leva et demanda à celui qui la gouvernait pourquoi il n'avait pas pris une barque assez grande pour contenir tous les hommes de sa suite.

— Notre maîtresse, répondit le batelier, nous a donné ordre de ne pas amener au château plus de quatre personnes.

— Ta maîtresse a bien de la prudence, dit lord Lindesay : oserait-elle me soupçonner de trahison? Si j'en étais capable, qui m'empêcherait de te jeter dans le lac, toi et tes compagnons, et d'emplir ta barque d'un aussi grand nombre de mes gens qu'elle pourrait contenir?

En entendant ces mots le batelier fit un signe à ses compagnons; et toutes les rames se mettant à jouer en même temps, la barque s'arrêta à une distance où les menaces du baron ne pouvaient être à craindre.

— Eh bien! eh bien! s'écria Lindesay, que fais-tu donc? crois-tu que j'aie réellement envie de noyer ta sotte personne? Et non! non! Écoute-moi : je ne quitterai pas le rivage sans avoir au moins trois de mes gens à ma suite; sir Robert Melville doit avoir son domestique. Nous venons ici pour affaire d'importance, et si tu refuses de nous faire passer le lac, je t'en rends responsable ainsi que ta maîtresse.

Le batelier répondit avec fermeté, quoique avec beaucoup de politesse, qu'il avait reçu des ordres positifs de n'amener que quatre personnes dans l'île, offrant pourtant de retourner pour prendre de nouvelles instructions.

— Allez, dit sir Robert Melville après avoir en vain tâché de persuader à son opiniâtre compagnon de consentir à se passer d'une partie de sa suite au château, puisque vous ne pouvez mieux faire, et prenez les ordres de votre maîtresse pour y transporter lord Lindesay et sir Robert Melville avec leur suite.

— Un instant, s'écria Lindesay; prends ce page dans ta barque, et débarrasse-moi de sa présence. Allons, jeune drôle, pied à terre, et rends-toi à ta destination.

— Et que deviendra mon cheval? dit Roland; j'en suis responsable à mon maître.

— J'en fais mon affaire, dit Lindesay; d'ici à une dizaine d'années tu n'auras guère besoin de cheval.

— Si je le croyais!... dit Roland.

Sir Robert Melville l'interrompit en lui disant avec douceur : — Obéissez, mon jeune ami; la résistance ne servirait à rien, et pourrait être dangereuse.

Roland Græme sentit la justesse de cette observation; et quoiqu'il ne fût content de ce que lord Lindesay venait de lui dire, ni pour le fond, ni pour la forme, il se soumit à la nécessité, et s'embarqua sans répliquer. Les rameurs se mirent à l'œuvre sur-le-champ. Les cavaliers placés sur la rive que le page venait de quitter semblaient s'éloigner de lui, tandis que le château paraissait s'en approcher dans la même proportion. Enfin il atteignit le rivage près d'un vieil arbre qui marquait le lieu ordinaire de débarquement. Roland, accompagné du patron de la barque, sauta sur la rive ; tandis que les autres bateliers, appuyés sur leurs rames, se tinrent prêts à repartir au premier signal.

CHAPITRE XXI.

« Si l'amour de son peuple et la valeur guerrière
« Pouvaient d'un souverain prolonger la carrière,
« Jamais la France en pleurs sur le tombeau d'Henri
« N'aurait porté le deuil de ce roi si chéri ;
« Et la rose d'Ecosse, en proie à mille alarmes,
« N'aurait pas répandu tant d'inutiles larmes,
« Si l'esprit, les talens, la grace, la beauté,
« Etaient un sûr rempart contre la cruauté. »
Lewis. *Elégie composée dans un mausolée royal.*

A la porte du château de Lochleven était une femme d'une taille majestueuse. C'était lady Lochleven, dont les charmes dans sa première jeunesse avaient subjugué Jacques V, qui la rendit mère du célèbre comte de Murray, devenu régent du royaume. Comme elle était de noble naissance, descendant de l'illustre maison de Mar, et qu'elle avait reçu de la nature des charmes extraordinaires, son commerce avec le roi ne l'empêcha pas d'être recherchée en mariage par plusieurs seigneurs de la cour ; elle accorda la préférence à sir William Douglas de Lochleven.

Mais, comme le poète l'a dit :

.... Nos vices les plus doux
Par le ciel irrité sont tournés contre nous (1).

Quoiqu'elle se trouvât alors dans une situation honorable, comme épouse d'un homme de haut rang et comme mère d'une famille légitime, elle n'en nourrissait pas moins le sentiment pénible de sa dégradation, toute fière qu'elle était des talens, du pouvoir et du poste brillant qu'occupait son premier fils qui gouvernait alors toute l'Écosse, mais qui n'en était pas moins le gage d'une coupable liaison.

Si Jacques lui avait rendu justice, pensait-elle dans le secret de son cœur, ce fils aurait été pour elle une source d'orgueil légitime, et elle aurait vu en lui avec un plaisir sans mélange un monarque appelé par sa naissance à régner sur l'Écosse, un des plus grands rois qui eussent jamais porté la couronne. La maison de Mar, qui ne le cédait ni en ancienneté ni en grandeur à celle de Drummond, aurait pu aussi se vanter d'avoir donné une reine à ce royaume, et aurait évité la tache qui suit toujours la fragilité d'une femme, même quand elle a pour son apologie la complicité d'un amant portant le diadème. De semblables idées, aigrissant un cœur naturellement orgueilleux et sévère, produisaient sur sa physionomie l'effet qu'on devait en attendre. Parmi les restes d'une grande beauté, on y remarquait des traits qui indiquaient le mécontentement, la mélancolie et la mauvaise humeur. Ce qui contribuait à augmenter cette disposition habituelle, c'était qu'elle avait adopté dans ses sentimens religieux une rigidité excessive, et qu'elle mêlait à ses idées sur la religion réformée les erreurs les plus funestes des catholiques, en s'imaginant comme eux qu'il ne pouvait exister de salut pour quiconque avait des principes de foi différens des siens.

(1) Shakspeare. — Éd.

Sous tous les rapports, la malheureuse reine d'Écosse, qui recevait alors l'hospitalité, ou pour mieux dire qui se trouvait prisonnière chez lady Lochleven, était odieuse à son hôtesse. Cette dame acariâtre haïssait en elle la fille de Marie de Guise, de celle qui avait possédé sur le cœur et la main de Jacques V les droits légitimes dont elle se regardait comme ayant été injustement privée, et surtout une femme qui professait une religion qu'elle détestait plus que le paganisme.

Telle était la dame qui avec un air de dignité et des traits durs, quoique beaux encore, et couverte d'une coiffe de velours noir arrangée avec art, demanda au batelier qui venait de débarquer ce qu'étaient devenus lord Lindesay et sir Robert Melville. Celui-ci raconta ce qui s'était passé. Elle leva les épaules en souriant d'un air de mépris. — Il faut flatter les fous, dit-elle, et non pas les combattre. Retourne sur-le-champ, fais tes excuses comme tu le pourras; dis que lord Ruthven est déjà au château, et qu'il est impatient de voir lord Lindesay. Pars sur-le-champ... Un instant, Randal, quel est le galopin[1] que tu m'amènes?

— C'est le page, milady, le page que...

— Ah! le nouveau mignon, répondit lady Lochleven. La suivante est déjà arrivée hier. J'aurai une maison bien ordonnée avec cette dame et sa suite; mais je me flatte qu'on lui trouvera bientôt d'autres gardiens. Allons, pars, Randal; et vous, dit-elle à Roland, suivez-moi au jardin.

A ces mots elle précéda Roland, et le conduisit d'un pas lent et solennel dans un petit jardin entouré d'un mur orné de statues, et au milieu duquel était une fontaine artificielle. Il formait un parterre qui s'étendait de tout un côté de la grande cour, avec laquelle il communiquait par une porte cintrée fort basse. C'était dans cette étroite enceinte que Marie Stuart apprenait alors le rôle de prisonnière qu'elle

---

(1) *Galopin.* — Éd.

était destinée à jouer pendant tout le reste de sa vie, sauf un bien court intervalle. Deux suivantes l'accompagnaient dans sa promenade mélancolique; mais le premier regard de Roland fut exclusivement consacré à une femme si illustre par sa naissance, si renommée par ses talens et sa beauté, si célèbre par ses malheurs; et à peine s'aperçut-il qu'il se trouvait dans le jardin d'autres personnes que l'infortunée reine d'Écosse.

Sa taille et sa figure sont si généralement connues, que même après trois siècles il est inutile de rappeler au lecteur le plus ignorant les traits frappans qui caractérisaient cette physionomie remarquable qui semblait réunir tout ce que l'imagination peut se figurer de brillant, d'agréable et de majestueux, en nous laissant dans le doute s'il convenait mieux à la royauté, à la grace, ou aux talens. Quel est celui qui, entendant le nom de Marie Stuart, n'a pas son portrait sous les yeux; à qui sa figure n'est pas aussi familière que celle de la maîtresse de sa jeunesse, ou de la fille bien-aimée de son âge mûr? Ceux même qui se croient forcés à ajouter foi en tout ou en partie à ce que ses ennemis ont allégué contre elle, ne peuvent penser sans soupirer à cette physionomie qui exprimait tout autre chose que les crimes honteux dont elle a été accusée pendant sa vie, et qui continuent encore, sinon à noircir sa mémoire, du moins à la couvrir d'un nuage. — Son front si ouvert et si noble; — ses sourcils pleins de grace, et auxquels on aurait peut-être reproché trop de régularité, sans le charme des yeux qui semblaient dire tant de choses; — ce nez formé avec toute la précision des contours grecs; — cette bouche si parfaite, et comme destinée à ne faire encore que de douces paroles; — ce menton à fossette; — ce cou blanc et gracieux comme celui du cygne; tous ces traits composaient un ensemble dont on ne saurait trouver un autre exemple dans cette classe du monde où les nobles personnages, par le haut rôle qu'ils sont appelés à jouer, commandent une attention générale et sans partage. En vain dira-t-on que les différens portraits qui nous restent de cette reine célèbre ne se ressemblent pas entre eux. Au milieu de la différence qu'on y remarque chacun d'eux possède des traits généraux que l'œil reconnaît sur-le-champ comme appartenant à l'être que notre imagination nous présente quand nous lisons son histoire, et qui s'y impriment fortement par les tableaux et les gravures que nous en voyons partout. La gravure la plus mauvaise et la plus mal exécutée nous force à dire que c'est la reine Marie qu'on a voulu représenter; et ce n'est pas une faible preuve du pouvoir de la beauté, que ses charmes, après un tel espace de temps, soient encore le sujet, non-seulement de l'admiration, mais d'un intérêt chevaleresque. On sait que ceux même qui dans les derniers temps de sa vie avaient conçu l'opinion la plus défavorable du caractère de Marie, nourrissaient des sentimens analogues à ceux de l'exécuteur chargé de la décapiter qui, avant d'accomplir son affreux ministère, désira baiser la belle main de celle sur laquelle il allait accomplir un si horrible devoir.

Elle était alors en robe de deuil, et ce fut avec cet air, ce port, ces manières, tous ces charmes avec lesquels une tradition fidèle a familiarisé tous les lecteurs, que Marie Stuart s'avança vers lady Lochleven. Celle-ci de son côté tâcha de cacher sa haine et son embarras sous le voile d'une indifférence respectueuse. La vérité était qu'elle avait plusieurs fois éprouvé la supériorité de la reine dans cette espèce de sarcasme déguisé, mais piquant, dont les femmes se servent avec succès pour se venger des injures qu'elles ont reçues[1].

(1)   *And that sarcastic levity of tongue,*
The stinging of a heart the world hath stung,
That darts in seeming playfulness around,
And makes those feel that will not own the wound.

Lord Byron's *Lara*, chap. 1, paragr. v.

C'est la même idée rendue en vers par lord Byron. — Éd.

Il est permis de douter si ce talent ne fut pas aussi fatal à celle qui en était douée que le furent tant d'autres qualités de cette malheureuse reine ; car en la faisant jouir d'un moment de triomphe sur ceux qui étaient chargés de la garder, il ne manquait pas d'exciter leur ressentiment; et ils avaient soin de se venger du trait qui les avait blessés par des blessures bien plus profondes qu'il était en leur pouvoir d'infliger. On sait que sa mort fut accélérée par une lettre qu'elle écrivit à la reine Élisabeth, et dans laquelle elle tournait en ridicule sa jalouse rivale et la comtesse de Shrewsbury avec l'ironie la plus sanglante.

Lorsque les dames se rencontrèrent, la reine dit en inclinant la tête pour rendre le salut à lady Lochleven : — Nous sommes heureuses aujourd'hui, nous jouissons de la société de notre aimable hôtesse à une heure où nous ne sommes pas accoutumées à ce bonheur pendant le temps qu'on nous a laissé jusqu'ici pour faire une promenade solitaire; mais notre bonne hôtesse sait qu'en tout temps elle trouve accès en notre présence, et elle n'a pas besoin d'observer le vain cérémonial de demander notre agrément pour se présenter devant nous.

— Si ma présence paraît importune à Votre Grace, répondit lady Lochleven, j'en suis fâchée. Je venais vous annoncer une addition à votre suite, ajouta-t-elle en montrant Roland, et c'est une circonstance à laquelle les dames sont rarement indifférentes.

— Vraiment ! je vous demande pardon, milady. Je suis pénétrée de reconnaissance pour toutes les bontés de mes nobles, ou si l'on veut de mes souverains. Ont-ils daigné faire une augmentation si considérable à ma cour ?

— Ils se sont étudiés, madame, à vous prouver combien ils ont de déférence pour Votre Grace, peut-être aux dépens de la saine politique : mais je me flatte que leurs attentions ne seront pas mal interprétées.

— Mal interprétées, milady ! impossible ! permettre à la

fille de tant de rois, à celle qui est encore reine de ce royaume, d'avoir une suite composée de deux femmes de chambre et d'un jeune page, c'est une faveur dont Marie Stuart ne peut jamais être assez reconnaissante. Comment donc! j'aurai une suite semblable à celle des épouses des gentilshommes campagnards de votre comté de Fife! Il n'y manquera qu'un écuyer et deux laquais en livrée bleue. Mais dans l'égoïsme de ma joie, je ne dois pas oublier le surcroît d'embarras et de dépenses que cette augmentation de ma suite va occasionner à notre bonne hôtesse et à toute la maison de Lochleven. C'est sans doute cette idée qui obscurcit la sérénité de votre front, milady; mais un peu de patience : la couronne d'Écosse ne manque pas de domaines, et je me flatte que votre digne fils mon excellent frère en offrira un des plus considérables au fidèle chevalier votre époux plutôt que de souffrir que Marie soit obligée de quitter ce château hospitalier, faute de vous fournir les moyens de l'y recevoir.

— Les Douglas de Lochleven, madame, savent depuis des siècles comment ils doivent remplir leurs devoirs envers l'état. Ils ne songent pas à la récompense, quelque désagréable, quelque dangereuse que puisse être la tâche qui leur est imposée.

— Vous êtes trop scrupuleuse, ma chère Lochleven, reprit la reine. Je vous en prie, ne refusez pas un bon domaine. Qu'est-ce qui doit aider la reine d'Écosse à tenir sa cour royale dans ce château, si ce ne sont les biens de sa couronne? Qui doit fournir aux besoins d'une mère, si ce n'est un fils affectionné comme le comte de Murray, qui en a le pouvoir et la volonté? Mais ne disiez-vous pas que c'est le danger de la tâche qui vous est imposée qui couvre d'un nuage votre front ordinairement si serein? Sans doute un jeune page est un formidable renfort pour ma garde royale, composée de deux femmes; et maintenant que j'y pense, c'est sans doute pour cette raison que lord Lindesay n'a pas voulu se hasarder contre une force si redoutable sans avoir avec lui une suite convenable.

Lady Lochleven fit un mouvement de surprise ; et Marie, changeant tout à coup d'accent, quitta le ton d'ironie doucereuse qu'elle avait d'abord emprunté pour prendre celui d'une autorité sévère, et levant la tête avec une fierté majestueuse : — Oui, milady, lui dit-elle, je sais que Ruthven est déjà dans ce château, et que Lindesay attend de l'autre côté du lac le retour de votre barque pour y venir avec sir Robert Melville. Dans quel dessein viennent-ils ici ? Pourquoi n'ai-je pas été avertie de leur arrivée, comme la bienséance l'exigeait ?

— Ils vous diront eux-mêmes, madame, quel est le motif qui les amène ; mais il était inutile de vous les annoncer formellement, puisque Votre Grace a parmi les gens de sa suite des personnes qui jouent si bien le rôle d'espion.

— Hélas! ma pauvre Fleming, dit la reine en se retournant vers la plus âgée des deux dames qui la suivaient, tu vas être accusée, jugée et condamnée comme un espion qui s'est glissé dans la garnison, parce que tu as par hasard traversé la grande salle pendant que notre bonne hôtesse parlait à son pilote Randal aussi haut que le lui permettait l'étendue de sa voix. Mets du coton dans tes oreilles, ma chère, si tu veux les conserver plus long-temps, et souviens-toi que dans le château de Lochleven ce n'est pas pour s'en servir qu'on a des oreilles et une langue. Notre digne hôtesse peut entendre et parler pour tout le monde.

S'adressant alors à lady Lochleven : — Nous vous dispensons de nous faire cortége, lui dit-elle ; nous allons nous préparer à avoir une entrevue avec ces seigneurs rebelles. Nous prendrons pour salle d'audience l'antichambre de notre chambre à coucher. Vous, jeune homme, dit-elle à Roland en passant tout à coup du ton de l'ironie à celui de la plaisanterie, vous qui composez tous les officiers de notre couronne, depuis notre grand chambellan jusqu'au dernier de nos huissiers, suivez-nous pour préparer notre cour.

A ces mots elle se détourna et reprit le chemin du château.

Lady Lochleven croisa les bras, et fit un sourire plein d'amertume et de ressentiment en la voyant s'éloigner à pas lents, d'un air plein de dignité.

— Tous les officiers de ta couronne, répéta-t-elle : plût au ciel que tu n'en eusses jamais eu d'autres! S'apercevant alors que Roland à qui elle bouchait le passage était encore derrière elle, elle changea de place pour le laisser passer, lui disant en même temps : — Es-tu déjà aux écoutes, mignon? Suis ta maîtresse, et répète-lui, si tu veux, ce que tu viens d'entendre.

Roland Græme se hâta de rejoindre la reine et les dames de sa suite, qui venaient d'entrer par une petite porte communiquant du château au jardin. Ils montèrent jusqu'au second étage, où se trouvait l'appartement de la princesse captive, composé de trois pièces à la suite l'une de l'autre : la première était une espèce d'antichambre, la seconde un grand salon, et la dernière la chambre à coucher de la reine. Une autre petite chambre donnant dans le salon contenait les lits de ses deux dames d'honneur.

Roland s'arrêta dans l'antichambre pour attendre qu'on lui donnât quelques ordres. D'une fenêtre garnie de gros barreaux de fer, il vit débarquer Lindesay, Melville et les gens de leur suite. Un troisième seigneur vint au-devant d'eux hors de la porte du château, et Lindesay lui cria d'un ton brusque : — Lord Ruthven, vous nous avez gagnés de vitesse.

L'attention du page fut détournée de ce spectacle par des cris qui partirent de l'appartement intérieur, et il se hâta d'y entrer pour voir s'il pouvait être de quelque utilité. La reine, assise dans un grand fauteuil placé près de la porte, était agitée de convulsions, et paraissait pouvoir à peine respirer. La plus âgée de ses deux dames la soutenait dans ses bras, et la plus jeune lui bassinait le visage avec de l'eau fraîche, non sans y mêler ses larmes.

— Courez, jeune homme, s'écria la première d'un ton alarmé ; courez bien vite, appelez du secours ; la reine a perdu connaissance.

Mais Marie, faisant un effort sur elle-même, s'écria d'une voix presque éteinte : — Ne bougez pas..... Je vous le défends. Que personne ne soit témoin... Je me sens mieux... c'est l'affaire d'un instant. Et par un nouvel effort, elle parvint à se soutenir elle-même sur son fauteuil, et chercha à rappeler ses forces, quoique tous ses traits fussent agités encore par l'émotion. — Je suis honteuse de ma faiblesse, dit-elle à ses dames en leur prenant la main ; mais elle est passée, et je suis encore Marie Stuart. Le ton sauvage de cet homme... ce que je connais de son insolence... le nom qu'il a prononcé... le motif qui le conduit ici... tout cela peut servir d'excuse à un moment de faiblesse ; mais elle ne durera qu'un instant.

Elle ôta le bonnet qui lui couvrait la tête, et que son agitation avait mis en désordre, passa ses jolis doigts entre les belles boucles de ses noirs cheveux, puis se leva, et resta un instant, image parfaite d'une prophétesse grecque, dans une attitude qui annonçait en même temps la douleur et la fierté ; et mêlant le sourire aux larmes : — Nous sommes mal préparées, dit-elle, pour tenir une conférence avec nos sujets rebelles ; mais autant que nous le pouvons, nous tâcherons de nous présenter devant eux en reine. Venez, mes filles. Que dit ta ballade favorite, ma Fleming ?

> Suivez-moi dans mon boudoir,
> Et sur ma chevelure brune
> Déployez tout votre savoir
> Pour faire dix boucles pour une.

— Hélas ! ajouta-t-elle après avoir répété ces vers d'une vieille ballade, la violence m'a déjà dépouillée des ornemens ordinaires de mon rang, et les chagrins et les inquiétudes ont flétri le petit nombre de ceux que je tenais de la nature. Cependant, tout en parlant ainsi, elle promenait encore ses jolis doigts dans l'épaisse forêt de ses beaux cheveux noirs qui flottaient sur son cou d'albâtre et sur son sein palpitant, comme si, malgré sa cruelle angoisse, une voix intérieure lui eût dit que ces charmes étaient encore sans rivaux.

A sa jeunesse et à son inexpérience Roland joignait un cœur susceptible de porter l'enthousiasme au plus haut degré pour tout ce qui l'intéressait vivement, et il n'avait jamais rien vu de plus aimable, de plus majestueux, de plus intéressant que Marie. On eût dit qu'elle l'avait soumis au charme de la fascination : il restait immobile, les yeux fixés sur elle ; il semblait avoir pris racine sur la place où il se trouvait, et il brûlait intérieurement du désir de hasarder sa vie pour une si belle cause. Marie avait été élevée en France : elle possédait les attraits les plus séduisans, et elle ne l'ignorait pas ; elle avait été reine d'Écosse, pays où l'art de connaître les hommes était aussi nécessaire que l'air qu'on respire. Sous tous ces rapports, elle était de toutes les femmes du monde la plus prompte à s'apercevoir des avantages que ses charmes lui donnaient sur tout ce qui se trouvait dans la sphère de son influence, et la plus habile à en profiter. Elle jeta sur Roland un regard qui aurait attendri un cœur de pierre. Mon pauvre enfant, lui dit-elle, on vous a arraché aux bras d'une tendre mère, d'une sœur affectueuse ; on vous a privé de la liberté, qui offre tant de charmes à votre âge, pour vous envoyer partager notre triste captivité. J'en suis fâchée pour vous ; mais, comme je le disais tout à l'heure, vous composez à vous seul tous les officiers de ma couronne ; obéirez-vous à mes ordres ?

— Jusqu'à la mort, madame, répondit Roland avec vivacité.

— Gardez donc la porte de mon appartement, reprit la reine : gardez-la jusqu'à ce que je sois prête à recevoir cette visite importune, ou jusqu'à ce qu'on ait recours à la violence pour y entrer.

— On n'y pénétrera qu'en me marchant sur le corps, s'écria Roland, qui tout à l'heure indécis sur le rôle qu'il devait jouer, sentit toute son hésitation céder à l'impulsion du moment.

— Non, brave jeune homme, dit la reine : ce n'est pas là ce que je vous commande. Si j'ai près de moi un sujet fidèle, à Dieu ne plaise que j'oublie le soin de sa sûreté ! Ne résistez qu'autant qu'il le faudra pour les couvrir de la honte d'employer la violence contre une femme sans défense, et alors livrez-leur le passage. Tels sont mes ordres ; ne manquez pas de les exécuter. Et accompagnant ces paroles d'un sourire qui exprimait en même temps la bienveillance et l'autorité, elle entra dans sa chambre à coucher, accompagnée des deux dames de sa suite.

La plus jeune y entra la dernière, et se retournant vers Roland, lui fit signe de la main. Il avait déjà reconnu en elle Catherine Seyton, et cette circonstance n'avait pas beaucoup surpris un jeune homme qui, doué d'une vive intelligence, n'avait pas oublié les discours mystérieux qu'avaient tenus les deux matrones dans le couvent de Sainte-Catherine de Sienne, discours sur lesquels la présence de Catherine en ce lieu semblait jeter tant de lumière. Cependant tel avait été l'effet produit sur lui par la vue de Marie, qu'il n'avait pu s'occuper d'autre chose que des malheurs de sa reine, et que l'amour même avait été oublié. Ce ne fut que lorsque la jeune fille eut disparu qu'il commença à réfléchir sur les relations qui allaient nécessairement s'établir entre eux.

— Le signe qu'elle m'a fait semblait indiquer un ordre, pensa-t-il : peut-être voulait-elle me recommander d'obéir à celui que je venais de recevoir de la reine ; car je ne pense pas qu'elle voulût me menacer de la même discipline que je l'ai vue administrer au gilet gris et au pauvre Adam Wood.

cock. Mais nous aurons le temps d'y réfléchir; en ce moment il ne faut songer qu'à répondre à la confiance que m'a accordée cette reine infortunée. Je crois que le comte de Murray lui-même conviendrait que le devoir d'un page est d'empêcher qu'on ne pénètre dans l'appartement de sa maîtresse malgré elle.

En conséquence il entra dans la petite antichambre, ferma au verrou la porte qui donnait sur l'escalier, et s'assit pour attendre ce qui allait advenir. Quelques instans après il entendit qu'on montait; on essaya d'ouvrir le loquet, et sentant de la résistance, on poussa, on secoua la porte avec tant de violence que Roland craignait que les gonds ne cédassent, lorsqu'une voix brusque s'écria : — Qu'on ouvre la porte! qu'on ouvre à l'instant!

— Et de quel droit, demanda Roland, m'ordonne-t-on d'ouvrir la porte de la reine d'Écosse?

Une seconde tentative prouva que celui qui demandait qu'on la lui ouvrît ne se serait pas fait scrupule d'entrer de vive force s'il avait pu.

— Ouvrez la porte! s'écria-t-on une seconde fois; ouvrez-la, à votre péril. Lord Lindesay vient pour parler à lady Marie d'Écosse.

— Lord Lindesay, comme noble écossais, répondit le page, doit attendre le loisir de sa souveraine.

Il s'ensuivit une altercation sérieuse entre ceux qui attendaient à la porte, et Roland distingua la voix aigre de lord Lindesay répondant à sir Robert Melville, qui avait sans doute cherché à le calmer : — Non! non! non! non! vous dis-je! je placerai un pétard sous la porte plutôt que de me laisser bafouer par une femme, et de souffrir qu'un valet me brave.

— Du moins, dit Melville, laissez-moi d'abord essayer les voies de douceur, ou attendons l'arrivée de lord Ruthven.

— Je n'attendrai pas un instant, répondit Lindesay; nous devrions déjà avoir terminé notre affaire, et être en chemin pour retourner au conseil. Au surplus, essayez vos voies de douceur, comme vous les appelez, tandis que j'irai faire préparer un pétard. Je suis venu ici muni d'aussi bonne poudre que celle qui a fait sauter l'église de Field.

— Pour l'amour du ciel, un peu de patience! lui dit Melville; et s'approchant de la porte:—Faites savoir à la reine, dit-il, que son fidèle serviteur Robert Melville la conjure, par intérêt pour elle-même, et pour prévenir des conséquences plus fâcheuses, de faire ouvrir la porte à lord Lindesay chargé d'une mission du conseil d'état.

— Je vais porter votre message à la reine, répondit le page, et je vous ferai savoir la réponse.

Il alla à la porte de sa chambre à coucher, et y frappa doucement. La plus âgée des deux dames l'ouvrit à l'instant. Il lui fit part de tout ce qui venait de se passer; elle alla en instruire la reine, et rapporta à Roland l'ordre de laisser entrer sir Robert Melville et lord Lindesay. Le page retourna dans l'antichambre, en ouvrit la porte, et Lindesay se présenta de l'air d'un soldat qui entre par la brèche dans une forteresse qu'il vient de conquérir, tandis que Melville le suivait à pas lents, d'un air triste et abattu.

— Je vous prends à témoin, dit le page à ce dernier, que sans l'ordre exprès de la reine, j'aurais défendu la porte de toutes mes forces et de tout mon sang contre toute l'Écosse.

— Silence, jeune homme, dit Melville d'un ton grave et sévère; ne versez pas d'huile sur le feu. Ce n'est pas le moment des fanfaronnades chevaleresques.

—Eh bien! pourquoi ne vient-elle pas? demanda Lindesay en arrivant au milieu de la pièce qui servait de salon: pourquoi se fait-elle attendre? se moque-t-elle de nous?

— Patience, milord, répondit sir Robert, rien ne presse; lord Ruthven n'est pas encore arrivé.

En ce moment la porte à coucher de la chambre s'ouvrit, et l'on vit paraître la reine. Elle s'avança avec cet air de grace et de majesté qui lui était particulier, sans paraître émue ni de la visite ni du trait d'insolence qui l'avait précédée. Elle portait une robe de velours noir garnie d'une dentelle qui lui cachait le sein, mais qui laissait voir la blancheur de son cou. Elle avait sur la tête un petit bonnet de dentelle, et un grand voile blanc flottait en longs plis sur ses épaules de manière qu'elle pouvait à volonté le ramener par-devant et s'en couvrir le visage. Une croix d'or était suspendue à son cou, et un rosaire d'or et d'ébène à sa ceinture. Elle était accompagnée de ses deux dames, qui restèrent debout derrière elle pendant toute la conférence. Lord Lindesay lui-même, quoiqu'il fût le noble le plus grossier de ce siècle grossier, fut surpris d'éprouver malgré lui une sorte de respect en voyant paraître avec cet air de dignité tranquille une femme qu'il s'imaginait trouver livrée aux transports d'une rage impuissante, noyée dans des larmes inutiles, ou troublée par les craintes qui pouvaient naturellement l'agiter dans la situation où elle était réduite.

— Je crains de vous avoir fait attendre, lord Lindesay, dit la reine, en répondant par une révérence pleine de majesté au salut qu'il lui avait fait de fort mauvaise grace ; mais une femme n'aime pas recevoir de visite sans avoir passé quelques minutes à sa toilette. Les hommes tiennent moins à un tel cérémonial.

Lord Lindesay, jetant les yeux sur son armure rouillée, sur son pourpoint sale et percé, murmura quelques mots d'un voyage fait à la hâte, tandis que la reine saluait sir Robert Melville avec politesse et même avec bienveillance. Il y eut alors quelques momens de silence. Lindesay se retourna plusieurs fois vers la porte, attendant avec impatience le troisième membre de cette ambassade. La reine seule ne montrait aucun embarras ; et comme si elle n'eût eu d'autre motif que d'entamer une conversation, elle s'adressa à lord Lindesay en jetant un coup d'œil sur l'énorme épée dont nous avons déjà parlé.

— Vous avez là un fidèle compagnon de voyage, milord ;

mais il est un peu lourd. Je me flatte que vous ne vous êtes pas attendu à trouver ici des ennemis contre lesquels cette arme formidable pourrait vous être nécessaire. Il me semble que c'est une parure un peu singulière pour une cour : mais je suis, comme il faut que je le sois, trop Stuart pour craindre la vue d'une épée.

— Ce n'est pas la première fois, madame, répondit Lindesay en tournant son épée de manière à en appuyer la pointe par terre tandis qu'il levait la main pour l'appuyer sur sa pesante poignée, ce n'est pas la première fois que cette épée se présente sous les yeux d'un Stuart.

— Cela est possible, milord ; cette épée peut avoir rendu des services à mes ancêtres. Les vôtres, milord, étaient des hommes pleins de loyauté.

— Oui, madame, elle leur a rendu des services, mais de ces services que les rois n'aiment ni à reconnaître ni à récompenser ; les mêmes services que la serpette rend à l'arbre dont elle retranche les branches gourmandes et inutiles qui lui dévorent ses sucs nourriciers.

— Vous me parlez en énigme, milord ; j'espère que l'explication n'en a rien d'insultant.

— Vous en jugerez, madame : c'était de cette bonne épée qu'était armé Archibald Douglas, comte d'Angus, le jour mémorable où il tira de force du palais de votre bisaïeul Jacques III une troupe de mignons, de flatteurs et de favoris qu'il fit pendre sur le pont de Lauder pour servir de leçon aux semblables reptiles qui oseraient approcher du trône d'Écosse. Ce fut avec la même arme que le même champion de l'honneur et de la noblesse d'Écosse tua d'un seul coup Spens de Kilspindie, courtisan de votre aïeul Jacques IV, en présence duquel il avait osé parler de lui trop légèrement. Ils se battirent près des bords du Fala ; et Angus, d'un seul coup de cette lame, abattit une cuisse de son ennemi aussi facilement qu'un jeune berger arrache une branche de bruyère.

— Milord, répliqua la reine en rougissant, j'ai les nerfs trop aguerris pour être alarmée même par cette histoire terrible. Puis-je vous demander comment une arme si illustre a passé de la maison de Douglas dans celle de Lindesay. Il me semble qu'elle aurait dû être conservée comme une relique dans une famille qui prétend avoir fait pour son pays tout ce qu'elle a fait contre ses rois.

— Madame, s'écria Melville, je vous en supplie, ne faites pas cette question... Et vous, milord, par pitié, par honneur, n'y répondez point.

— Il est temps qu'elle apprenne à entendre la vérité, répondit Lindesay.

— Et soyez assuré, milord, reprit la reine, que rien de ce que vous pourrez dire n'excitera ma colère. Il est certains cas où un juste mépris l'emporte toujours sur un juste courroux.

— Sachez donc, dit Lindesay, que sur le champ de bataille de Carberry-Hill, quand cet infâme traître, ce meurtrier Jacques, quelque temps comte de Bothwell, et à qui on donna le sobriquet de duc d'Orkney, défia en combat singulier quelqu'un des nobles qui s'étaient ligués pour le livrer à la justice, j'acceptai son cartel ; et ce fut alors que le noble comte de Morton me fit présent de cette bonne épée pour le combattre à outrance ; et s'il avait eu un grain de plus de présomption ou un grain de moins de lâcheté, cette lame aurait si bien fait son devoir, que les chiens et les vautours auraient trouvé leurs morceaux tout coupés sur la carcasse de ce traître.

Le courage pensa manquer à la reine quand elle entendit prononcer le nom de Bothwell, nom lié à tant de honte, à tant de crimes, à tant de désastres. Mais la fanfaronnade prolongée de Lindesay lui donna le temps de recueillir ses forces, et elle lui répondit avec l'apparence d'un froid mépris :

— Il est facile, milord, de vaincre un ennemi qui n'entre

pas en lice. Mais si Marie Stuart avait hérité de l'épée de son père comme de son sceptre, le plus audacieux de ses sujets rebelles ne se serait pas plaint ce jour-là de n'avoir trouvé personne avec qui il pût se mesurer. Vous me pardonnerez, milord, si j'abrège cette conférence. La relation d'une bataille sanglante, quelque courte qu'elle soit, est toujours trop longue pour une femme. A moins que lord Lindesay n'ait à nous parler d'objets plus importans que les hauts faits du vieux Angus et les exploits par lesquels il se serait illustré lui-même si le temps et la marée l'eussent permis, nous nous retirerons dans notre appartement; et vous, Fleming, vous finirez de nous y lire le petit traité *des rodomontades espagnoles*.

—Un instant, madame, s'écria Lindesay, rougissant à son tour de colère. Il y a trop long-temps que je connais votre esprit caustique pour chercher une entrevue dans le but de vous fournir l'occasion d'en faire usage aux dépens de mon honneur. Lord Ruthven, sir Robert Melville et moi, nous venons trouver Votre Grace de la part du conseil secret, chargés d'un message dont le résultat intéresse la sûreté de votre vie et la prospérité de l'état.

—Le conseil secret! dit la reine; de quel droit peut-il exister ou agir, tandis que moi, dont il tient tous ses pouvoirs, je suis injustement détenue prisonnière en ce château? Mais n'importe; rien de ce qui intéresse la prospérité de l'Écosse ne peut être indifférent à Marie. Quant à sa propre vie, elle a vécu assez pour en être lasse, même à vingt-cinq ans. Où est votre collègue, milord? pourquoi n'arrive-t-il pas?

—Le voici, madame, dit Melville. Et lord Ruthven entra en ce moment, tenant à la main quelques papiers. Tandis qu'elle lui rendait son salut, son visage se couvrit d'une pâleur mortelle; mais elle revint à elle aussitôt, par suite d'une résolution aussi forte que soudaine, à l'instant même où le baron, dont la présence semblait lui avoir fait une si forte impression, fit son entrée dans l'appartement, suivi de George Douglas, le plus jeune des fils du seigneur de Lochleven. En l'absence de son père et de ses frères, ce jeune homme remplissait les fonctions de sénéchal du château, sous la direction de la douairière de Lochleven mère de son père.

CHAPITRE XXII.

« De ce fardeau pesant je décharge ma tête :
« Moi-même je remets ma couronne en vos mains,
« Et vous déclare absous des sermens les plus saints. »
SHAKSPEARE. *Richard II.*

Lord Ruthven avait l'air et le port d'un guerrier et d'un homme d'état; sa tournure martiale et ses traits l'avaient fait surnommer parmi ses amis Greysteil, d'après le nom du héros d'une chronique alors fort en vogue. Son justaucorps de buffle brodé ressemblait à un négligé militaire, mais n'avait rien de l'apparence sordide qui faisait remarquer celui de Lindesay. Fils d'un malheureux père, et père lui-même d'une famille encore plus infortunée, il portait sur son visage les traces de cette mélancolie de mauvais augure par laquelle les physionomistes de ce temps prétendaient distinguer ceux qui étaient destinés à périr de mort violente.

La terreur que ce seigneur inspirait à la reine, ou pour mieux dire l'effet qu'il produisait sur elle, avait pour cause la part active qu'il avait prise au meurtre de David Rizzio. Son père avait présidé à l'exécution de ce crime abominable. Malgré son état de faiblesse, et quoique hors d'état de supporter son armure, il avait quitté le lit où le retenait une maladie longue et cruelle, pour commettre un assassinat en présence de sa souveraine. Le fils avait lui-même joué un des premiers rôles dans cette sanglante tragédie. Il n'était donc pas bien étonnant que la reine, se rappelant cette scène horrible passée devant ses yeux, conservât un instinct de terreur quand elle voyait quelqu'un des principaux acteurs de ce meurtre ou qu'elle en entendait seulement parler.

Elle rendit pourtant avec grâce le salut de lord Ruthven, et présenta sa main à George Douglas qui, fléchissant un genou devant elle, la baisa respectueusement. C'était le premier hommage que Roland voyait rendre à cette reine captive par un de ses sujets. Elle le reçut en silence; et l'intendant du château, homme d'un aspect sévère et même farouche, avança par ordre de Douglas une grande table sur laquelle il plaça tout ce qu'il fallait pour écrire. Roland, obéissant à un signe de sa maîtresse, approcha d'elle un fauteuil; la table formait en quelque sorte une ligne de séparation entre elle et les personnes de sa suite et ceux qui venaient lui faire une visite si importune et si désagréable. L'intendant se retira alors, après avoir fait un profond salut : dès qu'il eut fermé la porte, la reine rompit le silence.

—Avec votre permission, milords, je m'assiérai. Mes promenades maintenant ne sont pas assez longues pour me fatiguer beaucoup; mais je sens qu'en ce moment le repos m'est plus nécessaire que de coutume.

Elle s'assit; et appuyant sa tête sur une de ses belles mains, elle jeta tour à tour un regard pénétrant sur chacun des trois nobles seigneurs qui se trouvaient devant elle. Marie Fleming porta son mouchoir à ses yeux, et Catherine Seyton et Roland Græme se jetèrent un regard d'intelligence qui prouvait qu'ils prenaient trop d'intérêt à leur maîtresse, et qu'ils étaient trop profondément émus par sa situation, pour avoir une seule pensée qui se dirigeât sur eux-mêmes.

— Je vous attends, milords, dit la reine après avoir été assise environ une minute sans qu'on eût prononcé une parole;—j'attends le message dont vous ont chargés ceux que vous appelez le conseil secret. Je présume que c'est une pétition pour implorer ma clémence et pour me prier de remonter sur le trône qui m'appartient, sans traiter avec rigueur, comme j'en aurais le droit, ceux qui m'en ont illégalement dépossédée.

—Madame, répondit Ruthven, il nous est pénible d'avoir à dire des vérités dures à une princesse qui a long-temps régné sur nous; mais nous devons accomplir notre mission. Nous ne venons pas demander un pardon; nous sommes au contraire chargés de l'offrir; en un mot, madame, nous avons à vous proposer, de la part du conseil secret, de signer ces actes qui contribueront beaucoup à rétablir la tranquillité dans l'état, à propager la parole de Dieu, et à assurer la paix du reste de votre vie.

— Et d'après un si beau discours, milord, dois-je signer de confiance ces pièces qui doivent produire des effets si merveilleux, où m'est-il permis d'en connaître d'abord le contenu?

—Sans aucun doute, madame : nous désirons, nous demandons même que vous preniez connaissance de ce que vous êtes requise de signer.

—Requise! répéta la reine. Mais n'importe, les paroles répondent aux actions. Lisez, milord.

Lord Ruthven se mit alors à lire une pièce rédigée au nom de la reine, à qui l'on faisait dire qu'elle avait été appelée dès sa plus tendre jeunesse au gouvernement du royaume et à la couronne d'Écosse; qu'elle avait donné tous ses soins à l'administration; mais qu'elle avait éprouvé tant de fatigues et de peines, qu'elle ne se trouvait plus l'esprit assez libre ni les forces du corps suffisantes pour supporter le poids des affaires de l'état; que la bonté divine ayant daigné lui accorder un fils, elle désirait, de son vivant, le voir porter la couronne qui lui appartenait par droit de naissance. — C'est pourquoi, lui faisait-on dire, par suite de l'affection que nous lui portons, nous avons résolu de nous démettre et nous démettons en sa faveur, par ces présentes, librement et volontairement, de tous nos droits à la couronne et au gouvernement d'Écosse, voulant qu'il monte sur-le-champ sur le trône, comme s'il y avait été appelé par notre mort naturelle, et non par l'effet de notre propre volonté. Et pour que notre présente abdication ait un effet plus complet et plus solennel, et que personne n'en puisse prétendre cause d'ignorance, nous donnons plein pouvoir à nos féaux et fidèles cousins les lords Lindesay de Byres et William Ruthven, de comparaître en notre nom devant la noblesse, le clergé et les bourgeois d'Écosse, dont ils convoqueront une assemblée à Stirling, et d'y renoncer publiquement et solennellement de notre part à tous nos droits à la couronne et au gouvernement d'Écosse.

La reine, après avoir entendu cette lecture, s'écria en affectant un air de grande surprise : — Que veut dire ceci, milords? Dois-je croire ce que je viens d'écouter? ou dois-je accuser mes oreilles d'infidélité? Elles ont entendu si longtemps les discours des rebelles, qu'il ne serait pas étonnant qu'elles m'en fissent entendre le langage mal à propos. Dites-moi qu'elles me trompent, milords; dites-le-moi pour votre honneur et pour celui de la noblesse d'Écosse. Assurez-moi que mes féaux et fidèles cousins les lords Lindesay de Byres et William Ruthven, deux barons aussi renommés par leur bravoure que distingués par leur naissance, ne sont pas venus voir leur souveraine dans sa prison pour l'insulter par une telle proposition; dites-moi, par égard pour l'honneur et la loyauté, que mes oreilles m'ont trompée.

—Non, madame, répondit gravement Ruthven, vos oreilles ne vous trompent pas en ce moment. Elles vous ont trompée quand elles se sont fermées aux avis des prédicateurs de l'Évangile et à ceux de vos fidèles sujets, pour ne s'ouvrir qu'aux pernicieux conseils des flatteurs, des traîtres et de vos favoris étrangers. Le pays ne peut plus se laisser gouverner par une femme incapable de se gouverner elle-même. Je vous engage donc à céder au dernier avis de vos sujets et de vos conseillers, afin de vous épargner, ainsi qu'à nous, toute discussion sur une affaire si pénible.

— Est-ce là tout ce que mes fidèles sujets requièrent de moi, milords? demanda Marie d'un ton d'ironie amère. Se contentent-ils réellement d'exiger une chose aussi facile que l'acte de céder à un enfant à peine âgé d'un an une couronne m'appartenant par droit de naissance, et d'abandonner le sceptre pour prendre une quenouille? Non, milords, non; c'est trop peu demander. Cet autre papier contient sans doute quelque autre demande plus difficile à accorder, et qui doit mettre à une épreuve plus pénible mon désir de satisfaire les vœux de ma loyale noblesse.

— Cet autre papier, dit Ruthven en le déployant, et avec la même gravité inflexible, cet autre papier est un acte par lequel Votre Grace nomme son plus proche parent et le plus digne de la confiance de tous vos sujets, Jacques, comte de Murray, régent du royaume pendant la minorité du jeune roi. Il en exerce déjà les fonctions par ordre du conseil secret.

La reine ne put retenir une sorte de gémissement, et s'écria en joignant les mains :

— Est-ce bien de son carquois que part cette flèche? est-elle lancée par le bras de mon frère? Hélas! je regardais son retour de France comme le seul, ou du moins comme le plus prompt espoir de ma délivrance; et cependant quand j'eus appris qu'il tenait les rênes du gouvernement, je me doutai qu'il rougirait de les tenir en mon nom.

— Je dois, madame, dit lord Ruthven, vous prier de faire une réponse à la demande du conseil.

— A la demande du conseil! s'écria la reine avec vivacité; dites plutôt à la demande d'une troupe de bandits impatiens de se partager les fruits de leurs brigandages. A une telle demande, transmise par la bouche d'un traître dont la tête aurait été depuis long-temps placée sur la porte d'Édimbourg, sans un mouvement de compassion ou plutôt de faiblesse... Marie Stuart n'a point de réponse à faire.

— Qoique ma présence puisse vous être désagréable, madame, dit Ruthven, je me flatte qu'elle n'ajoutera point à votre obstination. Vous ne devez pas oublier que la mort de votre favori Rizzio coûta à la maison de Ruthven son chef et son maître. Mon père, plus estimable cent fois qu'une légion de pareils sycophantes, mourut en exil, dévoré par le chagrin.

La reine ne répondit rien; elle se couvrit le visage de ses deux mains, appuya ses coudes sur la table, pencha la tête, et pleura si amèrement, qu'on voyait les larmes couler à travers ses doigts délicats, malgré tous ses efforts pour les retenir ou du moins les cacher.

— Milord, dit sir Robert Melville, c'est trop de rigueur; nous sommes venus ici, non pour faire revivre d'anciens sujets de plaintes, mais pour trouver le moyen d'en éviter de nouveaux.

— Sir Robert, répondit Ruthven, nous savons parfaitement pourquoi nous avons été envoyés ici, et par conséquent je ne sais trop pourquoi l'on vous a adjoint à nous.

— Sur mon ame, dit lord Lindesay, je ne le sais pas davantage, à moins que le bon chevalier ne soit comme le morceau de sucre que les apothicaires mettent dans une potion salutaire, mais désagréable, pour la faire avaler plus facilement à un enfant gâté; mais je ne vois pas pourquoi il faut tant de cérémonies quand on a les moyens de faire avaler la pilule sans la dorer.

— Il se peut, milords, dit Melville, que vous connaissiez mieux que moi vos instructions secrètes ; mais je sais que j'obéirai aux miennes en tâchant de servir de médiateur entre Sa Majesté et vous.

— Silence ! sir Robert Melville, dit la reine en se levant encore rouge et tremblante d'agitation. Mon mouchoir, Fleming : je rougis de m'être laissé émouvoir à ce point par des traîtres. Dites-moi, milords, ajouta-t-elle en essuyant ses larmes, dites-moi de quel droit des sujets prétendent dicter des lois à leur souveraine légitime, secouer le joug de l'obéissance qu'ils lui ont jurée, et retirer la couronne de la tête sur laquelle la volonté divine l'a placée ?

— Je vous répondrai avec franchise, madame, dit Ruthven. Votre règne, depuis la funeste bataille de Pinkie quand vous étiez encore au berceau, jusqu'à ce jour où vous êtes devant nous dans la force de l'âge, n'a été qu'une suite tragique de revers, de malheurs, de désastres, de dissensions intestines et de guerres étrangères, dont on chercherait en vain un autre exemple dans notre histoire. Les Français et les Anglais, comme d'un consentement mutuel, ont fait de l'Écosse un champ de bataille pour y vider leurs anciennes querelles. Parmi nous le frère a levé la main contre le frère ; chaque année a été marquée par la révolte, le massacre et l'exil d'une partie de la noblesse, et par l'oppression du peuple. Nous ne pouvons souffrir plus long-temps cet état de choses, et c'est pourquoi nous vous demandons comme à une princesse à qui Dieu a refusé le don d'écouter de sages conseils, sur les projets et les actions de laquelle les bénédictions du ciel ne sont jamais descendues, de céder à d'autres mains le gouvernement de ce pays, afin de pouvoir sauver les malheureux restes de ce royaume déchiré.

— Milord, répondit Marie, il me semble que vous chargez la tête infortunée de votre victime de la responsabilité des maux que je pourrais attribuer avec bien plus de justice à votre caractère turbulent, sauvage et indomptable ; à cette violence frénétique avec laquelle vous, les magnats d'É-cosse, vous êtes toujours prêts à vous déchirer mutuellement; commettant les plus affreuses cruautés pour satisfaire votre ressentiment; tirant la plus odieuse vengeance des offenses les plus légères; bravant les sages lois que firent vos ancêtres pour réprimer de tels désordres; vous révoltant sans cesse contre l'autorité légitime; vous comportant comme s'il n'existait pas de souverain dans le pays, ou pour mieux dire, comme si chacun de vous était roi dans ses domaines : et maintenant vous rejetez sur moi la cause de tous ces maux, sur moi, dont la vie a été remplie d'amertume, dont le sommeil a été interrompu toutes les nuits, dont le cœur a été brisé par suite de vos excès! N'ai-je pas été obligée moi-même, à la tête de quelques serviteurs fidèles, de traverser des marais et de gravir des montagnes pour maintenir la paix et réprimer l'oppression? N'ai-je pas moi-même pris les armes, monté à cheval, porté des pistolets à ma selle, oublié le caractère de douceur d'une femme et la dignité d'une reine, pour donner à mes soldats l'exemple du courage et de la fermeté?

— Nous vous accordons, madame, dit Lindesay, que les secousses occasionnées par votre mauvais gouvernement vous ont quelquefois fait tressaillir au milieu d'une mascarade ou d'une partie de plaisir; qu'elles peuvent vous avoir donné des distractions pendant la messe, et vous avoir empêchée d'écouter avec assez d'attention les conseils jésuitiques de quelque ambassadeur français; mais le plus long et le plus pénible voyage que Votre Grace ait entrepris, à mon souvenir, c'est celui d'Hawick au château de l'Ermitage ; et le fut-il pour le bien de l'état et pour votre propre honneur, c'est une question à laquelle je laisse à votre conscience le soin de répondre.

La reine se tourna vers lui, et lui jeta un de ces regards pleins d'une douceur ineffable que le ciel semblait lui avoir accordés comme pour prouver que les dons les plus propres à gagner l'affection des hommes peuvent quelquefois être prodigués en vain. — Lindesay, lui dit-elle, vous ne me parliez pas d'un ton si sévère, vous ne m'adressiez pas de si cruels sarcasmes, cette belle soirée d'été où vous et moi tirâmes au blanc contre le comte de Mar et Marie de Livingstone, et où nous leur gagnâmes une collation dans le jardin de Saint-André. Le maître de Lindesay était mon ami alors; il fit serment qu'il combattrait toujours pour moi. En quoi ai-je offensé le lord de Lindesay? c'est ce que j'ignore; mais sans doute les honneurs changent les mœurs.

Tout endurci et grossier qu'il était, Lindesay parut déconcerté par cette apostrophe inattendue; mais il se remit presque aussitôt. — Madame, répondit-il, on n'ignore pas que Votre Grace savait à cette époque faire des fous de tous ceux qui l'approchaient. Je ne prétends pas avoir été plus sage que les autres; mais de meilleurs courtisans, des galans plus maniérés ont bientôt éclipsé mon hommage grossier, et Votre Grace doit aussi se rappeler le temps où mes efforts maladroits pour prendre les manières qui lui plaisaient servirent de risée aux perroquets de cour, aux Marie et aux Françaises.

— Si je vous ai offensé par quelque badinage inconséquent, milord, dit la reine, j'en ai un véritable regret, et je puis dire que jamais je n'en ai eu l'intention. Au surplus vous êtes bien vengé, ajouta-t-elle en soupirant; ma gaîté n'offensera plus personne.

— Nous perdons le temps, madame, s'écria lord Ruthven. Je dois vous prier de me faire connaître votre détermination sur l'affaire importante que je vous ai soumise.

— Quoi! milord! à l'instant même, sans me laisser un moment pour y réfléchir! Le conseil, comme vous le nommez, peut-il exiger une pareille chose?

— Le conseil pense, madame, que depuis le terme fatal qui s'est écoulé entre la nuit du meurtre du roi Henri et le jour de Carberry-Hill, Votre Grace a dû se préparer à la mesure qu'on lui propose, comme étant le moyen le plus facile d'échapper aux difficultés et aux dangers qui vous entourent.

— Grand Dieu! s'écria la reine, est-ce donc à titre de faveur que vous me proposez de faire ce que tout roi chrétien doit regarder comme une tache à son honneur, et cent fois pire que la mort? Vous me retirez ma couronne, mon pouvoir, mes sujets, mes états! Au nom de tous les saints, que m'offrez-vous, que pouvez-vous m'offrir pour équivalent de cette perte?

— Le pardon, répondit Ruthven d'un ton ferme; le temps et les moyens de passer le reste de votre vie dans la pénitence et la retraite, de faire votre paix avec le ciel, et d'ouvrir les yeux à la véritable lumière de l'Évangile, que vous avez rejetée et dont vous avez persécuté les partisans.

La reine pâlit à la menace qu'un tel discours, et surtout le ton dur et inflexible de celui qui le prononçait, semblait lui adresser assez clairement. — Et si je ne me rends pas à une demande faite en termes si absolus, milord, qu'en résultera-t-il?

Elle prononça ces paroles d'un ton où l'on pouvait distinguer le caractère timide et craintif d'une femme luttant avec le sentiment de la dignité offensée d'une reine. Il s'ensuivit quelques instans de silence. Il semblait que personne ne se souciait de faire une réponse positive à cette question.

Enfin Ruthven prit la parole. — Cette question est inutile, dit-il. Votre Grace connaît assez les lois et l'histoire de ce pays pour savoir que le meurtre et l'adultère sont des crimes pour lesquels des reines mêmes ont été punies de mort.

— Et sur quoi, milord, fondez-vous une accusation si horrible contre celle qui est devant vous? Les calomnies odieuses et infâmes qu'on a pris soin de répandre pour empoisonner l'esprit public, et dont l'effet a été de me rendre votre prisonnière, ne sont certainement point des preuves de crime.

— Nous n'avons pas besoin d'autre preuve que le mariage honteux de la veuve de l'assassiné avec le chef des assassins. Ceux qui unirent leurs mains dans le mois de mai avaient uni leurs cœurs auparavant, et étaient d'accord pour le forfait qui ne précéda ce mariage que de quelques semaines.

— Milord! milord! s'écria la reine avec force, souvenez-vous que d'autres consentemens que le mien consacrèrent cette union fatale, cet acte le plus malheureux du plus malheureux des règnes! Les fausses démarches des souverains sont souvent faites à l'instigation de mauvais conseillers; mais ces conseillers sont pires que les démons qui nous tentent pour nous perdre, quand ils sont les premiers à reprocher à un prince d'avoir suivi les avis qu'ils lui ont donnés eux-mêmes. N'avez-vous jamais entendu parler, milord, d'un écrit signé par les nobles, recommandant à l'infortunée Marie cette union formée sous les plus funestes auspices? Si l'on examinait avec soin cette pièce qui me sollicitait de m'unir à ce malheureux homme, je crois qu'on y trouverait les noms de Morton, de Lindesay et de Ruthven. Ah! brave et loyal lord Herries, toi qui ne connus jamais ni honte ni déshonneur, ce fut en vain que tu fléchis le genou devant moi pour m'avertir des dangers auxquels je m'exposais; et cependant tu fus le premier à prendre les armes pour me défendre quand je me trouvai en péril faute d'avoir suivi tes conseils! Fidèle chevalier, véritable noble, quelle différence entre toi et ces conseillers perfides qui menacent aujourd'hui mes jours, parce que je suis tombée dans le piége qu'ils m'avaient préparé!

— Madame, dit Ruthven, nous savons que vous êtes orateur, et c'est peut-être pour cette raison que le conseil a député vers vous deux hommes qui ne connaissent que les armes, qui n'entendent rien au langage des écoles, et qui sont étrangers aux intrigues des cours. Nous ne voulons que savoir si, votre vie et votre honneur étant assurés, vous consentez à vous démettre de la couronne d'Écosse?

— Et quelle garantie aurai-je que vous exécuterez votre traité avec moi, si je vends mon droit à la couronne pour la liberté de pleurer en secret dans la retraite?

— Notre honneur et notre parole, madame.

— Cette garantie me semble un peu légère, milord; ne pourriez-vous y ajouter quelque bagatelle pour faire pencher la balance?

— Partons, Ruthven! partons, dit Lindesay; elle n'a jamais écouté que les conseils d'esclaves et de flatteurs. Abandonnons-la à son opiniâtreté; qu'elle en subisse les conséquences!

— Arrêtez, milords, dit sir Robert Melville, ou plutôt permettez-moi d'avoir quelques minutes d'entretien particulier avec Sa Grace. Si ma présence peut être utile ici, c'est en qualité de médiateur. Je vous supplie de ne pas rompre la conférence, et de ne pas quitter le château avant que je vous aie informés de la résolution définitive que Sa Grace aura prise.

— Nous attendrons une demi-heure, dit Lindesay; mais en méprisant notre honneur et notre parole, elle nous a fait une insulte impardonnable. Qu'elle prenne garde à la détermination qu'elle va adopter! Si la demi-heure se passe sans qu'elle se décide à céder aux vœux de la nation, ses jours sont comptés.

Les deux nobles quittèrent l'appartement sans grande cérémonie; ils traversèrent l'antichambre, et descendirent l'escalier tournant, la grande épée de Lindesay se faisant entendre en frappant contre chaque marche. George Douglas les suivit, après avoir fait à Melville un signe qui annonçait la surprise et la compassion.

Dès qu'ils furent partis, la reine, s'abandonnant de nouveau à la crainte, à la douleur et à l'agitation, se jeta sur son fauteuil, se tordit les bras, et sembla se livrer au désespoir. Ses deux femmes, versant elles-mêmes un torrent de larmes, la suppliaient de se calmer; et sir Robert Melville, à genoux à ses pieds, lui adressait la même prière. Après avoir cédé à l'excès de son affliction, elle dit enfin à Melville : — Ne vous agenouillez pas devant moi, Melville, ne me rendez pas un hommage dérisoire, quand votre cœur s'est éloigné de moi. Pourquoi restez-vous avec une reine déposée, condamnée, avec une femme qui n'a peut-être plus que quelques heures à vivre? Vous avez reçu de moi les mêmes faveurs que les autres ; pourquoi me montrez-vous plus longtemps qu'eux le vain extérieur de la reconnaissance et du respect?

— Madame, dit sir Robert, je prends le ciel à témoin que mon cœur vous est aussi fidèle, aussi dévoué, que lorsque vous jouissiez de toute votre puissance.

— Fidèle! dévoué! s'écria la reine avec une expression dans laquelle il entrait quelque mépris ; fi, Melville! Que signifient cette fidélité, ce dévouement, qui s'associent à mes cruels ennemis? D'ailleurs votre bras n'a jamais fait une connaissance assez intime avec votre épée pour que je puisse compter sur vous au besoin. Oh! Seyton, où est votre noble père? où est le sage, le fidèle, le vaillant lord Seyton?

Roland ne put résister plus long-temps au désir qu'il éprouvait d'offrir ses services à une princesse aussi infortunée qu'elle était belle. — Madame, s'écria-t-il, si une épée peut faire quelque chose pour appuyer la sagesse de ce grave conseiller, ou pour défendre vos droits légitimes, en voici une dont vous pouvez disposer, et voici une main prête à s'en servir. Et en même temps élevant son épée d'une main, il posa l'autre sur la poignée. Comme il tenait ainsi son épée, Catherine Seyton s'écria : — Il me semble, madame, que je reconnais un signe de mon père ; — et traversant aussitôt l'appartement, elle attira Roland par le bord de son manteau, et lui demanda vivement comment il se faisait qu'il eût cette arme.

Le page répondit avec surprise : — Il me semble que ce moment ne permet pas la plaisanterie. Miss Seyton doit savoir mieux que personne où et comment cette épée m'a été remise.

— Trêve à vos folies, dit Catherine ; tirez à l'instant cette épée du fourreau.

— Si Sa Majesté me l'ordonne, répondit le page en jetant les yeux sur Marie Stuart.

— A quoi pensez-vous, Seyton ? dit la reine : voudriez-vous engager ce pauvre jeune homme dans une querelle inutile avec les deux guerriers les plus renommés de toute l'Écosse ?

— Je ne crains personne, s'écria Roland, en défendant la cause de Votre Majesté. En même temps il tira en partie son épée du fourreau, et un parchemin qui en enveloppait la lame tomba sur le plancher.

Catherine le ramassa sur-le-champ.

— C'est une lettre de mon père, s'écria-t-elle, et elle est destinée à Votre Majesté. Je savais qu'elle devait lui être envoyée de cette manière ; mais j'attendais un autre messager.

— Sur ma foi, ma belle, pensa Roland, si vous ignoriez que j'étais porteur d'une missive secrète, je l'ignorais encore davantage.

Cependant la reine lisait la dépêche, et elle resta quelques momens plongée dans de profondes réflexions. — Sir Robert, dit-elle enfin, cette lettre me conseille de céder à la nécessité, et de signer les actes que ces hommes audacieux me présentent, en femme qui se soumet par suite de la crainte qu'inspirent naturellement des rebelles et des meurtriers. Vous êtes un homme prudent, Melville ; Seyton est aussi judicieux que brave ; ni vous ni lui ne voudriez me donner un mauvais conseil dans cette affaire importante.

— Madame, dit Melville, si je n'ai pas la force de corps des lords Herries et Seyton, je ne le cède à aucun d'eux en zèle pour le service de Votre Majesté. Je n'ai point appris comme eux à manier les armes ; mais ni l'un ni l'autre n'est plus disposé à mourir pour votre service.

— Je le crois, mon ancien et fidèle conseiller, dit la reine; et soyez bien sûr, Melville, que mon injustice à votre égard n'a duré qu'un instant. Lisez ce que lord Seyton nous écrit et donnez-nous votre avis.

Il jeta les yeux sur la lettre, et s'écria aussitôt : — O ma chère et noble maîtresse, la trahison seule pourrait vous donner un autre conseil que celui de lord Seyton. Herries, Huntly, l'ambassadeur d'Angleterre Throgmorton, tous vos amis en un mot pensent comme lui, que tout ce que vous signerez tant que vous serez détenue dans ces murs ne peut avoir ni force ni effet, parce que vous n'y pouvez agir que comme forcée et contrainte et par vos souffrances actuelles et par la crainte des suites de votre refus. Signez donc sans hésiter les pièces qu'on vous présente, et soyez bien assurée qu'en le faisant vous ne vous obligez à rien, puisque votre signature n'aura pas ce qui peut seul la rendre valide; une volonté libre.

— C'est ce que m'écrit lord Seyton; et cependant il me semble qu'en paraissant céder ainsi les droits que sa naissance lui a transmis, la femme issue d'une si longue race de souverains ne montrerait pas un courage digne de ses aïeux, et que cette faiblesse serait une tache dans l'histoire de Marie Stuart. D'ailleurs, sir Robert, ces traîtres, malgré leur ton d'insolence et leurs menaces, n'oseraient pas porter la main sur leur reine.

— Ils ont déjà osé tant de choses, madame; ils se sont exposés à tant de périls par tout ce qu'ils ont fait, qu'il est impossible de dire où ils pourront s'arrêter.

— Sûrement, dit la reine, dont les craintes se réveillèrent, des nobles écossais ne voudraient pas se déshonorer en assassinant leur reine, une femme sans défense !

— Hélas ! madame, nos yeux ont été témoins de spectacles bien horribles : nous avons vu de nos jours les crimes les plus atroces; et ne s'est-il pas toujours trouvé des nobles écossais pour jouer un rôle dans ces scènes sanglantes ? Lindesay, indépendamment de son caractère dur et grossier, est proche parent d'Henry Darnley, et Ruthven a formé des plans aussi profonds qu'ils sont dangereux. Enfin le conseil, outre les dépositions verbales contre vous, prétend avoir des preuves par écrit; il parle d'une cassette, de lettres, de...

— Ah! Melville! s'écria la reine, si j'étais aussi sûre de la justice et de l'impartialité de mes juges que je le suis de mon innocence... Et cependant...

— Songez, madame, dit Melville, qu'en certaines circonstances l'innocence même doit consentir à s'exposer momentanément au blâme. D'ailleurs vous vous trouvez ici...

Il s'arrêta, et jeta un regard timide autour de lui.

— Parlez, Melville, parlez : de tous ceux qui ont été employés au service de ma personne, jamais aucun ne m'a voulu du mal ; et tous, jusqu'à ce pauvre page que j'ai vu aujourd'hui pour la première fois de ma vie, peuvent entendre ce que vous avez à me dire sans que je craigne aucune indiscrétion.

— Puisqu'il était porteur du message de lord Seyton, et que je ne puis révoquer en doute la prudence et la fidélité de ces nobles dames, je me hasarderai à vous dire, madame, qu'un jugement public n'est pas le seul moyen qu'on puisse prendre pour disposer des jours d'un souverain déposé. Machiavel a dit qu'il n'y avait qu'un pas de la prison d'un monarque à son tombeau.

— Ah! si la mort était prompte et facile, dit l'infortunée princesse, si elle était dépouillée de ses douloureuses angoisses, si elle ne consistait qu'en un heureux changement pour l'ame, il n'est pas une femme en Écosse qui fît ce pas aussi volontiers que moi. Mais, hélas! Melville, quand nous songeons à la mort, mille fautes que nous avons méprisées comme des vers de terre s'élèvent contre nous comme des serpens menaçans. C'est injustement qu'on m'accuse d'avoir coopéré à la mort de Darnley; et cependant, sainte Vierge! je n'ai que trop donné lieu au soupçon!... j'ai épousé Bothwell.

— Ce n'est pas ce qui doit vous occuper en ce moment, madame; songez plutôt aux moyens de vous sauver, ainsi que votre fils. Cédez à leurs demandes, quelque déraisonnables qu'elles soient, et espérez que vous verrez bientôt un temps plus heureux.

— Madame, dit Roland, si tel est votre bon plaisir, je vais à l'instant traverser le lac à la nage, si l'on refuse de me conduire à terre; je me rendrai successivement dans les cours d'Angleterre, de France et d'Espagne; j'y déclarerai que la crainte et la violence seules ont fait signer ces indignes actes; je combattrai quiconque osera soutenir le contraire.

La reine se tourna vers lui, et avec un de ces sourires qui tant que dure le roman du printemps de la vie indemnisent de tous les maux et font braver tous les périls, elle lui présenta sa main sans prononcer un seul mot. Roland fléchit un genou, et la baisa respectueusement. Melville reprit la parole en ces termes :

— Le temps presse, madame; il ne faut pas laisser partir ces barques que je vois apprêter. Vous avez assez de témoins de la violence qui vous est faite; vos deux dames, ce brave jeune homme, moi-même, si mon témoignage se trouvait indispensable à votre cause : car je ne voudrais pas être impliqué sans nécessité dans cette affaire. Mais sans parler de moi, vous avez assez de témoins pour prouver que vous avez cédé à la demande du conseil comme contrainte et forcée, et non par le libre exercice de votre volonté. Déjà les bateliers ont pris leurs rames. Permettez à votre ancien serviteur de rappeler ici...

— Melville, dit la reine en l'interrompant, vous êtes un ancien courtisan; pouvez-vous me citer un roi qui ait rappelé en sa présence des sujets rebelles, des sujets qui lui avaient fait une proposition semblable à celle qu'ont osé me faire ces envoyés du conseil, sans même les avoir réduits à la soumission et en avoir reçu des excuses? Non! quand il devrait m'en coûter la vie et la couronne, jamais je ne les rappellerai devant moi.

— Hélas! madame, cette vaine formalité serait une barrière insurmontable! Si je vous ai bien comprise, vous ne refuserez pas d'écouter et de suivre les conseils de la prudence.... Mais vous n'avez pas besoin de les rappeler; je les entends monter l'escalier: ils viennent savoir quelle est votre dernière résolution. Ah! madame, suivez l'avis du noble Seyton, et vous pourrez encore commander un jour à ceux qui triomphent aujourd'hui de votre malheur. Silence! ils entrent dans l'antichambre.

Il finissait à peine de parler que George Douglas ouvrit la porte du salon, et y introduisit les deux nobles écossais.

— Nous venons, madame, dit Ruthven, vous demander une réponse aux propositions du conseil.

— Une réponse qui doit décider de votre sort, ajouta Lindesay; car faites bien attention qu'un refus accélérerait votre destinée, et vous priverait du dernier moyen qui vous reste pour faire votre paix avec Dieu, et prolonger votre séjour en monde.

— Milords, répondit Marie avec autant de grace que de dignité, il faut se soumettre aux maux qu'on ne peut éviter. Je signerai ces actes avec toute la liberté de choix qu'on me laisse. Si j'étais sur l'autre bord du lac, montée sur un bon cheval et entourée de dix fidèles chevaliers, j'aimerais autant signer la sentence de ma condamnation éternelle que la renonciation à ma couronne. Mais ici, dans le château de Lochleven, entourée d'eau de toutes parts, et vous ayant, vous, milords, devant les yeux, je n'ai pas la liberté du choix. Je signerai donc les actes que vous m'avez apportés. Donnez-moi la plume, Melville, et soyez témoin de ce que je fais, et de la cause qui me le fait faire.

— J'espère, dit lord Ruthven, que Votre Grace ne

supposera pas que nous l'ayons forcée par des motifs de crainte à faire ce qui doit être un acte libre et volontaire de sa part?

La reine avait pris la plume, elle avait placé les deux actes devant elle, et elle se penchait pour y apposer sa signature, quand Ruthven lui adressa ces paroles. Se relevant tout à coup, elle jeta la plume, et levant les yeux sur lui : — Si l'on s'attend, dit-elle, que je déclare que je renonce à mes droits au trône de mon propre mouvement, et autrement que comme m'y trouvant forcée par la crainte des plus grands malheurs dont je suis menacée pour moi et pour mes sujets, je ne consacrerai point ce mensonge par ma signature : je ne le ferais point pour acquérir les couronnes d'Angleterre, de France et d'Écosse, qui m'appartenaient toutes trois de droit ou de fait.

— Prenez garde, madame, s'écria lord Lindesay ; et saisissant avec sa main couverte d'un gantelet de fer le bras de la reine, il le pressa, dans sa colère, plus fortement peut-être qu'il n'en avait intention ; prenez garde de lutter contre ceux qui sont les plus forts et les maîtres de votre destinée.

Il continuait à lui serrer le bras en fixant sur elle un regard dur et menaçant. Melville et même Ruthven se récrièrent contre cet acte de violence, tandis que Douglas, qui était resté près de la porte, passif en apparence, accourut comme pour s'y opposer. Le grossier baron, lâchant alors le bras de la reine, cacha sous un farouche et dédaigneux sourire la confusion qu'il ressentait malgré lui après l'emportement auquel il s'était livré.

La reine, relevant alors avec une expression de douleur la manche de sa robe, fit voir les marques violettes que les doigts de Lindesay avaient imprimées sur son bras. — Milord, lui dit-elle, comme noble et comme chevalier, vous auriez pu vous dispenser de donner à ce faible bras une preuve si sévère que la force est de votre côté, et que vous avez résolu d'y avoir recours. Mais je vous en remercie ; c'est la preuve la plus certaine des motifs qui m'obligent à signer ces actes. Levant alors le bras pour que chacun pût le voir : Je prends à témoin tous ceux qui se trouvent dans cette chambre que j'appose ici ma signature en conséquence du signe manuel de lord Lindesay, que vous voyez gravé sur mon bras.

Lindesay voulait parler ; Ruthven l'en empêcha. — Paix, milord, lui dit-il ; que lady Marie appose sa signature sur ces actes, si bon lui semble : notre mission est de l'obtenir et de la porter au conseil. Si par la suite on discutait la manière dont elle aura été donnée, il sera temps alors de répondre.

Lindesay garda le silence, murmurant seulement à demi-voix, d'un ton bourru : — Je ne voulais pas lui faire mal ; il faut que la chair d'une femme soit aussi délicate que la neige qui vient de tomber.

Cependant la reine signait les deux actes avec un air d'indifférence, comme s'il se fût agi d'une affaire de peu d'importance, ou d'une simple formalité. Quand elle eut fini cette tâche, plus pénible pour elle qu'elle ne le paraissait, elle se leva, et faisant une révérence aux trois députés du conseil, elle allait rentrer dans sa chambre à coucher : Ruthven et Melville la saluèrent, ce dernier avec un air d'embarras, car il aurait voulu lui témoigner son dévouement et la compassion qu'elle lui inspirait ; mais il craignait que ses collègues ne s'aperçussent qu'il prenait encore trop d'intérêt à son ancienne maîtresse. Lindesay au contraire resta immobile, même en voyant Ruthven et Melville se disposer à se retirer. Enfin, comme s'il eût été poussé par un mouvement soudain et irrésistible, il fit à grands pas le tour de la table qui le séparait de la reine, fléchit un genou devant elle, lui saisit la main, la baisa, la laissa retomber, et se relevant : — Madame, lui dit-il, vous êtes une noble créature, quoique vous ayez abusé des dons les plus précieux du ciel. Je rends à votre force d'esprit un hommage que je n'aurais pas rendu au pouvoir dont vous avez été trop long-temps revêtue. Je me prosterne devant Marie Stuart, mais non devant la reine.

— La reine et Marie Stuart, Lindesay, lui répondit-elle, ont également pitié de vous, et vous pardonnent également. En combattant pour votre roi, vous auriez été un guerrier estimable; aujourd'hui, ligué avec les rebelles, vous êtes ce qu'est une bonne lame entre les mains d'un brigand. Adieu, lord Ruthven, traître plus douceureux, mais plus à craindre. Adieu, Melville; puissiez-vous avoir des maîtres plus habiles en politique que Marie Stuart, et qui aient le moyen de mieux la récompenser! Adieu, George Douglas; faites savoir à votre respectable aïeule que nous désirons être seule le reste de cette journée : Dieu sait si nous avons matière à réflexion!

Les nobles écossais se retirèrent; mais à peine étaient-ils dans l'antichambre, que Ruthven et Lindesay se querellèrent.

— Point de reproches, Ruthven, disait Lindesay d'un ton brusque, point de reproches; je ne suis pas d'humeur à les souffrir. On m'a fait faire aujourd'hui le métier de bourreau; mais il est permis au bourreau même de demander pardon à la victime qui va périr par ses mains. Si j'avais pour être ami de cette dame d'aussi bonnes raisons que j'en ai pour être son ennemi, vous verriez si j'épargnerais mon sang et ma vie pour la défendre.

— Vous êtes un fier champion, dit Ruthven : vous, vous embrasseriez la querelle d'une femme! un œil en pleurs et un regard suppliant feraient quelque impression sur vous! il y a bien des années que vous ne pensez plus à de pareilles bagatelles.

— Taisez-vous, Ruthven, répondit Lindesay : vous ressemblez à une cuirasse d'acier bien polie; elle est plus brillante, mais elle n'en est pas moins dure; elle l'est trois fois plus qu'une armure de Glascow en fer battu. C'est assez; nous nous connaissons tous deux.

Cette conversation les conduisit au bas de l'escalier. Presque au même instant on les entendit appeler les bateliers; et la reine, ayant fait signe à Roland de se retirer dans l'antichambre, rentra dans sa chambre à coucher avec ses deux dames.

CHAPITRE XXIII.

> « Qu'on me serve sur l'herbe un dîner sans façon :
> « Du pain pour tout régal, et de l'eau pour boisson ;
> « Je dînerai fort bien sans nappe et sans serviette,
> « Si je vois les oiseaux, ramassant quelque miette,
> « Voltiger librement de buisson en buisson.
> « Fi de ces grands festins qu'on vous sert en prison ! »
> *Le Bûcheron*, comédie.

Roland se plaça près de l'antique fenêtre qui éclairait l'antichambre, afin de voir partir les trois nobles écossais. Il vit les hommes de leur suite monter à cheval et se ranger sous leurs bannières respectives; les rayons du soleil couchant se réfléchissaient sur leurs casques et leurs cuirasses d'acier. Bientôt parurent dans l'espace étroit qui sépare le lac du château les lords Ruthven et Lindesay, et sir Robert Melville, se rendant vers les barques, accompagnés de lady Lochleven et de son petit-fils. Ils se firent leurs adieux avec tout le cérémonial d'usage; les barques s'éloignèrent rapidement de l'île aux yeux du page, qui n'avait rien de mieux à faire que de suivre leurs mouvemens. Telle semblait être aussi l'occupation de lady Lochleven et de George Douglas qui, en retournant à pas lents du bord du lac au château, jetaient souvent un coup d'œil en arrière, et qui, s'étant arrêtés sous la fenêtre de Roland pour les voir arriver à l'autre rive, eurent la conversation suivante, que le page entendit distinctement.

— Son orgueil a donc plié, disait lady Lochleven, au point de renoncer à son royaume pour sauver sa vie !

— Sauver sa vie ! répéta Douglas : je ne sais qui oserait y attenter dans le château de mon père. Si j'avais seulement soupçonné Lindesay d'un tel dessein quand il insista pour amener ici ses hommes d'armes, ni lui ni eux n'auraient passé sous la porte du château de Lochleven.

— Je ne parle pas d'assassinat, mon fils, mais d'un jugement, d'une condamnation, d'une exécution : voilà ce dont elle a été menacée, et elle a cédé à cette menace. Si le vil sang des Guise ne dominait pas dans ses veines plus que celui de la maison royale d'Écosse, elle aurait eu le courage de les braver ; mais cette conduite est toute naturelle : la bassesse accompagnera toujours la dépravation. Ainsi donc je suis dispensée de paraître ce soir en sa gracieuse présence : Dieu en soit loué ! Vous, mon fils, allez servir son repas du soir à cette reine sans royaume, et remplissez vos fonctions ordinaires.

— En vérité, ma mère, dit Douglas, ce n'est jamais avec plaisir que je me trouve en sa présence.

— Vous avez raison, mon fils, et je me fie à votre prudence parce que je la connais. Marie est comme une de ces îles du grand Océan, environnées d'écueils et de récifs : la verdure en est belle et plaît aux yeux, elle invite le navigateur ; mais le naufrage est le châtiment de ceux qui ont l'imprudence d'en approcher. Cependant je ne crains rien pour vous, mon fils ; et par égard pour notre honneur, nous ne devons pas souffrir qu'elle prenne un seul repas sans que quelqu'un de nous y assiste. Elle peut mourir par le jugement du ciel ; le malin esprit peut avoir pouvoir sur elle dans son désespoir, et l'honneur de notre maison exige que nous puissions prouver que sous notre toit et à notre table la trahison n'a pas avancé la fin de ses jours.

Ici l'attention de Roland fut distraite par un coup qu'il reçut sur l'épaule, et qui lui rappela l'aventure de Woodcock de la soirée précédente. Il se tourna, s'attendant presque à voir le page de l'hôtel de Saint-Michel. Il reconnut à la vérité Catherine Seyton ; mais elle portait les vêtemens de son sexe : son costume était, il est vrai, bien différent, tant pour la forme que pour l'étoffe, de celui sous lequel il l'avait vue pour la première fois, et convenait à sa naissance comme fille d'un haut baron, et au rang qu'elle occupait au service d'une princesse.

— Il me paraît, beau page, lui dit-elle, que savoir écouter aux portes est une qualité qui vous est commune avec vos confrères.

— Ma jolie sœur, répondit Roland sur le même ton, si quelques-uns de mes camarades connaissent tous les autres secrets du métier comme ils savent jurer, payer d'effronterie, et jouer de la houssine, ils n'ont besoin de consulter aucun page de la chrétienté pour se faire initier dans les mystères de notre profession.

— A moins que ce beau discours ne signifie que vous avez vous-même été soumis à la discipline de la houssine depuis notre dernière entrevue, ce qui ne me paraît pas sans probabilité, je vous avoue que je ne sais pas ce que vous voulez dire. Mais ce n'est pas le moment de vous en demander l'explication, car on apporte le dîner. Ainsi, seigneur page, faites votre devoir.

A ces mots elle se retira, et quatre domestiques chargés de différens mets entrèrent, précédés du vieil intendant que Roland avait déjà vu, et suivi de George Douglas, qui, en l'absence de son père, remplissait, comme nous l'avons dit, les fonctions de sénéchal du château. Il entra, les bras croisés sur la poitrine, et les yeux baissés. Roland aida à préparer une table dans le salon. Les domestiques y placèrent le repas avec symétrie ; et quand la table fut complètement servie, l'intendant et Douglas s'inclinèrent respectueusement, comme si leur illustre captive y eût déjà été assise. La porte de la chambre à coucher s'ouvrit en ce moment ; Douglas leva les yeux avec vivacité ; mais il les baissa sur-le-champ quand il vit lady Marie Fleming entrer seule.

— Sa Grace ne prendra rien ce soir, dit-elle en entrant.

— Permettez-moi d'espérer qu'elle changera de résolution, dit Douglas : en attendant, madame, voyez-moi m'acquitter de mon devoir.

Un domestique lui présenta du pain et du sel sur une assiette d'argent, et le vieil intendant lui servit tour à tour un morceau de chacun des plats qu'on avait apportés, comme c'était alors la coutume à la table des princes, où l'on soupçonnait que ce qui était destiné à prolonger la vie servait souvent à en abréger le cours.

— La reine ne paraîtra donc pas ce soir? dit Douglas.

— Elle l'a ainsi décidé, répondit lady Fleming.

— Notre présence est donc inutile, reprit le sénéchal, et nous allons vous laisser prendre votre repas.

Il se retira à pas lents, comme il était arrivé, et avec le même air de mélancolie. A peine était-il sorti, ainsi que tous les domestiques du château, que Catherine Seyton vint joindre sa compagne ; toutes deux se mirent à table, et Roland se prépara à les servir avec empressement. Catherine dit un mot à l'oreille de lady Fleming, qui lui demanda à demi-voix, en jetant les yeux sur le page : — Est-il de bonne naissance, et bien élevé ?

La réponse qu'elle reçut fut sans doute satisfaisante, car levant les yeux sur Roland, elle lui dit : — Asseyez-vous, jeune homme, et partagez le repas de vos sœurs de captivité.

— Souffrez que je m'acquitte de mon devoir en les servant, répondit Roland, jaloux de prouver qu'il connaissait le respect que les règles de la chevalerie prescrivaient en faveur du beau sexe, et surtout pour les dames et demoiselles de haute naissance.

—Vous vous apercevrez, beau page, dit Catherine, qu'on ne vous laissera pas pour votre dîner plus de temps qu'il ne vous en faudra. Je vous conseille donc de le mettre à profit sans cérémonie, ou vous pourrez vous en repentir.

—Vous parlez trop librement, miss Seyton, dit lady Fleming : la modestie de ce jeune homme doit vous apprendre comment on doit agir avec les personnes qu'on voit pour la première fois.

Catherine ne répondit rien, et baissa les yeux; mais ce ne fut qu'après avoir jeté un regard malin sur le page, à qui sa grave compagne adressa alors la parole d'un ton de protection.

— Excusez sa légèreté, jeune homme; elle connaît peu le monde; elle ne l'a guère vu qu'à travers les grilles d'un couvent. Cependant prenez place à table; votre voyage doit vous avoir donné de l'appétit.

Roland Græme obéit sans se faire presser davantage; il n'avait encore pris aucune nourriture depuis la veille, car Lindesay et ses hommes d'armes semblaient ne pas connaître les besoins de l'humanité. Cependant sa galanterie naturelle l'emporta sur son appétit, et pendant tout le repas il n'oublia aucun de ces petits services que deux dames avaient droit d'attendre d'un jeune homme bien élevé. Il découpa avec adresse, et s'empressa de leur offrir les morceaux les plus délicats. Avant qu'elles eussent le temps de former un désir, il se levait de table pour le satisfaire, leur versant du vin, y ajoutant de l'eau, en un mot faisant les honneurs de la table avec zèle et gaîté, avec promptitude et respect.

Quand il vit qu'elles ne mangeaient plus, il versa de l'eau dans un bassin d'argent, et mettant une serviette sur son bras, il se présenta devant lady Fleming avec le même cérémonial et la même gravité que si elle eût été la reine d'Écosse. Il en fit autant pour Catherine Seyton; mais celle-ci, qui voulait déconcerter son sang-froid, vint à bout, en se lavant les mains, de lui jeter quelques gouttes d'eau au visage, comme par accident. Elle échoua pourtant dans le projet que sa malice lui avait inspiré; car Roland, se piquant de savoir garder le décorum convenable, ne se permit pas même de sourire, et sembla ne s'en être pas aperçu : tout ce qu'elle gagna à son espiéglerie fut une sévère mercuriale de sa compagne, qui lui reprocha son étourderie ou sa maladresse. Catherine ne répondit rien, et s'assit de l'air boudeur d'un enfant gâté qui cherche l'occasion de se venger sur un autre d'une réprimande méritée qu'il vient de recevoir.

Cependant lady Marie Fleming était charmée de la conduite attentive et respectueuse du page, et jetant sur lui un regard favorable, elle dit à Catherine : — Vous aviez raison de dire que notre compagnon de captivité était bien né et bien élevé. Je ne voudrais pas lui inspirer de la vanité par mes éloges, mais ses services nous dispenseront de recevoir ceux que George Douglas ne daigne nous rendre que lorsque la reine est présente.

— Eh! eh! je ne sais trop, répondit Catherine. George Douglas est un des plus beaux jeunes gens de l'Écosse, et c'est un plaisir de le voir, même dans ce vilain château, qui semble avoir répandu sur lui cet air sombre et soucieux qu'il inspire à tout ce qui l'habite. Quand il était à Holyrood, qui aurait dit que le vif et spirituel George Douglas aurait voulu venir jouer le rôle de geôlier à Lochleven, sans autre amusement que d'y tenir sous les verrous deux ou trois malheureuses femmes? Singulier emploi pour un chevalier du *cœur sanglant*[1]. Que ne laisse-t-il à son père ou à quelqu'un de ses frères le soin de s'en acquitter?

— Il peut se faire, dit lady Fleming, que de même que

(1) Le cœur d'un Douglas figurait dans les armoiries de la famille. Voyez les notes de *Marmion*. — Éd.

nous il n'ait pas la liberté du choix. Mais il paraît, Catherine, que vous avez bien employé le peu de temps que vous avez passé à la cour, pour vous rappeler si bien ce qu'était alors George Douglas.

— Je me suis servie de mes yeux. Je suppose que c'est l'usage que j'en devais faire, et ils ne manquaient pas d'ouvrage. Au couvent c'étaient des serviteurs désœuvrés, et maintenant ils n'ont d'autres fonctions que de se fixer sur cet éternel métier à tapisserie.

— Voilà déjà comme vous parlez, et vous n'avez encore passé que quelques heures avec nous! Où est donc cette jeune fille qui ne demandait qu'à vivre et mourir dans un cachot, pourvu qu'il lui fût permis de rester près de sa reine affligée?

— Si vous me grondez sérieusement, je cesse de plaisanter. Je ne céderais pas en attachement pour ma pauvre marraine à la dame qui a sur les lèvres les plus graves sentences, et dont le cou est le plus engoncé sous les plis d'une collerette à double rang bien empesée. Vous devez le savoir, lady Fleming, et vous me faites rougir en supposant le contraire.

— Elle enverra un cartel à sa compagne, pensa Roland Græme, ou peut-être va-t-elle lui jeter son gant à la figure, et si lady Fleming a le courage de le ramasser, nous aurons ici un combat en champ clos.

Mais la réponse de lady Fleming ne fut pas de nature à tirer un défi.

— Vous êtes une excellente fille, ma chère Catherine, dit-elle en souriant, et aussi fidèle que bonne; mais que le ciel ait pitié de celui que vous êtes destinée à rendre heureux par votre gaîté et à tourmenter par votre malice. Vous êtes en état de troubler la raison d'une vingtaine de maris.

— Oh! dit Catherine, se livrant de nouveau à sa gaîté ordinaire, il faudra que celui qui me fournira cette occasion devance à demi fou. Mais je suis charmée que vous ne soyez pas fâchée contre moi sérieusement. Se jetant alors dans les bras de son amie, et l'embrassant tendrement sur les deux joues : — Vous savez, ma chère Fleming, continua-t-elle, que j'ai à lutter contre la fierté de mon père et l'esprit indépendant de ma mère. Dieu merci, ils m'ont légué ces deux qualités, n'ayant guère autre chose à me donner, de la manière dont vont les affaires ; de sorte que je suis volontaire et un peu capricieuse. Mais que je reste seulement huit jours dans ce château, lady Fleming, et vous me verrez aussi humble et aussi grave que vous pouvez le désirer.

Malgré son attachement à l'étiquette, lady Fleming fut émue de cet épanchement amical. Elle embrassa à son tour sa jeune compagne avec tendresse ; et répondant seulement à la dernière phrase qu'elle venait de prononcer : — A Dieu ne plaise, ma chère Catherine, lui dit-elle, que vous perdiez quelque chose de cette vivacité, de cette gaîté légère qui vous sied si bien ! contenez-la seulement dans de justes bornes, et elle fera notre bonheur à tous. Mais chut, j'entends le sifflet d'argent de Sa Grace. A ces mots elle s'arracha des bras de Catherine, fit quelques pas vers la porte de la chambre à coucher de la reine, et l'on entendit le son ménagé d'un sifflet d'argent, instrument qui ne sert plus aujourd'hui qu'aux contre-maîtres dans la marine, mais qui, avant l'invention des sonnettes, était le moyen ordinaire qu'employaient les dames, même celles du plus haut rang, pour appeler leurs domestiques. Avant d'y entrer elle se tourna pourtant vers les deux jeunes gens qu'elle laissait dans le salon, et leur dit à voix basse, mais d'un ton fort sérieux : — Je me flatte qu'il est impossible qu'aucun de nous, en quelque circonstance que ce puisse être, oublie que nous formons à nous trois toute la maison de la reine, et que dans son infortune toute apparence de gaîté, toute plaisanterie puérile ne serviraient qu'à procurer un nouveau triomphe à ses ennemis, puisqu'ils lui ont déjà fait un crime de l'enjouement et de la légèreté innocente de la jeunesse qui faisait l'ornement de sa cour.

Elle quitta alors l'appartement, et Catherine Seyton fut si frappée de ce peu de paroles, qu'elle se laissa retomber sur la chaise qu'elle avait quittée pour aller l'embrasser, et resta quelque temps le front appuyé sur ses mains. Roland la regardait avec une émotion qu'il n'aurait pu ni analyser ni définir. Elle quitta enfin cette attitude qu'un moment d'accablement lui avait fait prendre. Ses yeux, rencontrant ceux de Roland, reprirent peu à peu leur expression ordinaire de malice et de gaîté, et ceux du page, tout naturellement, s'animèrent à leur tour dans la même proportion. Ils restèrent ainsi environ deux minutes se regardant l'un l'autre dans un grave silence. Catherine fut la première à mettre fin à cette scène muette, où leurs yeux avaient seuls joué un rôle animé.

— Puis-je vous prier, beau page, lui dit-elle en affectant un air sérieux, de me dire si vous trouvez sur ma figure quelque chose qui donne lieu à ces regards de mystère et d'intelligence dont il vous plaît de m'honorer? On dirait, à la manière dont vous me regardez, qu'il existe entre nous quelques rapports secrets, quelque intimité de confiance; et cependant Notre-Dame m'est témoin que nous ne nous sommes encore vus que deux fois.

— Et quelles furent ces deux occasions heureuses? dit Roland; est-ce trop de hardiesse que de vous le demander?

— D'abord au couvent de Sainte-Catherine, et ensuite lors d'une incursion que vous avez jugé à propos de faire dans la maison de mon honoré père, d'où à ma grande surprise, et probablement à la vôtre, vous êtes sorti avec un gage d'amitié et de faveur, au lieu d'y avoir les os brisés, récompense à laquelle votre témérité devait s'attendre d'après la manière sommaire dont on rend la justice dans la maison de Seyton. Je suis très mortifiée, ajouta-t-elle d'un ton ironique, qu'il faille vous rafraîchir la mémoire sur un sujet si important, et il est humiliant pour moi que la mienne me serve mieux que la vôtre en cette occasion.

— La vôtre ne me semble pourtant pas très fidèle, belle demoiselle; car je vois qu'elle a oublié une troisième entrevue dans l'hôtel de Saint-Michel, lorsqu'il vous plut d'aveugler mon camarade d'un coup de houssine à travers le visage, sans doute pour prouver que, dans la maison de Seyton, ni la manière sommaire de rendre la justice, ni l'usage du pourpoint et des hauts-de-chausse ne sont sujets à la loi salique, et exclusivement réservés à la branche mâle.

— A moins que vous n'ayez l'esprit égaré, dit Catherine en le regardant de l'air de la plus grande surprise, je ne conçois rien à ce que vous me dites.

— En vérité, belle demoiselle, répondit Roland, quand je serais aussi habile sorcier que Michel-Scott, je ne saurais expliquer le rêve que vous me faites faire. Ne vous ai-je pas vue hier soir dans l'auberge de Saint-Michel, à Édimbourg? Ne m'avez-vous pas remis cette épée en me faisant promettre de ne la tirer du fourreau que par ordre de ma souveraine légitime? N'ai-je pas exécuté ma promesse? Que faut-il que je croie? Toutes les apparences me trompent-elles? Cette épée n'est-elle qu'une latte, ma parole une billevesée, ma mémoire un rêve, mes yeux deux organes inutiles que les corbeaux peuvent m'arracher de la tête?

— En vérité, si vos yeux ne vous servent jamais mieux que dans votre vision de Saint-Michel, je ne vois pas quel grand tort, la douleur à part, les corbeaux vous feraient en vous en privant. Mais chut! j'entends sonner la cloche, et nous allons être interrompus.

Catherine avait raison; car à peine le son lugubre de la cloche du château avait-il retenti sous les voûtes du salon, que la porte de l'antichambre s'ouvrit, et l'on vit entrer l'intendant à visage sévère, avec sa chaîne d'or et son bâton blanc, suivi des mêmes domestiques qui avaient apporté le souper, et qui s'occupaient à le desservir.

L'intendant resta immobile comme une statue, tandis que les domestiques s'acquittaient de leur besogne. Dès qu'ils l'eurent terminée, que la table enlevée de dessus les tréteaux qui la soutenaient eut été placée droite contre le mur, il fit deux pas en avant, et sans s'adresser à personne en particulier, dit à haute voix, du ton d'un héros qui fait une proclamation : — Ma noble maîtresse, dame Marguerite Erskine, par mariage Douglas, fait savoir à lady Marie d'Écosse et aux personnes de sa suite qu'un vrai serviteur de l'Évangile, son révérend chapelain, va prononcer ce soir, suivant l'usage, une instruction, une prière, une exhortation, d'après les formes de l'église chrétienne évangélique.

— Écoutez-moi, mon ami monsieur Dryfesdale, dit Catherine : je comprends fort bien que ce que vous venez de nous dire est une formule que vous répétez tous les soirs; mais je vous prie de faire attention que lady Fleming et moi, car je présume que votre insolente invitation ne s'adresse qu'à nous, nous avons résolu de monter au ciel par le chemin que saint Pierre nous a ouvert; ainsi je ne vois personne à qui votre instruction, votre prière, votre exhortation puisse être de quelque utilité, si ce n'est à ce pauvre page qui, étant comme vous au pouvoir de Satan, ferait mieux de vous suivre que de rester ici pour nous gêner dans les pratiques d'une dévotion mieux entendue.

Le page était sur le point de donner un démenti formel à cette assertion; mais se rappelant ce qui s'était passé entre le régent et lui, et voyant Catherine lever le doigt en le regardant d'une manière qui semblait l'avertir de ne pas la contredire, il se crut obligé, comme autrefois au château d'Avenel, de subir de nouveau la tâche de la dissimulation. Il suivit donc Dryfesdale dans la chapelle du château, et y assista à la prière du soir.

Le chapelain se nommait Élie Henderson. C'était un homme à la fleur de l'âge, et doué de talens naturels cultivés avec soin : il avait reçu la meilleure éducation qu'on pût dans ce siècle donner à un jeune homme. A ces qualités il joignait un raisonnement clair, méthodique et serré, et de temps en temps une éloquence naturelle aidée par une heureuse mémoire. La croyance religieuse de Roland, comme nous avons déjà eu occasion de le faire remarquer, n'avait pas une base solide, et était le résultat d'une obéissance passive aux volontés de son aïeule, et du désir qu'il avait toujours eu en secret de contrarier le chapelain du château d'Avenel, plutôt qu'un attachement raisonné aux dogmes et à la doctrine de l'église romaine. Les différentes scènes dont il avait été depuis peu témoin avaient donné à ses idées un champ plus étendu ; il rougissait de ne pas même savoir en quoi consistait la différence d'opinions qui séparait l'église réformée de l'église romaine. Il écouta donc le discours du prédicateur avec plus d'attention qu'il n'en avait accordé jusqu'alors à de semblables matières, et il entendit une discussion animée et intéressante sur quelques-uns des points controversés.

Ainsi s'écoula le premier jour que Roland passa dans le château de Lochleven, et ceux qui le suivirent n'offrirent pendant quelque temps qu'une uniformité monotone.

CHAPITRE XXIV.

« Des grilles, des barreaux, des verrous... quelle vie !
« De tristes compagnons, qui, pleins de leurs soucis,
« N'ont pas même le temps de plaindre mes ennuis ! »
Le Bûcheron, comédie.

La vie à laquelle on avait condamné Marie et sa petite suite était aussi monotone que solitaire ; la seule variation qu'elle éprouvât dépendait du temps, qui permettait ou défendait à la reine de faire sa promenade dans le jardin ou sur la plate-forme de la tour. Elle passait la plus grande partie de la matinée à travailler avec ses deux dames à ces tapisseries à l'aiguille dont plusieurs existent encore, et sont autant de preuves de son amour pour le travail. Le page alors était libre de parcourir le château et la petite île. George Douglas l'invitait même quelquefois à l'accompagner quand il allait pêcher ou chasser ; mais au milieu de ces amusemens, le visage de celui-ci semblait toujours couvert d'un voile de sombre mélancolie, et toute sa conduite y répondait. Sa gravité était telle, que jamais Roland ne l'avait vu sourire, jamais il ne l'avait entendu prononcer un mot étranger à l'exercice qui occupait ses loisirs.

Les momens de la journée les plus agréables pour Roland étaient ceux où ses devoirs l'appelaient près de la reine, et le temps du dîner, qu'il passait toujours avec lady Fleming et Catherine Seyton. Il avait souvent occasion de remarquer la vivacité, l'esprit et l'imagination fertile de cette dernière, qui ne cessait d'inventer de nouveaux moyens pour distraire sa maîtresse et pour bannir, au moins pendant quelques instans, la tristesse de son cœur. Elle dansait, chantait, racontait des histoires des temps anciens et modernes, avec cet heureux talent dont le charme, pour celui qui le possède, ne consiste pas dans la vanité de briller aux yeux des autres, mais dans le plaisir de l'exercer naturellement. Il y avait cependant en elle un mélange de simplicité villageoise et d'étourderie naïve qui semblaient appartenir à la jeune campagnarde, à la coquette du hameau dansant autour du mai, plutôt qu'à la noble fille d'un ancien baron. Une sorte de hardiesse qui n'allait pas jusqu'à l'effronterie, et plus éloignée encore de la grossièreté, donnait un air piquant à tout ce qu'elle faisait ; et la reine, qui prenait quelquefois sa défense contre sa compagne plus grave, la comparait à un oiseau qui, échappé à la cage, court avec joie de bosquet en bosquet, et fait retentir dans les airs des chants qu'il apprit pendant sa captivité.

Les momens que Roland passait près de cette enchanteresse s'écoulaient si rapidement que, quelques courts qu'ils fussent, ils l'indemnisaient de l'ennui du reste de la journée. Ils se bornaient en général au temps des repas, car aucune entrevue particulière avec Catherine ne lui était ni permise ni facile. Soit par précaution spéciale pour l'honneur de la maison de la reine, soit que cela fût dans ses idées sur les bienséances et le décorum, lady Fleming semblait mettre une attention particulière à prévenir tout tête-à-tête entre les deux jeunes gens, et elle employait pour Catherine seule le fonds de prudence et d'expérience qu'elle avait acquis lorsqu'elle exerçait les fonctions et portait le titre de mère des demoiselles d'honneur de la reine, qui lui avaient voué une haine cordiale. Elle ne pouvait cependant empêcher quelques rencontres amenées par le hasard ; il aurait fallu pour cela que Catherine eût mis plus de soin à les éviter, et Roland moins d'ardeur à les chercher : un sourire, une plaisanterie, un sarcasme dépouillé de sa sévérité par le regard malin qui l'accompagnait, étaient tout ce que le temps lui permettait d'obtenir dans ces occasions rares et furtives ; jamais aucune de ces entrevues n'avait été assez longue pour donner à Roland l'occasion de remettre sur le tapis la discussion des circonstances qui avaient accompagné leur connaissance, et se faire expliquer l'apparition du page au manteau pourpre dans l'auberge de Saint-Michel.

Les mois d'hiver s'écoulèrent bien lentement, et le printemps était déjà assez avancé, quand Roland remarqua un changement graduel dans la conduite de ses compagnes de captivité à son égard. N'ayant à s'occuper d'aucune affaire qui lui fût personnelle, étant, comme les jeunes gens de son âge et de sa profession, assez curieux de savoir ce qui se passait autour de lui, il commençait peu à peu à soupçonner, et finit par être convaincu que ses compagnes méditaient quelque projet dont elles ne se souciaient pas de l'instruire ; il devint même presque certain que, par quelque moyen qu'il ne pouvait comprendre, Marie entretenait une correspondance au-delà des murailles et de la nappe d'eau qui l'entouraient de toutes parts, et qu'elle nourrissait en secret l'espoir d'être délivrée ou de fuir.

Ce qui lui fit concevoir cette idée fut que la reine, dans les entretiens qu'elle avait quelquefois en sa présence avec ses deux dames, laissait échapper certaines choses qui prouvaient qu'elle était instruite des événemens qui se passaient en Écosse, et que Roland ne connaissait que parce qu'il l'en entendait parler. Il remarqua qu'elle écrivait plus souvent et qu'elle travaillait moins long-temps que précédemment, comme si elle eût voulu endormir le soupçon ; elle faisait à lady Lochleven un accueil plus gracieux ; enfin elle semblait se soumettre à son sort avec résignation.

— Elles s'imaginent que je suis aveugle, se dit Roland : elles pensent ne pouvoir se fier à moi, parce que je suis jeune, ou peut-être parce que j'ai été envoyé ici par le régent. Eh bien, soit! avec le temps elles seront peut-être assez charmées de m'employer ; et Catherine Seyton, toute malicieuse qu'elle est, pourra trouver en moi un confident aussi sûr que ce triste Douglas après lequel elle court toujours. Il est possible qu'elles soient fâchées de ce que j'écoute les instructions d'Élie Henderson. Mais n'est-ce pas leur faute de m'y avoir envoyé? Et s'il tient le langage du bon sens et de la vérité, ne prêchant que la parole de Dieu, ne peut-il pas avoir raison tout aussi bien que le pape ou les conciles?

Il est probable qu'en formant cette dernière conjecture Roland avait deviné la véritable cause qui avait empêché les trois prisonnières de l'admettre dans leur conseil privé. Il avait eu depuis quelque temps avec Henderson de fréquentes conférences au sujet de la religion, et il lui avait laissé connaître qu'il avait besoin de ses instructions, quoiqu'il n'eût pas pensé qu'il fût prudent ni même nécessaire d'avouer qu'il avait professé jusqu'alors les dogmes de l'église romaine.

Élie Henderson, zélé prédicateur de la religion réformée, s'était condamné volontairement à la retraite dans le château de Lochleven, par l'espoir de convertir quelque personne de la suite de la reine détrônée, et de confirmer dans les principes de la religion protestante celles qui en auraient déjà embrassé la doctrine. Peut-être même ses espérances avaient-elles pris un essor plus audacieux ; peut-être ambitionnait-il la gloire de faire une prosélyte d'un rang plus distingué dans la personne de la reine elle-même : mais s'il avait conçu ce projet, il échoua par suite de l'opiniâtreté avec laquelle elle et les dames de sa suite refusèrent de le voir et de l'entendre.

Henderson, zélé comme nous l'avons représenté, saisit avec empressement l'occasion de donner des instructions religieuses à Roland, et de lui faire mieux sentir ses devoirs envers le ciel. Il était loin de s'imaginer qu'il travaillait à la conversion d'un papiste ; mais Roland montrait une ignorance si profonde sur les points les plus importans de la doctrine et de l'église protestante, qu'Henderson, en faisant l'éloge de sa docilité et du désir qu'il montrait de s'instruire à lady Lochleven et à son petit-fils, manquait rarement d'ajouter qu'il fallait que son vénérable frère Henry Warden eût bien perdu de sa force d'esprit, puisqu'il avait laissé une de ses ouailles si mal affermie dans les principes de sa foi. Roland Græme n'avait pas cru devoir lui en donner la vraie raison, qui était qu'il s'était fait un point d'honneur d'oublier tout ce qu'Henry Warden lui enseignait, aussitôt qu'il n'avait plus été forcé de le répéter comme une leçon apprise par cœur. Si le nouveau ministre n'avait pas plus d'éloquence que l'autre, ses instructions étaient reçues plus volontiers et par une intelligence plus développée : la solitude du château de Lochleven était d'ailleurs favorable pour entretenir des pensées plus sérieuses que celles qui avaient jusque là occupé le page. Il hésitait encore cependant, comme n'étant qu'à demi persuadé ; mais l'attention qu'il donnait aux instructions du chapelain lui valut les bonnes graces de la vieille lady Lochleven elle-même, qui lui permit une ou deux fois, mais avec de grandes précautions, d'aller au village de Kinross, situé sur l'autre rive du lac, pour y faire quelques commissions pour son infortunée maîtresse.

Pendant quelque temps Roland put se regarder comme maintenant une sorte de neutralité entre les deux partis qui habitaient le château de Lochleven ; mais à mesure qu'il faisait des progrès dans la faveur de la maîtresse du château et de son chapelain, il vit avec chagrin qu'il perdait du terrain du côté de l'illustre prisonnière et de ses alliées.

Il en vint graduellement à sentir qu'il était regardé comme un espion chargé de rapporter leurs discours, et qu'au lieu de converser librement devant lui comme autrefois, sans chercher à supprimer aucun des mouvemens de colère, de chagrin ou de gaîté que l'entretien du moment ou la circonstance pouvait faire naître, elles avaient soin de borner leur conversation aux sujets les plus indifférens, et affectaient même à cet égard une réserve étudiée. Ce manque évident de confiance était accompagné d'un changement proportionné dans toute leur conduite à son égard. La reine, qui l'avait naguère traité avec une bonté bien marquée, lui adressait à peine la parole, à moins que ce ne fût pour lui donner quelques ordres relatifs à son service. Lady Fleming ne lui parlait jamais qu'avec les expressions sèches d'une froide politesse. Enfin Catherine mettait plus d'amertume dans ses sarcasmes, évitait sa présence et ne lui montrait plus que de la mauvaise humeur. Ce qui le contrariait encore davantage, c'était qu'il voyait ou qu'il croyait voir des signes d'intelligence entre elle et George Douglas; et tourmenté par la jalousie, il se persuada que leurs regards se communiquaient des secrets importans. — Est-il donc étonnant, pensait-il, que courtisée par le fils d'un baron orgueilleux, elle n'ait plus un seul mot, un seul coup d'œil à adresser à un pauvre page?

Enfin la situation de Roland lui devint véritablement insupportable, et son cœur se révolta assez naturellement contre l'injustice du traitement qu'il éprouvait, et qui le privait de la seule consolation qu'il avait trouvée en se soumettant à une retraite si désagréable sous tout autre rapport. Il accusa d'inconséquence la reine et Catherine ; quant à lady Fleming, il était fort indifférent sur son opinion. Pourquoi lui savaient-elles mauvais gré de ce qui était la suite naturelle de leurs ordres? Ne l'avaient-elles pas elles-mêmes envoyé entendre ce prédicateur éloquent? L'abbé Ambroise, se disait-il à lui-même, connaissait mieux la faiblesse de leur cause papistique, lorsqu'il m'ordonnait de dire intérieurement des *ave*, des *credo* et des *pater*, pendant tout le temps que le vieux Henry Warden prêchait, afin de m'empêcher de prêter l'oreille à sa doctrine hérétique. Mais je ne supporterai pas plus long-temps une pareille existence. Parce que je doute que la religion de ma maîtresse soit la meilleure, doit-on en conclure que je sois disposé à la trahir? Ce serait, comme on dit, servir le diable par amour pour Dieu. Je rentrerai dans le monde : celui qui se dévoue à servir les dames doit du moins en être traité avec douceur et bonté. Mon esprit ne peut se plier à vivre dans une captivité éternelle pour y être exposé à la froideur et au soupçon. Je parlerai demain à George Douglas en allant à la pêche avec lui.

Il passa la nuit presque sans dormir, uniquement occupé de cette grande résolution, et il se leva le matin sans avoir encore pris un parti bien décidé sur ce qu'il devait faire. Il arriva qu'il fut mandé devant la reine à une heure à laquelle jamais elle ne le faisait appeler, précisément à l'instant où il allait joindre George Douglas. Elle était alors dans le jardin, et il s'y rendit pour prendre ses ordres ; mais comme il tenait une ligne en main, cette circonstance annonçait clairement le projet qu'il avait formé, et la reine, se tournant vers lady Fleming, lui dit : — Il faut, *ma bonne amie*, que Catherine nous cherche quelque autre amusement ; car vous voyez que notre page attentif a déjà pris des mesures pour sa partie de plaisir d'aujourd'hui.

— Dès l'origine, répondit lady Fleming, j'ai dit que Votre Majesté ne devait pas beaucoup compter sur la compagnie d'un jeune homme qui a des huguenots pour amis, et trouve le moyen d'employer son temps beaucoup plus agréablement qu'avec nous.

— Je voudrais, dit Catherine en rougissant de dépit, que ses amis l'emmenassent bien loin, et que nous pussions avoir en sa place un page plus fidèle à sa maîtresse et à son Dieu.

— Une partie de vos vœux peut se réaliser, répondit Roland, incapable de déguiser l'humeur que lui donnait la manière dont il se voyait traité de toutes parts. Il était sur le point d'ajouter : — Et je voudrais de tout mon cœur que vous eussiez tout autre que moi pour compagnon, s'il peut se trouver quelqu'un en état de souffrir tous les caprices des femmes sans devenir fou. Heureusement il se rappela le regret qu'il avait éprouvé de s'être livré à la vivacité de son caractère dans une occasion à peu près semblable. Il se retint, et un reproche si peu convenable en présence d'une reine expira sur ses lèvres.

— Pourquoi restez-vous là comme si vous aviez pris racine dans le jardin? lui demanda Marie.

— J'attends les ordres de Votre Majesté.

— Je n'en ai aucun à vous donner. Retirez-vous.

En sortant du jardin, il entendit Marie dire d'un ton de reproche à l'une de ses deux dames : — Vous voyez à quoi vous nous avez exposées.

Cette petite scène fixa l'irrésolution de Roland, et le détermina à quitter le château, s'il était possible, et à informer George Douglas de sa détermination sans perdre de temps. George, silencieux suivant sa coutume, était assis à la poupe du petit esquif dont ils se servaient ordinairement, ajustant ses ustensiles de pêche, et de temps en temps indiquant par signes à Roland qui avait pris les rames l'endroit vers lequel il devait diriger la barque. Quand ils furent à quelque distance du château, Roland cessa tout à coup de ramer et, s'adressant à son compagnon, lui dit qu'il avait à lui parler d'un sujet intéressant.

L'air pensif et mélancolique de Douglas disparut à l'instant, et il regarda le page avec l'air surpris, attentif et empressé d'un homme qui s'attend à apprendre quelque nouvelle importante et alarmante.

— Je suis ennuyé à la mort du château de Lochleven, dit Roland.

— N'est-ce que cela? répondit Douglas. Parmi ceux qui l'habitent, je ne connais personne qui n'en puisse dire autant.

— Fort bien ; mais je ne suis pas né dans la maison, je n'y suis pas prisonnier, et par conséquent je puis raisonnablement désirer de la quitter.

— Quand vous seriez l'un et l'autre, vous pourriez avec autant de raison avoir le même désir.

— Mais ce n'est pas assez d'être ennuyé du château de Lochleven, j'ai encore résolu de le quitter.

— C'est une résolution plus facile à prendre qu'à exécuter.

— Rien n'est plus facile, si lady Marguerite et vous y consentez.

— Vous vous trompez, Roland : le consentement de deux autres personnes est encore nécessaire, celui de lady Marie, votre maîtresse, et celui de mon oncle le régent, qui vous a placé près d'elle, et qui probablement ne se souciera pas de changer si promptement les gens de sa suite.

— Ainsi donc, il faut que j'y reste, que je le veuille ou non? dit le page un peu déconcerté en envisageant sa situation sous un point de vue qui aurait frappé plutôt une personne de plus d'expérience.

— Il faut du moins que vous vouliez bien y rester jusqu'à ce qu'il plaise à mon oncle de vous permettre d'en sortir.

— Franchement, dit le page, et pour vous parler comme à un homme incapable de me trahir, je vous avouerai que, si je me croyais prisonnier dans ce château, ce ne seraient ni vos murs ni votre lac qui m'empêcheraient d'en sortir.

— Franchement, répondit Douglas, je ne saurais vous blâmer d'en faire la tentative ; et malgré cela, si vous aviez le malheur de tomber entre les mains de mon oncle, de mon père, d'un de mes frères, ou de quelqu'un des lords du parti du roi, vous seriez pendu comme un chien, ou comme une sentinelle qui déserte son poste ; et ce serait un grand miracle si vous leur échappiez. Mais ramez donc vers l'île Saint-Cerf ; nous avons un vent d'ouest qui nous favorise, et nous y trouverons du poisson en abondance. Après une heure de pêche, nous reprendrons ce sujet de conversation.

Leur pêche fut heureuse ; mais jamais deux pêcheurs à la ligne n'avaient gardé un si rigoureux silence.

Quand il fallut retourner, Douglas prit les rames à son tour, et Roland, assis au gouvernail, dirigea l'esquif vers le château. Mais bientôt George, cessant aussi de ramer, jeta les yeux autour de lui sur l'étendue du lac, et dit au page :

— Il y a une chose que je pourrais vous dire ; mais c'est un secret si profond que même ici, n'ayant autour de nous que l'eau et le ciel, ne pouvant être écouté par personne, je ne puis me résoudre à le faire passer par mes lèvres.

— Vous avez raison, Douglas, si vous doutez de l'honneur de celui qui peut seul l'entendre.

— Je ne doute pas de votre honneur ; mais vous êtes jeune, imprudent, et d'humeur inconstante.

— Il est vrai que je suis jeune ; il est possible que je sois imprudent ; mais qui vous a dit que je fusse inconstant?

— Quelqu'un qui vous connaît peut-être mieux que vous ne vous connaissez vous-même.

— Je présume que vous voulez dire Catherine Seyton, dit le page, dont le cœur battait vivement en parlant ainsi : mais elle est elle-même cinquante fois plus variable que l'eau sur laquelle nous naviguons.

— Mon jeune ami, je vous prie de vous souvenir que miss Seyton est une demoiselle de haute naissance, et dont par conséquent on ne doit pas parler légèrement.

— Ce discours a presque l'air d'une menace, maître George Douglas, et je suis bien aise de vous dire que je fais peu de cas d'une menace. D'ailleurs faites attention que si vous voulez être le champion de toutes les dames de haute naissance que vous pourrez entendre accuser d'être variables dans leurs goûts comme dans leur costume, il est vraisemblable que vous aurez bien d'autres affaires sur les bras.

— Vous êtes un étourdi, un jeune fou, dit Douglas, mais d'un ton de plaisanterie, et vous n'êtes pas encore propre à vous mêler d'affaires plus importantes que le vol d'un faucon ou une partie de pêche.

— Si votre secret concerne Catherine Seyton, je me soucie fort peu de l'apprendre, et vous pouvez le lui dire, si bon vous semble; car je réponds qu'elle vous donnera encore plus d'une occasion pour lui parler, comme elle l'a déjà fait.

La rougeur qui monta au visage de Douglas fit connaître à Roland qu'il avait frappé juste, quoiqu'il eût tiré au hasard, et cette conviction fut comme un coup de poignard qui lui perça le cœur. Son compagnon, sans lui répondre, se mit à ramer vigoureusement jusqu'à ce qu'ils fussent arrivés au château. Les domestiques vinrent recevoir le produit de leur pêche, et les deux pêcheurs, reprenant chacun le chemin de leur appartement respectif, se séparèrent en silence.

Roland Græme avait passé environ une heure à murmurer contre Catherine, contre la reine, le régent, et toute la maison de Lochleven, sans en excepter George, quand il vit approcher l'instant où son devoir l'appelait près de Marie Stuart, pour la servir pendant son dîner. Comme il s'habillait pour s'y rendre, il regretta le soin qu'il fallait donner à sa toilette, ce qu'en pareille occasion il avait regardé jusqu'alors, avec toute la fatuité naturelle à son âge, comme la principale affaire de la journée ; et quand il prit place derrière la chaise de la reine, ce fut avec un air de dignité offensée qu'il lui fut impossible de ne pas remarquer, et qui lui parut probablement assez ridicule, car elle fit à ses deux dames une observation en français qui fit rire lady Fleming et qui sembla divertir aussi Catherine, quoiqu'elle en parût un peu déconcertée. Cette plaisanterie dont le malheureux page ne pouvait connaître le sujet fut à ses yeux une nouvelle insulte, et redoubla son air de sombre gravité, qui aurait pu l'exposer à quelque autre raillerie, si Marie, toujours bonne et compatissante, n'eût eu pitié de sa situation.

Avec ce tact qui lui était particulier, et cette délicatesse que jamais femme ne posséda à un si haut degré, elle chercha à dissiper le sombre nuage qui couvrait le front de son page. Elle lui parla d'abord de la beauté du poisson provenant de sa pêche du matin, de la saveur exquise et de la belle couleur rouge des truites pour lesquelles le lac de Lochleven a long-temps joui d'une grande réputation, et elle le remercia de cet agréable surcroît à sa table, surtout *un jour de jeûne;* elle lui fit ensuite diverses questions sur le lieu où il avait pris ces poissons, sur leur grosseur, leurs qualités et la saison où ils étaient les plus abondans; elle finit en établissant une comparaison entre les truites du lac de Lochleven et celles des lacs et des rivières du sud de l'Écosse. La mauvaise humeur de Roland n'était jamais de longue durée : elle disparut alors comme le brouillard sous les rayons du soleil. Il s'engagea bientôt dans une dissertation animée sur les truites du Lochleven, sur celles de mer, de rivière et de lac; il parla de celles qu'on trouve dans le Nith et dans le Lochmaben, et il allait continuer avec toute l'ardeur et tout l'enthousiasme d'un jeune homme passionné pour la pêche, quand il remarqua que le sourire avec lequel la reine l'avait d'abord écouté s'était évanoui, et qu'en dépit des efforts qu'elle faisait pour les retenir, des larmes s'échappaient de ses yeux. Il interrompit son discours, et s'écria d'un ton ému : — Suis-je assez malheureux pour avoir déplu, sans le vouloir, à Votre Majesté?

— Non, mon pauvre enfant, répondit la reine; mais en vous entendant parler des rivières et des lacs de mon royaume, mon imagination qui quelquefois m'abuse m'a transportée loin de ces sombres murs sur les rives pittoresques des eaux de Rithdale et près des tours royales de Lochmaben. O terre sur laquelle ont si long-temps régné mes ancêtres! les plaisirs que vous offrez ne sont plus le partage de votre reine, et le plus pauvre mendiant de mes états qui va librement de village en village ne voudrait pas aujourd'hui changer son destin pour celui de Marie d'Écosse.

— Votre Majesté, dit lady Fleming, ne voudrait-elle pas rentrer dans son appartement?

— Oui, Fleming, répondit la reine ; mais suivez-moi seule : je n'aime pas à offrir à la jeunesse le spectacle de la douleur et des larmes.

Elle accompagna ces paroles d'un coup d'œil mélancolique qu'elle jeta sur Roland et sur Catherine, qui demeurèrent seuls dans le salon.

Le page ne trouva pas la situation peu embarrassante ; car comme le doit bien savoir tout lecteur qui a passé par une semblable épreuve, il est difficile de maintenir l'air de sa dignité offensée en présence d'une jeune et jolie fille, quelque sujet qu'on puisse avoir d'être fâché contre elle. Catherine de son côté était comme un esprit qui, se rendant visible à un mortel, et sentant l'effroi qu'inspire sa présence inattendue, lui donne charitablement le temps de se remettre de sa confusion et de lui adresser la parole le premier, suivant les règles de la démonologie. Mais comme Roland ne semblait pas pressé de profiter de cette condescendance, elle la porta encore à un degré de plus, et entama elle-même la conversation.

— Mon beau monsieur, lui dit-elle, s'il m'est permis de troubler vos importantes réflexions par une question bien simple, voulez-vous me dire ce que peut être devenu votre rosaire?

— Je l'ai perdu depuis quelque temps, répondit Roland d'un ton moitié fâché, moitié embarrassé.

— Et oserai-je vous demander pourquoi vous ne l'avez pas remplacé par un autre? J'ai presque envie de vous en présenter un, et de vous prier de le conserver en souvenir de notre ancienne connaissance. Et en même temps elle tira de sa poche un chapelet formé de grains d'or et d'ébène.

Elle prononça ces mots avec un léger tremblement dans la voix qui fit disparaître à l'instant tout le ressentiment de Roland : il quitta la place qu'il occupait à l'autre bout de l'appartement, et courut près d'elle ; mais elle reprit sur-le-champ le ton décidé qui lui était plus ordinaire : — Je ne vous ai pas dit de venir vous asseoir près de moi, lui dit-elle ; car la connaissance dont je parlais est morte, froide et enterrée depuis bien des jours.

— A Dieu ne plaise ! belle Catherine, répondit le page : elle n'a fait que sommeiller ; et si vous permettez qu'elle se réveille, croyez que ce gage de votre amitié renaissante...

— Non, non, dit Catherine en retirant le rosaire vers lequel il avançait la main en parlant, j'ai changé de dessein en y réfléchissant mieux. Quel besoin peut avoir un hérétique d'un chapelet qui a été béni par le saint-père lui-même ?

Roland était sur les épines. Il voyait clairement à quoi tendait ce discours, et il sentait qu'il allait se trouver dans un grand embarras.

— Ne me l'avez-vous pas offert comme un gage d'amitié ? dit-il.

— Fort bien ; mais cette amitié était accordée au sujet fidèle et loyal, au pieux catholique, à celui qui s'était si solennellement dévoué en même temps que moi à exécuter le même grand devoir de servir l'Église et la reine : tel fut alors votre engagement ; vous devez aujourd'hui le comprendre : voilà celui à qui mon amitié était due, et non à celui qui fait société avec des hérétiques, et qui est près de devenir un renégat.

— Je n'aurais pas cru, miss Seyton, dit Roland d'un ton d'indignation, que la girouette de vos bonnes graces ne pût tourner que par le vent du catholicisme, en la voyant se diriger vers George Douglas, qui, je crois, est en même temps du parti du roi et de l'église réformée.

— Gardez-vous bien de croire, s'écria Catherine, que George Douglas... Et s'arrêtant à ces mots comme si elle eût craint d'en avoir trop dit : Je vous assure, monsieur Roland, continua-t elle, que vous faites beaucoup de chagrin à tous ceux qui vous veulent du bien.

— Je ne crois pas que le nombre en soit bien considérable, miss Seyton ; et le chagrin dont vous parlez est une maladie dont la guérison ne demandera pas dix minutes.

— Ils sont plus nombreux et prennent plus d'intérêt à vous que vous ne paraissez le croire. Mais peut-être ils sont dans l'erreur. Vous êtes sans doute bien en état de savoir ce qui vous convient le mieux ; et si l'or et les biens de l'Église vous paraissent préférables à l'honneur, à la loyauté et à la foi de vos pères, pourquoi votre conscience serait-elle plus scrupuleuse que celle de tant d'autres?

— Je prends le ciel à témoin, miss Seyton, que s'il y a quelque différence entre ma religion et la vôtre.... c'est-à-dire si j'ai conçu quelques doutes au sujet de la religion, ils m'ont été inspirés par le désir de connaître la vérité, et suggérés par ma conscience.

— Votre conscience! répéta Catherine avec une ironie amère ; votre conscience est le bouc émissaire. Mais je garantis qu'elle est robuste : elle se chargera volontiers d'un des beaux domaines de l'abaye de Sainte-Marie de Kennaquhair, confisqué récemment au profit du roi sur l'abbé et les religieux de ce monastère, pour le crime énorme de fidélité à leurs vœux, et qui sera sans doute accordé par très haut et très puissant traître, etc., Jacques, comte de Murray, à son amé page de dame Roland Græme, pour ses loyaux et fidèles services comme espion en sous-ordre et geôlier en second de sa souveraine légitime la reine Marie Stuart.

— Vous êtes injuste, Catherine, s'écria Roland, très injuste à mon égard. Dieu sait que je risquerais, que je sacrifierais mille fois ma vie pour elle. Mais que puis-je faire, que peut-on faire pour la servir?

— Ce qu'on peut faire! beaucoup, tout, si les hommes étaient aujourd'hui braves et fidèles comme l'étaient les Écossais du temps de Bruce et de Wallace. Oh! Roland, à quelle honorable entreprise vous renoncez par froideur et par inconstance! Pourquoi faut-il que ni votre cœur ni votre bras ne veuillent plus y prendre part!

— Et quelle part puis-je prendre à une entreprise qu'on ne m'a jamais communiquée? Ai-je appris de la reine, de vous, de qui que ce soit, la moindre chose sur ce qu'on attendait de moi? A quoi me suis-je refusé? N'avez-vous pas toutes, au contraire, cherché à me cacher vos desseins, à m'éloigner de vos conseils, comme si j'étais le plus perfide de tous les espions qui ont existé depuis le temps de Ganelon?

— Et qui voudrait se fier à l'ami intime, à l'élève chéri, au compagnon inséparable du prédicateur hérétique Henderson? Vous avez fait choix d'un excellent maître pour remplacer le respectable père Ambroise qui, chassé de son abbaye, erre maintenant sans feu ni lieu s'il ne languit pas dans quelque cachot, pour avoir résisté à la tyrannie de Morton, au frère duquel tous les biens temporels de cette sainte maison de Dieu ont été octroyés par le régent!

— Est-il possible, s'écria Roland, que le digne père Ambroise se trouve dans une telle situation!

— La nouvelle de votre renonciation à la foi de vos pères serait pourtant à ses yeux un malheur plus pénible que tout ce que la tyrannie peut lui faire souffrir.

— Mais, dit Roland fort ému, pourquoi supposez-vous... pourquoi m'attribuez-vous de pareils sentimens?

— Osez-vous le nier? dit Catherine; n'avez-vous pas bu dans la coupe empoisonnée que vous auriez dû repousser de vos lèvres? Me direz-vous que le poison ne fermente pas dans vos veines, s'il n'a pas encore corrompu dans votre cœur les sources de la vie? Ne venez-vous pas de convenir que vous avez des doutes? Ne chancelez-vous pas dans votre foi, si vous en conservez encore quelque reste? Le prédicateur hérétique ne se vante-t-il pas de sa conquête? La maîtresse hérétique de ce château, de cette prison, ne vous cite-t-elle pas pour exemple? La reine et lady Fleming ne croient-elles pas votre chute complète? Y a-t-il ici quelqu'un, à une seule exception près... oui, je le dirai, quoi que vous puissiez penser de moi ensuite.... y a-t-il ici une autre personne que moi qui conserve une lueur d'espérance que vous vous montrerez encore ce que nous avions cru?

Notre pauvre page était aussi embarrassé que confus en apprenant ainsi ce qu'on avait attendu de lui; et les reproches qu'il recevait lui étaient adressés par celle dont aucun objet n'avait pu distraire son cœur depuis leur première rencontre, et à laquelle une si longue résidence au château de Lochleven n'avait fait que l'attacher de plus en plus. — Je ne sais, lui dit-il, ni ce que vous espérez, ni ce que vous craignez de moi. J'ai été envoyé ici pour servir la reine Marie, et je remplirai envers elle les devoirs d'un serviteur fidèle, à la vie et à la mort. Si l'on attendait de moi des services d'un genre particulier, il fallait me les faire connaître. Je n'avoue ni ne désavoue la doctrine de la nouvelle Église; et s'il faut vous dire la vérité, il me semble que c'est la corruption des prêtres catholiques qui a fait tomber ce jugement sur leurs têtes; et qui sait si ce n'est pas pour amener leur réformation? Mais trahir cette malheureuse reine! Dieu m'est témoin que je n'en ai pas même conçu la pensée. Quand j'aurais d'elle une opinion plus défavorable que je ne le dois, comme étant son serviteur, son sujet, je ne la trahirais point : loin de là, je l'aiderais en tout ce qui pourrait tendre à la justifier aux yeux de tous.

— C'en est assez! c'en est assez! s'écria Catherine en joignant les mains : ainsi donc vous ne nous abandonnerez pas s'il se présente quelque moyen de rendre la liberté à notre auguste maîtresse, afin qu'elle puisse soutenir la justice de sa cause contre des sujets rebelles?

— Non sans doute. Mais écoutez ce que me dit le comte de Murray en m'envoyant ici.

— Écoutez le démon plutôt qu'un sujet déloyal, un frère dénaturé, un conseiller perfide, un faux ami, un homme qui ne possédait qu'une pension de la couronne, et qui, par la faveur de sa souveraine qu'il a trahie, était devenu le distributeur de toutes les graces, de toutes les dignités de l'état; qui, croissant comme un champignon, a acquis tout à coup rang, fortune, titres, honneurs par l'amitié d'une sœur qu'il a récompensée en la privant de sa couronne, qu'il a enfermée dans une prison, qu'il assassinerait s'il en avait l'audace.

— Je ne pense pas si mal du comte de Murray, dit Roland; et pour vous parler franchement, ajouta-t-il avec un sourire expressif, quelque espoir d'intérêt personnel ne serait pas inutile pour me déterminer à embrasser d'une manière ouverte et déterminée l'un des deux partis qui divisent l'Écosse.

— Eh bien! répondit Catherine avec enthousiasme, vous aurez pour vous les prières des Écossais opprimés, celles du clergé persécuté et de la noblesse insultée; les siècles futurs rediront à jamais vos louanges, et vos contemporains vous béniront; Dieu vous accordera la gloire sur la terre et la félicité dans le ciel; vous mériterez la reconnaissance de votre pays et celle de votre reine; vous arriverez au faîte des honneurs; tous les hommes vous respecteront, toutes les femmes vous chériront, et moi, dévouée de bonne heure en même temps que vous à l'accomplissement de la délivrance de Marie, je vous... oui, je vous aimerai plus que sœur n'a jamais aimé son frère.

— Continuez, continuez, dit Roland en fléchissant un genou devant elle, et en prenant la main qu'elle lui avait présentée dans la chaleur de son exhortation.

— Non, dit-elle en s'arrêtant; j'en ai déjà trop dit, beaucoup trop si je ne parviens pas à vous convaincre, mais pas assez pourtant si j'y réussis. Mais j'y réussirai, ajouta-t-elle en voyant briller dans les yeux du jeune page l'enthousiasme qui l'animait elle-même ; oui, j'y réussirai, ou plutôt la bonne cause l'emporte par sa propre force, et c'est ainsi que je vous y consacre. A ces mots, elle approcha sa main du front du jeune homme étonné, y figura, sans le toucher, le signe de la croix ; et s'inclinant vers lui, elle sembla baiser l'espace vide dans lequel elle avait tracé le symbole du salut; puis se relevant tout à coup, elle s'éloigna brusquement, et entra dans l'appartement de la reine.

Roland Græme resta quelques instans comme la jeune enthousiaste l'avait laissé, un genou en terre, respirant à peine, et les yeux fixés vers l'espace occupé peu d'instans auparavant par la forme enchanteresse de Catherine Seyton. Si le ravissement de ses pensées n'était pas sans mélange, il éprouvait du moins ce sentiment de peine et de plaisir qui tient du délire et de l'ivresse, et que nous puisons parfois dans la coupe de la vie. Enfin il se leva, et se retira lentement. M. Henderson prêcha le soir un de ses meilleurs sermons contre les erreurs du papisme ; cependant je ne voudrais pas répondre que ses raisonnemens fixèrent toujours l'attention du jeune prosélyte pour l'instruction duquel surtout il avait traité ce sujet.

CHAPITRE XXV.

 « Quand l'amour s'est logé dans le cœur d'un garçon,
 « Avoir, pour l'en chasser, recours à la raison,
 « C'est prétendre qu'on peut, sans insigne folie,
 « Par quelques gouttes d'eau combattre un incendie. »
Ancienne comédie.

Roland Græme se promenait le lendemain sur le haut des murailles épaisses du château, comme en un lieu où il pourrait se livrer à ses réflexions sans courir le risque d'y être interrompu par personne. Mais il s'était trompé dans ses calculs, car il fut joint quelques instans après par Elie Henderson.

— Je vous cherchais, jeune homme, lui dit le prédicateur ; j'ai à vous parler d'un objet qui vous intéresse personnellement.

Le page n'avait aucun prétexte pour éviter la conférence que lui proposait le chapelain ; il craignait pourtant qu'elle ne devînt embarrassante.

— En vous enseignant aussi bien que me l'ont permis mes faibles moyens vos devoirs envers Dieu, dit le chapelain, je n'ai pas eu le temps d'insister aussi fortement sur vos devoirs envers les hommes. Vous êtes ici au service d'une dame qui a droit au respect par sa naissance, et à la compassion par ses malheurs, et qui possède en grande partie ces dons extérieurs si propres à concilier l'intérêt et l'attachement. Avez-vous considéré ce que vous devez à Marie d'Écosse sous son véritable point de vue et sous tous les rapports?

— Je crois, monsieur Henderson, répondit Roland, que je connais les devoirs que m'impose envers ma maîtresse le poste que je remplis auprès d'elle, et surtout la situation pénible où elle se trouve.

— Rien de mieux, mon fils. Mais ce sentiment même, quelque louable qu'il soit, peut dans le cas présent vous conduire à de grands crimes, vous précipiter dans la trahison.

— Que voulez-vous dire, monsieur Henderson? je ne vous comprends pas.

— Je ne vous parlerai pas des fautes qu'a commises cette femme malavisée; vous êtes à son service, et par conséquent je ne dois pas vous en entretenir : mais il m'est au moins permis de dire qu'elle a rejeté plus d'offres de la grace que n'en a jamais reçu aucun prince de la terre, et que, les jours de sa puissance étant écoulés, elle est renfermée dans ce château solitaire pour le bien général de tout le peuple d'Écosse, et peut-être pour le bien particulier de son ame.

— Je ne sais que trop, dit Roland avec un peu d'impatience, que ce château sert de prison à ma maîtresse infortunée, puisque j'ai le malheur d'y partager sa détention; ce qui, à vous parler vrai, commence à m'ennuyer excessivement.

— C'est précisément ce dont je veux vous parler. Mais d'abord, mon cher Roland, examinez l'aspect agréable de cette plaine bien cultivée. Voyez-vous cette fumée qui s'élève à gauche? Elle nous indique un village dont la vue vous est dérobée en partie par ces grands arbres : c'est le séjour de la paix et de l'industrie. Le long des rives de cette onde, vous apercevez de loin à loin les tours sourcilleuses des nobles barons et les humbles chaumières des laborieux cultivateurs : ces paysans se livrent tranquillement à leurs travaux champêtres; et ces nobles, renonçant à leurs longues querelles, ont suspendu leurs lances à leurs murailles et laissent leurs épées dans le fourreau. Vous voyez ici s'élever majestueusement plus d'un temple où les eaux pures de la vie sont offertes à ceux qui sont altérés, et où ceux qui ont faim viennent se rassasier d'une nourriture spirituelle. Que mériterait celui qui porterait le fer et le feu dans cette scène de paix et de bonheur, qui aiguiserait les sabres de ces habitans paisibles pour les faire tourner les uns contre les autres, qui livrerait aux flammes les tours et les chaumières, et qui éteindrait dans le sang leurs débris fumans? Que mériterait celui qui tenterait de relever la statue de Dagon que des hommes vertueux ont renversée, et qui voudrait encore une fois consacrer les églises de Dieu au culte de Baal?

—Vous présentez à mes yeux un horrible tableau; mais je ne sais à qui vous pourriez attribuer cet affreux projet.

— A Dieu ne plaise, mon fils, que je vous dise : c'est votre main qui le réalisera! Et cependant, Roland Græme, faites bien attention que si vous devez quelque chose à votre maîtresse, vous devez encore plus à la paix de votre pays, à la prospérité de vos concitoyens. Si cette idée cesse d'être fortement gravée dans votre esprit, les œuvres de votre main peuvent attirer sur vous les malédictions des hommes et la vengeance du ciel. Si vous vous laissez gagner par les chants de quelque sirène, au point de faciliter l'évasion de cette femme infortunée de ce lieu de retraite et de pénitence, c'en est fait, il n'est plus de paix pour les chaumières d'Écosse, plus de prospérité pour ces châteaux; et l'enfant encore à naître maudira celui dont la main a ouvert la porte aux fléaux qui ravageront le royaume à la suite d'une guerre entre la mère et le fils.

— Je ne connais aucun plan semblable, monsieur Henderson, et par conséquent je ne puis y coopérer. Mes devoirs envers la reine ont été uniquement ceux d'un serviteur; c'est même un service dont j'ai plus d'une fois désiré d'être délivré : cependant....

— C'est pour vous préparer à jouir d'un peu plus de liberté que je me suis efforcé de vous faire sentir toute la responsabilité qui pèse sur vous relativement aux devoirs que vous avez à remplir. George Douglas a dit à lady Lochleven que votre service au château vous ennuie ; et comme cette digne dame ne peut permettre que vous le quittiez tout-à-fait, elle s'est déterminée, en partie par mon intercession, à vous procurer quelques distractions, en vous donnant au dehors certaines missions qui ont jusqu'ici été confiées à d'autres, à des personnes de confiance. Je vais maintenant vous conduire vers cette dame, car elle va dès aujourd'hui vous accorder une preuve de sa confiance.

— J'espère que vous m'excuserez, monsieur Henderson, répondit le page, qui sentait que cette confiance de la maîtresse du château ne pouvait que rendre sa situation plus embarrassante à l'égard de la reine; on ne peut servir deux maîtres à la fois, et je suis convaincu que ma maîtresse ne me saurait pas bon gré si je prenais d'autres ordres que les siens.

— Ne craignez rien ; on demandera et l'on obtiendra son agrément. Je crains qu'elle n'y consente que trop aisément, dans l'espoir de s'ouvrir par votre moyen une correspondance avec ses amis, nom sous lequel se déguisent ceux qui voudraient se servir du sien pour exciter une guerre civile.

— Et ainsi je serai exposé au soupçon des deux côtés. Ma maîtresse me regardera comme un espion placé près d'elle, en voyant ses ennemis m'accorder leur confiance ; et lady Lochleven ne cessera jamais de me soupçonner de la trahir, parce que les circonstances m'auront mis à portée de le faire. J'aimerais mieux rester comme je suis.

Il s'ensuivit une pose de deux ou trois minutes, pendant laquelle Elie Henderson chercha à découvrir dans les traits du jeune homme si cette réponse n'avait pas un sens plus profond que les expressions ne semblaient l'annoncer; mais il l'étudia vainement : page dès son enfance, Roland savait se donner un air boudeur pour cacher ses émotions secrètes.

— Je ne vous comprends pas, Roland, dit le prédicateur, ou plutôt vos réflexions sur ce sujet sont plus profondes que je ne vous croyais susceptible d'en faire. Je m'imaginais que le plaisir d'aller passer quelques heures de l'autre côté du lac avec votre arc, votre fusil ou votre ligne à pêcher, l'aurait emporté sur tout.

— C'est ce qui serait arrivé, répondit Roland, qui sentit le danger de laisser confirmer les soupçons d'Henderson; je n'aurais bien certainement pensé qu'au plaisir de manier la rame et de poursuivre les oiseaux sauvages au milieu de ces marais pleins de jonc où ils se retirent, comme pour me tenter si loin de la portée de mon fusil, si vous ne m'aviez pas dit que ce voyage pourrait contribuer à l'incendie des villes et des châteaux, à la proscription de l'Évangile et au rétablissement des messes.

— Allons, allons, jeune homme, suivez-moi, et allons trouver lady Lochleven.

Ils la trouvèrent déjeunant avec son petit-fils George Douglas.

— Que la paix soit avec vous, milady! dit Henderson; voici Roland Græme prêt à recevoir vos ordres.

— Jeune homme, dit lady Lochleven, notre chapelain nous a garanti ta fidélité, et nous avons résolu de te charger de quelques commissions pour notre service dans notre bourg de Kinross.

— Non par mon avis, dit froidement Douglas.

— Qu'ai-je besoin de votre avis? répondit la vieille dame avec un peu d'aigreur; il me semble que la mère de votre père est assez âgée pour pouvoir juger par elle-même de ce qu'elle doit faire dans une affaire si simple. Tu prendras l'esquif, Roland, avec deux de mes gens à qui Dryfesdale ou Randal donnera des ordres à ce sujet, et tu iras chercher à Kinross de la vaisselle d'argent et des tapisseries qu'un fourgon a dû y apporter hier d'Édimbourg.

— Et vous remettrez ce paquet, dit Douglas, à un de nos domestiques que vous y trouverez, et qui l'attend. C'est le rapport adressé à mon père, ajouta-t-il en regardant son aïeule, qui lui témoigna son approbation par un signe de tête.

— J'ai déjà informé M. Henderson, dit Roland, que les devoirs que j'ai à remplir près de Sa Grace ne me permettent pas de me charger de votre message sans qu'elle m'en ait accordé la permission.

— Allez la lui demander, mon fils, dit lady Lochleven à Douglas; les scrupules de ce jeune homme lui font honneur.

— Je vous demande pardon, madame, répondit George d'un air indifférent; mais je n'ai nulle envie de me présenter devant elle si matin: elle pourrait le trouver mauvais, et cela ne me serait nullement agréable.

— Et moi, dit la vieille dame, quoique son humeur se soit considérablement adoucie depuis quelque temps, je ne me soucie pas de m'exposer à ses sarcasmes sans nécessité urgente.

— Si vous me le permettez, madame, dit le prédicateur, je me chargerai de faire part à Sa Grace de votre demande. Depuis que j'habite ce château, elle n'a pas encore daigné m'accorder une audience particulière, ni assister à une seule de mes instructions; et cependant le ciel m'est témoin que c'est en partie par intérêt pour son âme et par le désir de la faire entrer dans le droit chemin, que je suis venu y faire ma résidence.

— Prenez garde, monsieur Henderson, dit Douglas d'un ton presque ironique, prenez garde de vous embarquer trop précipitamment dans une entreprise à laquelle vous n'êtes pas appelé. Vous êtes instruit, et vous devez connaître l'adage, *ne accesseris in consilium nisi vocatus*. Qui vous a chargé d'une telle mission?

— Le maître au service duquel je me suis consacré, répondit le prédicateur en levant les yeux vers le ciel; celui qui m'a commandé de glorifier son nom en tout temps et en tout lieu.

— Je crois que vous n'avez pas eu beaucoup de relations avec la cour des princes, monsieur Henderson, continua le jeune Douglas.

— Il est vrai, continua le ministre; mais je vous dirai, comme mon maître Knox, que je ne vois rien de bien terrible dans la figure d'une jolie dame.

— Mon fils, dit lady Lochleven, ne refroidissez pas le zèle du saint homme; laissez-le s'acquitter de ma commission auprès de cette malheureuse princesse.

— J'aime beaucoup mieux qu'il s'en acquitte que moi, répondit George; et cependant il y avait dans son air quelque chose qui semblait donner un démenti à cette assertion.

Le chapelain se retira avec Roland, et fit demander à la princesse captive une audience qu'il obtint sur-le-champ. Il la trouva dans son salon, occupée à sa tapisserie avec ses femmes, suivant son usage. Elle le reçut avec la politesse qu'elle témoignait ordinairement à tous ceux qui s'approchaient d'elle; mais le ministre se trouva plus embarrassé pour lui expliquer le motif de sa visite qu'il ne s'y était attendu. Après l'avoir salué d'un air un peu gauche : — La bonne dame de Lochleven, lui dit-il, s'il plaît à Votre Grace...

Il s'arrêta un instant, cherchant comment il finirait sa phrase.

— Il plairait beaucoup à Ma Grace, dit Marie en souriant, que lady Lochleven fût notre bonne dame. Mais continuez. Que me veut la bonne dame de Lochleven?

— Elle désire, madame, que Votre Grace veuille permettre à ce jeune homme, à Roland Græme, votre page, d'aller chercher à Kinross de la vaisselle d'argent et des tapisseries qui sont destinées à votre usage, et pour meubler plus convenablement les appartemens de Votre Grace.

— Lady Lochleven fait une cérémonie bien inutile en nous demandant notre agrément pour ce qui dépend uniquement de son bon plaisir. Nous savons parfaitement qu'on n'aurait pas laissé si long-temps ce jeune homme à notre service, si l'on n'avait pensé qu'il était aux ordres de la bonne dame plutôt qu'aux miens. Au surplus, nous consentons volontiers qu'il s'acquitte de la commission qu'on lui donne. Nous ne voudrions condamner personne à la captivité que nous sommes obligées de souffrir.

— Il est naturel à l'humanité, madame, de se révolter à l'idée d'une prison. Et cependant il y a eu des gens qui ont trouvé que le temps passé dans une captivité temporelle pouvait être employé de manière à les racheter de l'esclavage spirituel.

— Je vous comprends, monsieur; mais j'ai entendu votre apôtre, j'ai entendu John Knox; et si mes principes avaient dû être pervertis, j'aurais pu laisser au plus habile et au plus éloquent des hérétiques le peu d'honneur qu'il aurait pu acquérir en triomphant de ma croyance[1].

— Ce n'est ni à la science ni au talent du laboureur, madame, que Dieu accorde la moisson. La grace, qui vous a parlé en vain au milieu des plaisirs de votre cour par la bouche de celui que vous nommez avec raison notre apôtre, peut s'ouvrir un chemin à votre cœur pendant le loisir que vous donne votre retraite dans ce château pour faire des réflexions. Dieu m'est témoin, madame, que je vous parle dans toute l'humilité de mon cœur, comme un homme qui ne se compare pas plus au saint ministre que vous venez de nommer qu'il ne se compare aux anges immortels.

---

[1] Tels n'étaient pas tout-à-fait les sentimens de Marie au sujet de John Knox, à moins que l'auteur n'ait attaché un sens ironique à ses paroles. John Knox ne fut qu'intolérant et grossier dans ses conférences avec la reine, des yeux de laquelle ses menaces arrachaient des larmes. — Éd.

Mais si vous daigniez appliquer à leur noble usage ces talens et cette science que chacun reconnaît en vous, si vous nous donniez le plus léger espoir que vous consentiriez à écouter ce qu'on peut alléguer contre les superstitions dans lesquelles vous avez été élevée dès le berceau, je suis sûr que vous verriez accourir ici les plus savans de nos frères ; que John Knox lui-même regarderait le salut de votre ame comme...

— Je les remercie, ainsi que vous, de ce sentiment de charité ; mais comme je n'ai à présent qu'une seule salle d'audience, ce serait malgré moi que je la verrais servir à un synode de huguenots.

— Je vous en conjure, madame, ne vous obstinez pas dans cet attachement aveugle à vos erreurs. Écoutez un homme qui a supporté la faim et la soif, qui a veillé et prié pour entreprendre la bonne œuvre de votre conversion, et qui consentirait à mourir à l'instant où il aurait vu s'effectuer un changement si heureux pour vous-même et pour toute l'Écosse. Oui, madame, s'il m'était donné d'ébranler la dernière colonne qui subsiste encore dans ce pays du temple des païens... pardon si je me permets d'appeler ainsi votre foi, je consentirais à périr écrasé sous ses ruines.

— Je ne veux pas insulter votre zèle, monsieur, en vous disant qu'au lieu d'écraser les Philistins, vous leur serviriez probablement de jouet. Votre charité mérite mes remercîmens ; car elle s'exprime avec chaleur, et peut avoir un motif louable. Mais pensez de moi aussi favorablement que je pense de vous, et croyez que je désirerais aussi sincèrement vous voir rentrer dans l'ancienne voie, dans la seule voie du ciel, que vous pouvez souhaiter de m'y conduire par ces sentiers détournés qu'on a nouvellement découverts.

— Eh bien ! madame, dit vivement Henderson, si tel est votre généreux dessein, qui est-ce qui nous empêcherait de consacrer une partie du temps, qui malheureusement n'est que trop à la disposition de Votre Grace, à discuter une question si importante? Tout le monde convient que vous êtes instruite et spirituelle. Je n'ai pas le même avantage; et cependant je me sens fort de la bonté de ma cause : elle est pour moi une tour bien fortifiée. Pourquoi ne chercherions-nous pas à découvrir lequel de nous est dans l'erreur, quand il s'agit d'un sujet si essentiel?

— Je ne me trouve pas assez de force, monsieur, pour accepter le combat en *champ clos* contre un théologien polémique. D'ailleurs la partie ne serait pas égale : si vous vous sentiez le plus faible, vous pourriez faire retraite; tandis que moi, liée au poteau, je n'ai pas la liberté de dire que la discussion me fatigue. — Je désirerais être seule.

— A ces mots, elle lui fit une révérence profonde; et Henderson, dont le zèle était ardent, mais qui ne le portait pas comme plusieurs de ses confrères jusqu'au mépris des bienséances[1], lui rendit son salut, et se prépara à se retirer.

— Je voudrais, dit-il, que mes vœux sincères, mes vives prières, pussent procurer à Votre Grace le bonheur et la vraie consolation, aussi facilement que le moindre signe de sa volonté peut me faire renoncer à jouir plus long-temps de sa présence.

Il allait sortir quand Marie lui dit avec douceur : — Ne me supposez pas indisposée contre vous, monsieur; il peut se faire, si je reste plus long-temps ici, ce que je ne puis croire, car je me flatte que mes sujets rebelles se repentiront de leur déloyauté, ou que ceux qui me sont restés fidèles reprendront le dessus; mais enfin, si la volonté du ciel est que je souffre plus long-temps une injuste détention, il peut se faire, dis-je, que je consente à écouter un homme qui semble raisonnable et dont le cœur n'est pas fermé à la compassion, et que je me hasarde à encourir votre mépris en cherchant à me rappeler quelques-uns des argumens des

---

(1) Allusion à John Knox.—Éd.

pères de l'Église et des conciles en faveur de la foi que je professe, quoique je craigne que mon latin ne m'ait abandonnée comme toutes mes autres possessions ; mais ce sera pour un autre jour. En attendant, que lady Lochleven dispose de mon page comme bon lui semblera. Je ne veux pas le rendre suspect en lui parlant en particulier avant son départ. Roland Græme, mon jeune ami, ne perdez pas cette occasion de vous amuser ; chantez, dansez, courez, sautez : on peut faire tout cela de l'autre côté du lac ; mais pour en faire autant ici, il faudrait avoir plus que du vif-argent dans les veines.

— Hélas ! madame, dit le prédicateur, à quoi exhortez-vous la jeunesse, tandis que le temps se passe et que l'éternité arrive ! Est-ce en nous livrant à de vains plaisirs que nous pouvons assurer notre salut ? et nos bonnes œuvres mêmes doivent-elles se faire sans crainte et tremblement ?

— Je ne sais ni craindre ni trembler, répondit la reine avec dignité : de telles émotions sont inconnues à Marie Stuart. Mais si mes pleurs et mes chagrins peuvent obtenir à ce jeune homme le pardon d'une heure de plaisirs innocens, croyez que cette pénitence sera rigoureusement accomplie.

— Permettez-moi de faire observer à Votre Grace qu'elle se trompe grandement sur ce point. Nos larmes et nos chagrins sont encore trop peu pour nos propres fautes, et nous ne pouvons les faire servir pour expier celles des autres. C'est encore là une des erreurs de votre Église.

— Si cette prière n'a rien d'offensant, puis-je vous prier de vous retirer ? dit la reine. Mon cœur est oppressé, et il me semble que voilà bien assez de controverse pour un jour. Roland, prenez cette petite bourse : voyez, monsieur, dit-elle alors en la vidant devant le ministre, il ne s'y trouve que trois testons d'or. Cette monnaie porte mon effigie, et cependant on l'a toujours employée contre moi plutôt que pour mon service, de même que mes sujets se servent de mon nom comme d'un signe de ralliement pour tourner leurs armes contre moi. Prenez cette bourse, Roland, afin de ne pas manquer de moyens pour vous divertir. Rapportez-moi des nouvelles de Kinross, des nouvelles de telle sorte que, sans vous rendre suspect, vous puissiez me les raconter en présence de ce révérend ministre ou de la bonne dame de Lochleven.

Cette dernière suggestion était trop plausible pour qu'on pût s'y opposer, et Henderson se retira moitié content, moitié mortifié de sa réception ; car Marie, soit par habitude, soit par une adresse qui lui était naturelle, possédait à un degré extraordinaire l'art d'éluder les discours qui lui étaient désagréables sans offenser ceux qui les lui adressaient.

Roland suivit le chapelain, d'après un signe de sa maîtresse ; mais en sortant à reculons, suivant l'étiquette, après lui avoir fait un salut respectueux, il remarqua Catherine Seyton lui faisant à la dérobée un geste que lui seul put apercevoir, levant un doigt en l'air, semblant lui dire : Souvenez-vous de ce qui s'est passé entre nous.

Le page reçut alors ses dernières instructions de lady Lochleven. — Il y a aujourd'hui une fête dans le bourg de Kinross, lui dit-elle ; l'autorité de mon fils n'a pas encore été en état de détruire cet ancien levain de folie que les prêtres de l'Église romaine ont pétri jusque dans l'ame des paysans écossais : je ne vous défends pas d'y prendre part, ce serait tendre un piége à votre folie ou vous apprendre à mentir ; mais jouissez de ces vains plaisirs avec modération, et comme devant bientôt apprendre à y renoncer et à les mépriser. Notre chambellan [1] à Kinross, Luc Lundin, docteur, comme il a la folie de s'appeler, vous informera de ce que vous aurez à faire relativement à votre mission. Souvenez-vous que je vous donne ma confiance ; allez, et montrez-vous-en digne.

(1) Le *chambellan* est le titre que prenaient les intendans ou hommes d'affaires des grandes maisons d'Ecosse. — Ep.

Si nous nous rappelons que Roland Græme n'avait pas encore dix-neuf ans accomplis, et qu'il avait passé toute sa vie dans le château solitaire d'Avenel, à l'exception du peu d'heures qu'il était resté à Édimbourg et de son séjour à Lochleven, séjour qui n'avait pas contribué beaucoup à lui faire connaître le monde et ses plaisirs, nous ne serons pas surpris que son cœur bondît d'empressement, de joie et de curiosité, à la seule idée d'une fête de village. Il courut dans sa petite chambre, et visita toute sa garderobe qu'on lui avait envoyée d'Édimbourg probablement par ordre du comte de Murray, et qui était convenable au poste qu'il remplissait près d'une reine. Par ordre de Marie, qui était toujours en deuil, il avait porté jusqu'alors des vêtemens de couleur sombre; mais en cette occasion il choisit le costume le plus brillant et le plus élégant que ses malles purent lui offrir : c'était un vêtement écarlate doublé en satin noir, couleurs royales d'Écosse. Il arrangea avec grace ses longs cheveux bouclés, attacha sa chaîne et son médaillon autour d'un chapeau de castor de la forme la plus nouvelle, et suspendit à un ceinturon brodé la belle épée qui lui avait été remise d'une manière si mystérieuse. Ce costume, joint à une belle taille et à une figure agréable, faisait de Roland un échantillon parfait des jeunes gens à la mode de cette époque. Il aurait voulu faire ses adieux à la reine et à ses deux dames, mais Dryfesdale y mit son *veto*, et l'entraîna vers la barque.

— Non, non, mon maître, lui dit-il, point d'audience de congé. Ma maîtresse vous a accordé sa confiance; moi je tâcherai de vous éviter du moins la tentation d'en abuser. Que le ciel vous protège, mon enfant! ajouta-t-il en jetant un coup d'œil de mépris sur son costume brillant; s'il y a une ménagerie à la foire, gardez-vous bien d'en approcher.

— Et pourquoi, s'il vous plaît? demanda Roland.

— Parce que les gardiens pourraient vous prendre pour un des singes qui se serait échappé, dit Dryfesdale avec un sourire de malignité.

— Je ne porte pas mes habits à vos dépens, dit Roland avec indignation.

— Ni aux vôtres, mon garçon, répliqua l'intendant, sans quoi ils seraient conformes à votre mérite.

Roland réprima, non sans peine, le mouvement de colère qui l'agitait, et s'enveloppant dans son manteau d'écarlate, se jeta sans lui répondre dans la barque que deux rameurs animés eux-mêmes par le désir de voir la fête firent voguer rapidement vers l'extrémité occidentale du lac. En prenant le large, il crut découvrir la figure de Catherine Seyton qui se montrait à une des embrasures du château, tout en prenant quelques précautions pour ne pas être aperçue des yeux indiscrets. Il ôta son chapeau et le leva en l'air pour lui prouver qu'il l'avait vue et qu'il lui faisait ainsi ses adieux : un mouchoir blanc qu'on agita un instant à travers l'embrasure, répondit à ce signal; et pendant toute la traversée l'image de Catherine Seyton l'occupa plus que l'idée des plaisirs de la fête où il se rendait. En approchant du rivage, le son des instrumens, des chants de joie, des cris de toute espèce assaillirent ses oreilles ; et dès qu'il fut débarqué il se mit à la recherche du chambellan, pour savoir de combien de temps il pouvait disposer, afin de le mettre à profit.

CHAPITRE XXVI.

« Bergers et pastoureaux, place au maître des jeux.
« Le cor retentissant, le tambourin joyeux,
« Les chants des ménestrels annoncent sa présence. »
SOMERVILLE. *Les Jeux champêtres.*

ROLAND découvrit bientôt et sans peine, parmi la foule joyeuse remplissant tout l'espace qui s'étendait entre le lac et le bourg, un personnage aussi important que le docteur Luc Lundin, officiellement chargé de représenter le seigneur du pays. Son autorité était soutenue par une cornemuse, un tambour, et quatre vigoureux paysans armés de hallebardes rouillées garnies de rubans. Quoique le jour ne fût guère avancé, les nobles satellites avaient déjà cassé plus d'une tête au nom et en l'honneur et gloire du laird de Lochleven et de son représentant.

Dès que ce dignitaire fut informé que l'esquif du château venait d'arriver avec un jeune homme vêtu pour le moins comme le fils d'un lord, qui désirait lui parler sur-le-champ, il ajusta sa fraise et son habit noir, tourna son ceinturon de manière à mettre en évidence la poignée dorée d'une longue rapière, et marcha d'un pas solennel vers le rivage : solennel est le mot, et ce n'était pas sans titre qu'il prenait cet air, même dans des occasions moins importantes; car il avait été élevé dans l'étude vénérable de la médecine, comme s'en apercevaient bien ceux qui connaissaient quelque chose à cette science, par les aphorismes fréquens qui ornaient tous ses discours. Ses succès n'avaient pas tout-à-fait répondu à ses prétentions; mais comme il était né dans le comté voisin, celui de Fife, et qu'il était parent quoiqu'à un degré très éloigné de l'ancienne famille de Lundin qui avait d'étroites relations d'amitié avec la maison de Lochleven, il avait obtenu, grace à son nom, la place honorable qu'il occupait sur les rives du lac.

Les profits que lui rapportait son poste de chambellan étant assez modiques, surtout dans ces temps de désordre, il améliorait son revenu en continuant à se livrer à son ancienne profession; et les habitans du bourg et de la baronnie de Kinross n'étaient pas moins obligés à se soumettre au monopole médical du chambellan qu'à porter leurs grains au moulin du baron. Malheur à la famille du riche paysan qui osait partir de ce monde sans un passeport du docteur Luc Lundin! Si les représentans du défunt avaient quelques affaires à régler avec le baron, et il était rare qu'ils n'en eussent point, ils étaient sûrs de ne trouver dans le chambellan qu'un ami très froid. Il était cependant assez généreux pour donner des soins gratuits aux pauvres, et il les guérissait quelquefois de tous les maux en même temps.

Doublement pédant comme médecin et comme homme en place, et fier des lambeaux de science qui rendaient ses discours presque toujours inintelligibles, le docteur Luc Lundin s'approcha du rivage et salua Roland dès qu'il l'aperçut.

— Que la fraîcheur du matin se répande sur vous, monsieur, lui dit-il. Je présume que vous êtes envoyé ici pour vérifier si nous exécutons les ordonnances par lesquelles la bonne dame du château nous a prescrit de couper dans le vif tous les restes de cérémonies superstitieuses, et de les extirper de cette fête. Je sais parfaitement que milady aurait désiré l'abolir entièrement; mais comme j'ai eu l'honneur de le lui dire, en lui citant les propres paroles du savant Hercule de Saxe, *omnis curatio est vel canonica, vel coacta*, ce qui veut dire (car la soie et le velours savent rarement leur latin *ad unguem*) que toute cure doit être opérée par l'art et l'induction des règles, ou par la contrainte ; et le médecin prudent choisit le premier de ces deux moyens. Or milady ayant goûté cet argument, j'ai pris soin de mélanger tellement l'instruction et la précaution avec le plaisir (*fiat mixtio*[1], comme nous disons), que je puis répondre que l'esprit du vulgaire sera épuré et purgé des vieilles folies papistiques par les médicamens que je lui ai préparés; de sorte que, les premières voies étant débarrassées et désobstruées, maître Elie Henderson ou tout autre digne pasteur pourra y verser un tonique et effectuer une cure morale complète, *tutò, citò, jucundè*[2].

— Je ne suis pas chargé, docteur Lundin, de...

— Ne m'appelez pas docteur. Vous voyez que j'ai mis de côté la robe et le bonnet fourrés; je ne porte aujourd'hui que les attributs de chambellan.

— Monsieur, dit le page, qui avait entendu parler au château du caractère de cet original, le froc ne fait pas le moine. Croyez-vous que nous ignorions à Lochleven combien de cures a opérées le docteur Lundin?

— Bagatelles! mon jeune monsieur, pures bagatelles! répondit le docteur avec ce ton de modestie qui n'est qu'une arrogance mal déguisée : je n'ai que la pratique d'un pauvre gentilhomme retiré, en robe courte et en pourpoint. Le ciel a quelquefois donné sa bénédiction à mes soins, et je dois

---

[1] Terme de formule qu'on ajoute à l'indication des drogues qui composent un mélange : *fiat mixtio* : mêlez. — Ép.

[2] Ces trois adverbes sont l'expression d'une méthode d'opération parfaite, et qu'il s'agit de faire *sûrement, vite et agréablement*, c'est-à-dire le moins désagréablement possible. — Ép.

dire que par sa grace peu de médecins ont guéri plus de malades. *Longa robba, corta scienza*, dit l'italien. Savez-vous l'italien, monsieur?

Roland Græme ne jugea pas nécessaire d'apprendre au docteur s'il connaissait ou non cette langue ; et au lieu de répondre à sa question, il l'informa du motif pour lequel il était venu à Kinross, et lui demanda si les objets qu'on attendait d'Édimbourg étaient arrivés.

— Pas encore, dit Lundin: je crains qu'il ne soit survenu quelque accident à notre voiturier ordinaire John Auchtermuchty, car je l'attendais hier avec son fourgon. Mauvais pays pour voyager, mon maître ; et encore l'imbécile voyage-t-il pendant la nuit, quoique sans parler de toutes les maladies depuis *tussis*[1] jusqu'à *pestis* qui couvrent les champs en l'absence de l'astre vivifiant du jour, il puisse rencontrer une demi-douzaine de maraudeurs qui le débarrasseraient de son bagage et le guériraient même de tous les maux présens et futurs. Il faut que je sache ce qu'il est devenu, puisqu'il a en main des effets appartenans à l'honorable lord... Et de par Esculape ! il a aussi une commission pour moi. Il doit me rapporter d'Édimbourg certaines drogues nécessaires pour la composition de mon alexipharmaque. Hodge, s'écria-t-il en s'adressant à un de ses gardes-du-corps, partez sur-le-champ avec Tobie Telford; prenez le cheval hongre et la jument brune à courte queue; courez en toute diligence jusqu'à Keiry-Craigs, et tâchez de savoir ce que sont devenus John Auchtermuchty et son fourgon. Je me flatte que ce qui l'a retardé en route n'est que le médicament de quelques pintes, le seul médicament que la brute prenne jamais. Détachez les rubans de vos hallebardes, et prenez vos jacks[2] de fer et vos casques, afin de pouvoir inspirer une certaine terreur si vous faites quelque mauvaise rencontre. Se tournant alors vers Roland : — J'espère, lui

---

(1) Depuis la toux jusqu'à la peste. — Éd.
(2) Espèce de cuirasse. — Éd.

dit-il, que nous aurons bientôt de bonnes nouvelles du fourgon ; en attendant vous pourrez assister à nos jeux. Mais d'abord il faut que vous preniez le coup du matin ; car que dit l'école de Salerne?

Poculum manè haustum restaurat naturam exhaustam (1).

— Votre science est au-dessus de mes forces, dit le page, et je crois qu'il en serait de même de votre coup du matin.

— Point du tout : un cordial composé de vin des Canaries imprégné d'absinthe est le meilleur antipestilentiel possible; et à vous parler vrai, il ne manque pas maintenant de miasmes pestilentiels dans l'atmosphère. Nous vivons dans un heureux temps, jeune homme, ajouta-t-il en prenant un ton de gravité ironique, et nous jouissons de bien des avantages inconnus à nos pères. D'abord nous avons deux souverains dans le pays : l'un sur le trône, et l'autre qui veut y monter. C'est bien assez d'une bonne chose ; mais si l'on veut davantage, on trouvera un roi dans chaque village du royaume : de sorte que si nous n'avons pas de gouvernement ce n'est pas faute de gouvernans. Ensuite nous avons une guerre civile tous les ans, pour nous récréer et pour empêcher qu'une certaine partie de la population ne meure de faim. Enfin la peste se dispose à nous faire une visite dans le même dessein charitable : c'est la meilleure de toutes les recettes pour éclaircir la population d'un pays et pour changer en aînés les frères cadets. Tout cela est au mieux. Chacun son métier. Vous autres, jeunes chevaliers d'épée, vous aimez à lutter et à vous escrimer les armes à la main contre quelque adversaire habile ; moi je ne serais pas fâché de mesurer mes forces même avec la peste.

Tout en remontant la rue du bourg qui conduit à la maison du docteur, l'attention de ce dernier fut attirée succes-

(1) Un breuvage avalé le matin restaure la nature épuisée. — Éd.

sivement par divers individus qu'il rencontrait, et qu'il fit remarquer à son compagnon.

— Voyez-vous ce drôle à toque rouge, à pourpoint bleu, tenant à la main un gros bâton? Je crois que ce coquin a la force d'une tour. Depuis cinquante ans qu'il est dans ce monde, il n'a pas encouragé une seule fois les arts libéraux en achetant pour un sou de médicamens. Mais regardez cette face hippocratique, *vera facies hippocratica*, lui dit-il en lui montrant un paysan dont les jambes étaient enflées, et qui avait le teint cadavéreux : voilà ce que j'appelle un des plus dignes hommes de la baronnie. Il ne déjeune, ne dîne et ne soupe que d'après mon avis et suivant mon ordonnance. Il viendrait à bout lui seul, plus promptement que la moitié du pays, d'épuiser un assortiment raisonnable de médicamens. Eh bien! mon brave ami, lui demanda-t-il d'un ton de condoléance, comment vous trouvez-vous ce matin?

— Bien doucement, monsieur le docteur, bien doucement. L'électuaire que j'ai pris en me levant ne semble pas s'accorder avec la soupe aux pois et le lait de beurre.

— Soupe aux pois et lait de beurre! Comment pouvez-vous être si ignorant en régime, après avoir été dix ans entre les mains de la médecine? Prenez demain une nouvelle dose de mon électuaire, et ne mangez rien que six heures après.

Le pauvre paysan le salua humblement, et continua son chemin.

Celui à qui le docteur daigna ensuite accorder son attention était un boiteux qui ne méritait guère cet honneur; car, dès qu'il aperçut le médecin, il s'enfuit aussi vite que son infirmité le lui permettait, et se perdit dans la foule.

— Voilà un misérable ingrat, dit Lundin au page : je l'ai guéri de la goutte aux pieds, et maintenant il se plaint de la cherté de sa guérison; et le premier usage qu'il fait des jambes que je lui ai rendues, c'est pour fuir le médecin auquel il les doit : de podagre il est devenu chiragre, comme dit l'honnête Martial; il a la goutte aux doigts, et ne peut mettre la main à la bourse :

Præmia cùm poscit medicus, Satan est (1).

C'est un vieil adage plein de vérité. Nous sommes des anges quand nous venons guérir un malade, des diables quand nous demandons notre salaire. Cependant je trouverai le moyen d'administrer une purgation à sa bourse : il y peut compter. Et tenez, voilà son frère, autre coquin du même calibre. Et! Saunders Darlet! avancez, avancez donc. Vous avez été malade, à ce que j'ai appris?

— Malade! oh! non, monsieur le docteur; ce n'était qu'une indisposition, et je me suis trouvé mieux justement comme je pensais à consulter Votre Honneur. Je me porte à ravir maintenant.

— Et pensez-vous, drôle, que vous devez à votre seigneur quatre sacs d'orge et deux d'avoine? Songez bien aussi à ne plus m'envoyer des poulets de redevance semblables à ceux de l'année dernière, qu'on aurait pris pour des malades sortant de l'hôpital. Je me flatte surtout que vous songez à solder le dernier terme de vos rentes.

— Je faisais réflexion, dit le paysan *more scotico*, c'est-à-dire sans répondre directement à l'objet dont on lui parlait, que je ferais pourtant bien de passer chez Votre Honneur, et de prendre votre avis sur ma maladie, de crainte qu'elle ne revienne.

— Cela sera fort prudent, répondit Lundin; et souvenez-vous de ce que dit l'*Ecclésiastique* : Faites place au médecin, et ne souffrez pas qu'il s'éloigne de vous ; car vous avez besoin de lui.

Son exhortation fut interrompue par une apparition qui sembla frapper le docteur d'autant de surprise et de terreur

---

(1) Quart d'heure de Rabelais chez ses pratiques :

Quand le docteur demande son salaire
Il est alors un vrai diable incarné.

qu'il en avait inspiré lui-même à la plupart de ceux à qui il s'était adressé.

La figure qui produisit cet effet sur l'Esculape du bourg était une vieille femme de grande taille, portant un chapeau à haute forme qui semblait ajouter encore à sa stature, et une mentonnière qui cachait toute la partie inférieure de son visage; et comme le chapeau avait de larges bords rabattus, on ne voyait guère de sa physionomie que les deux os des joues couverts d'une peau brune et ridée, et deux yeux noirs pleins de feu qui brillaient sous deux gros sourcils gris. Elle portait une robe de couleur foncée, d'une coupe bizarre, bordée tout autour et couverte sur l'estomac d'une espèce de garniture blanche ressemblant aux phylactères juifs, sur laquelle étaient brodés des caractères dans une langue inconnue. Elle tenait en main un grand bâton noir.

—Par l'ame de Celse, dit le docteur, c'est la vieille mère Nicneven elle-même, qui vient me braver dans l'étendue de ma juridiction, et jusque dans l'exercice de mes fonctions! Femme, prends garde à ton cotillon, comme dit la chanson. Hob Anster! qu'on la saisisse et qu'on la conduise en prison; et si quelques bonnes ames voulaient lui faire prendre un bain dans le lac, ne vous en mêlez pas et laissez-les faire.

Mais les mirmidons du docteur Lundin ne montrèrent pas beaucoup d'empressement à lui obéir, et Hob Anster osa lui faire une remontrance à ce sujet.

—A coup sûr il était de son devoir d'exécuter les ordres de Son Honneur; et malgré tout ce qu'on disait de la science et des sorcelleries de la mère Nicneven, il lui mettrait la main sur le collet en plaçant sa confiance en Dieu, si Son Honneur l'exigeait. Mais Son Honneur devait savoir que cette mère Nicneven n'était pas une sorcière ordinaire, comme Jeanne Jopp de Brierie-Baulk: elle était soutenue par il ne savait combien de lairds et de lords. Il y avait à la foire lord Moncrif de Tippermalloch, papiste bien connu, et le laird de Carslogie, que chacun savait être du parti de la reine : ils avaient à leur suite Dieu sait combien d'épées et de lances, et il y aurait certainement du tapage si l'on touchait seulement du bout du doigt une vieille sorcière papiste qui avait tant d'amis. D'ailleurs tous les hommes d'armes du baron étaient à Édimbourg avec lui, ou dans le château; et si l'on venait à dégaîner, Son Honneur ne trouverait probablement pas beaucoup de lames de son côté.

Le docteur écouta ce conseil prudent bien malgré lui, et il ne se calma que sur la promesse que lui fit son fidèle satellite de prendre des mesures pour arrêter la vieille femme la première fois qu'elle oserait reparaître sur le territoire de Kinross.

— En ce cas, s'écria le docteur, de bons fagots célébreront sa bienvenue.

Il prononça ces mots assez haut pour être entendu de la mère Nicneven qui, en passant près de lui, se contenta de lui lancer un regard de mépris avec un air de supériorité insultante.

— Par ici, dit Lundin, par ici, et il fit entrer le page dans la maison. Prenez garde de vous heurter contre une cornue, ajouta-t-il; le chemin des sciences est hérissé d'obstacles.

L'avis n'était pas inutile; car indépendamment des oiseaux et des lézards empaillés, des serpens en bouteille, des paquets de simples, des herbes suspendues à des cordes ou étalées sur de grandes feuilles de papier pour y sécher, et une foule d'autres objets dont l'odeur nauséabonde annonçait une boutique d'apothicaire, on y voyait aussi des paniers de charbon, des fourneaux, des creusets, des alambics, en un mot tous les ustensiles appartenant à la profession de chimiste.

Outre toutes ces autres qualifications de savant, le docteur Lundin brillait surtout par le défaut d'ordre et de propreté, et sa vieille servante qui, disait-elle, passait sa vie à ranger son laboratoire, était allée à la foire se divertir comme les jeunes gens. Il y eut donc bien des fioles à remuer avant que le docteur pût mettre la main sur la potion salutaire dont il avait fait tant d'éloges, et il ne lui fallut pas moins de temps pour parvenir à trouver un vase digne de la contenir. Ayant réussi dans cette double recherche, il commença par se verser rasade pour donner l'exemple à son hôte, et vida le coup d'un seul trait. Roland, à son tour, ne put se dispenser d'avaler le breuvage qui lui était présenté; mais il le trouva d'une telle amertume, qu'il lui tarda d'être bien loin de ce laboratoire pour chasser par un verre d'eau le goût de cette liqueur détestable. Cependant il se vit retenu malgré lui par le bavardage du chambellan, qui voulait lui apprendre ce qu'était la mère Nicneven.

—Je n'aime pas à parler d'elle en plein air et au milieu de la foule, dit le docteur; non que je la craigne, comme ce poltron d'Anster, mais parce que je ne voudrais pas causer de querelle, n'ayant pas le temps aujourd'hui de m'occuper de foulures, de ruptures, de blessures et de meurtrissures. Bien des gens appellent cette vieille sorcière une prophétesse : je ne sais trop si elle pourrait prédire quand une couvée de poulets sortira de sa coquille. On prétend qu'elle lit dans les astres : je crois que ma chienne noire en sait tout autant quand elle aboie contre la lune. On dit que cette vieille coquine est devineresse, magicienne, je ne sais quoi en un mot. *Inter nos*, je ne contredirai jamais un bruit qui peut la conduire au bûcher qu'elle mérite si bien; mais je crois que toutes ces histoires de sorcellerie dont on nous rebat les oreilles ne sont que sottises, bavardages, contes de vieilles femmes.

—Mais au nom du ciel! docteur, qu'a-t-elle donc fait pour mériter votre courroux?

— Ce qu'elle a fait! C'est une de ces mauvaises vieilles qui ont l'impudence d'aller sur les brisées de la science, de donner des avis aux blessés et aux malades, de les guérir à l'aide de simples herbes, de juleps et de potions cordiales qu'elles composent.

— N'en dites pas davantage, s'écria le page ; si elle se mêle de composer des potions cordiales, malheur à elle et à ceux qui l'écoutent !

— C'est fort bien dit, jeune homme. Quant a moi, je ne connais pas de plus grande peste de la société que ces vieilles diablesses incarnées qui hantent la chambre des malades dont le cerveau est dérangé et qui sont assez fous pour leur permettre d'interrompre la marche régulière d'un traitement basé sur les principes de la science, et de les guérir par leurs sirops, leurs juleps, leur diascordium, leur mithridate, l'onguent de celle-ci et les pillules de celle-là. C'est ainsi qu'elles font des veuves et des orphelins, et acquièrent une réputation de femmes habiles et douées de talens surnaturels, en volant le médecin qui ne guérit jamais son malade que suivant toutes les règles de l'art. Mais suffit ; la mère Nicneven et moi nous nous verrons quelque jour face à face, et je lui ferai connaître le danger que l'on court en se frottant à un médecin.

— Vous avez raison, docteur, et bien des gens s'en sont mal trouvés ; mais si vous le permettiez, je serais charmé de faire un tour dans la foire.

— Votre idée est fort bonne, dit Lundin ; car il est temps que je m'y montre : d'ailleurs on nous attend pour commencer le spectacle. Aujourd'hui, *totus mundus agit histrionem* [1].

A ces mots il ouvrit sa porte et le conduisit sur le théâtre de la scène joyeuse.

(1) Tout le monde joue la comédie. — Tr.

CHAPITRE XXVII.

> « Voyez-vous s'avancer dans ce riant verger
> « La nymphe basanée et le riant berger ?
> « La gaîté les précède, et règne sans rivale.
> « Plus de distinction ; la joie est générale.
> « Sur le bras de son maître appuyé sans façon,
> « Le fermier pour un jour semble son compagnon. »
> SOMERVILLE. *Les Jeux champêtres.*

Quand le chambellan reparut dans la rue du village, il fut reçu avec de grandes acclamations par la foule qui était assemblée ; son retour était un signe certain que la comédie ou la représentation dramatique qu'on avait différée en son absence ne tarderait pas à commencer. Ce genre d'amusement était encore tout nouveau pour l'Écosse, et n'en était que plus avidement recherché. Tous les autres divertissemens furent interrompus. La danse autour du mai cessa tout à coup, le cercle fut rompu, et chaque danseur, prenant sa danseuse par la main, courut avec elle vers le théâtre champêtre. Un gros ours brun attaché à un poteau, et quelques mâtins qui le harcelaient depuis une heure, conclurent une trève par la médiation du maître de l'ours et de quelques bouchers, qui à grands coups de bâton séparèrent ces animaux, dont le combat et la fureur avaient fait jusqu'alors tout leur amusement. Un ménestrel ambulant se vit abandonné par l'auditoire qu'il avait réuni autour de lui au couplet le plus intéressant de sa ballade, précisément à l'instant où il avait envoyé son jeune serviteur, la toque à la main, recueillir les offrandes du public. Il s'arrêta avec indignation au milieu des infortunes de Rosewal et de Lilian, et remettant son violon à trois cordes dans son sac de cuir, suivit tristement la foule joyeuse qui courait à un spectacle offrant plus d'attrait que ses chansons. Un jongleur cessa de vomir des flammes et de la fumée, et se contenta de respirer comme les simples mortels, au lieu de jouer gratuitement le rôle d'un dragon de la fable. En un mot tous les jeux furent suspendus, tant la foule mettait d'empressement à se rendre au lieu destiné au spectacle.

On se tromperait beaucoup si l'on cherchait à se faire une idée de ce spectacle d'après nos théâtres modernes. Il y avait moins de différence entre les grossiers essais de Thespis et les brillantes représentations du théâtre d'Athènes, lorsqu'on y jouait les tragédies d'Euripide avec toute la pompe des costumes et des décorations. Ici l'on ne voyait ni décorations, ni machines, ni théâtre, ni parterre, ni loges, ni galerie, ni foyer; mais ce qui pouvait dans la pauvre Écosse consoler de l'absence de tous ces accessoires, c'est qu'on ne demandait pas d'argent à la porte. Comme la troupe du magnanime Rotton [1], les acteurs avaient un tapis de verdure pour théâtre, et leur foyer était derrière un buisson d'aubépine. Les spectateurs étaient rangés sur un amphithéâtre de gazon élevé sur les trois quarts du cercle, le dernier quart étant reservé pour l'entrée et la sortie des acteurs. Le chambellan était au centre de l'auditoire, comme le personnage le plus éminent du canton; le plaisir et l'admiration qui remplissaient tous les cœurs n'y laissaient aucune place à la critique.

Les personnages qui paraissaient et disparaissaient tour à tour devant l'auditoire attentif et enchanté étaient ceux

---

(1) Personnage du *Songe d'une nuit d'été*, de Shakspeare. — ED.

qu'on trouve sur le théâtre de toutes les nations dans l'enfance de l'art dramatique : des vieillards trompés par leurs femmes et leurs filles, pillés par leurs fils, et jouets de leurs domestiques ; un capitaine fanfaron, un rusé pèlerin, un frère quêteur, un rustre, une coquette: mais celui qui plaisait plus lui seul que tous les autres ensemble était le fou privilégié, le *gracioso* du drame espagnol qui, avec son bonnet terminé en crête de coq et tenant en main sa marotte, allait, venait, se montrait dans presque toutes les scènes, n'avait part à l'action que pour en interrompre la marche, et prenait pour objet de ses plaisanteries, non-seulement les acteurs, mais souvent même les spectateurs, qui n'en applaudissaient pas moins.

L'esprit de la pièce, qui n'était pas du genre le plus châtié, était principalement dirigé contre les pratiques superstitieuses de la religion catholique, et cette artillerie de théâtre avait été pointée par un personnage qui n'était rien moins que le docteur Lundin. Non-seulement il avait ordonné au directeur de la troupe de choisir une des nombreuses satires qui avaient été écrites à cette époque contre le catholicisme, et dont plusieurs avaient une forme dramatique ; mais, comme le prince de Danemarck [1], il y avait même fait insérer, ou pour me servir de sa propre expression, fait infuser çà et là quelques plaisanteries de sa façon sur ce sujet inépuisable, se flattant d'adoucir ainsi la sévérité avec laquelle lady Lochleven condamnait tous les passe-temps de cette nature. Lorsqu'on arrivait à quelqu'un de ces passages, il ne manquait pas de pousser le coude à Rolland assis à son côté, et de lui recommander une attention particulière. Quant au page qui n'avait pas la moindre idée d'un spectacle de ce genre, tout grossier qu'il était, il éprouvait ce ravissement qui tient de l'extase avec lequel tous les hommes, quel que soit leur rang, assistent pour la première fois à une représentation dramatique ; et il ne cessait de

---

[1] Hamlet. — Éd.

rire, d'applaudir et de battre des mains. Il arriva enfin un incident qui détourna l'intérêt qu'il prenait à la pièce.

Un des personnages principaux était, comme nous l'avons déjà dit, un pèlerin ou vendeur d'indulgences, un de ces vagabonds qui colportaient d'un pays à l'autre des reliques véritables ou supposées, à l'aide desquelles ils trompaient la populace en excitant sa dévotion et sa charité. L'hypocrisie, l'impudence et la dépravation de ces pèlerins les avaient rendus l'objet de la satire depuis le temps de Chancer jusqu'à celui d'Heywood. Cette fois le représentant de cette classe, alors assez nombreuse, entrait bien dans l'esprit du rôle, s'étant muni de petits os en guise de reliques, et débitant des petites croix d'étain qui avaient été bénites à Lorette et des coquilles qui avaient touché la châsse de saint Jacques de Compostelle en Galice, trésor dont il disposait en faveur des dévots catholiques à un prix presque aussi élevé que celui que paient encore de nos jours certains antiquaires pour des objets de même valeur intrinsèque; enfin le pèlerin tira de sa mallette une petite fiole pleine d'une eau dont il vanta les vertus dans les rimes suivantes :

> Écoutez tous, petits et grands !
> Dans le pays de Babylone,
> Où les Juifs pendant soixante ans
> De David pleurèrent le trône,
> Des flancs d'un rocher sourcilleux
> On voit jaillir une onde claire
> Tombant dans un bassin de pierre,
> Et riche trésor de ces lieux.
> La chaste Suzanne naguère
> Allait souvent prendre son bain
> Dans cette source solitaire :
> Le ciel a doué ce ruisseau
> D'une vertu fort singulière :
> Par le peu que contient ce verre
> Vous allez connaître cette eau,
> Une femme a-t-elle en cachette
> Fait ce qu'on ne dit que tout bas;

> Loin de sa mère une fillette
> A-t-elle aussi fait un faux pas ;
> Si de leur nez ma main approche
> Cette eau, que d'un pays lointain,
> Malgré les périls du chemin,
> Je vous apportai dans ma poche,
> On les entend éternuer soudain.

Le lecteur un peu versé dans les naïvetés du drame du moyen âge apercevra facilement que cette plaisanterie roulait sur le même pivot que les anciens fabliaux de la coupe du roi Arthur, et de court-mantel ou manteau mal taillé. Mais l'auditoire n'avait ni assez d'érudition ni assez de critique pour s'apercevoir de ce plagiat. Ce redoutable talisman fut placé tour à tour, avec toutes les bouffonneries convenables, sous le nez de chacune des femmes qui remplissaient un rôle dans le drame ; mais aucune ne put supporter à son honneur la prétendue épreuve de sagesse : toutes, à la grande satisfaction des spectateurs, éternuèrent plus fort et plus long-temps qu'elles n'y comptaient peut-être elles-mêmes. Cette scène ayant produit tout son effet, le pèlerin commençait une autre plaisanterie, quand le fou, s'emparant de la fiole qui contenait la liqueur merveilleuse, la porta tout à coup au nez d'une jeune fille qui, le visage couvert d'un voile de soie noire, était assise au premier rang des spectateurs, et paraissait tout occupée de ce qui se passait sur la scène. Le liquide qui y était contenu était de nature à soutenir l'honneur de la légende du pèlerin ; car il fit éternuer violemment la demoiselle : tout l'auditoire accueillit cette preuve de sa fragilité avec des transports de joie qui se renouvellent bientôt cependant aux dépens du fou lui-même, quand la jeune fille ayant réussi à débarrasser son bras de dessous son manteau entre deux éternuemens, lui appliqua un soufflet si vigoureux qu'il en fut renversé et tomba à quelques pas du pèlerin.

Personne ne plaint un bouffon victime de sa bouffonnerie ;

et les spectateurs se mirent à rire sur nouveaux frais quand le fou, s'étant relevé, se plaignit amèrement du traitement qu'il venait de recevoir. Mais le chambellan trouvant que sa dignité avait été offensée, ordonna à deux satellites de lui amener la coupable. Ceux-ci s'avancèrent vers la virago; mais elle se mit en attitude de défense, les poings en avant, comme si elle eût résolu de leur résister; et d'après la preuve de vigueur et de courage qu'elle venait de donner, les deux porteurs de hallebarde montrèrent peu d'empressement à exécuter leur mission. Cependant après une minute de réflexion, la demoiselle changea totalement d'attitude et de manières, elle s'enveloppa de son manteau avec toute la modestie d'une jeune fille et se rendit volontairement en présence du grand homme, suivie des deux braves estafiers. Dans sa démarche en faisant ce trajet, et plus encore dans son maintien devant le siége doctoral, elle montra cette légèreté, cette aisance et cette grace naturelle que les connaisseurs en beauté féminine regardent comme en étant inséparables. D'ailleurs son corset rouge serrait une taille bien prise, et son jupon court de même couleur laissait apercevoir une jambe fine et bien tournée. Ses traits étaient cachés sous un voile; mais le chambellan, qui malgré sa gravité avait des prétentions à être l'un de ces connaisseurs dont nous venons de parler, en avait vu assez pour juger favorablement de la pièce d'après l'échantillon.

Il prit néanmoins un air sévère. — Eh bien! jeune effrontée, que m'alléguerez-vous pour que je n'ordonne pas qu'on vous fasse faire le plongeon dans le lac, pour vous punir d'avoir osé lever la main sur cet homme en ma présence?

— Parbleu! répondit-elle avec hardiesse, je vous dirai que vous êtes trop bon médecin pour m'ordonner un bain froid sans que j'en aie besoin.

— La fine matoise! dit tout bas le docteur à Roland; et je vous garantis qu'elle est jolie : elle a la voix douce comme un sirop. Mais, jeune fille, il est convenable que nous voyons à qui nous avons affaire ; ayez la bonté de lever votre voile.

— J'espère que Votre Honneur voudra bien attendre que nous soyons tête à tête, lui dit-elle ; j'ai des connaissances ici, et je ne voudrais pas qu'on sût quelle est la pauvre fille que ce maudit fou a prise pour l'objet de ses bouffonneries.

— Ne craignez rien pour votre bonne renommée, mon petit morceau de sucre candi, répliqua le docteur ; je vous proteste, aussi vrai que je suis chambellan de Lochleven et de Kinross, que la chaste Suzanne elle-même n'aurait pas pu renifler sans sternutation cet élixir, qui n'est dans le fait qu'un extrait distillé d'*acetum* rectifié, ou vinaigre de soleil, préparé par mes mains. Ainsi donc, sous votre promesse de venir me trouver en particulier pour m'exprimer votre contrition de l'offense dont vous vous êtes rendue coupable, retournez à votre place, et que les jeux continuent comme s'ils n'avaient pas été interrompus.

La jeune fille fit la révérence, et retourna à sa place. Le spectacle continua ; mais Roland n'était plus en état d'y donner un moment d'attention.

La voix, la taille, et tout ce que le voile lui avait permis de voir du cou et des cheveux de la jeune villageoise avaient une telle ressemblance avec Catherine Seyton, qu'il se croyait abusé par le prestige d'un songe. La scène mémorable de l'hôtel de Saint-Michel lui revint à l'esprit avec toutes ses circonstances merveilleuses. Les contes d'enchantemens qu'il avait lus dans les romans se trouvaient-ils réalisés en cette fille extraordinaire ? Avait-elle pu quitter le château de Lochleven, entouré de murailles élevées, environné de tous côtés par un lac, sur lequel il jeta un coup d'œil comme pour s'assurer s'il existait encore, et gardé avec tout le soin qu'exigeait la sûreté de ceux qui s'étaient emparés de l'administration du royaume? Avait-elle pu surmonter tous ces obstacles, et avait-elle ensuite osé braver tous les dangers au point de se servir de sa liberté pour venir se faire publiquement une querelle dans une foire de village? Il ne savait ce qui était le plus inexplicable, de la manière dont elle avait pu sortir du château, changer de costume, et se transporter si promptement à Kinross, ou de la conduite hardie et décidée dont il venait d'être témoin.

Perdu dans ces réflexions, il avait toujours les yeux fixés sur celle qui en était l'objet; et dans chaque geste, dans chaque mouvement qu'elle faisait, il découvrait ou croyait découvrir quelque chose qui lui rappelait encore plus fortement Catherine Seyton. Il pensa plus d'une fois qu'il se trompait peut-être lui-même en s'exagérant quelques traits de ressemblance accidentelle pour en conclure une identité de personne; mais alors le page d'Édimbourg se représentait à son esprit, et il paraissait tout-à-fait invraisemblable que dans des circonstances différentes la seule force de l'imagination eût pu deux fois lui jouer le même tour. Pour cette fois cependant il résolut de sortir de doute, et il fut pendant tout le reste du spectacle comme un chien en arrêt prêt à s'élancer sur le lièvre à l'instant où il le verrait prendre la fuite. La jeune fille qu'il épiait avec tant de soin, de peur qu'elle ne lui échappât en se perdant dans la foule quand la pièce serait finie, ne semblait pas s'apercevoir qu'elle fût le but de ses regards; mais le digne docteur suivit la direction de ses yeux, et fut assez magnanime pour renoncer à devenir le Thésée de cet Hippolyte, en faveur des droits de l'hospitalité qui, selon ses idées, lui défendaient de troubler son jeune ami dans ses poursuites amoureuses. Il se contenta de lancer deux ou trois sarcasmes sur l'attention marquée que le page ne cessait d'accorder à la belle inconnue, et sur la jalousie qu'il en éprouvait, en ajoutant cependant que si on les offrait tous deux à la jeune personne par ordonnance du médecin, il ne doutait pas qu'elle ne préférât le plus jeune.

— Je crains, ajouta-t-il, que nous n'ayons pas de nouvelles du coquin d'Auchtermutchty : car les drôles que j'ai envoyés à sa rencontre ne reviennent pas plus que le corbeau de l'arche. Ainsi, maître page, vous avez une heure ou deux à votre disposition ; et comme, maintenant que la pièce est finie, les ménestrels accordent leurs instrumens, si vous aimez la danse, le terrain est libre et je sais qui vous inviterez à danser. Je me flatte que vous conviendrez que j'ai des connaissances en diagnostique, car il ne m'a fallu que la moitié d'un œil pour voir quelle est votre maladie, et je vous en indique un remède agréable :

Discernit sapiens res quas confundit asellus (1) :

comme dit Chalmers.

Le page entendit à peine la fin de ce docte adage, et encore moins la recommandation que lui fit le chambellan de ne pas s'écarter, afin d'être prêt à partir au premier signal, le fourgon pouvant arriver d'un moment à l'autre, tant il était pressé de se débarrasser de son docte compagnon et de satisfaire sa curiosité relativement à la jeune inconnue. Cependant malgré l'empressement avec lequel il courut vers elle, il eut le temps de réfléchir que pour se ménager l'occasion de converser avec elle il ne fallait pas l'accoster de manière à l'alarmer. Il tâcha donc de reprendre un peu de sang-froid ; et devançant trois ou quatre jeunes villageois qui avaient le même dessein que lui, mais qui ne savaient encore comment tourner leur invitation, il se présenta devant elle d'un air de confiance, et lui dit qu'il venait, en qualité de substitut du vénérable chambellan, la prier de l'honorer de sa main pour une gigue.

— Le vénérable chambellan, répondit-elle en lui donnant la main, agit très sagement en remplissant par substitut cette partie de ses fonctions ; et je suppose que les lois de la fête ne me laissent d'autre alternative que d'accepter la proposition de son fidèle délégué.

(1) Le sage distingue ce que le sot confond. — T<small>R</small>.

— Pourvu, belle demoiselle, que le choix de ce délégué ne vous soit pas tout-à-fait désagréable.

— C'est ce que je vous dirai quand nous aurons dansé la première mesure.

Nous avons déjà dit que Catherine Seyton possédait le talent de la danse, et qu'elle en faisait quelquefois usage pour tâcher de distraire un instant de ses chagrins l'infortunée Marie Stuart. Roland Græme en avait souvent été témoin, et plus d'une fois même il avait dansé avec elle par ordre de la reine. Il connaissait donc la manière de danser de Catherine, et il remarqua que sa danseuse actuelle avait la même grace et la même agilité, autant de justesse dans l'oreille et de précision dans l'exécution. La seule différence était que la gigue écossaise qu'il dansait en ce moment avec elle exigeait des mouvemens plus vifs et plus rapides que les pavanes, les menuets et les courantes qu'il avait dansés avec elle en présence de la reine; et elle ne s'en acquittait pas moins bien. L'activité qu'exigeait cette danse lui laissait peu de temps pour réfléchir, et encore moins pour causer avec elle; mais quand leur pas de deux fut fait au milieu des acclamations des villageois, qui n'avaient jamais vu danser avec tant de grace, et qu'ils eurent cédé la place à un autre couple, il entra en conversation avec la mystérieuse inconnue dont il tenait encore la main.

— Ma belle partner, lui dit-il, m'est-il permis de vous demander le nom de celle qui a bien voulu danser avec moi ?

— Sans doute, répondit-elle; mais la question est de savoir si je voudrai vous le dire.

— Et pourquoi ne le voudriez-vous pas?

— Parce que personne n'aime à donner rien pour rien, et que vous ne pouvez rien me dire que je me soucie d'entendre.

— Ne puis-je pas vous dire mon nom en échange du vôtre?

— Vous ne le savez pas vous-même.

— Que voulez-vous dire? s'écria Roland, qui sentit le feu lui monter au visage.

— Ne vous fâchez pas pour si peu de chose. Je puis vous faire voir que je vous connais mieux que vous ne vous connaissez vous-même.

— En vérité! Et pour qui donc me prenez-vous?

— Pour un faucon sauvage qu'un chien apporta à sa gueule dans certain château, lorsqu'il n'était encore qu'un fauconneau sans plumes ; pour un faucon à qui l'on ose donner le vol, de peur qu'il n'oublie le gibier pour se jeter sur une charogne, et qu'on est obligé de tenir chaperonné jusqu'à ce qu'il soit en état de faire usage de ses yeux et de discerner la proie qu'il doit suivre.

— Eh bien soit! je comprends une partie de votre parabole, belle demoiselle ; mais je vous connais aussi bien que vous me connaissez ; et je n'ai nul besoin de l'information que vous avez tant de répugnance à donner.

— En vérité! Prouvez-moi cela, et je vous accorderai plus de pénétration que je n'étais disposée à vous en supposer.

— Je puis le faire à l'instant. Votre nom commence par un S, et finit par un N.

— Admirable! Continuez.

— Il vous plaît aujourd'hui de porter un corset et un cotillon ; demain peut-être on vous verra avec une toque surmontée de plumes, en haut-de-chausses et en manteau pourpre.

— C'est toucher le but, frapper dans le blanc, s'écria l'inconnue, étouffant une grande envie de rire.

— Vous pouvez aveugler un homme d'un coup de votre houssine aussi facilement que vous savez disposer des cœurs.

Roland prononça ces derniers mots en baissant la voix, et avec un accent de tendresse qui, à sa grande mortification, ne fit que redoubler l'envie de rire de sa partner. Ce fut avec peine qu'elle garda son sérieux pour lui répondre :

— Si vous regardiez ma main comme si redoutable, lui dit-elle en la dégageant d'entre les siennes, vous ne l'auriez pas serrée avec tant de force; mais je vois que vous me connaissez si bien, qu'il est inutile de vous montrer mon visage.

— Belle Catherine, dit le page, celui qui aurait vécu si long-temps avec vous sous le même toit, qui aurait servi la même maîtresse, et qui ne reconnaîtrait pas votre tournure élégante, votre air gracieux, votre démarche aisée, votre danse légère et animée, votre taille svelte et la symétrie parfaite de toutes vos proportions, serait indigne de vous avoir jamais vue. Il faudrait être aveugle pour ne pas vous reconnaître à tant de marques; et quant à moi, je n'aurais eu besoin pour cela que de voir une seule tresse de ces beaux cheveux.

— Et par conséquent vous reconnaîtrez encore mieux mon visage, dit la jeune fille, et en même temps rejetant de côté le voile qui la couvrait, elle fit voir à Roland tous les traits de Catherine Seyton; mais une impatience qui allait presque à la colère couvrit ses joues d'une rougeur extraordinaire, quand voulant au même instant ramener son voile sur sa figure, une sorte de gaucherie l'empêcha de faire ce mouvement avec cette dextérité qui était un des principaux talens des coquettes de cette époque.

— Au diable soit le voile! s'écria-t-elle en cherchant à se couvrir de nouveau du voile qui lui flottait sur les épaules; et elle prononça ces mots d'un ton si ferme et si décidé que Roland tressaillit de surprise. Il la regarda de nouveau, et ses yeux l'assurèrent encore que c'était bien Catherine Seyton qui était assise à son côté. Il l'aida à replacer son voile; et tous deux gardèrent le silence quelques instans. La jeune fille le rompit la première; car le page était muet de surprise en voyant tout ce que le caractère et la personne de Catherine offraient de contradictoire.

— Vous semblez étonné de ce que vous voyez et de ce que vous entendez, lui dit-elle; mais le temps qui change les femmes en hommes est le moment où il convient le moins aux hommes de devenir femmes ; et cependant vous êtes sur le point de subir une semblable métamorphose.

— Moi ! s'écria Roland.

— Vous-même en dépit de la hardiesse dont vous faites parade. Quand vous devriez rester fortement attaché à votre religion, à l'instant où vous la voyez attaquée par des traîtres, des rebelles et des hérétiques, vous la laissez sortir de votre cœur comme de l'eau qui s'échapperait à travers vos doigts. Si la crainte que vous inspire un traître vous éloigne de la foi de vos pères, si vous vous laissez séduire par les argumens captieux d'un prédicateur d'hérésie, ou par les louanges d'une vieille puritaine ; si l'espoir d'avancer dans le monde et d'obtenir une part dans les dépouilles de l'Église vous fait oublier vos premiers devoirs, n'est-ce pas véritablement agir en femme ? Vous semblez tout surpris de m'entendre proférer un jurement ou une imprécation ; mais vous qui aspirez au rang de gentilhomme et au titre de chevalier, ne devriez-vous pas être plus étonné de vous trouver tout à la fois lâche, crédule et intéressé ?

— Je voudrais qu'un homme osât me parler ainsi, avant qu'il eût vieilli d'une minute il verrait s'il a sujet de me reprocher de la lâcheté.

— Prenez garde de vous trop avancer, dit la jeune fille ; vous disiez tout à l'heure que je porte quelquefois le haut-de-chausses et le manteau.

— Et quoi que vous portiez, vous n'en êtes pas moins Catherine Seyton, répondit le page en tâchant de se remettre en possession de sa main.

— Il vous plaît de me nommer ainsi, répliqua-t-elle en mettant sa main sous son manteau ; mais j'ai encore plus d'un autre nom.

— Et ne voulez-vous pas répondre à celui qui vous assure la supériorité sur toutes les jeunes filles d'Écosse ?

La demoiselle, sans se laisser prendre à ces douceurs, gardait son ton de réserve, elle répondit en chantant gaîment ces couplets d'une vieille ballade :

> Selon les uns, *Jack* est mon nom, ma belle!
> Et je suis *Gill* selon d'autres, parfois!
> Mais quand j'accours au palais de nos rois,
> C'est *Will le Feu* que je m'appelle.

— Will le Feu! s'écria le page d'un ton d'impatience, dites plutôt *feu follet*, ou Jack avec sa lanterne [1]; car jamais il n'exista météore plus errant ou plus trompeur.

— Si cela est, reprit la jeune danseuse, je n'engage pas les fous à me suivre. S'ils le font, c'est à leur péril, et volontairement.

— Je vous en supplie, ma chère Catherine, parlons raison un instant.

— Puisque vous voulez m'appeler votre chère Catherine après que je vous ai donné tant d'autres noms à choisir, je vous demanderai comment il peut se faire, si vous supposez que j'aie pu sauver deux ou trois heures de ma vie de l'ennui du vieux château, que vous soyez assez cruel pour me demander de la raison pendant les seuls instants de gaîté dont j'aie peut-être joui depuis plusieurs mois.

— Sans doute, belle Catherine; mais vous conviendrez qu'il y a des momens de sensibilité qui valent dix mille ans de la gaîté la plus vive. Tel fut hier celui où vous daignâtes...

— Daignâtes! quoi? demanda vivement la jeune fille.

— Approcher vos lèvres si près du signe que vous aviez tracé sur mon front.

— Mère du ciel! s'écria-t-elle avec emportement, et en se levant d'un air tout-à-fait masculin; entends-je bien dire que Catherine Seyton a approché ses lèvres du front d'un homme, et que tu es cet homme? Vassal, tu mens.

Le page fut au comble de la surprise; mais s'imaginant qu'il avait alarmé la délicatesse de miss Seyton en faisant

[1] Nom populaire du feu follet. — Éd.

allusion au moment d'enthousiasme qu'elle avait éprouvé la veille, il s'efforça de bégayer quelques excuses ; et quelque gauches qu'elles fussent, sa compagne, qui avait jugé à propos de supprimer son indignation après sa première explosion, parut s'en contenter.

— N'en parlons plus, dit-elle ; mais à présent séparons-nous : une si longue conversation pourrait nous exposer à des remarques, et nous avons tous deux des raisons pour les éviter.

— Permettez-moi donc de vous suivre dans quelque lieu moins fréquenté.

— Vous ne l'oseriez.

— Et pourquoi ne l'oserai-je pas ? où pourriez-vous aller sans que j'osasse vous suivre.

— Vous craignez un feu follet ; comment feriez-vous face à une enchanteresse montée sur un dragon vomissant des flammes ?

— Comme un brave chevalier errant. Mais ce sont des prodiges qu'on ne voit plus de nos jours.

— Je vais chez la mère Nicneven, dit la jeune fille, et elle est assez sorcière pour montrer le diable lui-même avec un fil de soie rouge pour bride, et une branche de frêne pour houssine.

— N'importe, je vous y suivrai.

— Que ce soit donc à quelque distance.

A ces mots, elle se mit en marche vers le bourg. Roland la suivit à quelques pas, en prenant toutes les précautions nécessaires pour que personne ne pût s'apercevoir qu'il l'accompagnait, et surtout pour ne pas la perdre de vue un seul instant.

CHAPITRE XXVIII.

« Oui, c'est celui dont l'œil veille sur ton enfance,
« Qui fonda tant d'espoir sur ton adolescence,
« Et qui, trompé par toi, te voit avec douleur
« Oublier tes devoirs, tes sermens, ton honneur. »
Ancienne comédie.

À l'entrée de la principale rue, ou pour mieux dire, de l'unique rue de Kinross, la jeune fille, que Roland Græme suivait à quelque distance, se retourna comme pour s'assurer qu'il n'avait pas perdu ses traces, et s'enfonça ensuite dans un sentier étroit bordé de chaumières tombant en ruines. Elle s'arrêta un instant à la porte d'une des plus misérables de ces cabanes; et après avoir jeté un second coup d'œil sur le page, elle leva le loquet, ouvrit la porte, et disparut à ses yeux.

Quelque empressement que mît le page à suivre son exemple, la difficulté que lui opposèrent le loquet qui ne s'ouvrait pas tout-à-fait à la manière ordinaire, et la porte qui ne céda pas à son premier effort, retarda une minute ou deux son entrée dans la chaumière. Alors un passage sombre régnait, suivant l'usage, entre le mur extérieur et la cloison qui en séparait les appartemens. Au bout de ce corridor, il trouva la porte qui conduisait dans l'intérieur; et lorsqu'il mit la main sur le loquet, une voix de femme s'écria d'un ton aigre : *Benedictus qui venit in nomine Domini, damnandus qui in nomine inimici*[1].

En entrant dans la chambre, il aperçut la femme que le chambellan lui avait désignée sous le nom de la mère Nicneven, assise près du foyer; mais elle était seule. Il regarda autour de lui, fort surpris de ne pas apercevoir Catherine Seyton; et il avait à peine jeté les yeux sur sa prétendue sorcière, quand elle attira son attention par le ton dont elle lui demanda : — Que cherches-tu ici ? — Je cherche, répondit le page avec embarras, je cherche...

Il n'eut pas le temps d'en dire davantage. La vieille femme, jetant par terre le mouchoir qui lui couvrait la tête, et fronçant de gros sourcils gris de manière à former mille rides sur son front, le saisit par le bras, et le traînant jusqu'à une petite fenêtre qui jetait un peu de clarté dans la chambre, se redressa d'un air d'autorité, et fit voir à Roland les traits de Magdeleine Græme.

— Oui, Roland, lui dit-elle, c'est bien moi. Tes yeux ne te trompent pas, ils te font voir celle que tu as toi-même trompée, celle dont tu as changé le vin en fiel, le pain en poison, l'espérance en désespoir : c'est elle qui te demande ce que tu viens chercher ici; celle dont le plus grand péché envers le ciel est de t'aimer plus que l'intérêt de l'Église ne le permettait, qui n'a pu, sans une lutte terrible, te dévouer même à la cause de Dieu; c'est elle encore une fois qui te demande : — Que viens-tu chercher ici?

En parlant ainsi, elle fixait sur le jeune homme de grands yeux noirs dont l'expression était semblable à celle avec laquelle l'aigle regarde la proie qu'il va déchirer. Roland se sentit en ce moment hors d'état de parler ou de faire un mouvement. Cette femme extraordinaire avait conservé sur lui, jusqu'à un certain point, l'ascendant qu'elle avait acquis pendant son enfance. Il savait d'ailleurs quelle était la vio-

---

(1) Béni soit celui, etc. — Tr.

lence de ses passions, et combien la moindre contradiction la mettait hors d'elle-même ; et il craignait que tout ce qu'il pourrait lui dire ne servît qu'à la jeter dans un transport de rage. Il garda donc le silence, et Magdeleine lui demanda de nouveau, mais avec une véhémence toujours croissante : — Que cherches-tu ici ? Y cherches-tu l'honneur auquel tu as renoncé, la foi que tu as trahie, les espérances que tu as détruites ? Est-ce moi que tu cherches, moi la seule protectrice de ton enfance, l'unique mère que tu aies jamais connue ? Viens-tu fouler aux pieds mes cheveux blancs, comme tu as déjà foulé aux pieds les vœux les plus ardens de mon cœur ?

— Pardonnez-moi, ma mère, dit enfin Roland Græme ; mais, en vérité, je ne mérite point vos reproches. Vous m'avez traité tous, vous, ma mère, aussi bien que les autres, comme un être qui manque des attributs les plus ordinaires du bon sens ou de la raison, ou du moins qu'on ne juge pas digne de s'en servir, ni d'avoir le libre exercice de sa volonté. J'ai été conduit comme dans une terre d'enchantemens ; on m'a environné de prestiges ; je n'ai vu que des êtres déguisés, on ne m'a parlé qu'en paraboles ; j'ai été comme un homme qui fait un rêve fatigant et incompréhensible, et vous me blâmez de n'avoir pas le jugement, le sang-froid et la fermeté d'un homme bien éveillé, d'un homme qui raisonne, qui sait ce qu'il fait, et pourquoi il le fait ! quand on est témoin de choses qui semblent des visions plutôt que des réalités, c'en est assez pour ébranler la foi la mieux affermie, et déranger la tête la plus saine. Je cherchais ici, puisqu'il faut avouer ma folie, cette même Catherine Seyton avec qui vous m'avez fait faire connaissance, et que j'ai été fort surpris de trouver dans le bourg de Kinross, disputant de gaîté avec les gens les plus gais, tandis que je l'avais laissée une heure auparavant dans le château bien gardé de Lochleven, triste compagne d'une reine prisonnière. C'était elle que je cherchais ici, et je suis bien surpris de vous y trouver en sa place, ma mère, plus étrangement déguisée qu'elle ne l'était elle-même.

— Et qu'as-tu besoin de Catherine Seyton ? Sommes-nous dans un temps à danser autour d'un mai avec de jeunes filles ? Quand la trompette appellera tous les fidèles Écossais sous les drapeaux de leur souveraine légitime, faudra-t-il te chercher dans le boudoir d'une femme ?

— Non, de par le ciel ! ni entre les murailles d'un château entouré d'eau. Plût à Dieu que ce son se fît entendre dès à présent ; car lui seul me paraît capable de dissiper les visions fantastiques dont je suis entouré !

— Tu l'entendras, Roland ; il retentira dans toute l'Écosse avec une force qui ne sera surpassée que par le bruit terrible des trompettes qui annonceront aux montagnes et aux vallées que le temps n'existe plus. En attendant, sois brave et constant ; sers ton Dieu et ta souveraine ; conserve ta foi. Je ne puis, ni ne veux, ni n'ose te demander jusqu'à quel point tout ce que j'ai entendu dire de ta chute est vrai. Ne consomme pas ce sacrifice de perdition..... Et cependant, encore à présent, tu peux réaliser tout ce que j'ai attendu du fils de mes espérances ! que dis-je ! du fils de mes espérances ? tu es l'espoir de l'Écosse, tu peux être son honneur et sa gloire ; tes souhaits les plus insensés peuvent même s'accomplir. J'ai honte de mêler des vues sordides à la noble récompense que je fais briller à tes yeux ; j'ai honte, étant qui je suis, de parler des folles passions de la jeunesse autrement qu'en termes de mépris et de blâme : mais on offre des dragées aux enfans pour leur faire prendre une médecine salutaire ; et c'est en lui présentant l'espoir du plaisir qu'on obtient de la jeunesse des traits de grandeur d'ame et de dévouement. Fais donc bien attention à ce que je te dis, Roland : Catherine Seyton n'accordera son cœur qu'à celui qui accomplira la délivrance de la reine sa maîtresse ; et il peut être en ton pouvoir d'être cet heureux mortel. Ne conserve donc ni doute ni crainte, et prépare-toi à faire ce que la religion te demande, ce que requiert ton pays, ce qu'exigent ton devoir et ta fidélité. Sois assuré que ce n'est qu'ainsi que tu peux voir combler tes désirs secrets.

Comme elle finissait de parler, quelqu'un frappa à la porte. Elle reprit à la hâte son chapeau et son moucheir, et s'assit près du foyer.

— Qui est là? demanda-t-elle.

— *Salve in nomine sancto*, répondit-on.

— *Salvete et vos*, répliqua Magdeleine.

— Au même instant Roland vit entrer un homme portant le costume ordinaire des gens composant la suite de quelque seigneur, c'est-à-dire ayant une épée suspendue à un ceinturon, et tenant à la main gauche un bouclier.

— Je vous cherchais, ma sœur, ainsi que celui que je vois avec vous. S'adressant alors à Roland Græme : — N'avez-vous pas un paquet de George Douglas? lui demanda-t-il.

— J'en ai un, répondit Roland, se rappelant tout à coup ce qu'il avait reçu le matin : mais je ne puis le remettre qu'à celui qui me prouvera qu'il a droit de me le demander.

— La précaution est aussi sage que juste, répondit l'homme d'armes. S'approchant alors de Roland, il lui dit à l'oreille : — Le paquet de George Douglas contient le rapport adressé à son père. Vous voyez que je suis au fait. Cela vous suffit-il?

— Oui, répondit Roland en lui remettant sa missive.

— Je reviendrai dans un instant, dit l'homme d'armes; et il sortit de la chaumière.

Roland était alors assez remis de sa surprise pour adresser à son tour la parole à son aïeule, et lui demander pourquoi il la trouvait ainsi déguisée dans un endroit si dangereux pour elle. — Vous ne pouvez ignorer, lui dit-il, la haine que lady Lochleven porte aux personnes qui professent votre... je veux dire notre religion. Votre déguisement vous expose à d'autres soupçons qui n'entraînent pas moins de dangers. Qu'on vous suspecte d'être catholique, sorcière ou amie de la reine, le risque n'en est pas moins grand pour vous, si l'on vous saisit dans l'étendue de la juridiction d'un Douglas, et vous avez un ennemi, un ennemi personnel dans le chambellan qui est revêtu ici de l'autorité suprême.

— Je le sais, dit la matrone d'un air de triomphe; je sais que fier de sa science scolastique et de sa sagesse mondaine, Luc Lundin est jaloux et envieux des bénédictions que les saints ont accordées à mes prières et aux saintes reliques, dont l'attouchement, dont la présence seule a suffi si souvent pour éloigner les maladies et la mort. Je sais qu'il voudrait me déchirer et m'anéantir; mais le dogue hargneux est enchaîné; il porte une muselière; sa fureur est impuissante, et il ne pourra mordre la servante du maître avant que l'œuvre de ce maître soit accomplie. Quand cette heure sera arrivée, que les ombres du soir descendent sur ma tête au milieu des éclairs et des éclats du tonnerre, je bénirai l'instant où mes yeux ne s'ouvriront plus sur le crime, où mes oreilles n'entendront plus le blasphème. Sois seulement constant, joue ton rôle comme j'ai joué, comme je jouerai le mien, et ma mort sera celle d'un bienheureux martyr que les anges reçoivent avec des chants d'allégresse, tandis que la terre le charge de malédictions.

Elle finissait à peine ces mots, que l'homme d'armes rentra dans la chaumière.

— Tout va bien, dit-il : l'affaire tient, et le temps est fixé à demain soir.

— Quelle affaire! quel temps? s'écria Roland : j'espère que mon paquet n'est pas tombé en mauvaises mains.

— Soyez sans inquiétude, jeune homme; ne vous ai-je pas donné ma parole et des preuves que le paquet m'était destiné?

— Les preuves pourraient être trompeuses; et je ne devais peut-être pas si facilement croire à la parole d'un étranger.

— Eh bien! dit Magdeleine, quand tu aurais remis entre les mains d'un sujet loyal de la reine un paquet qui t'aurait été confié par un rebelle, ne serait-ce pas un grand malheur, jeune écervelé ?

— Un très grand, de par saint André ! s'écria le page. Le premier devoir de ma place est d'être fidèle à ceux qui m'emploient ; et si le diable me donnait une commission, et que je m'en chargeasse, je ne trahirais pas sa confiance pour un ange de lumière.

— Par toute la tendresse que j'ai eue pour toi, s'écria la matrone, je pourrais t'immoler de mes propres mains quand je t'entends parler de la foi que tu dois à des rebelles et à des hérétiques plutôt qu'à ta souveraine et à l'Église.

— Patience, ma sœur, dit l'homme d'armes ; je lui donnerai des raisons qui vaincront ses scrupules. Ses sentimens *lui font honneur*, quoiqu'ils soient mal placés et mal appliqués. Suivez-moi, jeune homme.

— Avant que j'aille me faire rendre compte par cet étranger de sa conduite, dit Roland à Magdeleine, dites-moi si je puis faire quelque chose pour vous.

— Rien, mon fils, répondit-elle, rien. Veille seulement à ce que je n'apprenne rien qui puisse blesser ton honneur, ton véritable honneur. Les saints qui m'ont protégée jusqu'ici ne m'abandonneront pas dans le moment du besoin. Marche dans le chemin de la gloire ouvert devant toi, et ne pense à moi que comme à une servante du ciel qui apprendra avec des transports de joie et de reconnaissance les succès qu'il daignera t'accorder. Suis cet étranger, il t'apprendra des choses auxquelles tu es loin de t'attendre.

Cependant l'homme d'armes restait sur le seuil de la porte, comme s'il eût attendu Roland ; et dès qu'il le vit se disposer à partir, il marcha en avant, à grands pas. En continuant à suivre le même sentier, Roland n'y vit plus de chaumières que d'un côté ; de l'autre régnait un vieux mur assez élevé, au-dessus duquel paraissaient les branches de quelques arbres. Après avoir marché encore quelque temps, ils arrivèrent à une petite porte percée dans cette muraille.

Le guide s'arrêta, jeta un coup d'œil autour de lui pour s'assurer s'ils étaient seuls, tira une clef de sa poche, ouvrit la porte, et entra en faisant signe à Roland de le suivre. Celui-ci obéit, et tandis que l'étranger fermait la porte avec soin, le page vit qu'ils étaient dans un petit verger très bien cultivé.

Son guide le fit passer par deux ou trois allées ombragées par des arbres chargés de fruits, et le conduisit sous un berceau formé par des arbustes entrelacés. Là, s'asseyant sur un banc de gazon, il fit signe à Roland de se placer près de lui, et après un instant de silence :—Vous m'avez demandé, lui dit-il, une meilleure garantie que la parole d'un étranger pour vous prouver que j'étais autorisé par George Douglas à recevoir le paquet dont vous étiez porteur...

— C'est précisément ce que je désire, répondit Roland; parce que si j'ai agi précipitamment, je veux voir s'il ne me reste aucun moyen de réparer ma méprise.

—Je vous suis donc tout-à-fait étranger? reprit l'homme d'armes. Regardez-moi bien, et voyez si mes traits ne vous rappellent pas un homme que vous avez vu bien souvent.

Roland le regarda avec attention.—Serait-il possible?... dit-il enfin; mais il s'arrêta à ces mots : l'idée qui se présentait à son esprit lui paraissait trop incompatible avec le costume de l'homme qu'il avait devant les yeux pour qu'il pût se résoudre à l'exprimer.

— Oui, mon fils, dit l'étranger remarquant son embarras, les apparences ne vous trompent pas ; vous voyez le malheureux père Ambroise, qui se félicitait jadis de vous avoir sauvé des piéges de l'hérésie, et qui gémit profondément aujourd'hui de vous y voir tombé.

Roland avait autant de bonté de cœur que de feu et de vivacité dans le caractère. Il fut ému jusqu'au fond de l'ame en voyant son ancien maître, son premier guide spirituel, dans une situation qui annonçait un tel changement dans sa fortune. Il se jeta à ses pieds, embrassa ses genoux et les mouilla de ses larmes.

—Que signifient ces pleurs, mon fils? dit l'abbé : si vous les versez sur vos fautes, sur vos erreurs, ce sont des larmes précieuses, et à Dieu ne plaise que j'en veuille arrêter le cours ! mais je vous commande de les sécher si elles ne coulent que pour moi. Vous voyez à la vérité le supérieur du couvent de Sainte-Marie sous le costume d'un pauvre homme d'armes qui vend à son maître le secours de son épée et de son bouclier, et sa vie même, s'il est nécessaire, pour des vêtemens grossiers et quatre marcs d'argent par an. Mais ces vêtemens conviennent au temps ; nous sommes véritablement aujourd'hui l'église militante, et ce costume lui sied à cette époque autant que la crosse et la mitre convenaient à l'église triomphante.

—Mais par quel destin.... Et cependant, pourquoi cette question? Catherine Seyton m'avait en quelque sorte préparé à ce que je vois. Mais un changement si absolu, une destruction si complète....

—Oui, mon fils, vos yeux ont vu dans mon élévation au rang d'abbé de Sainte-Marie, tout indigne que j'en étais, le dernier acte solennel de piété qui sera célébré dans l'église de ce monastère jusqu'à ce qu'il plaise au ciel de délivrer l'Église de sa captivité. Quant à présent, le berger est frappé, abattu ; le troupeau est dispersé, et les châsses des saints, des martyrs et des bienfaiteurs de l'Église sont abandonnées aux oiseaux de nuit et aux brigands du désert.

—Mais votre frère le chevalier d'Avenel n'a-t-il pu rien faire pour vous protéger?

—Il a lui-même encouru les soupçons des puissances du jour, qui sont aussi injustes envers leurs amis que cruelles à l'égard de leurs ennemis. Je ne regretterais pas tant cette circonstance si je pouvais me flatter qu'elle le ferait rentrer dans le bon chemin; mais je connais le caractère d'Halbert, et ce ne sera pour lui qu'un motif de plus pour prouver son dévouement à la cause de nos ennemis par quelque acte encore plus fatal à l'Église, encore plus criminel envers le ciel. Mais laissons ce sujet, et parlons de l'objet qui nous rassemble. Je présume qu'à présent vous ne refuserez pas de croire ma parole, quand je vous dis que c'était à moi qu'était destiné le paquet dont vous étiez porteur?

— Ainsi donc George Douglas est....

— Fidèle à sa souveraine, et j'espère que ses yeux s'ouvriront bientôt à la lumière de la véritable religion.

— Mais qu'est-il pour son père? qu'est-il pour lady Lochleven, qui lui a toujours servi de mère? demanda le page avec vivacité.

— Un ami véritable, pour le temps et pour l'éternité, s'il devient un heureux instrument pour réparer le mal qu'ils ont fait et qu'ils font encore.

— Toutefois, reprit le page, je n'aime pas qu'on prouve par une trahison son dévouement à la bonne cause.

— Je ne blâme pas vos scrupules, mon fils; ils seraient justes dans un temps ordinaire. Mais en forçant des chrétiens à renoncer à leur foi, des sujets à méconnaître leur souveraine légitime, on a brisé tous les liens inférieurs de la société. La raison humaine ne doit pas plus nous arrêter dans notre marche que les ronces et les épines qui accrochent les vêtemens du pèlerin ne l'empêchent d'accomplir son vœu.

— Mais cependant, mon père.... dit Roland en hésitant.

— Parlez, mon fils, parlez sans crainte.

— Ne vous offensez donc pas, mon père, si je vous dis que c'est précisément ce dont nos ennemis nous accusent. Ils nous reprochent de ne pas être scrupuleux sur les moyens pourvu qu'ils nous conduisent à notre but, et de donner lieu à de grands maux dans l'ordre moral en tâchant de produire quelque bien éventuel.

— Les hérétiques, suivant leur usage, mon fils, ont cherché à vous surprendre par des sophismes. Ils voudraient nous priver des moyens d'agir avec prudence et secret, parce qu'ils savent que leur supériorité nous empêche de leur disputer le terrain ouvertement. Après nous avoir réduits à un état d'épuisement, ils voudraient nous ôter les ressources par lesquelles tout ce qui est faible dans la nature supplée aux forces qui lui manquent. Le lévrier aurait droit de dire au lièvre : N'aie pas recours à ces détours et à ces feintes pour m'échapper ; retourne-toi, et combats-moi face à face; aussi bien que l'hérétique tout puissant, et armé de pied en cap, de dire au catholique qu'il a dépouillé et qu'il foule aux pieds : Renonce à la ruse, et ose te mesurer contre moi. Les armes ne sont plus égales : c'est par la prudence et non par la force que nous devons reconstruire cette Jérusalem céleste sur laquelle nous pleurons.... Mais nous reprendrons ce sujet une autre fois. Contez-moi maintenant tout ce qui vous est arrivé depuis que je ne vous ai vu ; et faites-moi connaître l'état de votre conscience. Votre parente Magdeleine est une femme douée d'un zèle ardent que nul danger ne peut refroidir ; mais son zèle n'est pas toujours éclairé ; et dans ces jours de ténèbres, je voudrais faire briller à vos yeux la lumière de la grace.

Roland Græme, toujours pénétré de respect pour celui dont il avait reçu les premières leçons, lui fit le récit abrégé de tous les événemens que nos lecteurs connaissent déjà, sans lui déguiser l'impression qu'avaient faite sur son esprit les argumens d'Élie Henderson en faveur de la religion réformée, et il lui avoua même, presque sans y songer, les sentimens que lui avait inspirés Catherine Seyton.

— C'est avec joie, mon cher fils, dit l'abbé Ambroise, que je vois que j'arrive encore assez à temps pour vous arrêter sur le bord de l'abîme dans lequel vous étiez prêt à vous précipiter. Les doutes qui tourmentent votre esprit sont les mauvaises herbes que la main du cultivateur soigneux doit extirper. Je vous donnerai un petit ouvrage dans lequel, avec la grace du ciel, j'ai établi avec le plus de précision et de clarté possibles les différens points de doctrine contestés par ces hérétiques qui ont semé tant d'ivraie parmi le bon grain. Mais ce n'est point par la raison seule que vous devez tâcher de triompher de l'ennemi ; c'est quelquefois en résistant à propos, mais plus souvent encore en fuyant à temps. Fermez donc l'oreille aux discours captieux de l'hérésiarque, quand les circonstances ne vous permettront pas d'éviter sa compagnie. Élevez vos pensées à la Sainte-Vierge, tandis qu'il prodiguera en pure perte ses sophismes hérétiques. Si vous ne vous sentez pas capable de fixer votre attention sur des objets célestes, pensez plutôt à vos plaisirs terrestres que de tenter la providence en prêtant une oreille attentive à des doctrines hétérodoxes. Pensez à votre faucon, à votre limier, à votre ligne, à votre épée, à votre bouclier, pensez même à Catherine Seyton, plutôt que de livrer votre ame aux leçons du tentateur. Hélas ! mon fils, ne croyez pas que malgré les malheurs qui m'ont accablé, quoique courbé sous le poids de l'affliction encore plus que sous celui des années, j'aie oublié le pouvoir de la beauté sur le cœur de la jeunesse. Pendant mes veilles, au milieu des tristes réflexions que m'inspirent une reine captive, un royaume déchiré, une Église persécutée, mon imagination se reporte malgré moi sur d'autres pensées, sur d'autres sentimens qui appartiennent à un temps déjà éloigné. N'importe ; nous devons supporter le fardeau des misères humaines ; et ce n'est pas en vain que le germe des passions a été placé dans notre cœur : elles peuvent nous confirmer dans des résolutions fondées sur des motifs d'un ordre plus élevé. Cependant, mon fils, prenez-y bien garde : cette Catherine Seyton est fille d'un des plus fiers comme des plus dignes barons de toute l'Écosse, et votre situation actuelle ne vous permet pas encore d'aspirer si haut. Mais il en est ainsi : le ciel se sert de la folie des hommes pour accomplir les œuvres de la sagesse; et l'amour ambitieux de

Douglas contribuera, comme le vôtre, à amener la fin désirée.

— Quoi! mon père, mes soupçons étaient donc bien fondés? Douglas aime....

— Oui, mon fils, il aime, et son amour est aussi déplacé que le vôtre. Mais songez-y bien, ne cherchez pas à lui nuire, ni à le traverser; ne....

— Qu'il prenne garde lui-même de me nuire ou de me traverser : car je ne lui céderai pas un pouce de terrain, eût-il dans le corps l'ame de tous les Douglas qui ont vécu depuis le fondateur de sa race.

— Patience, jeune homme, et faites attention que vos projets ne peuvent jamais se trouver en opposition avec les siens. — Mais laissons là ces vanités, et faisons un meilleur usage du peu de temps que nous avons à passer ensemble. A genoux! mon fils; remplissez un devoir long-temps interrompu, et quelle que soit votre destinée vous serez préparé à tous les événemens, comme un fidèle catholique absous de ses fautes par l'autorité de la sainte Église. Je ne peux vous exprimer, Roland, la joie que j'éprouve en vous voyant encore une fois dans cette humble posture! *Quid dicis, mi fili?*

— « *Culpas meas*, » répondit Roland; et conformément au rituel de l'église catholique, il fit sa confession, et reçut l'absolution sous la promesse de faire la pénitence qui lui fut ordonnée.

Lorsque cette cérémonie religieuse fut terminée, un homme âgé, aussi bien vêtu que pouvait l'être un paysan, s'approcha du berceau, et dit à l'abbé après l'avoir salué :

— Pardon si je vous interromps; mais le chambellan fait chercher partout ce jeune homme, et il est à propos qu'il se rende devant lui sans délai. Saint François! si les hallebardiers venaient le chercher ici! des gens qui ne respectent rien... Ils écraseraient à chaque pas une balsamine ou une giroflée.

— Nous allons le congédier, mon frère, dit l'abbé ; mais est-il possible que dans une crise semblable à celle qui se prépare, votre esprit soit occupé de telles bagatelles !

— Révérend père, répondit le propriétaire du jardin, combien de fois ne vous ai-je pas prié de garder vos sublimes conseils pour des âmes aussi sublimes que la vôtre ? Que m'avez-vous demandé que je ne vous aie pas accordé, quoique souvent à contre-cœur ?

— Je vous demande encore, mon frère, de songer davantage à ce que vous avez été, et à ce qu'exigent de vous les vœux que vous avez prononcés autrefois.

— Je vous dis, père Ambroise, que la patience du plus grand saint qui ait jamais dit un *pater noster* aurait été épuisée par les épreuves auxquelles vous avez soumis la mienne. Ce que j'ai été, il est inutile d'en parler à présent. Personne ne sait mieux que vous, mon père, à quoi j'avais renoncé dans l'espoir de mener une vie douce et tranquille pendant le reste de mes jours ; et comment j'ai vu ma paisible retraite envahie, mes fleurs arrachées, mes arbres fruitiers déracinés, mon repos troublé et ma vie même menacée, depuis que cette pauvre reine, que Dieu bénisse, a été enfermée à Lochleven. Je suis loin de la blâmer : il est tout naturel qu'elle désire s'échapper d'un endroit où il n'y a pas même un jardin passable, et où l'on dit que les brouillards qui s'élèvent du lac font périr tous les fruits de primeur. Non, je ne puis la blâmer de chercher à recouvrer sa liberté; mais pourquoi faut-il que je sois forcé à entrer dans ses projets ; que mes berceaux que j'ai arrondis de mes propres mains deviennent des rendez-vous de conspirateurs ; que le petit quai que j'ai construit pour la barque à pêcher soit devenu le point de départ et d'arrivée de secrets messagers ? En un mot, pourquoi me trouvé-je entraîné dans une affaire dont la fin peut être la hache ou la corde ? Je vous avoue, révérend père, que c'est ce que je ne comprends pas.

— Mon frère, répondit l'abbé, vous êtes sage, et vous devez savoir....

— Non, répondit le jardinier avec un peu d'humeur, et en se bouchant les oreilles ; non, je ne suis pas sage, et l'on ne m'a jamais appelé ainsi que quand on voulait me faire faire quelque insigne folie. — Mais, mon bon frère, dit l'abbé... — Je ne suis pas bon non plus, dit le jardinier, je ne suis ni bon ni sage. Si j'avais été sage, je ne vous aurais pas reçu ici ; et si j'étais bon, vous n'y viendriez pas tramer des complots contre la tranquillité du pays. A quoi bon se mêler des querelles d'une reine et d'un roi, quand on peut rester paisiblement assis *sub umbrá vitis?* Et c'est ce que je ferais, d'après le précepte de l'Écriture sainte, si j'étais sage ou bon comme vous le dites. Mais tel que je suis, j'ai le bât sur le dos, et vous me faites porter tout ce qu'il vous plaît. Allons, jeune homme, suivez-moi. Ce révérend père, qui sous son costume d'homme d'armes a presque aussi bonne mine que moi sous celui de jardinier, sera d'accord avec moi, sur un point du moins, et ce point c'est que vous êtes resté ici assez long-temps.

— Suivez le bon père, Roland, dit l'abbé, et souvenez-vous de mes paroles : Le jour approche où les Écossais vont être appelés à donner des preuves de loyauté. Puisse votre cœur être aussi bien trempé que l'acier de votre glaive !

Le page le salua en silence, et ils se séparèrent. Il suivit le jardinier, qui malgré son âge avancé marchait en avant d'un assez bon pas, murmurant à demi-voix, en s'adressant tantôt à lui-même, tantôt à son jeune compagnon, selon la coutume des vieillards dont l'esprit commence à s'affaiblir :

— Quand j'étais quelque chose dans le monde, disait-il, et que j'avais à mes ordres une mule et un palefroi habitués à l'amble, il m'aurait été aussi facile de voler dans les airs que de marcher d'un tel pas. J'avais la goutte, un rhumatisme et cent autres choses qui me mettaient des fers aux jambes. Mais aujourd'hui, grace à Notre-Dame et à un travail honnête, je suis en état de suivre le plus hardi piéton de mon âge de tout le comté de Fife. Faut-il qu'on apprenne si tard ce qu'on est capable de faire !

Tout en parlant ainsi, ses yeux tombèrent sur la branche d'un poirier qui penchait à terre faute d'être soutenue ; et oubliant tout à coup l'empressement qu'il avait montré pour faire sortir Roland du verger, le vieillard s'arrêta pour attacher cette branche au tronc par un lien solide. Le page lui prêta son aide, et mit aussi la main à l'œuvre, et en une minute ou deux la branche qui pliait ne courut plus de danger de se rompre. Le jardinier regarda un instant son ouvrage d'un air de complaisance. — Ce sont des bergamotes, dit-il ; si vous voulez venir ici dans l'automne, vous en pourrez goûter ; vous n'en verrez pas de semblables à Lochleven; il ne s'y trouve qu'un misérable jardin, et le jardinier Hugh Houkham ne connaît pas son métier. Ainsi donc, monsieur le page, venez ici cet automne si vous voulez manger de bonnes poires ; mais à quoi pensé-je ? D'ici à ce temps les poires qu'on vous donnera seront peut-être des poires d'angoisse. Suivez l'avis d'un vieillard, d'un homme qui a vu des temps plus heureux, qui a occupé un grade plus élevé que ceux où vous pouvez aspirer ; faites une houe de votre épée et une serpette de votre poignard, vous en vivrez plus long-temps, et vous en jouirez d'une meilleure santé. Venez travailler à mon jardin ; je vous apprendrai à greffer à la française ; venez-y sans perdre de temps, car il va y avoir un ouragan dans le pays, et les arbrisseaux seront moins exposés que les grands arbres.

Il fit sortir Roland par une autre porte que celle par laquelle il était entré, se signa dévotement, lui donna sa bénédiction, et rentra dans son jardin en murmurant encore quelques paroles tandis qu'il en fermait la porte avec soin.

CHAPITRE XXIX.

> « Sous l'habit masculin
> « Puissé-je ne jamais revoir ce vrai lutin ! »
> SHAKSPEARE. *Le roi Henri VI.*

En sortant du verger, Roland se trouva dans une prairie où paissaient deux vaches appartenant aussi au jardinier, et qu'il fallait traverser pour regagner le bourg de Kinross. Chemin faisant, il méditait sur les discours de l'abbé. Le père Ambroise avait exercé sur lui avec assez de succès l'influence que les premiers instituteurs de notre enfance conservent encore sur notre jeunesse. Cependant, en considérant mieux ce que ce bon père lui avait dit, il ne pouvait s'empêcher de penser qu'il avait plutôt évité d'entamer la controverse entre les deux églises, qu'il n'avait réfuté les objections d'Henderson et éclairci les doutes que les leçons de ce dernier avaient fait naître dans son esprit. Mais il n'en a pas eu le temps, se disait-il à lui-même, et je n'ai ni assez de calme ni assez de savoir pour m'ériger en juge sur des matières de cette importance. D'ailleurs ce serait une lâcheté que de renoncer à ma religion dans le moment où elle est persécutée, à moins que mon changement, s'il avait lieu, ne fût à l'abri de toute imputation d'intérêt personnel. J'ai été élevé dans le catholicisme, dans la foi de Bruce et de Wallace, et j'y persisterai jusqu'à ce que le temps et la raison m'aient démontré que je suis dans l'erreur. Je servirai cette pauvre reine avec le dévouement qu'un sujet doit à sa souveraine captive et opprimée. Ceux qui ont placé près d'elle un jeune homme élevé dans des principes d'honneur et de loyauté se sont trompés dans leur calcul. Ils devaient faire choix de quelque fourbe double et hypocrite, qui aurait su jouer en même temps le rôle de page respectueux de la reine, et celui d'espion perfide de ses ennemis. Puisqu'il faut que je la serve ou que je la trahisse, je me conduirai comme doit le faire un sujet fidèle. Mais Catherine, Catherine Seyton, aimée par Douglas, et ne pensant à moi que dans quelques momens de caprice ou de coquetterie, quel parti prendrai-je avec elle? De par le ciel! à la première occasion, il faudra qu'elle me rende compte de sa conduite, ou je romps avec elle pour toujours.

Et formant cette magnanime résolution, il franchit la haie dont la prairie était entourée, et se trouva presque au même instant en face du docteur Luc Lundin.

— Ah, ah! mon jeune ami, vous voilà donc! Et d'où venez-vous? Mais je le vois. Oui, oui, le jardin du voisin Blinkhoolie est un rendez-vous agréable; et à votre âge on ouvre un œil sur une jeune fille, et l'autre sur une bonne prune. Mais vous avez l'air soucieux et mélancolique. La jeune fille a-t-elle été cruelle, ou les prunes étaient-elles vertes? car j'ai peine à croire que celles du voisin Blinkhoolie se soient bien conservées tout l'hiver; il épargne trop le sucre dans ses confitures. Allons, allons, courage, mon garçon, il y a plus d'une Catherine dans Kinross; et quant au fruit vert, un coup de mon *aqua mirabilis* est un spécifique immanquable en pareil cas : *probatum est*.

Le page jeta un regard irrité sur le docteur facétieux; mais réfléchissant aussitôt que le nom de Catherine, qui avait excité son courroux, n'avait probablement été prononcé qu'au hasard[1] par celui-ci, il n'en manifesta aucun ressen-

---

(1) *For the sake of alliteration.* — L'allitération est l'emploi de plusieurs mots qui

timent et se contenta de lui demander si le fourgon était arrivé d'Édimbourg.

— Il y a une heure que je vous cherche pour vous en avertir. Tous les effets sont déjà dans la barque, et la barque vous attend. Auchtermuchty n'a eu d'autre accident que de rencontrer un fainéant comme lui, et un pot d'*aqua vitæ* lui a fait oublier qu'il était attendu ici. Vos bateliers ont la rame à la main, et l'on a déjà fait du château deux signaux pour vous rappeler, et pour vous avertir qu'on vous attend avec impatience. Cependant il faut que vous preniez un léger repas ; comme votre ami et comme votre médecin, je ne puis permettre que vous vous embarquiez l'estomac vide. Venez chez moi ; vous y partagerez une collation salubre, et j'ai préparé une excellente décoction d'herbes pour vous ouvrir l'appétit.

Roland Græme n'en manquait pas, et cependant il résista aux offres séduisantes du docteur, et lui dit que son devoir exigeait qu'il retournât sur-le-champ à Lochleven. Il n'avait pas oublié l'amertume du coup du matin, et il est possible que ce souvenir et la menace d'une décoction d'herbes contribuassent à lui donner la fermeté nécessaire pour persister dans son refus. Quoi qu'il en soit, le digne chambellan insista vainement, et finit par dire qu'il se dédommagerait en conduisant son jeune ami jusqu'au lieu de l'embarquement.

Comme ils traversaient un groupe nombreux assemblé autour de quelques ménestrels, le page crut reconnaître Catherine Seyton. Abandonnant aussitôt son compagnon étourdi d'une fuite si brusque, il perça la foule, et assuré qu'il parlait à la jeune fille avec laquelle il avait dansé, il lui dit à l'oreille : — Est-il prudent à vous, Catherine, de rester ici plus long-temps ? ne songez-vous pas à retourner au château ?

---

commencent par une même lettre. *Katherine* et *Kate*, son diminutif, commencent en anglais par un K, de même que Kinross. Il n'était donc pas possible de rendre littéralement cette expression, puisqu'on écrit en français Catherine. — Tr.

— Au diable soient vos Catherine et vos châteaux ! répondit la jeune fille : venez-vous encore m'ennuyer de vos folies? Retirez-vous, je n'ai que faire de votre compagnie, et je vous préviens qu'il y a du danger ici.

— Mais s'il y a du danger, belle Catherine, pourquoi ne pas me permettre de le partager avec vous?

— Le danger n'est que pour vous, fou que vous êtes. Le danger, puisqu'il faut vous le dire, c'est pour vous d'avoir la bouche fermée par la poignée de mon poignard. A ces mots elle le quitta précipitamment, et fendit la foule étonnée de l'audace avec laquelle elle se faisait jour à travers les rangs.

Roland, quoique très piqué, se disposait à la suivre ; mais le docteur qui était parvenu à le rejoindre le saisit par le bras, lui rappela que l'esquif l'attendait, que deux signaux avaient déjà été faits de la tour du château, et que ce n'était pas le moment de songer ni aux jeunes filles, ni aux prunes vertes. Roland se laissa en quelque sorte traîner jusqu'à la barque, fit ses adieux au docteur, et partit pour Lochleven.

Ce petit voyage fut bientôt terminé, et Roland fut reçu sur le rivage par le sévère et caustique Dryfesdale.

— Vous voilà donc enfin, monsieur le page, lui dit-il, après six heures d'absence et deux signaux du château! Vous vous êtes sans doute amusé à faire bombance, au lieu de songer à vous acquitter de votre devoir. Où est la note des effets que vous apportez? Fasse le ciel que rien ne soit perdu, grace aux soins d'un gardien si vigilant!

— Perdu, monsieur l'intendant! dit le page d'un ton d'emportement. Ne me parlez pas ainsi une seconde fois, ou vos cheveux gris ne seraient pas une protection suffisante pour votre impertinence.

— Trêve de fanfaronnades, jeune homme! nous avons des cachots et des verrous pour les rodomonts. Marchez au château, et faites le rodomont devant ma maîtresse, si vous l'osez. Allez, allez, elle vous recevra bien; car votre longue absence lui a donné assez d'humeur.

— Et où est lady Lochleven? car je présume que c'est d'elle que vous me parlez.

— Et de qui parlerais-je? Qui a le droit de commander dans le château, si ce n'est lady Lochleven?

— Lady Lochleven est votre maîtresse; mais la mienne est Marie, reine d'Écosse.

Dryfesdale fixa un instant les yeux sur lui avec une expression de haine et de soupçon mal cachée sous une apparence de mépris. — Le jeune coq querelleur, dit-il, se trahit par son chant. J'ai remarqué hier à la chapelle que vous n'y aviez pas le même air hypocrite; et pendant le dîner j'ai surpris des regards entre vous et une certaine demoiselle qui ne vaut pas mieux. Vous avez besoin d'être surveillé, mon maître, et comptez qu'on n'y manquera pas; mais si vous voulez savoir si lady Lochleven ou l'autre dame dont vous parlez ont besoin de vos services, vous les trouverez toutes deux dans l'appartement de lady Marie.

Roland se hâta de s'y rendre, n'étant pas fâché d'échapper aux regards pénétrans du méchant vieillard, et ne pouvant concevoir quelle raison avait conduit lady Lochleven chez la reine à une heure où elle n'avait pas coutume de paraître en sa présence. Il crut pourtant en avoir deviné la raison; elle veut, pensa-t-il, me voir arriver devant la reine, afin de juger s'il existe quelque intelligence secrète entre nous. Il faut que je me tienne sur mes gardes.

Ayant formé cette résolution, il entra dans le salon, où la reine, assise dans un fauteuil sur le dossier duquel lady Fleming était appuyée, tenait lady Lochleven debout devant elle depuis près d'une heure, ce qui avait visiblement augmenté l'air de mauvaise humeur naturel à cette vieille dame. Roland Græme, en entrant, salua respectueusement d'abord la reine, et ensuite lady Lochleven, et il resta immobile en leur présence, attendant modestement qu'on l'interrogeât.

Toutes deux lui adressèrent la parole presque en même temps.

—Vous voilà donc enfin de retour, jeune homme? dit lady Lochleven; et elle s'interrompit d'un air indigné, tandis que la reine disait, sans paraître faire attention à elle :

—Soyez le bienvenu, Roland; vous avez prouvé que vous êtes la colombe de l'arche, et non le corbeau. Je crois pourtant que je vous aurais pardonné si une fois sorti de celle qui nous renferme, vous ne fussiez jamais revenu vers nous. Je me flatte que vous avez apporté une branche d'olivier; car notre bonne et digne hôtesse était fort mécontente de votre longue absence, et jamais nous n'avons eu un tel besoin d'un symbole de paix et de réconciliation.

—Je suis fâché d'avoir été retenu si long-temps, madame, répondit le page; la faute en est au voiturier d'Édimbourg qui n'est arrivé que fort tard, et que j'ai été obligé d'attendre.

—Voyez! dit la reine à lady Lochleven; ne vous avions-nous pas dit que vos effets étaient bien gardés et ne couraient aucun risque? Au surplus, vos inquiétudes étaient pardonnables, puisque notre appartement de parade est si mal meublé que nous n'avons pas même pu vous offrir un tabouret pendant tout le temps que vous nous avez accordé le plaisir de votre compagnie.

— Il vous manquait, madame, la volonté plutôt que les moyens, répondit lady Lochleven avec aigreur.

— Quoi! dit la reine en regardant autour d'elle, et en affectant un air de surprise, y a-t-il donc des tabourets dans cet appartement? Oui, vraiment! Un, deux, nous en comptons jusqu'à quatre en y comprenant celui auquel il manque un pied : nous ne les avions pas aperçus. C'est un ameublement vraiment royal! Lady Lochleven veut-elle prendre un siége?

—Non, madame, répondit lady Lochleven; je vais vous

délivrer de ma présence. Auprès de vous je puis souffrir la fatigue plus aisément que les sarcasmes.

—Mais, milady, reprit la reine en se levant, si un tabouret ne vous convient pas, prenez ma place ; vous ne serez pas la première de votre famille qui en ait fait autant. Et en même temps elle fit un geste de la main pour l'inviter à s'asseoir sur le fauteuil.

Lady Lochleven répondit d'une manière négative en faisant une révérence, et parut lutter avec peine contre le courroux qui lui suggérait quelque réponse pleine d'amertume.

Roland avait à peine entendu cette conversation un peu vive. Son attention avait été entièrement occupée par Catherine Seyton, qui venait de sortir de la chambre à coucher de la reine, vêtue du costume qu'elle portait ordinairement, et n'ayant rien qui indiquât un changement de vêtemens fait à la hâte, ou la crainte de voir découvrir une démarche indiscrète et dangereuse. Il se hasarda à la saluer lorsqu'elle entra, et elle lui rendit son salut d'un air tranquille et dégagé, qui lui parut inexplicable dans la circonstance où elle se trouvait.

— J'espère, pensa-t-il, qu'elle ne se flatte pas de m'obliger à douter du témoignage de mes propres yeux, comme elle a voulu le faire relativement à son apparition à l'hôtel de Saint-Michel. J'essaierai de lui faire sentir que c'est une tentative inutile, et que ce qu'elle a de mieux à faire est de m'accorder une confiance sans réserve.

Ces idées s'étaient succédé rapidement dans son esprit, quand la reine, cessant de s'occuper de son altercation avec lady Lochleven, lui adressa de nouveau la parole.

— Que nous direz-vous de la foire de Kinross, Roland? Je dois croire que la gaîté y régnait, si j'en puis juger par quelques sons de musique qui ont trouvé un passage à travers les grilles qui ferment ces fenêtres, et qui sont venus expirer dans cette enceinte, comme doit y expirer tout ce qui ressemble à de l'enjouement. Mais vous avez l'air aussi sombre que si vous veniez du prêche des huguenots.

— Et peut-être en vient-il, madame, dit lady Lochleven, contre laquelle ce brocard était lancé. Est-il donc impossible qu'au milieu même des folies d'une foire, quelque ame pieuse ait fait entendre le langage de la saine doctrine, langage mille fois préférable à cette vaine gaîté, semblable au bruit que fait un fagot d'épines sèches en brûlant, et qui ne laisse que des cendres aux fous qui s'en amusent.

— Fleming, dit la reine en se retournant, et en serrant sa mante autour d'elle, je voudrais bien qu'il y eût dans la cheminée un ou deux de ces fagots d'épines dont parle lady Lochleven. L'air humide qui s'exhale du lac rend ces chambres voûtées horriblement froides.

— Les désirs de Votre Grace seront satisfaits, dit lady Lochleven; je prendrai pourtant la liberté de lui faire observer que nous sommes en été.

— Je vous remercie de m'en avoir informé, ma bonne dame, répondit la reine. Le changement de saison a si peu d'influence sur les prisonniers, qu'ils ne s'en aperçoivent que par ce que leur disent les geôliers. Eh bien! Roland, je vous le demande encore, que nous direz-vous de la fête?

— Elle était fort gaie, madame, suivant l'usage, à ce qu'on m'a dit : mais je n'y ai rien remarqué qui soit digne de votre attention.

— Oh! mais vous ne savez pas combien je suis devenue indulgente pour tout ce qui a rapport aux plaisirs de ceux qui jouissent de leur liberté. Il me semble que j'aurais eu plus de plaisir à assister à la danse joyeuse de ces bons villageois autour du maï, qu'à la plus brillante assemblée dans un palais. L'absence de ces murs hideux, la certitude que le pied qui foule gaîment le gazon est libre et sans contrainte, valent cent fois mieux que tout ce que l'art et la splendeur peuvent faire pour orner les fêtes d'une cour.

— J'espère, dit lady Lochleven, adressant à son tour la

parole au page, qu'au milieu de toutes ces folies il ne s'est passé aucun de ces désordres qui en sont la suite ordinaire?

Roland jeta d'abord un coup d'œil sur Catherine, comme pour l'avertir de faire attention à ce qu'il allait dire. — Non, madame, dit-il ensuite, rien n'a troublé l'harmonie de la fête; je n'y ai rien remarqué qui vaille la peine d'être répété, si ce n'est peut-être qu'une jeune fille d'un caractère qui paraît bien décidé a donné un vigoureux soufflet à un des acteurs et a couru quelque risque de prendre un bain dans le lac.

A ces mots il jeta un second regard sur Catherine; mais elle avait soutenu cette attaque avec le plus grand sang-froid. Elle ne paraissait ni confuse ni déconcertée; il semblait qu'on parlât d'une chose qui lui était entièrement étrangère et indifférente.

— Je ne fatiguerai pas plus long-temps Votre Grace de ma présence, dit lady Lochleven, à moins que vous n'ayez quelque chose à me commander.

— Rien, notre bonne hôtesse; je vous prie seulement, dans une autre occasion, de ne pas vous croire dans la nécessité de sacrifier à rester près de nous un temps dont vous pouvez faire un bien meilleur usage.

— Vous plairait-il, madame, de donner ordre à votre page de me suivre, pour qu'il me rende compte des effets qu'il a dû rapporter, et qui sont destinés à votre usage?

— Nous ne pouvons vous refuser rien de ce que vous désirez, madame. — Suivez lady Lochleven, Roland, si notre ordre est nécessaire pour cela. Nous remettrons à demain le récit de vos plaisirs à Kinross. Pour aujourd'hui je vous dispense de tout service près de moi.

Roland Græme sortit avec lady Lochleven, qui ne manqua pas de lui faire force questions sur tout ce qui s'était passé à la foire; et il y répondit de manière à écarter tous les soupçons qu'elle aurait pu avoir conçus, et à ne pas lui laisser même entrevoir qu'il fût disposé à favoriser la reine. Il eut surtout grand soin de ne faire aucune allusion à la double apparition de Magdeleine Græme et de l'abbé Ambroise. Enfin, après avoir subi un long et sévère interrogatoire, il fut renvoyé avec des expressions qui sortant de la bouche d'une femme du caractère de lady Lochleven, annonçaient qu'il pouvait compter jusqu'à un certain point sur sa protection et ses bonnes graces.

Son premier soin fut de se rendre à l'office, où il se trouva un maître d'hôtel moins rébarbatif que Dryfesdale, qui aurait bien voulu lui appliquer le proverbe de la comédie :

> Ceux qui viendront les derniers au repas
> Dîneront mal ou ne dîneront pas.

Quand il eut fini, comme la reine l'avait dispensé de tout service pour cette soirée, n'ayant pas beaucoup de goût pour la société qu'il pouvait trouver dans le château, il descendit dans le jardin, où il lui était permis de passer ses momens de loisir. Le terrain en était peu étendu ; mais on en avait tiré tout le parti possible. Des allées tortueuses et qui se croisaient à chaque instant multipliaient les promenades, et elles étaient bordées de belles haies vives renfermant des massifs d'arbustes touffus, de manière que, quoique les allées ne fussent séparées que par un espace fort étroit, il était quelquefois difficile de voir de l'une ce qui se passait dans l'autre.

Roland y promena toute la soirée ses réflexions mélancoliques, repassant les événemens de la journée, et comparant ce que l'abbé lui avait dit relativement à George Douglas avec ce qu'il avait remarqué lui-même. Il ne pouvait plus douter qu'il n'eût un rival, et de cette conviction pénible il tira la conclusion que c'était par l'aide de Douglas que Catherine avait trouvé le moyen de quitter le château pour se rendre à Kinross, et d'en revenir avec la promptitude d'un éclair, de manière à paraître des deux côtés comme un fantôme, presque dans le même instant. — Cela ne peut être autrement, se répéta-t-il plusieurs fois ; elle entretient avec lui une correspondance secrète et intime, qui n'est nullement d'accord avec le coup d'œil favorable qu'elle m'a quelquefois accordé, et qui détruit les espérances qu'elle doit savoir que ses regards m'avaient inspirées. Cependant, car l'amour espère encore quand la raison ne conserve plus d'espoir, une nouvelle idée se présenta tout à coup à son esprit ; c'était que Catherine n'encourageait la passion de Douglas que pour servir sa maîtresse, et qu'elle avait un cœur trop franc, trop noble, trop sincère, pour lui avoir donné en même temps à lui-même des espérances qu'elle avait dessein de tromper. Perdu dans toutes ces conjectures, il s'assit enfin sur un banc de gazon, d'où l'on découvrait d'un côté les bords du lac, et de l'autre la partie du château dans laquelle était situé l'appartement de la reine.

Le soleil était couché depuis quelque temps, et le crépuscule commençait à faire place à une belle nuit : le souffle léger du vent du sud ridait à peine la surface des eaux. On apercevait encore l'île de Saint-Cerf qui se dessinait dans le lointain. Cette île, autrefois visitée par un si grand nombre de pèlerins comme un séjour consacré par la présence d'un homme de Dieu, était maintenant négligée ou profanée comme le refuge des prêtres fainéans qui avaient été forcés de céder leur place aux moutons et aux vaches d'un baron protestant.

Tandis que Roland fixait ses regards sur cette île, qui ne paraissait plus qu'un point noir au milieu des ondes bleuâtres, il sentit encore son esprit s'égarer dans le dédale des discussions polémiques. Etait-ce avec justice qu'on avait chassé ces anachorètes de l'abbaye qu'ils occupaient, comme l'abeille industrieuse expulse de sa ruche le bourdon inutile et fainéant ; ou n'était-ce pas le bras inique de la rapacité qui avait dispersé loin du temple, non les prêtres débauchés qui le souillaient, mais les respectables religieux qui remplissaient leur devoir avec honneur et fidélité? Les argumens d'Henderson contre le catholicisme s'élevaient avec force dans son esprit, et il ne trouvait à y répondre qu'en suivant les conseils du père Ambroise, c'est-à-dire en faisant un appel de sa raison à sa foi, appel plus difficile dans le calme de la modération que dans le tumulte et l'agitation du monde. Il eut besoin de faire un effort pour détourner ses idées d'un sujet qui l'embarrassait, et elles prirent effectivement un autre cours quand, ayant jeté un regard du côté du château, il vit briller une lumière à la fenêtre de la chambre qu'occupait Catherine Seyton ; cette lumière s'éclipsait de temps en temps par l'interposition d'un corps étranger, qui était sans doute la belle habitante de cet appartement. Enfin elle disparut tout-à-fait, et avec elle disparut aussi le nouveau sujet de réflexions qu'elle avait présenté à son esprit.

Pouvons-nous avouer le fait sans risquer de faire un tort irréparable à la réputation de notre héros? Ses yeux s'appesantirent peu à peu; les doutes qui l'agitaient sur les points controversés de doctrine religieuse, et ses conjectures sur l'état du cœur de sa maîtresse, se confondirent ensemble de manière à ne plus produire qu'un chaos informe : les fatigues du jour l'emportèrent sur les réflexions qui l'occupaient; en un mot, il s'endormit.

Son sommeil fut d'abord paisible ; mais il se réveilla en sursaut, grace à l'airain de la cloche du château, dont les sons graves et solennels traversèrent la surface du lac et éveillèrent les échos du Bennarty, montagne escarpée qui s'élève sur la rive méridionale. Roland se leva précipitamment. On sonnait cette cloche tous les soirs à dix heures, et c'était le signal pour fermer toutes les portes du château, dont on remettait ensuite les clefs au sénéchal. Il courut à la porte qui communique du jardin au bâtiment; mais à son grand déplaisir il y arriva précisément assez à temps pour en entendre fermer le dernier verrou.

— Un instant! s'écria-t-il, un instant! laissez-moi rentrer avant de fermer la porte.

— L'heure est passée, monsieur le page, répondit la voix aigre de Dryfesdale d'un ton qui annonçait une mauvaise humeur satisfaite; l'heure est passée. Vous n'aimez pas à être enfermé dans les murs du château. Vous avez été à la fête de Kinross; il faut que rien n'y manque, et vous aurez le plaisir de passer la nuit dehors, comme vous avez passé la journée.

— Ouvre-moi la porte! s'écria le page avec indignation, ou de par saint Giles ta chaîne d'or ne te garantira pas de ma colère!

— Ne fais point de bruit, répondit l'impitoyable intendant; et garde pour d'autres tes coupables sermens et tes folles menaces. J'ai fait mon devoir, et je porte les clefs au sénéchal. Adieu, mon jeune maître; la fraîcheur de la nuit est le meilleur remède pour calmer le sang.

Roland avait grand besoin de ce remède, la brise du soir était nécessaire pour apaiser la fièvre de colère qui le transportait, et sa guérison ne fut pas l'affaire d'un instant. Enfin, après avoir fait plusieurs tours dans le jardin à pas précipités, et s'être épuisé en vains sermens de vengeance, il commença à sentir qu'il devait rire de cette aventure, au lieu de s'abandonner à un emportement inutile. Une nuit passée en plein air n'était pas un inconvénient bien grave pour un jeune chasseur qui avait plus d'une fois dormi à la belle étoile par partie de plaisir; et la méchanceté de l'intendant lui parut mériter plus de mépris que de courroux. — Fasse le ciel, pensa-t-il, que le vieux coquin se contente toujours d'une vengeance aussi innocente! Il a quelquefois l'air d'être capable de se porter contre nous à des actes de scélératesse plus profonde. Il retourna donc sur le banc de gazon qu'il venait de quitter, et qui était abrité par une haie de houx;

et s'y étendant bien enveloppé dans son manteau, il tâcha de retrouver le sommeil que la cloche du château avait si inutilement interrompu.

Mais le sommeil comme la fortune refuse souvent ses faveurs dans l'instant où on les désire davantage. Plus Roland l'appelait, plus il s'éloignait de ses paupières. Il avait été complètement éveillé, d'abord par le son de la cloche, et ensuite par le mouvement de colère qui l'avait violemment agité. Enfin son esprit étant fatigué par les réflexions qui l'occupèrent successivement, il tomba dans cet état de torpeur où l'on n'est pour ainsi dire ni endormi ni éveillé. Il en fut tiré par la voix de deux personnes qui se promenaient dans le jardin, et dont le son, lui paraissant d'abord l'effet d'un rêve, finit par l'éveiller tout-à-fait. Il se souleva sans bruit et s'assit sur le banc qui lui servait de lit. Était-il bien possible que deux personnes se trouvassent à une pareille heure de la nuit dans le jardin du château de Lochleven, d'un château gardé avec tant de soin? Il ne pouvait revenir de son étonnement. Étaient-ce des êtres surnaturels? était-ce une tentative des partisans de la reine Marie? Il crut plutôt que George Douglas, qui comme sénéchal du château en avait toutes les clefs, profitait de cette circonstance pour avoir dans le jardin des rendez-vous secrets avec Catherine Seyton. Il fut confirmé dans cette conjecture par le son d'une voix qui lui était bien connue, et qui demandait, d'un ton qui annonçait la précaution, si tout était prêt.

CHAPITRE XXX.

———

« La mine qui contient la poudre meurtrière,
« Le cœur dissimulé qui cache la colère :
« Ne font point pour cela craindre l'explosion.
« Mais fournissez la mêche ou bien l'occasion,
« Aussitôt l'éclair brille et le tonnerre gronde. »
Ancienne comédie.

Roland Græme, profitant d'une brèche qui se trouvait dans la haie et de la clarté de la lune qui venait de se lever dans son plein, fut à portée, sans se faire voir, d'examiner quels étaient ceux qui avaient si inopinément troublé son repos; et ce qu'il vit confirma les craintes que la jalousie lui avait inspirées. Ils étaient en conversation sérieuse et animée dans l'allée voisine à dix ou douze pieds du lieu de sa retraite, et il lui fut très facile de reconnaître la voix et la taille de Douglas, et le costume du page qu'il avait vu à l'auberge de Saint-Michel à Édimbourg.

—J'ai été à la porte de la chambre du page, disait Douglas : ou il n'y est point, ou il ne veut pas répondre. Elle est verrouillée en dedans suivant l'usage, et nous ne pouvons y passer. Je ne sais ce que nous pouvons augurer de son silence.

—Vous avez trop compté sur lui, répondit l'autre interlocuteur : un écervelé ! sur l'esprit inconstant duquel rien ne peut faire une impression durable.

—Je n'avais nulle intention de compter sur lui ; mais on m'avait assuré que lorsque l'occasion se présenterait nous le trouverions bien disposé ; car....

Ici il baissa la voix à un tel degré, que Roland ne put l'entendre ; ce qui le contrariait d'autant plus qu'il voyait qu'il était le sujet de leur conversation.

— Quant à moi, reprit le page, je ne m'y serais jamais fié : je m'en suis débarrassé avec de belles paroles. Mais s'il nous est nuisible en ce moment, n'avez-vous pas un poignard ; s'il ne nous aide pas, qu'il soit du moins hors d'état de nous nuire.

— Ce serait un acte d'imprudence, répondit Douglas ; d'ailleurs je viens de vous dire que la porte est fermée aux verrous. Il est peut-être endormi. Je vais y retourner et tâcher de l'éveiller.

Roland comprit sur-le-champ que les prisonnières s'étant aperçues de manière ou d'autre qu'il était dans le jardin, avaient fermé aux verrous la porte de l'antichambre où il couchait toutes les nuits ; espèce de sentinelle gardant le seul endroit par où l'on pût entrer dans l'appartement de la reine. Mais comment se faisait-il que Catherine fût dans le jardin, tandis que Marie Stuart et lady Fleming étaient enfermées dans leur chambre et que l'entrée en était défendue par de bons verrous ? — Il faut que je sois initié à l'instant dans tous ces mystères, pensa-t-il, et alors je remercierai miss Catherine, si c'est véritablement elle, de l'usage qu'elle a charitablement engagé George Douglas à faire de son poignard. Ils me cherchent, à ce que je comprends ; eh bien ! ils ne me chercheront pas en vain.

Pendant ce temps Douglas était rentré dans le château, et avait laissé ouverte la porte de communication. Le page étranger était seul dans le jardin, les bras croisés sur la poitrine, et les yeux fixés sur la lune avec un air d'humeur, comme s'il l'eût accusée de vouloir les trahir par son éclat. En un instant Roland parut devant lui.

— Miss Catherine, lui dit-il d'un ton d'ironie, voilà une nuit superbe pour une jeune fille qui vient déguisée à un rendez-vous dans un jardin.

—Paix! cerveau brûlé, s'écria le page, silence! Dis-moi, en un mot, si tu es ami ou ennemi.

— Et comment serai-je ami de celle qui m'a trompé par de belles paroles et qui vient de donner de si bonnes leçons à Douglas sur ce qu'il doit faire de son poignard!

— Que le diable t'emporte ainsi que Douglas, archifou et brouillon! nous serons découverts : tout sera perdu!

— Catherine, dit Roland, vous m'avez trompé, vous m'avez cruellement traité; mais le moment de l'explication est arrivé et vous ne m'échapperez pas, je ne perdrai pas cette occasion

— Insensé! la clarté de la lune ne suffit-elle pas pour que tu puisses distinguer le cerf de la biche?

—Cette ruse ne vous réussira pas, dit Roland en le saisissant par un pan de son manteau. Pour cette fois du moins je saurai à qui j'ai affaire.

— Lâchez-moi! s'écria le prétendu page en tâchant de retirer son manteau; et il ajouta d'un ton où la colère semblait le disputer à l'envie de rire : — Est-ce avec si peu de cérémonie que vous traitez la fille de lord Seyton?

Mais comme Roland, encouragé peut-être par ce ton de plaisanterie, persistait à tenir fermement son manteau, croyant que sa témérité ne paraissait pas impardonnable, son adversaire lui dit d'un ton de courroux très prononcé :
—Tête sans cervelle! lâche-moi à l'instant; il y va de la vie et de la mort. J'ai compassion de toi; mais prends garde de me pousser à bout.

En achevant ces mots il fit brusquement un nouvel effort pour se dégager; et ce mouvement fit partir un pistolet qu'il avait à la main ou qu'il portait à sa ceinture.

Ce bruit jeta l'alarme dans tout le château. La sentinelle qui était en faction sur la tour sonna du cor, et mit en branle la cloche du château, criant en même temps à haute voix : — Trahison ! trahison ! aux armes ! aux armes !

Le faux page, que Roland avait lâché dans le premier moment de sa surprise, avait disparu, et presque au même instant un bruit de rames se fit entendre sur le lac. Une minute après, cinq ou six arquebuses firent feu du haut des tours du château, et il entendit recommander de pointer un fauconneau contre une barque. Supposant qu'elle portait Catherine Seyton, et inquiet pour sa sûreté, il ne vit d'autre moyen pour y pourvoir que d'avoir recours à George Douglas. Il se hâta donc de rentrer au château, et courut à l'appartement de la reine, où il entendait un grand bruit.

Dès qu'il y fut entré, il se trouva faire partie d'un groupe nombreux plongé dans la surprise et dans la confusion, tous parlant en même temps et se regardant les uns les autres d'un air de consternation. Au haut bout du salon était la reine, accompagnée non-seulement de lady Fleming, mais, à l'étonnement inexprimable de Roland, de miss Seyton, qui semblait avoir le don d'être partout en même temps; toutes trois en habits de voyage, et Catherine portant sous le bras une petite cassette contenant le peu de bijoux qu'on avait laissés à Marie Stuart. A l'autre bout, près de la porte, était lady Lochleven, en toilette de nuit faite à la hâte, entourée de gardes et de domestiques portant les uns des torches, les autres des pertuisanes, des épées, des pistolets, chacun ayant pris dans cette alarme soudaine la première arme qui lui était tombée sous la main. Entre les deux partis on voyait George Douglas, les bras croisés sur la poitrine, les yeux baissés à terre, semblable à un criminel saisi en flagrant délit, qui ne sait comment nier son crime et qui ne peut se résoudre à l'avouer.

— Parlez, George Douglas, s'écria lady Lochleven, parlez, et justifiez-vous du soupçon qui pèse sur votre honneur;

dites : Un Douglas n'a jamais manqué à son devoir ; et je suis un Douglas ! Prononce ces paroles, mon fils ; je ne t'en demande pas davantage pour te croire innocent, malgré les apparences ; dis que ce complot n'est pas l'ouvrage de ces trois femmes et de ce jeune misérable à qui j'ai accordé trop de confiance ; dis qu'eux seuls ont conduit le projet d'une fuite qui aurait été si funeste à l'Écosse, si fatale à la maison de ton père.

— Quant à ce vaurien de page, milady, dit Dryfesdale, je puis dire qu'il est impossible qu'il ait ouvert la porte de cet appartement ; car je l'ai moi-même enfermé hier soir dans le jardin. Qui que ce soit qui ait comploté cette fuite nocturne, la vérité est qu'il n'a pu y prendre part cette nuit.

— Tu mens, Dryfesdale ! s'écria lady Lochleven ; tu voudrais rejeter le blâme sur la maison de ton maître pour sauver la vie de cette jeune vipère.

— Sa mort me ferait plus de plaisir que sa vie, répondit-il d'un air sombre ; mais la vérité est la vérité.

A ces mots, Douglas leva la tête, et dit avec le ton ferme et calme d'un homme qui a pris sa résolution : — Qu'on ne mette en danger la vie de personne pour moi, madame ; moi seul.....

— Douglas, dit la reine, êtes-vous insensé? Taisez-vous, je vous l'ordonne.

— Pardon, madame, répondit-il en la saluant de l'air le plus respectueux, je voudrais pouvoir vous obéir ; mais il leur faut une victime, et je ne dois pas souffrir qu'on se trompe sur le choix. Oui, madame, continua-t-il, en s'adressant à lady Lochleven, c'est sur moi seul que doit tomber votre ressentiment. Si la parole d'un Douglas a quelque poids sur vous, croyez que ce jeune homme est innocent : il ignorait tout, et vous commettriez une iniquité en le punissant. Quant à la reine, oseriez-vous la blâmer d'avoir consenti à saisir l'occasion que je lui offrais de recouvrer sa liberté? Oui, ma loyauté sincère, un sentiment encore plus vif avaient préparé la fuite de la plus belle, de la plus persécutée de toutes les femmes. Bien loin de me repentir de ce que j'ai fait pour elle, je m'en fais gloire; mon seul chagrin est de n'avoir pu réussir à la délivrer, et je mourrai avec plaisir pour son service.

— Que le ciel accorde à ma vieillesse la force nécessaire pour supporter un tel poids d'affliction! s'écria lady Lochleven. O princesse née sous une funeste étoile! Quand cesserez-vous d'être un instrument de séduction et de ruine pour tout ce qui vous approche? O ancienne maison de Lochleven, si renommée par ta noblesse et ton honneur, maudite soit l'heure qui a amené cette sirène dans tes murs!

— Ne parlez pas ainsi, madame, répliqua George : l'honneur de la maison de Douglas brillera d'un nouveau lustre quand un de ses membres sera mort pour la plus infortunée des reines, pour la plus aimable des femmes.

— Douglas, dit Marie Stuart, faut-il qu'en ce moment, en ce moment où je puis perdre pour toujours un fidèle sujet, j'aie à vous reprocher d'oublier ce que vous devez à votre reine?

— Malheureux enfant! dit lady Lochleven au désespoir, t'es-tu laissé tellement prendre dans les piéges de cette Moabite? As-tu vendu ton honneur, ta foi, tes sermens, tes devoirs envers ta famille, ton pays et ton Dieu pour des larmes feintes, ou pour un sourire languissant échappé de ces lèvres qui ont tour à tour flatté le faible François, conduit à la mort l'imbécile Darnley, répété les poésies doucereuses du mignon Chastelet, et les chansons d'amour du mendiant Rizzio; de ces lèvres enfin qui ont pressé avec transport celles de l'infâme Bothwell?

— Ne blasphémez pas, madame, s'écria Douglas. Et vous, belle reine, princesse aussi vertueuse que belle, ne traitez pas avec trop de sévérité en un pareil moment la présomption de votre vassal. Croyez-vous que le simple dévouement d'un sujet aurait pu me faire jouer le rôle auquel je me suis abaissé : vous méritez bien sans doute que chacun de vos sujets brave la mort pour vous ; mais j'ai fait plus, j'ai fait ce que l'amour seul pouvait déterminer un Douglas à faire, j'ai dissimulé. Adieu donc, reine de tous les cœurs, et souveraine de celui de Douglas ! Quand vous serez délivrée de cet indigne esclavage, et vous le serez s'il reste quelque justice dans le ciel; quand vous chargerez d'honneurs et de titres l'heureux mortel à qui vous devrez votre délivrance, accordez une pensée à celui qui n'aurait désiré d'autre récompense que le bonheur de baiser votre main ; donnez un soupir à sa fidélité et une larme à sa mémoire. A ces mots, se précipitant à ses pieds, il lui saisit la main avant qu'elle eût le temps ou la force de la retirer, et y appuya tendrement ses lèvres.

— Et en ma présence ! s'écria lady Lochleven. Oses-tu bien te livrer à ton indigne passion pour cette femme adultère en présence de ta mère ? Qu'on les sépare, et qu'on l'enferme dans la prison du château ! Eh bien ! m'obéira-t-on ? dit-elle en se tournant vers ses domestiques qui se regardaient les uns les autres, et dont aucun ne se pressait d'exécuter ses ordres.

— Ils hésitent, dit Marie. Sauvez-vous, Douglas ; votre reine vous l'ordonne.

Il se leva précipitamment. — Ma vie est à votre disposition, s'écria-t-il ; et, tirant son épée, il se fit jour à travers les domestiques qui lui barraient le chemin de la porte. Son mouvement fut si prompt et si vif, qu'on n'aurait pu l'empêcher de sortir que par la violence ; et comme les domestiques du château l'aimaient en général autant qu'ils le craignaient, pas un seul ne voulut l'empêcher de pourvoir à sa sûreté.

La colère de lady Lochleven redoubla en le voyant s'échapper. — Suis-je donc entourée de traîtres ? s'écria-t-elle.

Qu'on le poursuive à l'instant, et qu'on le saisisse mort ou vif.

—Il ne peut sortir de l'île, madame, dit Dryfesdale; j'ai la clef de la chaîne des barques.

Mais dans ce moment on entendit deux ou trois domestiques qui l'avaient poursuivi, soit par curiosité, soit pour obéir à leur maîtresse, s'écrier dans la cour qu'il venait de se précipiter dans le lac.

— Brave et noble Douglas! s'écria la reine; ame généreuse qui préfère la mort à l'emprisonnement!

— Qu'on fasse feu sur lui! s'écria lady Lochleven. S'il existe ici un vrai serviteur de son père, qu'il délivre sa famille d'un perfide, et que la honte de notre maison soit ensevelie dans le lac!

On entendit deux ou trois coups de fusil, qui furent tirés probablement pour montrer une apparence d'obéissance aux ordres de la maîtresse du château, plutôt que pour les exécuter réellement; et Randal, rentrant à l'instant, annonça que le Maître de Douglas avait été recueilli par une barque qui était à quelque distance sur le lac.

— Prenez l'esquif, dit lady Lochleven, et mettez-vous sur-le-champ à sa poursuite.

— Il est trop tard, répondit Randal : ils sont déjà à mi-chemin de l'autre rive, et la lune vient de se couvrir d'un nuage.

— Il s'est donc échappé! s'écria la vieille dame en se frappant le front des deux mains; l'honneur de notre maison est à jamais perdu, et nous passerons tous pour complices de sa trahison!

— Lady Lochleven, dit Marie en s'avançant vers elle, vous avez cette nuit détruit mes plus belles espérances, rivé les fers dont je me flattais d'être délivrée, brisé la coupe de la joie à l'instant même où je la portais à mes lèvres; et cependant j'accorde à vos chagrins la pitié que vous refusez aux miens. Je voudrais pouvoir vous consoler.

— Laissez-moi, femme artificieuse, dit lady Lochleven. Qui jamais sut aussi bien que vous infliger les plus cruelles blessures sous le masque de la courtoisie et de la bonté? Depuis le plus grand des traîtres, qui a jamais su si bien trahir par un baiser?

— Lady Lochleven, vous ne pouvez m'offenser en ce moment, pas même par ce langage grossier et indigne d'une femme, tenu en présence de vos domestiques et de vos hommes d'armes. J'ai contracté cette nuit tant d'obligations envers un membre de la famille de Douglas, que je dois pardonner tout ce que la maîtresse de ce château peut dire et faire dans la violence de son emportement.

— Je vous ai beaucoup d'obligation, princesse, dit lady Lochleven en cherchant à se contraindre. Et prenant alors un ton d'ironie : — Les pauvres Douglas, dit-elle, ont rarement obtenu un sourire de leurs souverains; et s'ils m'en croient, ils ne seront pas tentés d'échanger leur honnêteté grossière pour les graces et les faveurs que Marie d'Ecosse peut maintenant accorder.

— Ceux qui savent si bien *prendre*, répondit la reine, peuvent ne pas aimer à contracter une obligation en recevant; et si j'ai peu de chose à accorder maintenant, c'est la faute des Douglas et de leurs alliés.

— Ne craignez rien, madame, répliqua lady Lochleven avec le même ton d'ironie amère : vous possédez un trésor qu'il vous est impossible d'épuiser, et dont le juste courroux de votre pays ne peut vous priver. Tant que vous aurez à vos ordres de belles paroles et des sourires séducteurs, vous n'aurez pas besoin d'autres moyens pour attirer de jeunes fous dans votre parti.

Un sentiment de plaisir brilla dans les regards de la reine; elle les jeta en ce moment sur une glace du salon qui, éclairée par les torches, réfléchit ses traits pleins de noblesse et de beauté. — Notre hôtesse apprend à flatter, Fleming, dit-elle : nous n'aurions pas cru que le chagrin et la captivité nous eussent laissé un si grand fonds de cette richesse que les femmes préfèrent à toutes les autres.

— Votre Majesté poussera cette méchante femme à quelque excès, dit lady Fleming à voix basse ; je vous conjure de ne pas oublier qu'elle est déjà offensée mortellement, et que nous sommes en son pouvoir.

— Je ne la ménagerai pas, Fleming, répondit la reine du même ton ; ce serait contre mon caractère. Quand je lui témoignais de la compassion, elle m'a répondu par des insultes, et je veux lui montrer que je les brave. Si elle ne trouve pas de discours assez piquans, qu'elle ait recours à son poignard, si elle l'ose.

— Je crois, dit tout haut lady Fleming, que lady Lochleven ferait bien maintenant de se retirer et de permettre à Sa Grace de prendre quelque repos.

— Sans doute, dit lady Lochleven, et de laisser Sa Grace et les favorites de Sa Grace chercher les moyens de filer encore quelque toile pour y prendre de nouvelles mouches. Mon fils aîné est veuf, n'aurait-il pas été plus digne des espérances flatteuses que vous avez employées pour séduire son frère ? Il est vrai que vous avez déjà subi trois fois le joug du mariage ; mais d'après l'église romaine, le mariage est un sacrement, et les sectateurs de Rome croient sans doute ne pouvoir le recevoir trop souvent.

— Et les sectateurs de Genève, répliqua la reine rougissant d'indignation, ne regardant pas le mariage comme un sacrement, se dispensent quelquefois, dit-on, de cette cérémonie. Alors, comme si elle eût craint les conséquences de cette allusion aux fautes de la jeunesse de lady Lochleven, elle se tourna brusquement vers Fleming : — Rentrons dans notre chambre à coucher, dit-elle ; nous lui faisons trop d'honneur par cette altercation. Si elle prétend nous troubler de nouveau cette nuit, elle fera enfoncer la porte. Et à ces mots, elle se retira suivie de ses deux dames.

Lady Lochleven, étourdie par ce dernier sarcasme, et

courroucée surtout de se l'être attiré par sa faute, restait immobile comme une statue, et semblait avoir pris racine à l'endroit où elle venait de recevoir un affront si sanglant. Elle ne revint à elle que lorsque Dryfesdale et Randal l'assaillirent de questions.

— Milady n'a-t-elle pas quelques ordres à nous donner? demanda Dryfesdale.

— Ne faudrait-il pas doubler la garde du château et placer une sentinelle près des barques? dit Randal.

— Ne conviendrait-il pas, demanda Dryfesdale, d'envoyer un exprès à sir William à Édimbourg pour lui donner avis de ce qui vient d'arriver; et ne serait-il pas bon de donner l'alarme à Kinross, de crainte qu'il n'y ait des forces ennemies de l'autre côté du lac?

— Faites tout ce que vous voudrez, répondit lady Lochleven encore hors d'elle-même. Dryfesdale, ajouta-t-elle, vous êtes un ancien soldat, prenez toutes les précautions nécessaires. Dieu du ciel! faut-il que je sois si ouvertement insultée!

— Votre intention ne serait-elle pas, demanda Dryfesdale en hésitant, que cette personne... cette dame... fût resserrée plus étroitement?

— Non, vassal, répondit sa maîtresse avec indignation; ma vengeance ne s'abaisse pas à de vils moyens. Je me vengerai d'une manière plus digne de moi, ou le tombeau de mes ancêtres couvrira ma honte.

— Vous serez vengée, madame, dit Dryfesdale; vous le serez avant que le soleil se soit couché deux fois, et vous en conviendrez vous-même.

Lady Lochleven ne lui répondit pas; peut-être même ne l'entendit-elle point, car elle sortait du salon tandis qu'il parlait ainsi. Dryfesdale renvoya tous les domestiques, qui se retirèrent les uns pour remplir les fonctions de gardes, les autres pour se reposer. Il resta seul dans l'appartement avec Roland, qui fut surpris de voir le vieux soldat s'avancer vers lui avec un air de cordialité qu'il ne lui avait jamais témoigné, et qui ne convenait guère à sa physionomie dure et sévère.

— Jeune homme, dit Dryfesdale d'un air hypocrite, j'ai eu des torts avec vous, mais c'est votre faute. Votre caractère m'a paru aussi léger que la plume de votre chapeau. Vos habits recherchés, votre humeur joviale, tout cela a été cause que je vous ai jugé défavorablement; mais à présent je vous rends justice. Cette nuit j'étais curieux de savoir ce que vous deveniez dans le jardin; je me suis mis à ma fenêtre; j'ai vu les efforts que vous faisiez pour retenir le compagnon de perfidie de celui qui ne mérite plus de porter le nom de son père, qui doit être retranché du tronc de sa maison comme une branche pourrie. J'allais venir à votre aide quand le coup de pistolet a parti; et la sentinelle, coquin que je soupçonne de s'être laissé gagner, s'est vue forcée de donner l'alarme, ce qu'elle aurait peut-être pu faire plus tôt. Ainsi donc, pour vous dédommager de mon injustice envers vous, j'ai dessein de vous rendre un service d'ami, si vous consentez à l'accepter de moi.

— Puis-je savoir d'abord de quoi il s'agit?

— Uniquement de porter la nouvelle de cet événement à Holyrood, ce qui peut vous être fort utile auprès de sir William, du comte Morton et du régent même, attendu que vous avez vu tout ce qui s'est passé depuis le commencement jusqu'à la fin, et que vous vous êtes conduit fidèlement. Votre fortune est entre vos mains; et j'espère qu'alors vous oublierez toutes les folles vanités du monde, et que vous apprendrez à employer le temps présent en homme qui songe à celui qui est à venir.

— Grand merci de votre service d'ami, monsieur l'intendant; mais je ne puis me charger de votre commission. Je ne vous dirai pas qu'étant au service de la reine il ne me convient pas de prendre parti contre elle; mais laissant cette raison à part, il me semble que ce serait un mauvais moyen pour obtenir les bonnes graces de sir William que d'être le premier à lui annoncer la trahison de son fils. Morton n'apprendra pas avec plaisir la déloyauté d'un de ses parens, et la nouvelle de la perfidie de son neveu ne sera pas plus agréable au régent.

—Hum! dit Dryfesdale faisant entendre ce son inarticulé qui indique une surprise mêlée de mécontentement, vous en ferez tout ce qu'il vous plaira; tout étourdi que vous êtes, il me semble que vous savez calculer vos chances.

—Vous avez raison, et je vais vous en donner la preuve; car je soutiens que la vérité et l'enjouement valent mieux que la ruse et la gravité, et peuvent même l'emporter sur elles. Je vous dirai donc, monsieur l'intendant, que vous ne m'avez jamais moins aimé qu'en ce moment, et que la confiance que vous me témoignez n'est qu'un piége que vous me tendez. Je ne reçois pas de fausse monnaie pour de l'argent comptant. Reprenez votre ancienne marche; soupçonnez-moi, surveillez-moi; je vous défie, et je vous prouverai que vous avez trouvé à qui parler.

—De par le ciel! jeune homme, dit Dryfesdale en le regardant de travers, si tu oses méditer quelque trahison contre la maison de Lochleven, ta tête ne tardera pas à blanchir sur les murs de la tour du château.

—On ne médite pas de trahison quand on ne cherche pas à obtenir la confiance; et quant à ma tête, elle est aussi solidement placée sur mes épaules que sur la plus haute tour d'Écosse.

—Adieu donc, perroquet bavard; tu es fier de ta langue et de ton plumage; mais prends garde au trébuchet et à la glu.

—Adieu, vieux corbeau enroué; souviens-toi que ton vol pesant, tes plumes noires et ton grave croassement ne charment ni le mousquet ni l'arbalète. C'est guerre ouverte entre nous... Chacun pour notre maîtresse et que Dieu protège la justice!

— *Amen*, dit l'intendant, et qu'il défende ceux qui le servent dans la vérité. J'aurai soin d'informer ma maîtresse qu'elle doit te compter dans le nombre des traîtres... Bonsoir, monsieur du plumet.

— Bonne nuit, monsieur du bâton blanc.

L'intendant se retira, et Roland ne songea plus qu'à profiter du reste de la nuit pour prendre un peu de repos.

CHAPITRE XXXI.

« Empoisonné ! — Sans doute il a cessé de vivre ? »
SHAKSPEARE.

Quelque ennuyé que fût Roland de son séjour du château de Lochleven, et quelque regret qu'il éprouvât d'avoir vu échouer le projet de fuite de la reine, je crois qu'il ne s'était jamais éveillé avec des sensations plus agréables que le lendemain du jour qui avait vu avorter le plan de Douglas pour la délivrance de Marie Stuart. D'abord il était convaincu qu'il avait mal interprété ce que l'abbé Ambroise lui avait dit, et qu'il n'avait pensé qu'à miss Seyton, tandis que l'abbé voulait parler de la reine. Ensuite, d'après l'explication qui avait eu lieu entre l'intendant et lui, il se sentait libre, sans manquer à l'honneur envers la famille de Lochleven, de contribuer de tous ses efforts à l'exécution de tous les projets qui pourraient être formés par la suite pour rendre à la reine sa liberté. Indépendamment du désir qu'il avait de coopérer à cette grande entreprise. il était persuadé qu'il ne pouvait trouver de moyen plus sûr pour obtenir les bonnes graces de miss Seyton. Il ne désirait plus que de rencontrer une occasion de l'informer qu'il se dévouait à cette cause, et la fortune fut assez complaisante pour la lui fournir plus tôt qu'il ne l'espérait.

L'intendant apporta le déjeuner à l'heure ordinaire ; mais dès qu'il l'eut fait placer sur la table dans le salon, il dit à Roland avec un ton de sarcasme : — Mon jeune page, je vous laisse remplir les fonctions d'écuyer tranchant et de dégustateur. Elles ont été trop long-temps exercées pour lady Marie par un membre de la maison de Douglas.

—Quand elles auraient été remplies par le chef de cette famille, dit Roland, il aurait dû s'en trouver honoré.

Dryfesdale ne repondit à cette bravade qu'en lui lançant un regard de haine et de mépris, et se retira aussitôt.

Græme, resté seul, s'étudia à imiter aussi bien qu'il lui était possible la grace avec laquelle Douglas s'acquittait de cette charge devant la reine d'Écosse. Il y mettait plus que de la vanité ; c'était le généreux dévouement d'un brave soldat qui prend la place du camarade qu'il vient de voir tomber devant lui. —Je suis maintenant leur seul champion, pensa-t-il, et quoi qu'il puisse m'en arriver, je serai autant que mes moyens me le permettront aussi brave, aussi fidèle, aussi digne de confiance que quelque Douglas que ce puisse être.

En ce moment Catherine Seyton entra seule, contre sa coutume ; et ce qui n'était pas moins extraordinaire, en s'essuyant les yeux avec un mouchoir. Roland s'approcha d'elle le cœur palpitant, et lui demanda à voix basse et en hésitant comment se trouvait la reine.

— Comment pouvez-vous me faire cette question? lui répondit-elle ; croyez-vous qu'elle ait l'ame et le corps d'airain et d'acier, pour résister au cruel contre-temps qu'elle a éprouvé hier soir, et supporter les infâmes reproches de cette vieille sorcière puritaine? Plût à Dieu que je fusse un homme pour la servir plus efficacement!

— Si celles qui portent des poignards et des pistolets ne sont pas des hommes, dit le page, ce sont au moins des amazones, et elles ne sont pas moins formidables.

— Il peut vous plaire de faire de l'esprit, dit Catherine; mais je ne suis nullement disposée à m'en amuser en ce moment.

— Eh bien! permettez-moi donc de vous parler sérieusement. D'abord je vous dirai que probablement les choses se seraient mieux passées la nuit dernière si vous aviez daigné me faire part de vos projets.

— C'était bien notre dessein; mais pouvions-nous deviner que moniseur le page aurait la fantaisie de passer la nuit dans le jardin, comme un chevalier errant dans un roman espagnol, au lieu de se trouver dans sa chambre quand Douglas y est venu pour lui communiquer notre projet?

— Et pourquoi attendre si tard pour cette confidence?

— Parce que vos liaisons avec Henderson, et pardonnez-moi, l'impétuosité et la légèreté de votre caractère, nous firent hésiter à vous confier un secret si important jusqu'au dernier moment.

— Et pourquoi me le confier même au dernier moment, dit Roland offensé de ce franc aveu, puisque j'avais eu le malheur de vous inspirer tant de soupçons?

— Voilà déjà de la colère, dit Catherine, et pour vous en punir, je devrais rompre l'entretien. Mais je veux être magnanime, et je répondrai à votre question. Sachez donc que nous avions deux raisons pour vous confier ce secret. La première, c'est qu'il eût été difficile de vous le cacher, puisque nous étions obligées de passer dans l'antichambre qui vous sert de chambre à coucher; la seconde....

— Oh! s'écria le page, je vous dispense de la seconde, puisque la première vous faisait une nécessité de la confiance.

—Paix! dit Catherine, et écoutez-moi. La seconde, dis-je, c'est qu'il y a parmi nous une folle qui croit que le cœur de Roland Græme est bon, quoique sa tête soit mauvaise; que son sang est pur, quoiqu'il soit trop bouillant; que sa foi et son honneur sont à l'épreuve, quoique sa langue manque quelquefois de retenue.

Catherine fit cet aveu à voix basse, les yeux baissés vers la terre, comme si elle eût ressenti quelque confusion en le laissant échapper, et qu'elle eût craint de rencontrer les regards de Roland.

—Et cette généreuse amie, s'écria le page ravi en extase, la seule qui daignât rendre justice au pauvre Roland Græme; dont le bon cœur lui apprit à distinguer les erreurs de la tête des fautes du cœur, ne me direz-vous pas, miss Seyton, qui elle est, et à qui je dois le tribut de la plus vive reconnaissance?

—Si votre cœur ne vous le dit pas, répondit Catherine les yeux toujours baissés, il faut.....

—Chère Catherine! s'écria Roland en lui saisissant la main, et en fléchissant un genou devant elle.

—Si votre cœur ne vous le dit pas, répéta-t-elle, en retirant doucement sa main, il faut qu'il soit bien ingrat, car d'après la bonté maternelle que lady Fleming....

—De par le ciel! Catherine, s'écria le page en se relevant précipitamment, vos discours connaissent le déguisement aussi bien que votre personne. Vous savez bien que lady Fleming ne s'inquiète pas plus de qui que ce soit que la princesse que vous voyez sur cette vieille tapisserie.

— Cela peut être; mais il n'est pas nécessaire de parler si haut.

—Qu'importe? dit Roland; et cependant baissant la voix, il ajouta : Elle ne songe qu'à elle et à la reine. Vous savez d'ailleurs que je ne me soucie guère de la bonne opinion d'aucune de vous, pas même de celle de la reine, si vous ne m'accordez pas la vôtre.

— Cela n'en est que plus honteux pour vous, répondit Catherine avec le plus grand sang-froid.

— Mais dites-moi, Catherine, pourquoi vous refroidissez ainsi mon ardeur quand je veux me dévouer corps et ame à la cause de votre maîtresse?

— Parce qu'en agissant ainsi, répondit-elle les yeux enflammés et le visage couvert de rougeur, vous dégradez une cause si noble en y joignant un motif moins pur, un principe d'égoïsme. Croyez-moi, c'est avoir une idée fausse et injuste des femmes, de celles qui méritent ce nom, veux-je dire, que de croire qu'esclaves de la vanité elles préfèrent la satisfaction de régner exclusivement sur le cœur d'un amant à l'honneur et au courage de l'homme qu'elles préfèrent. Celui qui sert sa religion, son prince et son pays avec ardeur et dévouement n'a pas besoin de recourir aux lieux communs d'une passion romanesque pour plaider sa cause auprès de celle qu'il honore de son affection. Elle devient sa débitrice, et doit le récompenser de ses glorieux travaux par une tendresse égale à la sienne.

— Vous attachez à ces travaux une récompense non moins glorieuse, dit Roland en fixant sur elle des yeux pleins d'enthousiasme.

— Rien qu'un cœur qui sait les apprécier. Celui qui délivrerait de sa prison cette reine infortunée, qui la remettrait en liberté, qui la rendrait à ses sujets fidèles et belliqueux dont les cœurs l'attendent avec tant d'impatience... où est la jeune Écossaise que l'amour d'un tel homme n'honorerait point, fût-elle issue du sang royal, et lui fils du plus pauvre laboureur?

— Je suis déterminé à tenter l'aventure. Mais cependant dites-moi d'abord, belle Catherine, et parlez-moi comme si vous vous confessiez à un prêtre, cette pauvre reine... je sais qu'elle est malheureuse; mais... la croyez-vous innocente? on l'accuse de meurtre !

— Dois-je croire l'agneau coupable parce que je vois le

loup le déchirer? Le soleil doit-il me paraître souillé parce qu'un brouillard impur obscurcit ses rayons?

— Je voudrais être aussi convaincu que vous paraissez l'être, dit le page en soupirant et en baissant les yeux. Mais une chose bien certaine c'est qu'elle souffre une injuste captivité. Elle s'était rendue par capitulation, et les conditions n'en ont pas été exécutées. Je soutiendrai sa cause jusqu'à la mort.

— Bien vrai? bien vrai? s'écria Catherine en lui prenant la main à son tour. Oh! ayez autant de constance dans l'esprit que vous avez de courage et de vivacité dans le cœur; tenez la parole que vous venez de donner, et les siècles futurs vous honoreront comme le sauveur de l'Écosse.

— Mais quand j'aurai travaillé avec succès pour obtenir Lia, c'est-à-dire l'honneur, chère Catherine, vous ne me condamnerez pas à de nouveaux travaux pour obtenir Rachel, c'est-à-dire l'amour?

— C'est un sujet dont nous aurons tout le temps de parler. Mais l'honneur est la sœur aînée, et c'est à celle-ci qu'il faut songer d'abord.

— Il est possible que je ne réussisse pas à l'obtenir; mais je ferai du moins tous mes efforts pour y parvenir, et c'est tout ce qu'on peut exiger d'un homme. Et sachez, belle Catherine, car je veux que vous lisiez dans le fond de mon cœur, que non-seulement cette sœur aînée l'honneur, et cette sœur cadette non moins aimable dont vous ne voulez pas que je parle, m'ordonnent de travailler à la délivrance de la reine; mais que je m'y crois encore obligé par un devoir impérieux.

— Vraiment? mais il y a quelque temps vous aviez des doutes à ce sujet.

— Oui, mais alors sa vie n'était pas menacée.

— Menacée! s'écria Catherine d'un ton annonçant l'inquiétude et la terreur. La croyez-vous donc aujourd'hui en plus grand danger qu'auparavant?

— Ne vous alarmez pas. Mais n'avez-vous pas vu de quelle manière la reine et lady Lochleven se sont séparées?

— Que trop, que trop! Hélas! pourquoi faut-il que cette princesse ne puisse maîtriser son ressentiment et s'abstenir de reparties si piquantes?

— Il en est de telles qu'aucune femme ne les a jamais pardonnées à une autre. J'ai vu lady Lochleven pâlir et rougir successivement lorsque, en présence de toute sa maison, et quand elle venait armée de toute son autorité, la reine l'a humiliée, l'a renversée dans la poussière, en lui rappelant ce qui est pour elle un sujet éternel d'opprobre. J'ai vu son ressentiment mortel; j'ai entendu le serment de vengeance qu'elle a prononcé, et ce serment a aussi été entendu par un homme qui y a répondu de manière à prouver qu'il est disposé à en être l'exécuteur.

— Vous me saisissez d'effroi! s'écria Catherine.

— Ne vous laissez point abattre ainsi. Appelez à votre aide la partie mâle de votre caractère. Quelque dangereux que puissent être ses projets, nous viendrons à bout de les déjouer. Pourquoi me regardez-vous ainsi en pleurant?

— Hélas! parce que je vous vois en ce moment animé de toute l'ardeur et de toute la vivacité de la jeunesse, brûlant de courage et d'enthousiasme, prêt à tout entreprendre pour une princesse infortunée, et que bientôt, demain, aujourd'hui peut-être, je puis vous voir, victime de votre zèle, percé de coups, privé de vie, étendu sur les carreaux d'un de ces misérables donjons. Catherine Seyton n'aurait-elle pas à se reprocher alors d'avoir accéléré la fin de votre carrière? Hélas! celle que vous avez choisie pour tresser votre guirlande de gloire prépare peut-être le linceul qui doit vous ensevelir!

— Qu'importe que vous prépariez mon linceul! Catherine, s'écria le page avec feu. S'il est mouillé de vos larmes, il me fera plus d'honneur après ma mort qu'un manteau de comte ne pourrait m'en faire pendant ma vie. Mais bannissez cette faiblesse indigne de vous. Les circonstances exigent plus de fermeté. Soyez homme, Catherine; vous savez que vous pouvez être homme quand vous le voulez.

Catherine essuya ses larmes, et s'efforça de sourire.

— Je comprends ce que vous voulez dire, lui dit-elle, mais ne faites pas de questions en ce moment sur le sujet qui vous trouble tellement l'esprit : avec le temps vous saurez tout; vous le sauriez même dès à présent si... Mais chut! voici la reine.

Marie sortit de son appartement plus pâle que de coutume, et paraissant épuisée par la fatigue d'une nuit passée dans de pénibles réflexions; et cependant son air de langueur faisait si peu de tort à sa beauté, qu'il substituait seulement la faiblesse délicate d'une femme aimable à la dignité d'une reine. Contre son usage, sa toilette avait été faite à la hâte, et ses cheveux, ordinairement arrangés avec grand soin par lady Fleming, s'échappant de dessous la coiffe dont ils avaient été précipitamment couverts, tombaient en longues boucles sur un sein moins soigneusement voilé que de coutume.

Dès qu'elle parut à la porte, Catherine, séchant ses larmes, courut à sa rencontre, fléchit un genou devant elle, lui baisa la main, et se relevant aussitôt, se mit à son côté pour partager avec lady Fleming l'honneur de la soutenir. Le page avança le fauteuil qui lui servait ordinairement, en arrangea le coussin, prépara un tabouret pour ses pieds, et se retira en face de la table, prit la place qu'occupait ordinairement aux heures du repas le jeune sénéchal, et se tint prêt à en remplir les fonctions. Les yeux de la reine se fixèrent un instant sur lui, et ne purent s'empêcher de remarquer ce changement de personne. Ce n'était pas le cœur de Marie qui aurait pu refuser sa compassion à un jeune homme malheureux pour elle, quoiqu'il eût été guidé dans son entreprise par une passion trop présomptueuse; les mots : — Pauvre Douglas ! — sortirent de sa bouche, peut-être sans qu'elle le sût elle-même. Elle s'assit sur son fauteuil, et porta son mouchoir à ses yeux.

— Oui, madame, dit Catherine en affectant un ton d'enjouement pour tâcher de dissiper la sombre tristesse de la reine, nous avons perdu le brave chevalier; il ne lui était pas réservé de mettre à fin cette aventure; mais il nous reste un jeune écuyer qui n'est pas moins dévoué au service de Votre Majesté, et qui vous offre par ma bouche son épée et son bras.

— S'ils peuvent jamais être utiles à Votre Majesté, ajouta Roland avec un salut respectueux.

— Hélas! Catherine, dit la reine, à quoi bon chercher à envelopper de nouvelles victimes dans ma ruine? Ne vaut-il pas mieux cesser de lutter contre les vagues et nous résigner à nous y laisser engloutir, que de risquer d'entraîner avec nous dans l'abîme les ames généreuses qui voudraient nous sauver? Je n'ai eu autour de moi que trop de complots et d'intrigues dès l'instant de mon berceau, tandis que les nobles se disputaient à qui gouvernerait l'État au nom d'un enfant. Il est temps de mettre fin à de si longs troubles. J'appellerai ma prison un couvent, et mon injuste détention une retraite volontaire loin du monde et de ses dangers.

— Ne parlez pas ainsi devant de fidèles sujets, madame, dit Catherine; voulez-vous refroidir leur zèle et leur briser le cœur? Fille de tant de rois, conservez les sentimens qui conviennent au trône. — Roland, vous et moi nous sommes les plus jeunes; prouvons à notre souveraine que nous sommes dignes d'embrasser sa cause. Prosternons-nous à ses pieds et conjurons-la de redevenir elle-même. Elle conduisit alors Roland devant la reine, ils s'agenouillèrent tous deux devant elle; Marie se leva, et présentant une main à baiser au page, de l'autre elle séparait les tresses de cheveux qui couvraient le front de l'enthousiaste Catherine.

— Hélas! ma *mignonne*, dit la reine, car elle nommait

ainsi par amitié sa jeune suivante, faut-il que vous et ce jeune homme, à votre âge, unissiez la fortune de toute votre vie au sort d'une femme infortunée? Voyez-les, Fleming, n'est-ce pas un couple aimable? n'est-ce pas un crève-cœur que de songer que je dois les entraîner dans ma ruine?

—Non, s'écria vivement Roland; non, gracieuse souveraine, ce sera nous qui serons vos libérateurs.

—*Ex ore parvulorum*, dit la reine en levant les yeux ; si c'est par la bouche de ces enfans que le ciel m'appelle à des pensées plus convenables à ma naissance et à mes droits, il leur accordera sa protection, et à moi le pouvoir de récompenser leur zèle. Se tournant alors vers lady Fleming : Vous savez, ma chère amie, lui dit-elle, si le plus grand plaisir de Marie n'a pas toujours été de rendre heureux ceux qui la servaient. Quand les sombres prédicateurs du calvinisme m'ont accablée de reproches, quand j'ai vu des nobles orgueilleux se détourner de moi, n'était-ce point parce que je partageais les plaisirs innocens des jeunes gens de ma cour, parce que, plutôt pour leur amusement que pour le mien, je leur donnais des fêtes, des danses, des bals masqués? Eh bien! je ne m'en repens point, quoique Knox appelât cette conduite un péché, et Morton une dégradation. J'étais heureuse, parce que je me voyais environnée d'êtres heureux; et malheur à celui qui cherche le crime dans les épanchemens d'une gaîté innocente! Fleming, si nous remontons sur notre trône, nous aurons une noce joyeuse : je ne vous dirai pas aujourd'hui quels seront les deux époux; mais l'époux aura la baronnie de Blairgowrie. C'est un présent digne d'une reine. Quant à la guirlande de la mariée, elle sera formée des plus belles perles qu'on ait jamais pêchées dans le Lochlomond ; et vous-même, Marie Fleming, la plus habile des dames d'atour qui aient jamais tressé les cheveux d'une reine, vous qui dédaigneriez de toucher à ceux de toute personne d'un rang moins élevé, vous-même enfin, pour l'amour de moi, vous les entrelacerez dans ses cheveux. Voyez, ma chère Fleming, s'ils étaient semblables aux boucles bien fournies de notre Catherine, croyez-vous qu'ils ne feraient pas honneur à vos soins?

En disant ces mots elle promenait affectueusement sa main sur la tête de sa jeune favorite, tandis que lady Fleming lui répondait d'un air abattu :

— Hélas! madame, où laissez-vous s'égarer vos pensées!

— Vous avez raison, Fleming; je sens qu'elles s'égarent; mais y a-t-il de l'humanité à m'en faire apercevoir? Dieu sait qu'elles ont pris cette nuit un tout autre cours! Allons, je veux retrouver le fil de celles qui m'occupaient tout à l'heure, ne fût-ce que pour vous punir de les avoir interrompues. Oui, dis-je, à cette joyeuse noce Marie oubliera le poids de ses chagrins et les soins du trône, et elle ouvrira le bal encore une fois. Quelle est la noce à laquelle nous avons dansé pour la dernière fois, Fleming? Je crois que les soucis m'ont troublé la mémoire, car je ne puis m'en souvenir. Ne pouvez-vous m'aider, Fleming? je suis sûre que vous le pouvez.

— Hélas! madame, pourquoi me demander....

— Quoi! dit Marie, vous me refusez une chose si facile! c'est montrer trop d'opiniâtreté. Cette gravité semble m'accuser de folie. Mais vous avez été élevée à la cour, Fleming, et vous m'entendrez quand je vous dis que la reine ordonne à lady Fleming de lui dire quel est le dernier bal où elle a dansé.

La dame élevée à la cour n'osa refuser plus long-temps d'obéir; et pâle comme si elle allait descendre dans la tombe, elle bégaya en hésitant à chaque mot : — Gracieuse souveraine... si ma mémoire ne me trompe pas, ce fut un bal masqué... à Holyrood... au mariage de Sébastien...

La malheureuse reine, qui jusqu'à ce dernier mot l'avait écoutée avec un sourire mélancolique occasionné par la répugnance avec laquelle lady Fleming s'exprimait, l'interrompit alors par un cri si perçant, que les voûtes de l'appartement en retentirent. Roland et Catherine, qui étaient encore à ses pieds, se relevèrent précipitamment; lady Fleming était l'image de la consternation; et les idées horribles que ce malheureux nom réveilla dans l'esprit de Marie lui firent perdre non-seulement tout pouvoir sur elle-même, mais jusqu'à l'usage de la raison.

— Traîtresse! s'écria-t-elle en fixant ses yeux égarés sur lady Fleming, tu voudrais assassiner ta souveraine! Qu'on appelle ma garde française! *A moi! à moi! mes Français!* Je suis entourée de traîtres dans mon propre palais! Ils ont assassiné mon époux! Au secours! au secours de la reine d'Écosse! — Elle fit quelques pas en avant; ses traits, naguère si aimables malgré leur pâleur, devinrent enflammés de fureur et la firent ressembler à une Bellone. Nous entrerons nous-même en campagne, s'écria-t-elle; qu'on prenne les armes dans Édimbourg, dans tout le Lothian, dans le comté de Fife! Qu'on selle notre cheval barbe, et qu'on ordonne à François Paris de charger notre pétrinal[1]. Il vaut mieux périr à la tête de ces braves Écossais, comme notre illustre aïeul à Flodden, que de mourir de chagrin et de désespoir, comme notre malheureux père!

— Ma très chère souveraine, dit Catherine en pleurant, pour l'amour du ciel, calmez-vous. Et se tournant vers lady Fleming, elle lui dit avec humeur : — Comment avez-vous pu lui dire quelque chose capable de lui rappeler son mari?

Ce dernier mot frappa les oreilles de la malheureuse princesse. — Son mari! répéta-t-elle; quel mari? Ce n'est pas le roi très chrétien. Il est malade. Il ne peut monter à cheval. Est-ce Lennox? Non, c'est du duc d'Orkney que tu veux parler.

Je vous en supplie, madame, dit lady Fleming, un peu de patience et de tranquillité.

Mais l'imagination en délire de la reine ne pouvait se dis-

(1) Espèce d'arquebuse. — Éd.

traire du cours des idées sombres qui l'occupaient. — Oui, dit-elle, qu'il vienne à notre aide, et qu'il amène avec lui ses moutons, comme il les appelle, Bowton, Hay de Talla, Black Ormiston, et son parent Hob. Dieu! comme ils sont noirs et comme ils sentent le soufre! Quoi! enfermé avec Morton! Si les Douglas et les Hepburn couvent le complot ensemble, l'oiseau, quand il rompra sa coquille, épouvantera toute l'Écosse. N'est-ce pas vrai, ma chère Fleming?

— Son esprit s'égare de plus en plus, dit lady Fleming : nous avons ici trop d'oreilles.

— Roland, dit Catherine, pour l'amour du ciel, retirez-vous. Vous ne pouvez nous être ici d'aucun secours; laissez-nous seules avec la reine. Partez, partez!

En parlant ainsi elle le poussait vers l'antichambre; mais même quand il y fut entré, et que la porte en eut été fermée, il entendit encore la reine parler à haute voix et d'un ton absolu, comme si elle eût donné des ordres : mais enfin elle devint calme, et ne fit plus entendre que des gémissemens prolongés.

En ce moment Catherine entra dans l'antichambre. — Ne soyez pas trop inquiet, lui dit-elle, la crise est passée; mais tenez la porte fermée et ne laissez entrer personne avant qu'elle soit parfaitement calme.

— Au nom de Dieu! que signifie tout cela? demanda le page: qu'y avait-il dans ce qu'a dit lady Fleming qui pût produire sur la reine un effet si terrible?

— Oh! lady Fleming, dit Catherine d'un ton d'impatience, lady Fleming est une folle. Elle est attachée à sa maîtresse, mais elle connaît si peu la manière dont elle doit lui prouver son attachement, que si la reine lui ordonnait de lui donner du poison, elle croirait de son devoir de lui obéir. Je lui aurais volontiers arraché son bonnet empesé de dessus la tête. La reine m'aurait tiré l'ame du corps plutôt que de faire sortir de ma bouche le nom de Sébastien.

Faut-il que ce personnage de tapisserie soit une femme, et n'ait pas l'esprit de faire un petit mensonge!

— Et quelle est donc cette histoire de Sébastien? dit Roland. Je ne vois et n'entends ici que des énigmes.

— Vous n'avez pas plus de bon sens que lady Fleming, répliqua miss Seyton. Ne savez-vous donc pas que pendant la nuit où Henry Darnley fut assassiné, et où l'on fit sauter l'église de Field, l'absence de la reine fut occasionnée par un bal masqué qu'elle donnait à Holyrood pour le mariage de Sébastien, son domestique favori, avec une jeune fille attachée à son service, et qu'elle avait voulu honorer de sa présence?

— Par saint Giles! je ne suis plus surpris de la crise qu'elle a éprouvée; mais je ne conçois pas qu'elle ait pu oublier cet événement au point de faire une telle question à lady Fleming.

— Je ne le conçois guère mieux. Il est possible qu'un chagrin violent fasse perdre momentanément la mémoire; qu'il la couvre d'un brouillard semblable à la fumée qui suit un coup de canon. Mais je ne suis pas venue ici pour faire avec vous assaut de morale : je voulais seulement donner à mon ressentiment contre cette maladroite lady Fleming le temps de se refroidir; et je crois que je suis maintenant assez calme pour pouvoir me hasarder en sa présence sans avoir envie d'endommager son collet monté ou son vertugadin. Cependant gardez bien la porte. Pour rien au monde je ne voudrais qu'un de ces hérétiques vît la reine dans cet état déplorable : ils l'y ont réduite à force de persécutions, et ils ne manqueraient pas dans leur jargon hypocrite de l'appeler un jugement de la Providence.

A peine avait-elle quitté l'antichambre, que Roland entendit lever le loquet de la porte donnant sur l'escalier; mais le verrou intérieur résista aux efforts de la personne qui voulait entrer.

— Qui est là? demanda le page.

— C'est-moi, répondit la voix aigre et dure de Dryfesdale.

— Vous ne pouvez entrer.

— Et pourquoi cela? Je ne viens que pour faire mon devoir. Je suis chargé de m'informer quelle est la cause des cris qu'on a entendus dans l'appartement de la dame moabite. A présent m'ouvrirez-vous la porte? Pourquoi ne pourrais-je pas entrer?

— Simplement parce que j'ai fermé le verrou, et que j'ai aujourd'hui le bon côté de la porte, comme vous l'aviez hier soir.

— Malappris! malavisé! s'écria l'intendant : est-ce à moi que tu oses parler ainsi? J'informerai ma maîtresse de ton insolence.

— L'insolence, s'il en existe, n'est destinée que pour toi, pour te punir de la tienne. Quant à ta maîtresse, j'ai une autre réponse à lui faire, et songe bien à la lui rapporter fidèlement : la reine est indisposée et désire n'être troublée ni par des visites ni par des messages.

— Je vous conjure au nom du Dieu vivant, dit le vieillard d'un ton sérieux et solennel, de me dire si son mal semble véritablement s'accroître.

— Elle n'a besoin ni de tes secours ni de ceux de ta maîtresse; elle n'en recevra aucun de vous : ainsi retire-toi, et ne nous importune pas davantage.

Forcé de se contenter de cette réponse sans réplique, Dryfesdale se retira, et Roland l'entendit descendre l'escalier en murmurant.

CHAPITRE XXXII.

« C'est le malheur des rois d'être entourés d'esclaves,
« Qui, vils adulateurs du pouvoir souverain,
« Jamais pour un forfait ne refusent leur main.
« Un geste est un arrêt, et souvent la victime
« Tombe avant qu'un tyran ait ordonné le crime.

SHAKSPEARE. *Le roi Jean.*

LADY LOCHLEVEN était seule dans sa chambre, s'efforçant avec un zèle sincère mais impuissant, de fixer ses yeux et son attention sur une Bible ouverte devant elle, reliée en velours brodé et ornée d'agrafes d'argent massif. Tous ses efforts ne purent bannir de son esprit le souvenir pénible de ce qui s'était passé la veille entre elle et la reine, et du sarcasme plein d'amertume avec lequel Marie Stuart lui avait reproché les erreurs de sa jeunesse, erreurs qu'elle s'était elle-même reprochées tant de fois.

— Ai-je bien le droit de concevoir tant de courroux? se demandait-elle à elle-même. Pourquoi une autre ne me ferait-elle pas un crime de ce qui n'a jamais cessé de me faire rougir? Mais était-ce à cette femme qui recueille, qui a recueilli du moins les fruits de ma faute, qui a privé mon fils du trône où il aurait dû s'asseoir, à me reprocher ma honte en face de tous ses domestiques et des miens? N'est-elle pas en mon pouvoir? ne me craint-elle pas? Retire-toi, maudit tentateur ! Je lutterai contre toi, je serai la plus forte, et je n'écouterai pas tes perfides conseils.

Elle rouvrit le volume sacré, et elle s'efforçait de fixer son attention sur les paroles saintes quand elle fut troublée par quelqu'un qui frappait à sa porte... Entrez, dit-elle ; et Dryfesdale se présenta devant elle l'air troublé et la physionomie encore plus sombre et plus sinistre que de coutume.

— Qu'est-il arrivé, Dryfesdale ? lui dit-elle. Vous semblez soucieux et inquiet. Avez-vous reçu de mauvaises nouvelles de mon fils ou de ses enfans ?

— Non, milady ; mais vous avez été insultée la nuit dernière, et je crois que vous n'êtes que trop bien vengée ce matin. Où est le chapelain ?

— Que signifient de tels propos, et pourquoi une pareille question ? Vous devez savoir que le chapelain est à Perth pour une assemblée des frères.

— Peu importe, au surplus ; car après tout, ce n'est aussi qu'un prêtre de Baal.

— Dryfesdale, lui dit sa maîtresse d'un ton sévère, point de pareils propos. J'ai entendu dire que dans les Pays-Bas vous vous êtes laissé pervertir par les prédicateurs anabaptistes, ces sangliers qui portent la désolation dans la vigne du Seigneur ; mais apprenez que la religion que je professe ainsi que ma famille doit convenir à ceux qui sont à mon service.

— J'aurais pourtant besoin des avis d'un homme de Dieu, répliqua l'intendant sans faire attention à la réprimande de sa maîtresse, et comme s'il se fût parlé à lui-même : cette femme de Moab...

— Parlez d'elle avec plus de respect, Dryfesdale ; elle est fille d'un roi.

— Qu'importe ! elle va dans un endroit où l'on ne fait pas de différence entre un roi et un mendiant. Marie d'Écosse se meurt.

— Se meurt ! s'écria lady Lochleven en se levant précipitamment; et dans mon château! Quelle maladie?... quel accident?...

—Patience, milady, patience; c'est moi qui ai tout fait.

—Toi..... scélérat! traître! comment as-tu osé...

—Vous avez été insultée, milady; vous avez demandé vengeance : je vous l'ai promise, et je viens vous dire maintenant qu'elle est accomplie.

—Dryfesdale... j'espère que tu as perdu la raison.

—Non, milady, je ne l'ai pas perdue. Il fallait bien que j'exécutasse ce qui a été écrit de moi il y a des millions d'années. Elle porte à présent dans ses veines ce qui ne peut tarder à arrêter les ressorts de sa vie.

—Monstre de scélératesse! aurais-tu bien osé l'empoisonner?

—Quel grand mal si je l'ai fait? N'empoisonne-t-on pas les insectes malfaisans, les animaux destructeurs? Pourquoi ne se débarrasserait-on pas ainsi de ses ennemis? En Italie on trouve des gens qui s'en chargent pour une cruzade.

—Infâme misérable! éloigne-toi de mes yeux.

—Rendez plus de justice à mon zèle, milady, et ne me jugez pas sans regarder autour de vous. Lindesay, Ruthven et votre parent Morton ont assassiné Rizzio : voyez-vous une tache de sang sur leurs habits brodés? Lord Semple a poignardé lord Sanquhar : sa toque en figure-t-elle moins bien sur son front? Quel est le noble écossais qui par politique ou par vengeance n'a pas commis quelque meurtre? Qui leur en fait un reproche? N'importe quel est l'instrument de mort : le poignard et le poison tendent au même but, et ne sont pas fort différens; l'un est renfermé dans une gaine de cuir, l'autre dans une fiole de verre; l'un répand le sang, l'autre en corrompt la source. Je ne vous ai pourtant pas dit que j'aie rien donné à cette dame.

—Oses-tu donc bien te jouer de ta maîtresse par tout ce bavardage? Fais-moi connaître sur-le-champ la vérité, si tu veux sauver ton cou de la corde qu'il a si bien méritée. Je te connais depuis long-temps pour un homme dangereux.

— Mon épée l'a été souvent pour les ennemis de mon maître, milady. Mais vous saurez donc que la dernière fois que j'allai à Kinross, je consultai une vieille femme pleine de science et de pouvoir, une femme qu'on nomme la mère Nicneven, et dont on parle dans tout le pays depuis quelque temps. J'entendis des fous lui demander des charmes pour se faire aimer ; des avares, quelques moyens pour augmenter leurs trésors. Ceux-ci désiraient qu'elle leur dévoilât l'avenir ; sotte demande, puisqu'on ne peut rien changer à ce qui est écrit là-haut. Ceux-là voulaient des explications sur le passé ; autre sottise, puisqu'on ne peut le rappeler. Je levai les épaules en entendant toutes ces fadaises, et je lui demandai de quoi assurer ma vengeance contre un ennemi mortel ; car je deviens vieux et je ne puis plus me fier à ma lame de Bilbao. Elle me remit une poudre blanche et me dit : — Mêle-la dans quelque breuvage et ta vengeance sera complète.

— Infernal scélérat ! Et tu as mêlé cette poudre diabolique dans la nourriture de la captive, pour déshonorer à jamais la maison de ton maître !

— Dites pour venger son honneur outragé. Je l'ai délayée dans la carafe d'eau de chicorée. Elles manquent rarement de la vider ; elles en boivent toutes, et surtout la femme moabite.

— C'est une œuvre de l'enfer ! s'écria lady Lochleven. Maudits soient celui qui a demandé cette poudre abominable et celle qui l'a donnée ! Éloigne-toi de mes yeux, et que je voie s'il n'est pas déjà trop tard pour...

— On ne vous laissera pas entrer, milady, à moins que vous n'employiez la violence. Je me suis déjà présenté inutilement à la porte.

— Je la ferai briser s'il le faut, et... ouvrant alors une fenêtre : Randal ! s'écria-t-elle, Randal ! un grand malheur est arrivé ; prends vite l'esquif, fais force de rames, et rends-toi à Kinross. Amène-moi le chambellan Luc Lundin ; on dit qu'il a des connaissances en médecine. Prends les meilleurs rameurs ; ne perds pas un instant. Amène-moi aussi cette exécrable sorcière Nicneven ; il faudra qu'elle répare le mal qu'elle a fait, et je la ferai brûler ensuite dans l'île de Saint-Cerf.

— Il sera difficile de faire venir la mère Nicneven à de telles conditions, dit Dryfesdale.

—Eh bien! Randal, qu'on lui donne un sauf-conduit en mon nom; qu'on lui promette de ma part pleine et entière sûreté. Songe à faire diligence ; ta vie me répond du moindre retard.

— J'aurais dû deviner tout cela, dit Dryfesdale avec humeur; mais ce qui me console, c'est que j'ai assuré ma vengeance en même temps que la vôtre. Elle a ri de moi, elle m'a bafoué, elle a encouragé son insolent page à tourner en ridicule ma démarche lente et mon ton de gravité. J'ai senti que j'étais prédestiné à me venger de ces injures.

—Rends-toi dans la prison de la tour, misérable, et n'en sors pas avant que je voie comment cette horrible aventure se terminera. Je connais ton caractère déterminé, tu ne songeras pas à t'échapper.

— M'échapper! non vraiment, quand même les murs de la tour seraient des coquilles d'œufs, et que le lac serait couvert d'une nappe de glace. Je suis bien appris, et fort dans la foi que l'homme ne peut rien de lui-même. Il est semblable au globule d'air qui s'élève sur la surface de l'eau, s'y arrondit, et crève, non par l'effet de sa volonté, mais parce que tel est son destin. Cependant, milady, si j'ose vous donner un conseil, malgré tout votre zèle pour la vie de la Jésabel d'Écosse, n'oubliez pas ce qui est dû à votre honneur ; et tenez l'affaire secrète autant que vous le pourrez.

A ces mots le sombre fataliste se retira d'un air calme,

et se rendit dans le lieu de détention qui lui avait été désigné.

Sa maîtresse profita pourtant de son dernier avis, et se borna à exprimer la crainte que quelque nourriture malsaine n'eût occasionné la maladie de sa prisonnière. Tout le château était en confusion. Elle vit elle-même partir Randal, lui réitéra les ordres qu'elle lui avait donnés, et lui recommanda de veiller à ce que Lundin apportât avec lui tous les remèdes qu'il jugerait propres à arrêter l'effet du poison.

A peine était-il parti, qu'elle courut à la porte de l'appartement de la reine; mais ce fut en vain qu'elle ordonna au page de la lui ouvrir.

— Jeune insensé, lui dit-elle, sais-tu bien qu'il y va de ta vie et de celle de ta maîtresse! Ouvre-moi à l'instant, te dis-je, ou je fais enfoncer la porte.

— Je ne puis l'ouvrir sans l'ordre de la reine, répondit Roland; elle s'est trouvée fort mal, et maintenant elle repose. Si vous employez la violence pour entrer, et qu'il en résulte quelque malheur, c'est vous qui en serez responsable.

— Jamais femme se vit-elle dans un pareil embarras? s'écria lady Lochleven. Du moins, mon cher ami, ayez bien soin que personne ne touche à rien de ce qu'on vous a servi ce matin, et surtout à la carafe d'eau de chicorée.

Elle se rendit alors dans la prison de la tour, où elle trouva Dryfesdale, prisonnier sur parole, occupé à lire sa Bible.

— Ta maudite potion devait-elle opérer promptement? lui demanda-t-elle.

— Lentement, répondit l'intendant, La sorcière m'a demandé ce que je voulais, et je lui ai demandé une vengeance sûre et lente. La vengeance est le breuvage le plus agréable que puisse goûter un mortel. Il faut donc le savourer en s'en abreuvant goutte à goutte, et ne pas l'avaler d'un seul trait.

— Et contre qui, misérable, pouvais-tu nourrir de si noirs projets de vengeance?

— Contre tous ces Moabites, mais surtout contre cet insolent page.

— Contre ce jeune page, barbare! Qu'avait-il donc fait pour exciter ta haine?

— Il avait obtenu vos bonnes graces; vous le chargiez de vos commissions; George Douglas lui témoignait de l'amitié; il était favori du calviniste Henderson, qui me haïssait parce que je ne reconnais pas l'ordre de prêtrise; la reine moabite le portait dans son cœur; en un mot, des points les plus opposés le vent soufflait pour lui, tandis que personne ne faisait attention à l'ancien serviteur de votre maison. D'ailleurs dès le premier moment où je l'ai vu, je l'ai pris en aversion.

— Quel abominable démon j'ai nourri dans mon château! s'écria lady Lochleven. Dieu pourra-t-il me pardonner jamais de t'avoir donné la vie et le couvert?

— Vous ne pouviez faire autrement, milady. Bien avant que ce château fût construit, avant que cette île se fût élevée au milieu des vagues bleues qui l'entourent, il était écrit que je serais votre serviteur fidèle, et que vous seriez mon ingrate maîtresse. Ne vous souvenez-vous pas que du temps de la mère de cette femme je me suis élancé au milieu des bataillons des Français victorieux, et que je sauvai votre mari qu'ils emmenaient prisonnier, tandis que ceux qui avaient sucé le lait des mêmes mamelles n'avaient osé lui porter du secours? Avez-vous oublié que je me jetai dans le lac le jour qu'une tempête furieuse menaçait de submerger l'esquif de votre petit-fils, et que je parvins à vous le ramener sain et sauf? Le serviteur d'un baron écossais, milady, ne considère ni sa vie, ni celle de personne, il ne songe qu'à celle de son maître. Quant à cette femme, elle aurait pris la poudre un peu plus tôt, si maître George n'eût été chargé de faire l'essai de tout ce qu'elle prenait. Sa mort ne serait-elle pas la plus heureuse nouvelle que l'Écosse ait apprise depuis long-temps? Ne descend-elle pas de la souche des Guise, de cette souche si souvent couverte du sang des justes? n'est-elle pas la fille de ce tyran Jacques, dont le ciel a fait justice, et dont il a châtié l'orgueil comme celui du roi de Babylone?

—Tais-toi, misérable, dit lady Locheleven, que des souvenirs de diverse nature assaillirent en même temps quand elle entendit prononcer le nom du roi qui avait été son amant; tais-toi, et ne trouble pas les cendres d'un roi, d'un roi infortuné. Lis ta Bible, et que Dieu t'accorde la grace de profiter de cette lecture mieux que tu ne l'as fait jusqu'ici.

Elle le quitta brusquement, ne sachant que faire, ni où aller, et tourmentée par mille réflexions qui se croisaient dans son esprit. Enfin elle résolut d'essayer de nouveau d'entrer chez sa prisonnière. Mais à peine eut-elle quitté Dryfesdale, que ses larmes coulèrent si abondamment qu'elle fut obligée de s'arrêter dans le premier appartement qu'elle rencontra, afin de les essuyer.

—Je ne m'y attendais pas, dit-elle; pas plus qu'à tirer de l'eau d'une pierre, ou de la sève d'un cep de vigne desséché. J'ai vu d'un œil sec la honte et l'apostasie de George Douglas, l'espoir de la maison de mon fils, l'enfant de ma tendresse, et maintenant je pleure sur celui que le tombeau couvre depuis si long-temps, sur celui qui m'a exposée à l'insulte que j'ai reçue de sa fille! Mais elle est sa fille! Mon cœur, que tant de raisons endurcissent contre elle, s'amollit quand un de ses regards me montre les yeux de son père; et ce n'est que sa ressemblance à sa mère détestée, à cette véritable fille de la maison de Guise, qui peut me rendre toute ma haine. Mais il ne faut pas qu'elle meure dans mon château, et qu'elle y meure par un tel crime. Dieu merci, l'action du poison doit être lente; on aura le temps d'y apporter remède. Allons, retournons à son appartement. Mais que dire de ce misérable assassin, après toutes les preuves de dévouement qu'il m'a données? Quel miracle peut réunir dans le même être tant de scélératesse et de fidélité?

Lady Lochleven ne savait pas combien les hommes que la nature a doués d'un caractère sombre et déterminé ressentent vivement la plus légère insulte, surtout quand l'égoïsme, la jalousie et la cupidité viennent s'y joindre, et que toutes ces passions sont mises en jeu par un fanatisme aveugle, semblable à celui dont Dryfesdale avait puisé les principes parmi les sectaires d'Allemagne; elle ignorait combien la doctrine du fatalisme qu'il avait si décidément embrassée met à l'aise la conscience de l'homme, en lui représentant toutes ses actions comme le résultat d'une nécessité inévitable.

Pendant qu'elle faisait sa visite à son intendant, prisonnier volontaire, Roland avait communiqué à Catherine la conversation qu'il avait eue avec la maîtresse du château à travers la porte. Miss Seyton avait l'intelligence trop vive pour ne pas comprendre sur-le-champ ce dont il s'agissait; mais les préventions qu'elle avait conçues la firent aller au-delà de la vérité.

—Elle voulait nous empoisonner! s'écria-t-elle, et voilà la liqueur fatale qui devait nous endormir du long sommeil! Oui, nous devions nous y attendre; cela devait arriver du moment que Douglas ne faisait plus l'essai de nos alimens. Et vous, Roland, chargé de le remplacer dans cette fonction, vous étiez destiné à mourir avec nous. O ma chère lady Fleming, pardon, mille fois pardon des injures que je vous ai dites dans un mouvement de colère! C'est le ciel qui vous a inspiré vos paroles pour sauver la vie à la reine et la nôtre. Mais qu'allons-nous faire à présent? Cette vieille empoisonneuse, ce crocodile du lac, va revenir pour jouir de notre agonie en versant des larmes hypocrites. Dites, lady Fleming, que ferons-nous?

—Que la sainte Vierge nous aide! dit lady Fleming. Que

voulez-vous que je vous dise? A moins que nous ne fassions une plainte au régent !

—Une plainte à Satan, s'écria Catherine avec impatience, en accusant sa mère au pied de son trône de feu ! la reine dort encore ; il faut gagner du temps ; il ne faut pas que la sorcière sache que son plan est échoué. La vieille araignée n'a que trop de moyens pour raccommoder sa toile rompue. Roland, aidez-moi : videz dans les cendres de la cheminée la carafe d'eau de chicorée, entamez tous les plats, salissez les assiettes ; que tout semble annoncer que nous avons déjeuné comme à l'ordinaire ; mais pour l'amour du ciel, gardez-vous bien de goûter à rien. Je vais m'asseoir près de la reine ; et dès qu'elle s'éveillera je lui apprendrai quel péril nous avons couru. Son esprit fertile en ressources nous dira ce qu'il convient de faire. Cependant, Roland, souvenez-vous que jusqu'à nouvel ordre la reine est dans un état de torpeur ; lady Fleming souffre considérablement ; c'est le rôle qui lui convient le mieux, lui dit-elle à l'oreille : il épargnera quelque travail à son esprit ; et moi... je ne suis que légèrement indisposée. Vous m'entendez ?

— Et moi? dit Roland.

— Vous? parfaitement bien portant. Croyez-vous qu'on s'amuse à vouloir empoisonner un page ? Pas plus qu'un petit chien de dame.

— Croyez-vous que ce ton de légèreté convienne à la circonstance, miss Seyton?

— Oui, oui, parfaitement. Si la reine m'approuve, je vois clairement que cette tentative manquée pourra tourner à notre avantage.

Pendant ce dialogue, elle et Roland mettaient le désordre dans tous les plats qui garnissaient la table; de sorte que toutes les apparences annonçaient que la reine et les personnes de sa suite avaient pris leur repas du matin.

Les deux dames venaient à peine de rentrer dans la chambre à coucher de la reine, que lady Lochleven frappa de nouveau à la porte. Le page résista un moment pour la forme, et lui ouvrit ensuite en la priant de l'excuser. La reine, lui dit-il, s'était trouvée indisposée immédiatement après avoir déjeuné ; on l'avait portée sur son lit, et elle était tombée dans un sommeil pesant.

— Elle a donc bu et mangé ? demanda lady Lochleven en entrant dans le salon.

— Sans doute, répondit le page, comme elle le fait tous les matins, excepté les jours de jeûne.

— Et la carafe, dit-elle en la cherchant des yeux sur la table. Elle est vide ! Lady Marie a-t-elle bu tout ce qui s'y trouvait ?

— Près des trois quarts, madame ; et j'ai entendu miss Seyton reprocher en plaisantant à lady Fleming qu'elle ne lui en avait pas laissé une part raisonnable, et qu'à peine pouvait-elle y goûter.

— Et comment se trouvent-elles toutes deux ?

— Je ne sais ce que cela signifie, répondit Roland ; mais lady Fleming se plaint d'une sorte de léthargie, et paraît plus pesante qu'à l'ordinaire ; miss Catherine, au contraire, semble avoir la tête plus légère que de coutume.

Il éleva la voix en faisant cette dernière réponse, pour apprendre aux deux dames le rôle qu'elles devaient jouer, et peut-être aussi pour que Catherine entendît le sarcasme qu'en véritable page il décochait contre chacune d'elles.

— Il faut que j'entre dans la chambre de la reine, dit lady Lochleven ; il faut absolument que je la voie.

Comme elle s'avançait vers la porte, on entendit miss Seyton, qui disait à demi-voix : — Personne n'entrera ici, la reine repose.

— Je vous dis qu'il faut que j'entre, jeune fille. Je sais qu'il n'y a pas de barre de fer à l'intérieur, et j'entrerai en dépit de vous.

— Il est vrai qu'il n'y a pas de barre de fer ; mais les anneaux y sont, et j'y ai passé mon bras, comme le fit un de vos ancêtres qui, plus loyal que les Douglas de nos jours, défendit ainsi la chambre de sa souveraine contre des assassins. Essayez donc votre force, et vous verrez si une Seyton ne peut avoir le même courage qu'une Douglas.

— Je n'ose entreprendre de forcer le passage à ce risque, dit lady Lochleven comme en se parlant à elle-même. Il est bien étrange que cette princesse, avec tout ce qu'on lui reproche avec tant de raison, conserve un tel empire sur l'esprit de tout ce qui l'entoure. Miss Seyton, dit-elle alors en élevant la voix, je vous jure, sur mon honneur, que je ne viens ici que par intérêt pour la reine; que sa sûreté exige que je la voie. Éveillez-la, si vous l'aimez, et priez-la de me permettre d'entrer. J'attendrai sa réponse; et elle se promena, non sans impatience, dans le salon.

— Vous n'éveillerez pas la reine, dit lady Fleming à Catherine.

— Que voulez-vous faire? Croyez-vous qu'il vaille mieux attendre que lady Lochleven vienne prendre ce soin elle-même? Son accès de patience ne sera pas de longue durée, et il faut préparer la reine à la voir.

— Mais en l'éveillant en sursaut, vous la ferez retomber dans l'état affreux dont elle ne fait que sortir.

— A Dieu ne plaise! Mais si ce malheur arrivait, nous le ferions passer pour l'effet du poison. J'ai de meilleures espérances, et je me flatte que la reine en s'éveillant sera en état de nous éclairer sur ce que nous devons faire dans ce moment de crise. Cependant, ma chère lady Fleming, ayez l'air d'être aussi lourde et aussi appesantie que vous le permettra votre vivacité d'esprit.

Catherine s'agenouilla près du lit de la reine, et lui baisant la main à plusieurs reprises, parvint à l'éveiller sans l'alarmer. Marie Stuart parut d'abord surprise de se trouver sur son lit toute habillée; mais elle était si calme et si tranquille que miss Seyton jugea à propos de l'informer en peu de mots et sans préambule de tout ce qui venait de se passer. La reine pâlit et fit le signe de la croix en apprenant le danger qu'elle avait couru. Mais en ouvrant les yeux sur sa situation, elle sentit en même temps l'avantage qu'elle en pouvait tirer.

— Nous ne pouvons mieux faire, mignonne, dit-elle à Catherine en la pressant sur son sein et en lui baisant le front, que de suivre le plan que ton esprit et ton affection t'ont suggéré avec autant de hardiesse que de promptitude. Ouvre la porte à lady Lochleven ; elle trouvera son égale en ruse, sinon en perfidie. Fleming, tirez le rideau, placez-vous derrière, et appuyez-vous sur mon lit. Je doute que vous soyez une excellente actrice; mais feignez de respirer avec peine, et poussez de temps en temps un gémissement : ce sera tout votre rôle. Chut ! on vient. Maintenant, Catherine de Médicis, puisse ton esprit m'inspirer ! car un froid cerveau du nord n'est pas ce qu'il faut pour une pareille scène.

Catherine introduisit lady Lochleven dans la chambre à coucher, où il ne régnait qu'un demi-jour. La maîtresse du château s'avança sur la pointe des pieds vers le lit. Marie, épuisée de fatigue autant par l'effet d'une nuit d'insomnie que par l'excès de son délire momentané, restait étendue dans un état d'immobilité bien propre à confirmer les craintes de son hôtesse.

— Que Dieu nous pardonne nos péchés ! s'écria lady Lochleven, oubliant son orgueil et se jetant à genoux près du lit. Il n'est donc que trop vrai, on l'a assassinée !

— Qui est dans ma chambre? dit la reine, comme si elle se fût éveillée d'un profond sommeil. Seyton, Fleming, où êtes-vous donc? Il me semble que j'ai entendu une voix étrangère. Qui est de service aujourd'hui? appelez Courselles.

— Hélas ! dit la maîtresse de la maison, son esprit est à Holyrood quand son corps est à Lochleven. Pardonnez-moi, madame, dit-elle en s'adressant à la reine, si j'appelle votre attention sur moi. Je suis Marguerite Erskine, de la maison de Mar, lady Douglas de Lochleven par mariage.

— Oh! dit la reine, c'est notre bonne hôtesse qui a pris tant de soins pour notre logement et notre nourriture. Nous avons été trop long-temps un fardeau bien pesant pour vous, ma bonne lady Lochleven; mais nous pensons que vos fonctions touchent à leur fin.

— Ces paroles sont un poignard qui me perce l'ame! dit lady Lochleven à demi-voix. C'est le cœur brisé, dit-elle à la reine, que je supplie Votre Grace de me dire ce qu'elle souffre, afin qu'on puisse chercher tous les moyens de la soulager.

— Je ne souffre point, répondit la reine, ou du moins cette souffrance est si peu de chose qu'elle ne mérite pas qu'on en parle à un médecin. De la pesanteur dans tous les membres et un froid au cœur; les membres et le cœur d'un prisonnier sont rarement exempts de ces symptômes. Un air frais et libre contribuerait, je crois, à ma guérison; mais le conseil l'a ordonné, et la mort seule peut mettre fin à ma captivité.

— S'il était possible, madame, dit lady Lochleven, que la liberté vous rendît la santé dont vous jouissiez hier, je m'exposerais à tout le courroux du régent, de mon fils, de sir William, de tous mes amis, plutôt que de vous voir terminer vos jours de cette manière dans mon château.

Lady Fleming crut que le moment était favorable pour prouver qu'on n'avait point assez apprécié son savoir-faire. Levant brusquement la tête : — Vous ne feriez pas si mal, lui dit-elle, d'essayer l'effet que la liberté pourrait produire sur notre santé. Quant à moi, je suis convaincue qu'une promenade dans la prairie me ferait le plus grand bien du monde.

— Oui-dà! dit lady Lochleven en lançant sur elle un regard pénétrant : — Êtes-vous bien sérieusement indisposée, milady ?

— Très sérieusement, madame, répondit lady Fleming, et surtout depuis le déjeuner.

— A l'aide ! à l'aide ! s'écria Catherine, voulant rompre une conversation qui ne promettait rien de bon. La reine a perdu connaissance. Lady Lochleven, aidez-moi à la secourir.

Lady Lochleven courut aussitôt soutenir la tête de la reine, qui, tournant les yeux vers elle d'un air languissant, lui dit : — Grand merci, ma chère lady Lochleven ; malgré ce qui s'est passé depuis quelque temps, je n'ai jamais douté de votre affection pour notre maison. Vous en avez donné des preuves, à ce que j'ai entendu dire, dès avant ma naissance.

Lady Lochleven qui s'était remise à genoux près du lit se releva sur-le-champ, courut à une fenêtre, et l'ouvrit comme si elle eût eu besoin de prendre l'air.

— Que la sainte Vierge nous protége ! pensa Catherine ; combien il faut que l'amour du sarcasme soit gravé profondément sur le cœur d'une femme ! La reine avec tout son bon sens aime mieux courir le risque de se perdre que de retenir un brocard. S'approchant alors de la reine, elle se pencha sur son lit, et lui dit à voix basse. — Pour l'amour du ciel, madame, retenez votre langue !

— Vous prenez trop de liberté, Seyton, lui répondit la reine. Pardon, mignonne, ajouta-t-elle aussitôt ; je rends justice à ton zèle ; mais quand j'ai senti les mains de cette vieille empoisonneuse me toucher le visage et le cou, j'ai éprouvé tant de haine et de dégoût, qu'il fallait que le trait partît ou que je périsse. Mais je ferai plus d'attention à mes discours. Seulement veille à ce qu'elle ne me touche pas.

— Maintenant, Dieu soit loué ! dit lady Lochleven en se retirant de la fenêtre, l'esquif fend le lac avec autant de vitesse que voiles et rames peuvent en donner. Il amène le docteur et une vieille femme. C'est sûrement celle que j'attends, à en juger par son extérieur. Ah! si lady Marie pouvait être hors de mon château sans danger pour mon fils! je voudrais qu'elle fût sur la plus haute des montagnes de Norwège! Plût au ciel que j'y eusse été moi-même avant de m'être chargée de la garder!

Tandis qu'elle s'exprimait ainsi, étant seule à une fenêtre, Roland placé près d'une autre voyait l'esquif rapidement s'avancer vers le rivage. Il reconnut le docteur chambellan, avec son habit de velours noir, assis sur la poupe, tandis que Magdeleine Græme, sous le nom de la mère Nicneven, debout sur la proue, les mains jointes et la tête tournée vers le château, semblait devancer par ses vœux l'instant d'y arriver. Ils débarquèrent enfin. On fit rester la prétendue sorcière dans une salle du rez-de-chaussée, et l'on conduisit le docteur dans l'appartement de la reine, où il entra d'un air grave et solennel.

Cependant Catherine, s'éloignant un instant du lit de la reine, s'avança vers Roland, et lui dit à voix basse : — Il me semble qu'en dépit de cette longue barbe et de cet habit de velours noir qui montre la corde, ce docteur n'est qu'un âne qu'il ne serait pas difficile de brider. Mais votre aïeule, Roland, votre aïeule! Son zèle aveugle nous perdra, si l'on ne peut l'avertir qu'il faut qu'elle dissimule.

Roland, sans lui répondre, se glissa vers la porte de la chambre à coucher, traversa le salon et entra dans l'antichambre; mais quand il voulut en sortir, il fut arrêté par les mots : — On ne passe pas! prononcés en même temps par deux hommes armés de carabines et placés en faction près de la porte; ce qui le convainquit que les soupçons de lady Lochleven ne s'étaient pas endormis au milieu des alarmes qui l'agitaient, et qu'elle n'avait pas oublié, dans ce moment de trouble, de placer des sentinelles pour veiller sur ses prisonnières. Il fut donc obligé de rentrer dans le salon, où il trouva la maîtresse du château en conférence avec le docteur.

— Trêve de votre jargon scientifique, Lundin, lui disait-elle, et dites-moi sur-le-champ si cette dame a pris quelque nourriture malfaisante et dangereuse.

— Mais, ma digne dame, mon honorée maîtresse, que je dois servir doublement, tant en ma qualité officielle que comme professant le noble art de guérir, daignez me permettre de vous parler raison. Si cette dame, mon illustre malade, ne veut répondre à mes questions que par des soupirs et des gémissemens ; si cette autre honorable dame assise près du lit de la première ne fait que bâiller quand je lui demande quels sont les diagnostics de la maladie; enfin, si cette jeune demoiselle, qui, je le déclare, a une figure très avenante et est une fort jolie fille...

— Il ne s'agit pas de figures ni de jolies filles, s'écria lady Lochleven, c'est de leur santé qu'il est question. En un mot ont-elles pris du poison, oui ou non ?

— Les poisons, milady, se divisent en trois classes, répondit le docte chambellan : les uns sont tirés du règne animal, comme le *lupus marinus* dont parlent Galien et Dioscoride ; les autres du règne minéral, comme le régule sublimé d'antimoine, le vitriol et l'arsenic ; d'autres enfin appartiennent au règne végétal, comme l'opium, l'aconit et l'*aqua cymbalariæ*. En outre...

— Vit-on jamais pareil fou ! s'écria la maîtresse du château : mais je suis moi-même encore plus folle d'attendre quelque chose de raisonnable d'une pareille souche.

— Accordez-moi un peu de patience, milady. Quant aux symptômes internes et externes, je ne puis rien découvrir qui annonce ce dont vous me parlez. Mais je voudrais savoir ce qu'elles ont bu ou mangé, voir les restes de leur dernier repas ; car, comme le dit Galien dans son second livre, *de antidotis*...

— Ne m'ennuyez pas plus long-temps, dit lady Lochleven. Qu'on me fasse venir cette vieille sorcière. Il faudra qu'elle déclare ce qu'elle a donné à ce scélérat de Dryfesdale, ou je lui ferai serrer les pouces jusqu'à ce qu'elle en fasse l'aveu.

— L'art n'a pas de plus grand ennemi que l'ignorance, dit le docteur mortifié ; mais il eut soin de citer cet aphorisme en latin, et il se retira dans l'embrasure d'une croisée.

Magdeleine Græme ne tarda point à arriver. Elle était vêtue du même costume qu'elle portait à la foire de Kinross, et dont nous avons déjà fait la description ; mais son chapeau était relevé, sa mentonnière était rejetée en arrière ; en un mot, elle ne cherchait ni à cacher sa figure ni à se déguiser. Elle était accompagnée de deux gardes auxquels elle ne semblait faire aucune attention ; mais ceux-ci la suivaient avec un air d'embarras et de timidité occasionné probablement par la croyance qu'ils avaient en son pouvoir surnaturel, jointe à l'effet que produisait sur eux sa démarche hardie et intrépide. Elle fixa les yeux sur lady Lochleven qui, piquée de son air d'assurance, appela en vain à son aide un regard fier et sévère pour les lui faire baisser.

Voyant qu'elle ne pouvait y réussir : — Misérable, lui dit-elle enfin d'un air de mépris, quelle est la poudre que tu as donnée à un serviteur de cette maison nommé Robert Dryfesdale, pour le mettre en état de satisfaire lentement une secrète vengeance ? Confesse sur-le-champ quelle en est la nature et quelles en sont les propriétés ou, sur l'honneur d'une Douglas, je te fais brûler vive avant que le soleil soit couché.

— Hélas ! répondit Magdeleine, depuis quand un Douglas ou le serviteur d'un Douglas sont-ils assez dépourvus de moyens de vengeance pour venir en demander à une pauvre femme solitaire ? Les tours dans lesquelles vos malheureux captifs trouvent un tombeau ignoré s'élèvent encore sur leurs fondations ; les crimes commis sous leurs voûtes ne les ont pas encore renversées ; vos hommes d'armes sont encore munis d'arbalètes, de pistolets et de poignards. Qu'avez-vous besoin d'herbes ou de charmes pour remplir vos projets de vengeance?

— Écoute-moi, maudite sorcière, dit lady Lochleven. Mais qu'ai-je besoin de m'abaisser à te parler? Qu'on amène ici Dryfesdale afin de le lui confronter.

— Ne donnez pas cette peine à vos gens, madame, dit Magdeleine Græme : je ne suis pas venue ici pour être confrontée avec un vil valet, ni pour répondre aux interrogatoires de la maîtresse hérétique du roi Jacques; c'est à la reine d'Écosse que je dois parler. Qu'on me fasse place !

En parlant ainsi elle poussa de côté lady Lochleven, confondue d'une telle audace et étourdie de la nouvelle insulte qu'elle venait de recevoir, et entra dans la chambre de la reine. Là, se mettant à genoux, elle baissa la tête à la manière orientale, comme si elle eût voulu toucher la terre avec son front.

— Salut, princesse, s'écria-t-elle, salut, fille de tant de rois, et plus grande qu'eux par les épreuves que tu as été appelée à subir pour la foi ! Salut, toi dont la couronne d'or pur a été éprouvée dans la fournaise sept fois ardente des tribulations ! Écoute les consolations que Dieu et la sainte Vierge t'envoient par la bouche de ton indigne servante. Mais d'abord... Alors baissant la tête, elle fit un signe de croix et parut réciter à voix basse quelques formules de dévotion.

— Qu'on la saisisse ! s'écria lady Lochleven transportée de fureur. Qu'on la plonge dans le plus noir des cachots ! Le diable seul peut avoir inspiré à cette abominable sorcière la hardiesse d'insulter la mère d'un Douglas jusque dans son propre château.

— M'est-il permis, honorable dame, dit le docteur, de vous faire une observation ? Je crois qu'il serait à propos de la laisser parler sans l'interrompre. Il est possible qu'elle nous apprenne quelque chose relativement au julep qu'elle a administré à ces dames, contre les lois et les règles de l'art, par le moyen de votre intendant Dryfesdale.

— Ce n'est pas trop mal raisonner pour un sot, dit lady

Lochleven, et je suivrai cet avis. Je maîtriserai mon ressentiment jusqu'à ce qu'elle se soit expliquée.

— A Dieu ne plaise, respectable dame, que je vous engage à le réprimer plus long-temps. Rien ne serait plus dangereux pour vous-même ; et véritablement, s'il y a de la sorcellerie dans cette affaire, des auteurs célèbres qui ont écrit sur la démonologie prétendent que trois scrupules des cendres de la sorcière qui a été bien et soigneusement brûlée à un poteau, sont un grand *catholicon* en pareil cas ; de même qu'on prescrit *crinem canis rabidi*, le poil du chien enragé qui a mordu le malade, dans le cas d'hydrophobie. Je ne garantis pourtant le succès ni dans l'un, ni dans l'autre cas, parce que ce traitement sort de la méthode régulière des écoles ; mais dans le cas présent que risque-t-on d'en faire l'expérience sur cette vieille nécromancienne ? *Fiat experimentum*, comme nous disons, *in corpore vili*.

— Silence, bavard ! dit lady Lochleven ; elle s'apprête à parler.

Magdeleine venait de se relever ; et se tournant du côté de la reine, un pied en avant, le bras droit étendu, elle prit l'attitude d'une sibylle inspirée. Ses cheveux gris s'échappant de dessous son chapeau, ses yeux brillant d'un feu surnaturel, ses traits ridés et maigris mais pleins d'expression, son air d'enthousiasme approchant de la frénésie, prêtaient à toute sa personne un caractère extraordinaire qui en imposa à tous les assistans. Elle roula quelques instans de côté et d'autre des yeux égarés, comme si elle avait cherché les moyens de donner plus de force à ce qu'elle voulait dire ; et ses lèvres tremblaient, agitées par un mouvement nerveux, comme si elle eût voulut parler et que les expressions qui se présentaient à elle eussent été insuffisantes pour bien rendre ses idées. Marie elle-même éprouva une sorte d'influence magnétique ; et se soulevant sur son lit, resta les yeux fixés sur ceux de Magdeleine, sans pouvoir les en détourner, semblant attendre l'oracle de la pythonisse. Elle n'attendit pas long-temps; car l'enthousiaste s'étant recueillie un instant, ses regards se fixèrent sur la reine, ses traits prirent une énergie déterminée; et dès qu'elle eut commencé à parler, les paroles coulèrent de sa bouche avec une rapidité qui aurait pu passer pour une inspiration, et qu'elle-même peut-être considérait comme telle.

— Lève-toi, s'écria-t-elle, reine de France et d'Angleterre, lève-toi, lionne d'Écosse, et ne sois point épouvantée quoique tu sois entourée par les rets des chasseurs! Ne t'abaisse pas à feindre avec les traîtres que tu dois bientôt rencontrer sur le champ de bataille. L'issue en dépendra du Dieu des armées; mais c'est par les armes que ta cause doit se décider. N'aie donc pas recours aux artifices des mortels vulgaires, et prends l'attitude qui convient à une reine. Tu as défendu la seule vraie foi; l'arsenal des cieux te sera ouvert. Fidèle fille de l'Église, prends les clés de saint Pierre pour lier et délier; souveraine de ce royaume, arme-toi du glaive de saint Paul pour combattre et triompher! Ta destinée est couverte d'un voile; mais ce n'est pas dans cette tour, ce n'est pas sous les lois de cette femme orgueilleuse qu'elle doit se terminer. Sur une terre étrangère la lionne peut succomber sous les griffes de la tigresse, mais non pas sur ses propres domaines. Ce n'est pas en Écosse que la reine d'Écosse restera long-temps captive, et le sort de la fille des Stuarts n'est pas entre les mains du traître Douglas. Que lady Lochleven double ses verrous, qu'elle te creuse de profonds cachots, ils ne te retiendront pas en captivité. Tous les élémens se soulèveront pour ta délivrance. La terre engloutira cette maison dans ses abîmes; la mer la couvrira de ses eaux; l'air déchaînera contre elle les ouragans et les tempêtes; le feu la dévorera de ses flammes vengeresses, plutôt que de souffrir qu'elle te serve plus long-temps de prison. Écoutez cela et tremblez, vous tous qui combattez contre la lumière; car celle qui vous prédit ces choses en a reçu la révélation.

Elle se tut, et le docteur stupéfait dit : — S'il y a jamais eu de nos jours une énergumène, une démoniaque, c'est cette femme. C'est un diable qui parle par sa bouche!

— Imposture! dit lady Lochleven revenant de sa surprise, imposture! et pas autre chose. Qu'on l'emmène dans un cachot!

— Lady Lochleven, dit Marie en se levant de son lit et en s'avançant vers elle avec l'air de dignité qui lui était naturel, avant de faire arrêter personne en ma présence, écoutez-moi un instant. J'ai été injuste envers vous; je vous ai cru complice du projet formé par votre intendant de m'empoisonner, et je vous ai trompée en vous laissant croire qu'il y avait réussi. Je reconnais mon erreur, milady, car je vois que vous désiriez sincèrement ma guérison. Apprenez donc que je n'ai pas touché au breuvage que la trahison m'avait préparé, et le besoin de la liberté est le seul mal qui me fasse souffrir.

— C'est un aveu digne de Marie d'Écosse, reprit Magdeleine Græme; sache d'ailleurs, femme orgueilleuse, dit-elle en s'adressant à lady Lochleven, que quand la reine aurait bu ce breuvage jusqu'à la lie, il ne lui aurait pas été plus nuisible que l'eau puisée dans la source la plus pure. Crois-tu que moi, moi, j'aurais mis du poison entre les mains d'un serviteur ou d'un vassal de la maison de Douglas, quand je savais qui était enfermé dans ce château? J'en aurais plutôt donné pour faire périr ma propre fille.

— Serai-je ainsi bravée dans mon propre château! s'écria lady Lochleven; qu'on l'entraîne à l'instant, et qu'elle subisse le châtiment réservé aux empoisonneuses et aux sorcières.

— Un instant, madame, dit la reine : et vous, dit-elle à Magdeleine, gardez le silence, je vous l'ordonne. Votre intendant, milady, est convaincu par son propre aveu d'avoir attenté à ma vie et à celle des personnes de ma suite; et cette femme a fait tout ce qu'il est possible de faire pour nous sauver en lui donnant une poudre qui n'était pas malfaisante, au lieu du poison qu'il lui demandait. Il me semble que je vous propose un échange que vous ne pouvez me refuser justement, quand je vous dis que je pardonne de tout mon cœur à votre vassal, remettant à Dieu et à sa concience le soin de ma vengeance ; et que je vous demande de pardonner de même à cette femme la hardiesse qu'elle a montrée en votre présence. Je suis sûre que vous ne regardez pas comme un crime qu'elle ait substitué une poudre sans vertu à celle qui était destinée à trancher le fil de notre vie.

— A Dieu ne plaise, madame, répondit lady Lochleven, que je regarde comme un crime ce qui a sauvé la maison de Douglas du reproche d'avoir manqué à l'honneur et à l'hospitalité ! J'ai écrit à mon fils pour l'informer du forfait médité par notre vassal ; c'est à lui à prononcer sur son châtiment, et ce sera très probablement la mort. Quant à cette femme, elle fait un commerce digne de damnation suivant les Écritures, punissable de mort d'après les sages lois de nos ancêtres, et il faut qu'elle subisse son destin.

— N'ai-je donc le droit de rien demander à la maison de Lochleven, dit la reine, en réparation de la tentative qui a été faite dans ces murs pour m'arracher la vie ? Me refuserez-vous celle d'une pauvre vieille femme dont l'esprit paraît égaré, comme vous pouvez le voir vous-même ?

— Si lady Marie a couru quelque risque sous le toit des Douglas, répondit l'inflexible lady Lochleven, elle peut regarder comme une compensation la perte que, par suite de ses complots, cette illustre maison a faite d'un de ses fils.

— Ne plaidez pas plus long-temps pour moi, gracieuse souveraine, dit Magdeleine ; ne vous abaissez pas jusqu'à lui demander qu'elle épargne un seul de mes cheveux blancs. Je connaissais le risque que je courais à servir l'Église et ma reine, et j'ai toujours été prête à leur sacrifier ma vie. Mais j'éprouve une consolation en pensant qu'en me faisant périr, en me privant de ma liberté, en m'arrachant un seul de ces cheveux épargnés par l'âge, la maison de Douglas, cette maison si fière de son honneur, aura comblé la mesure de sa honte et de sa dégradation en violant une promesse solennelle : et tirant de son sein un papier, elle le présenta à la reine.

— C'est un gage de sûreté, dit la reine, un sauf-conduit bien en règle, délivré par le chambellan de Kinross et revêtu de son sceau, à Magdeleine Græme, communément nommée la mère Nicneven, en considération de ce qu'elle consent à se rendre au château de Lochleven, et à y passer vingt-quatre heures, si on l'exige.

— Misérable! dit lady Lochleven en se tournant vers le docteur, comment as-tu osé lui accorder une telle protection?

— Je n'ai agi, dit Lundin, que d'après vos ordres, qui m'ont été transmis par Randal, ainsi qu'il peut en rendre témoignage. Je n'ai été en cela que l'apothicaire qui fait la potion conformément à l'ordonnance du médecin.

— Je me souviens, je me souviens, répondit la maîtresse du château; mais je n'entendais lui donner cette assurance que si elle s'était trouvée hors de ma juridiction, dans un endroit où je n'aurais pu la faire arrêter.

— Je crois pourtant, madame, dit la reine, que la promesse de votre chambellan est obligatoire pour vous en pareil cas.

— Madame, répliqua lady Lochleven, jamais la maison de Douglas n'a violé son sauf-conduit; jamais elle ne le violera. Elle n'a que trop souffert d'un pareil abus de confiance, quand un des ancêtres de Votre Grace, Jacques II, au mépris des droits de l'hospitalité et d'une promesse de sûreté écrite de sa propre main, poignarda lui-même le brave comte de Douglas, à deux pas de la table où il venait d'avoir l'honneur de dîner avec le roi d'Écosse.

— Il me semble, dit la reine d'un air indifférent, que d'après une scène si tragique et si récente, car il n'y a guère que cent vingt ans qu'elle s'est passée, les Douglas devraient se montrer moins empressés d'être dans la compagnie de leurs souverains que vous ne paraissez l'être pour ce qui est de la mienne.

— Que Randal reconduise cette sorcière à Kinross, dit lady Lochleven, et qu'il lui rende la liberté, en l'avertissant de ne jamais remettre le pied sur nos domaines, sous peine de mort. Vous l'accompagnerez, dit-elle au chambellan ; et ne craignez pas que sa compagnie nuise à votre réputation ; car en supposant qu'elle soit sorcière, ce serait perdre des fagots que de vous brûler comme sorcier.

Le chambellan interdit se préparait à se retirer, et Magdeleine ouvrait la bouche pour répliquer, quand la reine, prenant la parole, lui dit : — Ma bonne mère, nous vous remercions de votre zèle sincère pour notre personne, et nous vous prions, en vertu de l'obéissance que vous nous devez, de vous abstenir de tout ce qui pourrait vous causer quelque danger personnel. Notre volonté est en outre que vous sortiez de ce château sans adresser un seul mot à qui que ce soit. Recevez ce petit reliquaire ; il nous a été donné par notre oncle le cardinal, et a reçu la bénédiction du saint père. Maintenant retirez-vous en paix et en silence.

S'avançant alors vers le chambellan qui la salua d'un air doublement embarrassé, car le respect que lui inspirait la présence de la reine lui faisait craindre d'en faire trop peu, et il redoutait d'encourir la disgrace de lady Lochleven en en faisant trop. — Quant à vous, digne docteur, lui dit-elle, comme ce n'est pas votre faute si nous n'avons pas besoin en ce moment de vos avis, quoique ce soit certainement une circonstance heureuse pour nous, il ne nous conviendrait pas de souffrir que notre médecin se retirât sans recevoir une récompense telle que notre situation actuelle nous permet de la lui offrir.

A ces mots, et avec la grace qui ne l'abandonnait jamais, quoiqu'elle fût mêlée en ce moment d'une teinte de persifflage, elle offrit une petite bourse brodée au chambellan, qui, le dos courbé et le bras étendu, se préparait à la recevoir, quand lady Lochleven, s'avançant vers lui, lui dit en fronçant le sourcil : — Jamais serviteur de ma maison ne recevra un salaire de lady Marie sans quitter à l'instant notre service, et sans encourir tout notre déplaisir.

Le corps du pauvre chambellan reprit tristement et lentement la ligne perpendiculaire au lieu de la courbe qu'il décrivait, et il sortit de l'appartement suivi de Magdeleine Græme, qui, avant de sortir, baisa le reliquaire que la reine lui avait donné, et levant les mains au ciel, sembla par un geste expressif appeler sur elle une bénédiction divine.

Comme elle s'avançait sur le quai pour gagner l'esquif, Roland, désirant lui dire quelques mots, et voyant qu'elle n'était accompagnée que du chambellan et des deux paysans qui servaient à celui-ci de gardes-du-corps, se jeta sur son passage ; mais elle semblait avoir pris à la lettre l'ordre que la reine lui avait donné de garder le silence : car elle ne répondit aux premiers mots que lui adressa son petit-fils qu'en se mettant un doigt sur les lèvres.

Le docteur Lundin ne fut pas si réservé. Le regret de se trouver privé de la récompense qui lui avait été offerte, et le mécontentement des'être vu forcé de la refuser, l'occupaient entièrement. — Voilà, lui dit-il en lui serrant la main, voilà comme le mérite est récompensé. Je suis venu pour guérir cette malheureuse dame, et je déclare qu'elle mérite bien qu'on prenne cette peine; car, qu'on en dise ce qu'on voudra, elle a des manières très avenantes, une voix douce, un sourire gracieux, un mouvement de main majestueux. Si elle n'a pas été empoisonnée, monsieur Roland, est-ce ma faute? N'étais-je pas prêt à la guérir si elle l'eût été? Et l'on m'empêche d'accepter des honoraires si bien gagnés ! O Galien ! ô Hippocrate ! la robe et le bonnet de docteur en sont-ils réduits là ? *Frustrà fatigamus remediis ægros* [1].

(1) Nous fatiguons vainement les malades de remèdes. — Tr.

Il s'essuya les yeux et monta sur l'esquif qui s'éloigna du rivage en fendant rapidement les eaux du lac légèrement agitées par une brise d'été.

CHAPITRE XXXIII.

> « La mort bien loin ! Hélas ! elle est toujours présente,
> « Toujours nous poursuivant de sa faux menaçante.
> « Compagne du plaisir et de la volupté,
> « On la trouve malade, on la trouve en santé,
> « Qu'on soit assis, debout, qu'on marche, qu'on s'arrête,
> « La mort à nous frapper n'en est jamais moins prête.
> DRYDEN. *Le Moine espagnol.*

Après la scène qui venait de se passer dans l'appartement de la reine, lady Lochleven, étant rentrée dans le sien, donna ordre qu'on fît venir devant elle son intendant.

— On ne t'a pas désarmé, Dryfesdale, dit-elle en le voyant arriver avec son sabre et son poignard, comme de coutume.

— Non, milady, répondit-il. Pourquoi l'aurait-on fait? Vous ne m'avez pas ordonné de déposer les armes, et je crois qu'aucun de vos gens n'oserait sans votre ordre ou celui de votre fils ordonner à Robert Dryfesdale de les lui rendre. Voulez-vous que je vous remette mon épée? Elle ne vaut pas grand chose à présent; elle a fait tant de besogne pour votre maison, qu'elle n'a pas plus de tranchant que le vieux couteau du panetier.

— Tu as tenté de commettre un double crime : poison et trahison !

— Trahison ! hum ! Je ne sais ce que milady en pense ; mais le monde est convaincu qu'on ne l'a envoyée ici que dans ce dessein. Si les choses s'étaient passées comme je le voulais, sans que vous l'eussiez su, vous ne vous en trouveriez pas plus mal.

— Misérable ! et aussi sot que scélérat ! qui médite un crime et qui n'a pas l'esprit de l'exécuter !

— J'ai fait tout ce qu'homme peut faire. Je me suis adressé à une femme, à une sorcière, à une papiste. Si je n'ai pu me procurer du poison, c'est que cela était écrit là-haut ; ce n'est pas ma faute, je n'ai rien à me reprocher. Au surplus, la besogne qui n'a été qu'à moitié faite peut encore s'achever ; vous n'avez qu'à parler.

— Scélérat ! mais je viens d'écrire à mon fils, et je vais lui dépêcher un messager pour qu'il prononce ta sentence. Ainsi prépare-toi à la mort si tu le peux.

— Celui qui regarde la mort comme une chose qu'il ne peut éviter, et qui doit arriver à une heure fixe et déterminée, y est toujours préparé, milady. Eh bien ! qu'en résulte-t-il ? Celui qui est pendu pendant l'été ne mange pas de fruits d'automne. Ainsi donc on peut se disposer à entonner le chant funèbre du vieux serviteur. Mais qui allez-vous charger de ce beau message ?

— Je me flatte que je ne manquerai pas de messagers.

— Eh ! si vraiment, de par mon ame, vous en manquerez. Vous n'avez au château qu'une faible garnison, vu la surveillance qu'exigent vos prisonnières ; vous avez renvoyé trois hommes que vous soupçonniez d'être d'accord avec maître George Douglas : il vous faut constamment cinq hommes de garde ; les autres n'ont pas même le temps d'ôter leurs habits pour se coucher. Si vous en faites partir encore un, vos sentinelles seront harassées à la mort ; elles ne seront plus en état de remplir leur devoir. Prendre de nouveaux hommes d'armes, cela serait dangereux, parce qu'il vous faut des gens sûrs et éprouvés. Je ne vois qu'un seul moyen, c'est de me charger moi-même de votre message pour sir William Douglas.

— Toi! la ressource est bonne! Te serais-tu acquitté de la commission dans vingt ans d'ici?

— Je m'en acquitterais en aussi peu de temps qu'il en faut à un homme et à un cheval pour se rendre à Édimbourg; car quoique je m'inquiète peu de la fin des jours d'un vieux soldat, néanmoins je ne serais pas fâché de savoir le plus tôt possible si mon cou est encore à moi, ou s'il appartient au bourreau.

— Fais-tu donc si peu cas de ta vie?

— Ai-je fait plus de cas de celle des autres? Qu'est-ce que la mort? la cessation de la vie. Et qu'est-ce que la vie? une succession fatigante de jours et de nuits; tour à tour dormir et s'éveiller, avoir faim et manger, avoir froid et chaud. Quand on est mort, on n'a besoin ni de chandelle, ni de pot de bière, ni de feu, ni de lit de plumes; et les quatre planches forment un justaucorps qu'on ne craint pas d'user.

— Malheureux! ne crois-tu donc pas qu'après la mort vient le jugement?

— Vous êtes ma maîtresse, milady, et il ne me convient pas de disputer avec vous. Mais spirituellement parlant, vous mangez encore des ognons d'Égypte, et vous ne connaissez pas la liberté des saints; car comme me l'a démontré ce digne homme, Nicolas Schœfferbach, qui fut martyrisé par ordre du sanguinaire évêque de Munster, celui-là ne peut pécher qui ne fait qu'exécuter ce qu'il est prédestiné à faire, puisque....

— Silence! s'écria lady Lochleven: je ne veux pas entendre tes blasphèmes. Écoute-moi. Tu as été long-temps serviteur de notre maison....

— Je suis né serviteur des Douglas; j'ai passé mes jours à leur service. J'y suis entré en quittant Lockerbie: j'avais alors dix ans, et vous pouvez aujourd'hui y en ajouter soixante.

— Ton infâme projet n'ayant pas réussi, tu n'es coupable que d'intention. Tu n'en mériterais pas moins d'être pendu au haut de la tour; mais dans la disposition d'esprit où je te vois, ce ne serait qu'envoyer une ame à Satan. Pars donc, voici ma lettre. Je vais seulement y ajouter une ligne pour prier sir William de m'envoyer un ou deux hommes sûrs pour compléter la garnison. Mon fils fera de toi ce que bon lui semblera. Si tu es prudent, dès que tu auras passé le lac tu prendras le chemin de Lokerbie, et tu enverras la lettre par un autre messager. Mais surtout veille à ce qu'elle arrive à sa destination.

— Milady, je suis né serviteur des Douglas, comme je vous le disais tout à l'heure, et ce n'est pas dans mes vieux jours que je jouerai le rôle du corbeau de l'arche. Je ferai votre message à votre fils aussi fidèlement que s'il s'agissait du cou d'un autre, et le mien deviendra ce qu'il est écrit qu'il doit devenir.

Lady Lochleven donna ses ordres pour qu'on préparât une barque, et Dryfesdale se disposa à s'acquitter de cette mission peu ordinaire. Mes lecteurs voudront bien l'accompagner dans ce voyage : la Providence avait déterminé qu'il ne serait pas de longue durée.

En arrivant à Kinross, l'intendant, quoique sa disgrace eût déjà transpiré, se procura aisément un cheval, grace au chambellan Lundin. Le voiturier Auchtermuchty étant prêt à partir pour Édimbourg avec son fourgon, se mit en chemin avec lui, les routes ne passant pas pour être très sûres.

Le digne voiturier, suivant la coutume constante de tous ses confrères depuis les temps les plus reculés jusqu'à nos jours, ne manquait jamais d'excellentes raisons pour s'arrêter en route aussi souvent et en quelque endroit que bon lui semblât; mais un endroit où il ne manquait jamais de faire une station était un cabaret isolé, dans une jolie vallée connue sous le nom de Keirie-Craigs. Les voyageurs aiment encore aujourd'hui à s'arrêter dans ce lieu romantique, mais ce n'est pas pour les raisons qui le rendaient si attrayant pour Auchtermutchty ; et personne n'en visite les environs sans regretter de les quitter, et sans éprouver le désir de les revoir.

Toute l'autorité de Dryfesdale, fort diminuée à la vérité par le bruit de sa disgrace, ne put déterminer le voiturier, aussi obstiné que les brutes qu'il conduisait, à passer devant son rendez-vous favori sans y faire une pause. Le vieux Keltie, l'aubergiste qui a donné son nom à un pont voisin de son ancienne demeure, accueillit Auchtermuchty avec un air de cordialité joyeuse ; ils entrèrent ensemble dans la maison, sous prétexte d'une affaire importante, qui dans la réalité n'était autre chose que le désir de vider ensemble une pinte ou deux d'usquebaugh.

Tandis que les deux amis s'occupaient ainsi, Dryfesdale, doublement mécontent, entra dans la cuisine du cabaret. Il ne s'y trouvait qu'une seule personne, un étranger comme lui. C'était un jeune homme portant le costume de page, dont le regard et les manières avaient une hauteur aristocratique, une hardiesse allant même jusqu'à l'insolence, qui aurait porté l'intendant à conclure qu'il avait des prétentions à un rang supérieur, s'il n'avait su par expérience que les gens attachés au service des nobles écossais prenaient de semblables airs.

— Je vous donne le bonjour du voyageur, dit le jeune homme d'un ton familier. Vous venez de Lochleven, à ce que je crois ? Quelles nouvelles de notre bonne reine ? Jamais plus jolie colombe n'a été enfermée dans une plus misérable volière.

— Ceux qui parlent du château de Lochleven et de ceux qu'il renferme dans ses murs, répondit sèchement Dryfesdale, parlent de ce qui concerne les Douglas ; et ceux qui parlent de ce qui concerne les Douglas en parlent à leurs risques et périls!

—Parlez-vous ainsi par suite de la crainte qu'ils vous inspirent, vieillard, ou auriez-vous envie de vous faire une querelle pour eux? Il me semble que l'âge devrait vous avoir refroidi le sang.

—Jamais, tant qu'il se trouvera à chaque pas de jeunes fats sans cervelle pour l'échauffer.

—La vue de tes cheveux gris empêche le mien de fermenter, dit le page qui s'était levé, et qui se rassit aussitôt.

—Tant mieux pour toi, sans quoi je te l'aurais rafraîchi avec cette baguette de houx. Je crois que tu es un de ces fiers-à-bras qui font blanc de leur épée dans les cabarets et les tavernes, et qui, si les paroles étaient des sabres et les juremens des mousquets, auraient bientôt remis la femme de Moab sur le trône, et rétabli dans le pays la religion de Babylone.

—N'en dis pas davantage, s'écria le jeune homme, car de par saint Bennet de Seyton, je te frappe au visage, vieux radoteur hérétique!

—Saint Bennet de Seyton! répéta l'intendant: c'est un excellent mot d'ordre pour une troupe de loups comme les Seyton. Mais je vais t'arrêter comme un traître au roi Jacques et au digne Régent. Holà! hé! Auchtermutchty, à l'aide contre un traître au roi!

En parlant ainsi, il mit la main sur le collet du page, et John Auchtermuchty entra dans ce moment; mais à la vue d'une épée nue il s'enfuit plus vite qu'il n'était arrivé. Keltie, l'aubergiste, sans se ranger d'aucun parti, se contenta de crier: —Messieurs! messieurs, pour l'amour du ciel! Il s'engagea alors une lutte dans laquelle le jeune homme, irrité de l'audace de Dryfesdale, et ne pouvant aussi facilement qu'il l'aurait cru se dégager des mains du vieillard, tira son poignard et lui en porta au corps et à la poitrine trois coups dont le moindre était mortel. Dryfesdale tomba en poussant un profond gémissement, et l'hôte se mit à crier d'une manière lamentable.

—Paix donc! chien de braillard, dit l'intendant blessé : les coups de poignard et les hommes mourans sont-ils des choses si rares en Écosse, qu'il faille crier comme si ta maison s'écroulait? Jeune homme, je ne te dis pas que je te pardonne; car nous n'avons rien à pardonner. Tu m'as fait ce que j'ai fait à bien d'autres, et je souffre ce que je les ai vus souffrir. Il était écrit que je mourrais ainsi, et tu ne pouvais te dispenser d'exécuter le décret éternel. Mais si tu veux être juste envers moi, tu te chargeras de faire remettre cette lettre par une voie sûre à sir William Douglas, afin qu'on ne m'accuse pas de n'avoir pas osé la porter par crainte pour mon cou, ce qui déshonorerait ma mémoire.

Le jeune homme, dont la colère avait fait place aux regrets et à la compassion, l'écoutait avec attention, quand un homme enveloppé d'un grand manteau qui le couvrait jusqu'aux yeux, entra dans l'appartement, et s'écria : — Juste ciel! Dryfesdale! Dryfesdale expirant!

—Oui, dit l'intendant, c'est Dryfesdale; et son regret est de n'être pas mort avant d'avoir entendu la voix du seul Douglas qui ait jamais été traître; et après tout cependant je ne suis pas fâché de vous voir. Mon bon assassin, et vous aussi, mon cher hôte, éloignez-vous un peu pour que je puisse parler à ce malheureux apostat. Agenouillez-vous près de moi, maître George. Vous avez sans doute appris que je n'ai pas réussi dans la tentative de faire disparaître la pierre d'achoppement moabite et les gens de sa suite. Je croyais que la potion que je leur avais préparée écarterait de vous toute tentation; car quoique j'aie donné d'autres raisons à votre mère, mon principal motif était mon amitié pour vous.

—Ton amitié pour moi, vil empoisonneur! Aurais-tu bien osé commettre un meurtre si abominable, et prononcer mon nom pour le justifier?

—Et pourquoi non, George Douglas? A peine puis-je

respirer maintenant; mais j'emploierai tout ce qui me reste de forces pour vous prouver que je n'avais pas tort. Ne vous étiez-vous pas laissé tellement entraîner par les charmes de cette belle magicienne, qu'en dépit de ce que vous deviez à vos parens, à votre religion et à votre roi, vous vouliez l'aider à s'échapper du château, à remonter sur le trône, et à rentrer dans Holyrood, dont elle avait fait un lieu d'abomination? Écoutez-moi avec patience; je n'ai plus long-temps à vous parler. Quel était votre projet? d'épouser votre moabite? On a gagné plus d'une fois son cœur et sa main à moindre prix que celui que vous étiez disposé à en donner. Mais était-il possible qu'un serviteur fidèle de la maison de votre père vous laissât aspirer à la fortune de l'idiot Darnley et du scélérat Bothwell, quand une once de mort-aux-rats pouvait vous sauver?

— Pense à Dieu, Dryfesdale, et cesse de tenir de si horribles propos. Repens-toi, si tu peux; sinon, garde le silence. Seyton, aidez-moi à soutenir ce malheureux, afin qu'il puisse se calmer et s'occuper de meilleures pensées.

— Seyton! répéta le mourant; Seyton! Est-ce donc par la main d'un Seyton que je péris! Eh bien! il y a en cela quelque justice, puisque cette maison a manqué de perdre une fille par mon fait. Fixant alors sur le page ses yeux qui s'éteignaient; — Il a vraiment tous ses traits, ajouta-t-il; baisse-toi, jeune homme, je voudrais te voir de plus près, afin de pouvoir te reconnaître quand nous nous rencontrerons dans l'autre monde; car les homicides y seront logés ensemble, et nous avons tous deux été homicides. Et malgré la résistance de Seyton, il attira son visage plus près du sien, le considéra avec attention et continua: — Tu as commencé bien jeune ta carrière; elle n'en sera que plus courte; oui, elle finira bientôt. Une jeune plante ne peut réussir quand elle est arrosée du sang d'un vieillard. Cependant je ne te blâme point, je ne te reproche rien. C'est un destin bien singulier! dit-il en se parlant à lui-même d'une voix qui s'affaiblissait de plus en plus ; je n'ai pu exécuter ce que je voulais faire, et il a fait ce qu'il n'avait peut-être pas intention d'exécuter. Il est étonnant que notre volonté s'oppose sans cesse au cours insurmontable de la destinée ; que nous voulions toujours lutter contre le courant qui doit nous entraîner malgré tous nos efforts. Mon esprit n'est plus en état de suivre le fil de cette idée. Je voudrais que Schœfferbach fût ici. Mais à quoi bon ? Le voyage que je fais peut se terminer sans pilote. George Douglas, adieu, je meurs... fidèle à la maison de ton père.

Des convulsions s'emparèrent de lui, et au bout de quelques instans il expira. Seyton fut le premier à rompre le silence.

— Sur mon honneur, Douglas, je suis fâché de cet événement : mais il a porté la main sur moi, et il m'a menacé de son épée ; je n'ai tiré mon poignard contre lui que pour me défendre. Quand il serait dix fois votre serviteur, votre ami, tout ce que je puis vous dire, c'est que j'en suis fâché.

— Je regrette que cet accident soit arrivé, Seyton ; mais je ne vous blâme point. Il existe réellement une destinée pour les hommes, quoique ce ne soit pas dans le sens qu'attachait à ce mot ce malheureux, qui, s'étant laissé abuser par quelque mystique étranger, s'en servait comme d'une apologie toute prête pour tout ce qu'il lui plaisait de faire. Mais il faut que nous examinions cette lettre.

Ils se retirèrent dans une autre chambre, et y restèrent quelque temps en consultation. Keltie ne tarda pourtant pas à venir les y trouver ; et, d'un air d'embarras, demanda à George Douglas ce qu'il devait faire du corps du défunt.

— Votre Honneur sait, dit-il, que ce sont les vivans qui me font vivre et non les morts. Le vieux Dryfesdale était une assez mauvaise pratique pendant sa vie, et maintenant qu'il est défunt il occupe une place qui pourrait être mieux employée, car il ne me demandera ni bière ni usquebaugh.

— Attache-lui une pierre au cou, dit Seyton, et va le jeter dans le lac de Gleish dès que la nuit sera tombée : je te réponds qu'il ne reviendra pas sur l'eau.

—Sous votre bon plaisir, Henry, dit George Douglas, il n'en sera pas ainsi : Keltie, tu m'as montré de la fidélité et de l'attachement, et tu ne t'en repentiras point. Envoie le corps de ce malheureux à l'église de Ballingry, et fais sur sa mort tel conte que tu voudras ; dis qu'il a été tué dans une querelle avec des inconnus. Auchtermuchty n'en sait pas davantage, et nous ne vivons pas dans un temps assez tranquille pour qu'on fasse de grandes recherches sur de pareils accidens.

—Qu'il dise la vérité, s'écria Seyton, pourvu qu'elle ne nuise pas à nos projets. Dis qu'il a insulté un Seyton, mon camarade, et qu'un Seyton l'en a puni. Je ne m'inquiète guère qu'il en résulte une querelle.

—Une querelle avec les Douglas, dit George d'un ton grave et mécontent, peut cependant donner quelque inquiétude.

—Non, reprit Seyton, quand on a pour soi le meilleur de tous ceux qui portent ce nom.

—Hélas ! Henry, si c'est de moi que vous parlez, je ne suis dans cette entreprise que la moitié d'un Douglas. Je n'y puis apporter que la moitié de mon cœur, de ma tête et de mon bras. Mais je penserai à un être qui ne peut jamais être oublié, et j'égalerai, je surpasserai même le plus vaillant de mes ancêtres. Oui, Keltie, tu peux dire que Henry Seyton est auteur de cette mort ; mais sur toutes choses, ne parle pas de moi. Qu'Auchtermuchty porte ce paquet à mon père, à Édimbourg ; et il lui remit la lettre qu'il avait recachetée de son propre sceau. Maintenant, voici pour payer les frais de sépulture, et pour t'indemniser de la place que le défunt occupe chez toi.

—Et de l'embarras de laver le plancher, dit Keltie ; ce qui ne sera pas une petite affaire ; car on dit que quand on a répandu le sang, il en reste toujours quelques traces. Et il se retira.

— Quant à votre plan, dit Douglas à Seyton en continuant la conversation qui les occupait quand l'hôte les avait interrompus, il me paraît fort bon; mais, sans parler d'autres raisons, vous êtes trop jeune, et vous avez la tête trop ardente pour jouer le rôle que vous vous proposez.

— Nous consulterons sur cela le père abbé. Allez-vous à Kinross ce soir?

— Oui, la nuit sera obscure, et convient à celui qui ne veut pas être reconnu. Mais il faut que je dise à Keltie de faire placer sur le tombeau de ce malheureux une pierre annonçant son nom et son seul mérite, qui fut d'être serviteur fidèle des Douglas.

— Quelle était sa religion? je l'ai entendu prononcer quelques mots qui me font craindre d'avoir envoyé trop tôt un sujet à Satan.

— Je ne sais trop comment répondre à cette question. Il était connu pour n'aimer ni Rome ni Genève. Il parlait des lumières qui l'avaient éclairé parmi les sectaires de la basse Allemagne. Mauvaise doctrine, si nous en jugeons par ses fruits! Mais que le ciel nous préserve d'avoir la présomption de juger de ses voies et de sa miséricorde!

— Amen, répondit Seyton; et de faire ce soir aucune mauvaise rencontre!

— Je ne suis pas accoutumé à vous entendre prier ainsi, Seyton.

— Non. Je vous laisse ce soin pour vous guérir de vos scrupules quand il s'agira de combattre les vassaux de votre père. Mais je voudrais bien avoir purifié mes mains du sang de ce vieillard avant d'être obligé d'en répandre d'autre. Je m'en confesserai ce soir au père abbé, qui ne m'imposera pas sans doute une pénitence bien sévère pour avoir délivré la terre d'un pareil mécréant. Tout ce qui me chagrine, c'est qu'il n'ait pas eu une vingtaine d'années de moins. Au surplus, il a mis les armes à la main le premier; c'est une consolation.

CHAPITRE XXXIV.

> « Oui Pedro, fais jouer les plus subtils ressorts,
> « Creuse-toi bien l'esprit, crois-tu que je te craigne?
> « Peut-être tu pourras endormir la duègne,
> « Séduire la soubrette et gagner le valet,
> « Mais il est un dragon qui te garde ton fait;
> « Et ce dragon, c'est moi. Je suis incorruptible;
> « Et vouloir me tromper, c'est la chose impossible. »
> DRYDEN. *Le Moine espagnol.*

Il faut nous reporter maintenant au château de Lochleven, et reprendre la série des événemens de ce jour mémorable qui fut témoin de la mort de Dryfesdale. Il était plus de midi; c'était l'heure ordinaire du dîner, et rien n'annonçait qu'on songeât à servir celui de la reine. Marie était dans sa chambre à coucher, occupée à écrire. Les trois personnes qui composaient toute sa suite attendaient avec d'autant plus d'impatience l'arrivée du repas dans le salon, qu'elles n'avaient pas déjeuné comme on peut se le rappeler.

— Je crois, en conscience, dit le page, que le projet d'empoisonnement ayant manqué, parce qu'on s'est trompé d'adresse pour se procurer la poudre d'oubli, on veut maintenant essayer ce que peut faire la famine.

Lady Fleming fut un peu alarmée de cette observation, mais elle se rassura bientôt en se rappelant qu'elle avait vu toute la matinée sortir de la fumée de la cheminée de la cuisine; ce qui contredisait cette supposition.

Catherine, qui était à une fenêtre, s'écria tout à coup : — Les voilà! les voilà! Les domestiques portant le dîner traversent la cour, précédés par la vieille lady Lochleven en personne, avec le plus haut et le plus raide de tous ses collets montés, ses grandes manchettes de dentelle de Flandre, ses manches de soie de Chypre, et son énorme *farthingale* de velours cramoisi.

— Sur ma foi, dit Roland, je crois que c'est la même *farthingale* qu'elle portait lorsqu'elle captiva le cœur du roi Jacques; ce qui valut un si bon frère à notre pauvre maîtresse.

— Non, monsieur Roland, dit gravement lady Fleming qui se piquait d'être un répertoire vivant de tous les changemens de modes, cela n'est pas possible; car les *farthingales* ne parurent pour la première fois que lorsque la reine régente alla à Saint-André, après la bataille de Pinkie, et on les nommait alors des *vertugadins*.

Elle n'aurait pas terminé sitôt cette importante discussion si elle n'eût été interrompue par l'arrivée de lady Lochleven, qui, ayant fait poser les plats sur la table, exécuta elle-même la cérémonie de les goûter. Lady Fleming, prenant le ton d'un courtisan, regretta que lady Lochleven se fût chargée d'une fonction si pénible.

— Après l'étrange incident arrivé ce matin, madame, répondit la maîtresse du château, il est nécessaire pour mon honneur et pour celui de mon fils que je goûte tout ce qui sera offert dorénavant à lady Marie. Veuillez l'informer que j'attends ses ordres.

— Sa Majesté, dit lady Fleming en appuyant sur ce mot, va être informée qu'elle est attendue par lady Lochleven.

La reine arriva sur-le-champ, et parla à son hôtesse avec

civilité, d'un ton qui approchait même de la cordialité :
— C'est agir noblement, milady, lui dit-elle ; car quoique nous n'appréhendions nous-même aucun danger sous votre toit, nos dames ont été fort alarmées par l'événement de ce matin ; mais votre présence les rassurera, et réveillera leur gaîté. Voulez-vous vous asseoir?

Lady Lochleven s'assit, et Roland remplit les fonctions d'écuyer tranchant. Mais malgré ce qu'avait dit la reine, le dîner fut triste et silencieux, et tous ses efforts pour animer la conversation furent repoussés par les réponses froides et laconiques de son hôtesse. Enfin il devint si évident que la reine, qui avait regardé ses avances comme une condescendance et qui tirait quelque vanité de tous ses moyens de plaire, se trouvait offensée de la conduite de lady Lochleven. Elle jeta un regard expressif sur lady Fleming et miss Seyton, leva les épaules et ne dit plus rien. Après quelques minutes de silence, la maîtresse du château fut la première à le rompre.

— Je m'aperçois, madame, dit-elle, que ma présence gêne, qu'elle met obstacle à la gaîté de la compagnie. Je vous prie de m'excuser ; je suis une pauvre veuve chargée d'une mission dangereuse, abandonnée par mon petit-fils, trahie par mon serviteur de confiance ; je suis peu digne de la faveur que vous m'accordez en me faisant asseoir à votre table, où je sais que l'esprit et l'enjouement sont un tribut qu'on attend de chaque convive.

— Si lady Lochleven parle sérieusement, dit la reine, je ne sais ce qui peut la faire penser que nos repas actuels soient assaisonnés de gaîté. Si elle est veuve, elle jouit de tous ses honneurs et de sa liberté, et commande dans la maison de son défunt mari. Mais je connais dans le monde au moins une veuve devant qui les mots abandon et trahison ne devraient jamais se prononcer, puisque personne n'a fait une expérience plus amère de ce qu'ils représentent.

— En parlant de mes malheurs, mon intention n'était pas

de vous rappeler les vôtres, dit lady Lochleven: — un profond silence succéda de nouveau à cette courte conversation.

La reine adressa enfin la parole à lady Fleming : — *Ma bonne*, lui dit-elle, nous ne pouvons commettre de péchés mortels dans un lieu où nous sommes si bien gardées et surveillées; mais si nous en commettions, je crois que ce silence rigide serait une sorte de pénitence. Si vous avez quelquefois mal arrangé mes cheveux, Fleming, si Catherine a manqué un point de sa tapisserie, si Roland a cassé quelque carreau de vitre à la fenêtre de la tour, comme cela lui est arrivé la semaine dernière, c'est le moment de penser à ces péchés et de vous en repentir.

— Pardonnez ma hardiesse, madame, dit lady Lochleven ; mais je suis vieille, et je réclame les priviléges de mon âge. Il me semble que les personnes de votre suite pourraient trouver des sujets de repentir plus sérieux que les bagatelles dont vous parlez ; pardon encore une fois, madame ; mais il semblerait que vous riez du péché et du repentir.

— Vous avez rempli les fonctions de dégustateur, lady Lochleven ; je crois que vous voudriez aussi remplir celles de père confesseur. Mais puisque vous désirez que notre conversation soit sérieuse, je vous demanderai pourquoi la promesse que m'avait faite à cet égard le régent, puisque tel est le titre que prend votre fils, n'a jamais été exécutée? Elle a été renouvelée plusieurs fois, cependant. Il me semble que ceux qui prétendent eux-mêmes à tant de gravité et de sainteté ne devraient pas priver les autres des secours religieux que leur conscience réclame.

— Il est vrai, madame, que le comte de Murray a été assez faible pour céder sur ce point à vos malheureux préjugés. Un prêtre papiste s'est présenté de sa part dans notre bourg de Kinross. Mais sir William Douglas est maître dans son château, et il ne permettra jamais que l'enceinte en soit souillée, ne fût-ce que pour un instant, par la présence d'un émissaire de l'évêque de Rome.

— Il me semble donc que milord régent devrait m'envoyer dans quelque endroit où il y eût moins de scrupules et plus de charité.

— Vous vous méprenez, madame, sur la nature de la charité et de la religion. La charité donne aux malades qui sont dans le délire les médicamens qu'elle sait devoir leur être salutaires; mais elle leur refuse les choses qui en flattant leur palais peuvent augmenter leur maladie.

— Votre charité, lady Lochleven, n'est que de la cruauté sous un déguisement hypocrite. Je suis opprimée chez vous, comme si vous aviez résolu la perte de mon ame et l'anéantissement de mon corps. Mais le ciel ne souffrira pas toujours une telle iniquité; et ceux qui en sont les agens les plus actifs peuvent s'attendre à en être récompensés avant qu'il soit long-temps.

En ce moment Randal entra dans l'appartement d'un air si troublé que lady Fleming poussa un cri de surprise; la reine tressaillit, et lady Lochleven, quoique trop fière pour montrer aucun signe d'alarme, lui demanda à la hâte ce qu'il avait à lui annoncer.

— Dryfesdale est mort, milady, lui dit-il; il a été assassiné à quelques milles d'ici par le jeune maître Henry Seyton.

Ce fut alors Catherine qui tressaillit et pâlit à son tour.

— Et le meurtrier du vassal de Douglas vit-il encore? demanda lady Lochleven.

— Il n'y avait d'autres témoins que le vieux Keltie et le voiturier Auchtermuchty, et ce n'étaient pas de pareils hommes qui étaient en état de venir à bout d'un des jeunes fous les plus lestes et les plus fringans d'Écosse, qui avait sûrement à peu de distance des amis et des partisans.

— Et Dryfesdale est-il mort?

— Mort et bien mort, répondit Randal. Un Seyton manque rarement son coup. Mais le corps n'a pas été dépouillé, et votre lettre sera portée à Édimbourg par Auchtermuchty, qui partira de Keirie-Craigs demain matin. Il serait impossible qu'il partît plus tôt. Il a bu deux pintes d'usquebaugh pour se remettre de sa frayeur, et il est en ce moment endormi sur la litière de ses chevaux.

Il régna un moment de silence. La reine et lady Lochleven se regardaient l'une et l'autre, comme si chacun eût cherché le moyen de tirer avantage de cet incident pour la question de controverse qui les divisait. Catherine tenait son mouchoir sur ses yeux et pleurait.

— Vous voyez, madame, dit lady Lochleven à la reine, comment agissent vos papistes sanguinaires.

— Voyez plutôt, répliqua Marie, le juste jugement du ciel contre un empoisonneur calviniste.

— Dryfesdale n'était ni de l'église de Genève ni de celle d'Édimbourg, s'écria vivement lady Lochleven.

— N'importe, madame, il était hérétique; et il n'existe qu'un chemin conduisant à la vérité; tous les autres aboutissent à l'erreur.

— Fort bien, madame. Au surplus je me flatte que cet événement vous réconciliera avec votre retraite, en vous faisant connaître les gens qui voudraient vous voir en liberté. Ce sont tous des monstres de cruauté, des buveurs de sang, depuis les Clan-Ranald et les Clan-Tosach du nord jusqu'aux Ferniherst et Buccleuch du sud, depuis les assassins Seyton de l'est...

— Vous oubliez, madame, que je suis une Seyton, dit Catherine en retirant son mouchoir de son visage rouge d'indignation.

— Si je l'oubliais, ma mie, votre arrogance me le rappellerait.

— Si mon frère a tué le scélérat qui a voulu empoisonner sa sœur et sa souveraine, mon seul regret c'est qu'il ait rempli une tâche qui devait appartenir au bourreau. Au reste, quand ce serait le plus brave des Douglas, ce serait un honneur pour lui d'avoir péri par l'épée d'un Seyton.

— Adieu, ma mie, dit lady Lochleven en se levant pour sortir; ce sont les jeunes filles comme vous qui rendent les jeunes gens dissipés et querelleurs. Il faut de hauts faits de cette espèce pour gagner les bonnes graces d'une péronnelle qui regarde la vie comme une courante française. Adieu, madame, dit-elle à la reine; quelque peu agréable que vous soit ma présence, je vous reverrai à l'heure du couvre-feu pour faire servir votre souper. Suis-moi, Randal, et raconte-moi en détail cet événement tragique.

— C'est un événement bien extraordinaire, dit la reine après le départ de lady Lochleven; mais tout scélérat qu'il était, je voudrais qu'on lui eût laissé le temps de se repentir. Nous tâcherons de faire dire quelques prières pour le repos de son ame, si jamais nous obtenons notre liberté, et si l'Église veut accorder cette grace à un hérétique. Mais dis-moi, *ma mignonne*, ce frère qui est si *fringant*, comme le disait ce drôle, te ressemble-t-il toujours autant qu'autrefois?

— Si Votre Majesté parle du caractère, elle doit savoir si je suis aussi *fringante* que le serviteur de lady Lochleven représentait mon frère.

— Mais en bonne conscience tu l'es suffisamment, et tu n'en es pas moins ma favorite. Mais ce que je te demande, c'est si ce frère jumeau te ressemble toujours autant par les traits de la figure. Je me souviens que ta mère alléguait cette ressemblance comme une raison pour te destiner au cloître. Elle disait que si vous étiez tous deux dans le monde, on te ferait honneur de quelques-unes des frasques de ton frère.

— Je crois, madame, que même aujourd'hui il existe encore des gens assez simples pour ne pouvoir distinguer l'un de l'autre, surtout quand mon frère par espièglerie prend des habits de femme. En parlant ainsi, elle lança un coup d'œil rapide sur Roland Græme, à qui cette conversation donnait le mot de l'énigme qui le tourmentait depuis si long-temps, et à qui ce rayon de lumière faisait autant de plaisir que celui qui frappe les yeux du prisonnier quand on ouvre la porte de son cachot pour le remettre en liberté.

— Ce doit être un beau cavalier, s'il te ressemble ainsi, mignonne. Je ne puis en juger, car il était en France les années dernières, et je ne l'ai pas vu à Holyrood.

— Je ne puis rien dire de sa figure, madame ; mais je voudrais qu'il fût moins doué de cet esprit ardent et impétueux que le malheur des temps a donné à presque tous nos jeunes nobles. Dieu sait que je ne désire pas qu'il épargne sa vie quand il s'agit du service de Votre Majesté, et je ne l'en aime que davantage pour le zèle qu'il apporte à votre délivrance. Mais à quoi bon se faire des querelles avec le premier venu ? Pourquoi souiller son nom et ses mains en répandant le sang ignoble d'un vassal, d'un vieux scélérat qui devait finir ses jours sur un gibet ?

— Patience, Catherine, je ne veux pas que tu accuses ainsi mon jeune défenseur. Avec Henry pour mon brave chevalier, et Roland pour mon écuyer fidèle, il me semble que je suis une princesse de roman qui pourra bientôt braver les donjons des tyrans et les baguettes des magiciens. Mais j'ai la tête fatiguée par l'agitation que j'ai éprouvée aujourd'hui. Prends *la Mer des histoires*, et continue la lecture où nous en sommes restées la dernière fois... Que la sainte Vierge te guérisse la tête, ou peut-être plutôt le cœur ! je te demande *la Mer des histoires*, et tu m'apportes *la Chronique d'Amour*.

Une fois embarquée sur la Mer des histoires, la reine prit sa tapisserie, et fit mouvoir son aiguillon pendant deux heures entières, tandis que Catherine et lady Fleming lisaient tour à tour.

Quant à Roland, il est probable qu'il lut mentalement dans la Chronique d'Amour, malgré le peu de faveur que ce livre avait trouvé près de la reine. Il se rappelait maintenant mille indices dans la voix et les manières, qui, si sa prévention eût été moins forte, auraient dû le mettre en état de distinguer le frère de la sœur. Il rougissait de sa méprise. Malgré la vivacité naturelle de miss Seyton, il n'aurait jamais dû lui supposer ce ton de hardiesse et d'assurance si remarquable dans son frère. Il chercha plusieurs fois à saisir un regard de Catherine, afin de pouvoir juger de ses dispositions à son égard depuis qu'il avait fait cette découverte ; mais il n'y put réussir, car Catherine, quand elle ne lisait pas elle-même, semblait prendre tant d'intérêt aux exploits des chevaliers de l'ordre Teutonique contre les païens d'Esthonie et de Livonie, qu'elle ne tourna pas les yeux de son côté un seul instant. Mais quand la reine, ayant fait fermer le livre, leur eut donné ordre de la suivre au jardin, Marie lui fournit une occasion favorable d'entretenir Catherine, et peut-être le fit-elle à dessein, car l'agitation de Roland ne pouvait échapper à une si bonne observatrice. Prenant l'avance avec lady Fleming, elle ordonna à miss Seyton de se tenir à quelque distance, comme si elle avait eu à s'entretenir d'affaires très importantes ; et cependant nous avons appris de bonne part que leur conversation roula sur la question de savoir si le collet monté empesé était préférable à la fraise retombant sur les épaules, question que lady Fleming était en état de discuter. Il aurait fallu que Roland eût été plus gauche et plus maladroit que jeune amant ne le fut jamais s'il n'eût profité de cette occasion.

— Depuis deux grandes heures, belle Catherine, dit-il, je meurs d'envie de vous demander si vous ne m'avez pas cru bien sot, bien stupide, en voyant que je n'avais pas été en état de vous distinguer de votre frère ?

— C'est une méprise qui me fait peu d'honneur, puisque vous avez pris si facilement pour moi un jeune étourdi ; mais avec le temps je deviendrai plus sage, et pour y parvenir plus sûrement, j'ai résolu de me corriger de mes folies au lieu de m'occuper des vôtres.

— Ce sera le sujet de méditations le plus facile des deux.

— Je ne sais trop. Nous avons tous deux plus d'une folie à nous reprocher.

— J'ai été fou, fou à un point impardonnable ; mais vous, aimable Catherine...

— Et moi, dit Catherine avec un ton de gravité qui ne lui était pas ordinaire, j'ai par exemple trop long-temps souffert que vous m'adressiez de semblables expressions. Je ne puis vous les permettre plus long-temps ; et si cela vous fait peine, c'est un reproche que je me fais.

— Et qu'est-il donc arrivé pour changer si subitement nos relations l'un envers l'autre, pour vous obliger à me traiter avec tant de cruauté ?

— Je ne sais trop que vous dire, si ce n'est que les événemens de ce jour m'ont fait sentir la nécessité de mettre à l'avenir plus de distance entre nous. Une chance semblable à celle qui vous a appris l'existence de mon frère peut lui faire connaître la familiarité avec laquelle vous me parlez ; et, juste ciel ! son caractère, sa conduite, ce qu'il a fait aujourd'hui, tout me fait frémir sur les conséquences qui pourraient en résulter.

— N'ayez nulle crainte à cet égard, belle Catherine, je suis en état de me défendre contre des dangers de cette nature.

— C'est-à-dire, s'écria vivement Catherine, que vous vous battriez contre le frère pour donner à la sœur une preuve de votre affection ? J'ai entendu la reine dans ses heures de mélancolie dire que les hommes, quand ils aiment ou quand ils haïssent, sont les êtres les plus égoïstes de toute la création ; et l'indifférence que vous montrez pour mes craintes prouve qu'elle avait raison. Mais ne vous désolez pas, vous n'êtes pas pire que les autres.

— Vous êtes injuste à mon égard, Catherine. Mon imagination ne se représentait qu'une épée qui me menaçait, sans faire attention à la main dans laquelle vous l'aviez placée. Si votre frère, porteur de tous vos traits, était devant moi les armes à la main, il pourrait m'arracher cent fois la vie avant que je songeasse à attaquer la sienne.

— Hélas! dit-elle en soupirant, il ne s'agit pas seulement de mon frère. Vous ne vous rappelez que les circonstances singulières qui ont établi entre nous des rapports d'égalité et d'intimité. Vous ne faites pas attention que lorsque je serai rentrée chez mon père, vous verrez s'ouvrir entre nous un gouffre que vous ne pourriez franchir qu'au péril de votre vie. La seule parente que vous ayez est une femme d'un caractère bizarre et singulier; elle appartient à un clan qui a été détruit, et qui est ennemi des nôtres : le reste de votre famille est inconnu... Pardonnez-moi si ces vérités sont dures; mais il était indispensable de vous les dire, et elles sont incontestables.

— L'amour, charmante Catherine, s'inquiète peu des généalogies.

— Cela est possible; mais lord Seyton s'en inquiète beaucoup.

— La reine, votre maîtresse et la mienne, intercédera pour moi... O Catherine, ne me repoussez pas loin de vous à l'instant où je me croyais au comble du bonheur. Mais si je contribue à sa délivrance, ne m'avez-vous pas dit que vous et elle vous seriez mes débitrices?

— Dites toute l'Écosse! s'écria Catherine avec vivacité. Mais quant à ma reconnaissance personnelle, vous devez vous rappeler que je suis soumise au pouvoir d'un père; et pendant long-temps la pauvre reine sera dans la dépendance de ses nobles, bien loin de pouvoir leur imposer des lois.

— N'importe, mes actions forceront les préjugés même à se taire. Nous vivons dans un temps où l'on peut devoir son élévation à soi-même; et pourquoi ne m'éleverais-je pas comme un autre? Le chevalier d'Avenel, quel que soit son rang aujourd'hui, ne peut se vanter d'une origine plus brillante que la mienne.

— C'est ainsi que parle dans les romans un chevalier errant qui s'ouvre un chemin vers sa princesse, en pourfendant des géans, en mettant à mort des dragons vomissant des flammes.

— Mais si je puis délivrer ma princesse et la rendre libre de son choix, sur qui, chère Catherine, sur qui ce choix se fixera-t-il?

— Commencez d'abord par la délivrer, et ensuite elle vous répondra.

Et à ces mots, rompant tout à coup la conversation, elle courut rejoindre la reine, qui, la voyant arriver si subitement, s'écria : — Point de mauvaises nouvelles, j'espère ; point de dissensions dans ma petite cour... Non, non, ajouta-t-elle, en voyant la rougeur de Catherine et l'œil brillant de Roland ; je vois que tout va bien. — *Ma petite mignonne*, montez à mon appartement, et descendez moi... attendez... oui, descendez-moi mon sachet odorant.

Après avoir fourni à Catherine le meilleur moyen de cacher sa confusion, la reine ajouta : — Je puis au moins compter sur la reconnaissance de deux sujets fidèles : Roland, est-il une souveraine, excepté Marie, qui eût autant de plaisir à protéger vos sincères amours? — Vous portez la main sur votre épée! — Bien ; avant peu votre fidélité sera mise à l'épreuve. — Mais j'entends sonner le couvre-feu à Kinross ; retournons dans notre appartement, car c'est l'heure à laquelle notre aimable hôtesse nous a promis de nous honorer de sa présence pour notre repas du soir. Sa vue me ferait perdre l'esprit, si je ne conservais toujours quelque espoir de délivrance. Mais il faut être patiente.

— S'il m'était possible, dit Catherine, d'être Henry pour un instant, et d'avoir tous les priviléges d'un homme, avec quel plaisir je jetterais mon assiette à la figure de cette vieille, qui n'est qu'un composé d'orgueil, d'affectation et de méchanceté!

La reine rit de cette explosion d'impatience de sa jeune

compagne, tandis que lady Fleming faisait à Catherine une grave réprimande sur sa légèreté. A peine étaient-elles remontées que le souper arriva, précédé de la maîtresse du château. La reine, qui avait pris la résolution d'être prudente, endura sa présence avec courage; mais sa patience se trouva épuisée en voyant remplir une nouvelle formalité qui n'avait pas fait partie jusqu'alors du cérémonial usité à Lochleven : vers la fin du souper, Randal entra portant les clefs du château passées dans une chaîne, et les remit respectueusement à sa maîtresse en lui disant que toutes les portes étaient fermées, et qu'il venait de placer les sentinelles.

La reine et ses deux dames se jetèrent à la dérobée un coup d'œil qui annonçait le mécontentement et le dépit; et Marie dit tout haut : — Nous ne pouvons regretter que notre cour soit si peu nombreuse, quand nous voyons notre bonne hôtesse se charger d'y remplir elle seule tant de fonctions différentes. Outre celles de grand aumônier et d'intendant de notre maison, voilà qu'elle fait ce soir le devoir de capitaine des gardes.

— Et elle continuera à le faire à l'avenir, madame, dit lady Lochleven; l'histoire d'Écosse peut apprendre que des fonctions exercées par substitut sont toujours mal remplies. On n'a pas oublié des favoris d'une date plus récente et doués d'aussi peu de mérite que Olivier Sainclair.

— Non, sans doute, madame, dit Marie; mais mon père avait des favorites aussi bien que des favoris. On se souvient encore de lady Sandilands, de lady Olifaunt et de quelques autres dont le nom n'a pu sans doute se conserver dans la mémoire d'une dame aussi grave que vous.

Si les yeux de lady Lochleven eussent pu lancer le tonnerre, la reine eût été foudroyée en ce moment; mais elle maîtrisa sa colère, et se retira sur-le-champ en emportant son énorme trousseau de clefs.

— Il faut remercier Dieu, dit la reine, de la faute que cette femme a commise dans sa jeunesse. Si elle n'avait pas ce côté faible, elle serait invulnérable, et rien de ce que je lui dirais ne viendrait à bout de l'émouvoir... Mais voici une nouvelle difficulté qui se présente : il paraît qu'elle va se charger de la garde des clefs : comment nous les procurer maintenant?... C'est un dragon qu'on ne peut ni endormir ni gagner.

— Votre Majesté me permettra-t-elle de lui faire une question ? demanda Roland. Si vous étiez une fois hors des murs du château, auriez-vous des moyens pour traverser le lac, et seriez-vous en sûreté sur l'autre rive ?

— Fiez-vous à nous pour cela, Roland, répondit Marie. Sur ces deux points, notre plan est passablement organisé.

— Alors, si Votre Majesté me permet de donner mon avis, je crois que je puis être de quelque utilité en cette affaire.

— Comment, de quelle manière ? Parlez, dit la reine, parlez sans crainte.

— Mon premier protecteur, le chevalier d'Avenel, voulait que tous les jeunes gens de sa maison apprissent à manier la hache et le rabot, le marteau et la lime, et qu'ils sussent travailler le bois et le fer. Il nous citait les anciens champions du Nord, qui forgeaient eux-mêmes leurs armes ; il nous parlait du capitaine montagnard Donald Nan Ord, ou Donald-l'Enclume, qu'il avait connu lui-même, et qui battait le fer en tenant un marteau à chaque main. Quelques-uns disaient que le chevalier d'Avenel n'encourageait ces arts que parce qu'il était de sang roturier ; mais quoi qu'il en soit, je m'y rendis assez habile, et miss Catherine Seyton peut en rendre témoignage en partie, puisque depuis que je suis ici je lui ai fait une épingle d'argent.

— Oui, dit Catherine, vous devriez aussi dire à Sa Grace qu'elle était si bien travaillée, si solide, qu'elle s'est cassée le lendemain et que j'en ai jeté les morceaux je ne sais où.

— Ne la croyez pas, Roland, dit Marie ; je l'ai vue pleurer quand elle l'a cassée, et elle en a ramassé précieusement les fragmens. Mais votre projet, Roland, votre projet ! Est-ce que vous pourriez forger des clefs qui ouvriraient les portes du château ?

— Non, madame, parce qu'il m'en faudrait des modèles; mais je puis en faire qui ressemblent assez à celles que cette méchante femme vient d'apporter, pour qu'elle ne s'aperçoive pas de la substitution si l'on peut venir à bout de l'opérer.

— Et la bonne dame, grace au ciel, n'a pas d'excellens yeux. Mais il vous faut des outils, mon enfant, une forge, et les moyens de travailler sans être observé.

— J'ai déjà travaillé plus d'une fois à la forge du château avec l'armurier, dans le souterrain de la tour. Il vient d'être renvoyé comme suspect d'être trop attaché à Douglas. On est accoutumé à m'y voir travailler le matin, et je trouverai facilement quelque prétexte pour mettre en œuvre le soufflet et l'enclume.

— Ce projet promet assez, dit la reine ; occupez-vous-en sans délai, Roland, et surtout prenez bien garde qu'on découvre quel est l'ouvrage dont vous vous occupez.

— Je prendrai la liberté de fermer la porte aux verrous, pour n'avoir pas à craindre de visite importune ; et si l'on vient à frapper, j'aurai le temps de cacher mon ouvrage avant d'ouvrir la porte.

— Mais cette précaution ne suffira-t-elle pas pour donner des soupçons dans un lieu où ils ne sont déjà que trop éveillés ? demanda Catherine.

— Pas le moindre, répondit Roland : l'armurier s'enfermait toujours pour travailler, et il disait qu'un bon ouvrier ne veut pas être dérangé de son ouvrage. D'ailleurs, il faut bien risquer quelque chose.

— Il est temps de nous retirer pour la nuit, dit la reine : que le ciel vous protège, mes enfans. Si Marie relève la tête au-dessus des vagues qui l'ont engloutie, vous vous élèverez avec elle.

CHAPITRE XXXV.

« .... Quand un fils de l'Église
« Prend un masque trompeur, s'en couvre, se déguise,
« C'est l'heure du péril, non celle du plaisir. »

DRYDEN. *Le Moine espagnol.*

Roland avançait dans son entreprise, et le succès semblait la couronner. Avec de l'argent que la reine lui avait remis, il avait d'abord fait quelques petits bijoux dont le travail n'était pas plus précieux que la matière, et en avait fait présent à ceux qui auraient pu être curieux de savoir à quoi il travaillait toutes les matinées dans la forge. Il endormait ainsi les soupçons en ne paraissant s'occuper que de bagatelles dont les autres tiraient profit ; et cependant il vint à bout de forger un certain nombre de clefs assez semblables pour le poids et la forme à celles qu'on remettait tous les soirs à lady Lochleven : à moins de les examiner très attentivement, il eût été impossible d'en remarquer la différence. Il employa l'eau et le sel pour leur donner la couleur, l'air de vétusté et la rouille des véritables; et ayant enfin réussi au gré de ses désirs, il les apporta à la reine d'un air de triomphe, une heure après celle du couvre-feu.

La reine parut les examiner avec plaisir, et cependant elle secoua la tête d'un air de doute. — Je conviens, dit-elle, que les yeux de lady Lochleven, qui ne sont pas excellens, pourraient s'y tromper si nous pouvions par quelque moyen substituer les fausses clefs à celles qui sont les instrumens de sa tyrannie. Mais comment y réussir? qui, dans ma petite cour, osera essayer d'exécuter ce *tour de jongleur*, de manière à se flatter du succès? Si nous pouvions l'engager dans une discussion un peu vive, ce serait le moyen de distraire son attention. Mais les discours que je lui adresse ne servent souvent qu'à lui faire prendre ses clefs plus vite pour se retirer, comme si elle voulait dire : — Voici ce qui me met au-dessus de vos reproches et de vos sarcasmes; — et quand il s'agirait de sa vie, Marie Stuart ne peut s'abaisser jusqu'à parler à cette femme hérétique et orgueilleuse sans lui faire sentir la distance qui les sépare. Que ferons-nous donc? Lady Fleming emploiera-t-elle son éloquence à lui faire la description des nouvelles modes venues de Paris? Hélas! la bonne dame n'a pas changé de costume depuis la bataille de Pinkie. *Mignonne* lui chantera-t-elle un de ces airs touchans qui nous attendrissent jusqu'au fond de l'ame, Roland et moi? Dame Marguerite Erskine, lady Douglas par mariage, entendrait avec plus de plaisir un psaume huguenot sur l'air : *Réveillez-vous, belle endormie.* Eh bien! mes conseillers, que faire? Donnez-moi votre avis, car je suis au bout de mes expédiens. Notre brave champion, notre fidèle garde-du-corps, Roland Græme, attaquera-t-il vaillamment notre hôtesse, et s'emparera-t-il des clefs *par voie de fait?*

— Avec la permission de Votre Majesté, dit Roland, je crois qu'il faut avoir recours à l'adresse et non à la violence; car quoique, dès qu'il s'agit de votre service, je ne craigne pas....

— Un bataillon de vieilles femmes, dit Catherine, armées de quenouilles et de fuseaux, quoiqu'il ne se sente aucun goût pour les lances ou les pertuisanes.

— Celui qui ne craint pas la langue d'une jeune fille, dit

le page, ne craint rien au monde. Je suis convaincu, madame, que je viendrai à bout de substituer ces fausses clefs aux véritables; mais je crains la sentinelle qu'on a placée depuis quelque temps dans le jardin, par où il faut maintenant que nous passions.

Sur ce point nous sommes assurées d'être aidées par nos amis de l'autre côté du lac, dit la reine.

— Et Votre Grace peut-elle compter sur leur vigilance comme sur leur fidélité?

— J'en répondrais sur ma vie, et je vais vous en donner la preuve sur-le-champ. Suivez-moi dans ma chambre à coucher. Mais un instant. Venez, Catherine; je ne dois pas rester seule avec un page si alerte. Fleming, fermez la porte de l'antichambre, et avertissez-nous si vous entendez quelqu'un sur l'escalier. Non, non; charge-toi de ce soin, *mignonne*, dit-elle à Catherine en ajoutant à voix basse : tu as l'oreille plus fine et l'esprit plus délié. Suivez-nous, Fleming. Tu ne seras pas jalouse, *mignonne*, dit-elle encore tout bas à Catherine en souriant; tu vois que j'emmène un témoin respectable de toutes mes actions.

La reine, lady Fleming et Roland entrèrent alors dans la chambre à coucher, au bout de laquelle était une fenêtre donnant sur le lac.

— Approchez de cette fenêtre, Roland, dit la reine. Parmi les lumières qu'on commence à allumer dans le bourg de Kinross, n'en voyez-vous pas une solitaire, et plus près du bord de l'eau que les autres? Sa clarté, en ce moment de crépuscule, n'est pas plus considérable que celle que produirait un pauvre ver-luisant, et c'est cependant pour les yeux de Marie Stuart un astre plus brillant qu'aucun de ceux qui ornent la voûte des cieux. Ce signal me fait connaître qu'on songe à ma délivrance, et qu'on est prêt à seconder tout ce que je pourrai tenter de mon côté. Sans cette assurance, sans l'espoir que cette lumière me donne de recouvrer un jour ma liberté, il y a long-temps que j'aurais succombé à mes chagrins. Combien de plans, combien de projets ont été formés et abandonnés ! Mais cette lumière brille encore; et tant qu'elle brillera mon espérance ne sera pas éteinte. Que de tristes soirées j'ai passées depuis le départ de Douglas, osant à peine croire que ce signal reparaîtrait jamais! Il a pourtant reparu depuis quelques jours ; et comme le feu Saint-Elme pendant la tempête, il a porté la consolation dans mon cœur et y a fait renaître l'espérance, en m'apprenant que mes amis ont conçu quelque projet nouveau.

— Si je ne me trompe, dit Roland, cette lumière part de la maison du jardinier Blinkhoolie.

— Vous avez la vue bonne, dit la reine. Oui, c'est là que mes fidèles sujets tiennent conseil sur les moyens de me délivrer. La voix d'une malheureuse captive se perdrait sur les eaux du lac, avant de frapper leur oreille, et cependant je puis communiquer avec eux. Vous allez en être témoin, Roland, car je ne veux rien vous cacher. Je vais leur demander si le moment de l'exécution de leur projet est prochain. Placez la lampe sur la fenêtre, Fleming.

Lady Fleming obéit et la retira au même instant, ce qu'elle n'eut pas plus tôt fait que la lumière disparut de la maison du jardinier.

— Comptez maintenant, dit la reine ; mon cœur bat trop fort pour me permettre de compter moi-même.

Lady Fleming se mit à compter posément un, deux, trois ; et quand elle arriva au nombre dix, on vit de nouveau briller la lumière.

— Dieu soit loué ! s'écria Marie ; avant-hier j'ai compté jusqu'à trente avant que la lumière reparût. Je vois donc qu'ils espèrent que l'heure de ma délivrance approche. Que le ciel protége de fidèles serviteurs qui travaillent pour moi avec tant de constance, et en s'exposant à tant de dangers ! Mais rentrons dans le salon ; notre absence ferait peut-être concevoir des soupçons si l'on ne nous y trouvait pas quand on servira le souper.

Ils rentrèrent dans le salon, et la soirée se passa comme à l'ordinaire.

Le lendemain à l'heure du dîner il arriva un nouvel incident. Tandis que lady Lochleven faisait l'essai des mets servis sur la table de la reine, Randal vint l'avertir qu'un homme d'armes envoyé par son fils venait d'arriver au château, mais qu'il n'était porteur d'aucune dépêche.

— Vous a-t-il donné son mot d'ordre?

— Il ne veut le donner qu'à vous-même, milady.

— C'est agir prudemment. Faites-le attendre dans mon antichambre. Mais non, madame voudra bien permettre. Faites-le venir ici sur-le-champ; j'ai hâte de lui parler.

— Puisqu'il vous plaît, dit la reine, de faire de mon appartement votre salle d'audience pour y recevoir vos domestiques...

— Ma situation doit être mon excuse, madame. Je suis seule, âgée, infirme; j'ai des devoirs importans à remplir. La vie que je mène ici ne s'accorde guère avec les années accumulées sur ma tête, et me force à me dispenser du cérémonial.

— Oh! ma bonne dame, s'écria la reine, plût au ciel qu'il n'y eût pas dans votre château de chaînes plus pesantes que celles du cérémonial! Ce sont de vraies toiles d'araignée. Mais les verrous et les barreaux sont d'une matière plus solide.

Comme elle finissait de parler, Randal entra avec l'homme d'armes qu'il avait annoncé, et Roland reconnut en lui sur-le-champ l'abbé Ambroise.

— Comment vous nommez-vous, mon ami? dit lady Lochleven.

— Édouard Glendinning, dit l'abbé en la saluant.

Seriez-vous de la famille du chevalier d'Avenel?

— Oui, madame, je suis son proche parent.

— Cela est assez vraisemblable, dit lady Lochleven ; le chevalier est fils de ses propres œuvres, et c'est par son mérite qu'il s'est élevé d'une naissance obscure au rang qu'il occupe aujourd'hui! mais c'est un homme d'une fidélité et d'une bravoure à l'épreuve, et je vois avec plaisir son parent. Vous professez sans doute la véritable foi ?

— Très certainement, madame, répondit le prétendu soldat.

— Sir William a dû vous donner un mot d'ordre pour assurer votre admission au château.

— Oui, madame, mais je ne dois le répéter qu'à vous seule.

— Vous avez raison. Suivez-moi par ici. Elle le conduisit dans l'embrasure d'une croisée, au bout du salon.

— Quel est ce mot d'ordre ?

— Il consiste dans deux vers d'un vieux barde, reprit l'abbé.

— Répétez-les, dit la dame.

L'abbé prononça à demi-voix ces deux vers d'un poème intitulé *le Hibou*.

>Douglas! Douglas!
>Tendre et fidèle.

— Fidèle, sir John Holland! dit lady Douglas en s'adressant à ce poète des anciens jours : jamais un meilleur ne fut inspiré par la harpe, et la gloire des Douglas était toujours le sujet favori de tes chants! Nous vous recevons au nombre de nos gardes, Glendinning. Cependant, Randal, jusqu'à ce que j'aie reçu de mon fils des nouvelles plus positives, ne l'employez que pour la garde extérieure ; donnez-lui le poste du jardin, par exemple. Vous ne craignez pas l'air de la nuit, Glendinning?

Pour le service de la maîtresse devant laquelle je me trouve, je ne crains rien, madame.

— On ne peut mieux, dit lady Lochleven, satisfaite d'un compliment qu'elle prenait pour elle. Voilà notre garnison renforcée d'un soldat que je crois digne de confiance. Descendez à l'office, mon ami, et vous, Randal, ayez soin de lui.

Quand lady Lochleven se fut retirée, la reine dit à Roland, qui ne la quittait presque plus : — Je ne sais pourquoi l'air de cet étranger me prévient en sa faveur; je serais tentée de voir en lui un ami.

— La pénétration de Votre Majesté ne la trompe pas, reprit Roland : c'est l'abbé de Sainte-Marie lui-même que vous venez de voir en la personne de cet homme d'armes.

La reine éleva les yeux vers le ciel en se signant. — Quoi! s'écria-t-elle, c'est pour moi indigne pécheresse que ce saint homme, cet homme dont le rang est si élevé dans l'Église, porte l'habit d'un simple soldat et risque de périr de la mort des traîtres !

— Dieu protégera son serviteur, madame, dit Catherine. L'aide que nous accorde le digne père Ambroise attirerait la bénédiction du ciel sur notre entreprise, si elle ne la méritait pas déjà par elle-même.

— Ce que j'admire dans mon père spirituel, dit Roland, c'est la fermeté avec laquelle il m'a regardé sans laisser entrevoir par le plus léger signe qu'il me reconnût. Je ne pensais pas que cela fût possible, depuis que j'ai cessé de croire que Henry et Catherine fussent une même personne.

— Mais avez-vous remarqué, dit la reine, avec quelle adresse le bon père éludait les questions de lady Lochleven en ne lui disant néanmoins que la vérité, mais de manière à ce qu'elle l'interprétât tout différemment?

Roland, dans l'ingénuité de son cœur, pensait que dire la vérité avec l'intention de tromper c'était à peu près dissimuler un mensonge. Mais ce n'était pas le moment d'agiter de semblables questions.

— Maintenant faisons attention aux signaux qu'on doit nous donner de l'autre bord, s'écria Catherine. Mon cœur me dit qu'au lieu d'une lumière nous en verrons deux briller dans ce nouveau jardin d'Éden. Courage, Roland! conduisez-vous vaillamment, et nous danserons cette nuit sur le gazon comme des fées.

Les pressentimens de Catherine ne l'avaient point trompée; deux lumières brillaient effectivement dans l'ermitage, et le page entendit qu'on ordonnait à l'homme d'armes nouvellement arrivé d'aller en faction dans le jardin. Il s'empressa de rapporter à la reine cette heureuse nouvelle. Marie lui tendit la main; il fléchit le genou, et la porta à ses lèvres; mais en la touchant il la trouva couverte d'une sueur froide.
— Madame, lui dit-il, au nom du ciel, ne vous laissez pas abattre en ce moment de crise, et armez-vous de tout votre courage.

— Invoquez le secours de Notre-Dame et de tous les saints, dit lady Fleming.

— Appelez à votre aide l'esprit des cent rois dont vous êtes descendue, s'écria Roland; en ce moment critique la résolution d'une reine vaut les secours de tous les saints du paradis.

— O Roland! dit Marie d'un ton d'accablement, soyez-moi fidèle; tant de gens m'ont déjà trahie! Hélas! ne me suis-je pas trahie moi-même! J'ai un pressentiment que cette entreprise nous coûtera la vie à tous. Un devin m'a prédit en France que je mourrais en prison et de mort violente. Voici l'heure qui arrive; fasse le ciel que j'y sois préparée!

— Madame, dit Catherine, souvenez-vous que vous êtes reine. Il vaut mieux périr en essayant de nous remettre en liberté que de rester ici pour y être empoisonnées comme des rats dont on veut débarrasser une vieille maison.

— Vous avez raison, Catherine, dit la reine, et vous verrez Marie agir d'une manière digne de son rang. Mais hélas! votre esprit jeune et bouillant ne peut se faire une idée des causes qui ont abattu le mien. Pardonnez-moi, mes enfans, et séparons-nous un instant. Je vais recueillir mes forces pour me préparer à cette grande entreprise.

Ils se séparèrent jusqu'au moment où l'on sonna le couvre-feu. La reine parut sérieuse, mais ferme et déterminée. Lady Fleming, en femme habituée à la cour, savait parfaitement déguiser les craintes et les inquiétudes qui l'agitaient. L'œil de Catherine était animé par la hardiesse du projet qu'il s'agissait d'exécuter, et un léger sourire annonçait qu'elle méprisait tous les dangers qui pouvaient résulter d'une découverte. Roland, qui sentait que le succès dépendait de son adresse et de son audace, appelait à son aide toute sa présence d'esprit, et puisait un nouveau courage dans les yeux de Catherine qu'il croyait n'avoir jamais vue si belle qu'en ce moment. — Je puis échouer, pensait-il, mais tant que j'aurai devant les yeux une telle récompense, il faudra qu'ils appellent à leur aide le diable en personne pour me déjouer. Avec cette ferme résolution, il se tenait comme le chien qui guette sa proie, prêt à faire naître ou à saisir l'occasion de mettre leur projet à exécution.

Les clefs avaient été apportées suivant l'usage à lady Lochleven. Le dos tourné à une fenêtre qui comme celle de la chambre de la reine donnait sur le lac, et d'où l'on apercevait l'église et le bourg de Kinross et quelques chaumières situées sur le bord du lac, elle était debout devant la table sur laquelle elle avait déposé ses clefs un instant pour faire l'essai des différens mets qui y étaient servis, et ses yeux semblaient se diriger plus constamment que de coutume sur le fatal trousseau ; du moins c'est ce que l'envie de les voir en leur puissance faisait croire aux prisonnières. Elle venait de finir la cérémonie de goûter de tous les plats destinés à la reine, et elle avançait déjà la main pour reprendre ses clefs, quand Roland, qui se trouvait près d'elle et qui lui avait présenté successivement tous les mets pour qu'elle en fît l'essai, tournant la tête vers la croisée dont nous venons de parler, s'écria qu'il voyait une lumière dans le cimetière de Kinross.

Lady Lochleven n'était pas tout-à-fait exempte des superstitions de son siècle. Elle croyait aux présages; ses fils étaient absens, et une lumière vue dans un cimetière passait pour un signe de mort. Elle tourna la tête un instant vers la croisée, et cet instant suffit pour lui faire perdre tout le fruit de sa longue vigilance. Roland avait sous son habit le trousseau de fausses clefs, et il les substitua avec autant d'adresse que de célérité à celui qui unissait les véritables, dont il s'empara. Toute sa dextérité ne put cependant empêcher les clefs de faire quelque bruit.

— Qui touche à mes clefs? s'écria lady Lochleven en se retournant avec vivacité; et tandis que Roland lui répondait que la manche de son habit les avait dérangées, elle jeta les yeux autour d'elle, reprit sur-le-champ le trousseau de clefs, sans aucun soupçon de la substitution qui venait de se faire, et reporta ses regards du côté de la fenêtre.

— Ces deux lumières, dit-elle, ne sont pas dans le cimetière. Je suis certaine qu'elles sont dans la chaumière du vieux jardinier Blinkhoolie, qui en est voisine. Je ne sais quel métier fait ce drôle, mais depuis un certain temps on voit de la lumière chez lui presque pendant toute la nuit. Je le regardais comme un homme industrieux et paisible; mais s'il reçoit chez lui des vagabonds et des coureurs de nuit, il faudra en débarrasser le pays.

— Peut-être travaille-t-il à faire des paniers pour vendre son fruit, dit le page, qui désirait détourner le cours de ses soupçons.

— Ou à ses filets, dit lady Lochleven d'un ton d'ironie.

— Sans doute, ajouta Roland, pour vendre des truites et des saumons..

— Ou des fous et des coquins, dit lady Lochleven ; mais dès demain je prendrai des renseignemens à cet égard. Saluant alors la reine, elle se retira suivie de Randal, qui l'attendait dans l'antichambre, selon la coutume, pour la reconduire dans son appartement.

— Demain! s'écria le page en se frottant les mains de joie

quand elle fut partie; les fous comptent sur demain, mais les sages profitent d'aujourd'hui. — Oserais-je prier Votre Majesté de se retirer quelques instans dans son appartement, et d'attendre que tout soit endormi dans la citadelle? Je vais frotter d'huile ces précieux instrumens de notre liberté pour qu'ils fassent moins de bruit en les essayant. Courage et constance, tout ira bien, pourvu que nos amis de l'autre bord ne manquent pas d'amener la barque dont vous m'avez parlé.

— Ne craignez rien, dit Catherine; on peut compter sur eux, si notre chère reine veut conserver son noble courage...

— Rassurez-vous, Catherine, répondit la reine; j'ai pu céder à l'accablement d'un instant; mais j'ai retrouvé le courage dont j'ai donné des preuves quand j'accompagnais mes nobles à la guerre, quand je désirais être homme pour couvrir mon front du casque et armer mon bras de l'épée et du bouclier.

— L'alouette ne chante pas plus gaîment que le soldat, dit Catherine. Mais Votre Majesté se trouvera bientôt au milieu de ses fidèles sujets, et un seul de ses regards donnera à chacun d'eux triple force et triple courage.

— Il faut nous presser, dit la reine; on vient d'éteindre une des deux lumières, ce qui nous annonce que la barque vient de prendre le large.

Il leur faudra du temps pour faire la traversée, dit le page, car ils rameront avec précaution, de peur d'être entendus, et se serviront de l'aviron quand la profondeur de l'eau le permettra. — Que chacun s'apprête. Je vais prévenir notre digne abbé.

A minuit, tandis qu'un profond silence régnait à Lochleven, Roland mit la clef dans la serrure de la porte qui ouvrait sur le jardin, et qui était située au bas d'un escalier de communication avec l'appartement de la reine. Après une invocation à la serrure pour qu'elle s'ouvrît sans bruit, elle céda à ses vœux, grace à la précaution qu'il avait prise de la frotter d'huile. Sans se risquer à traverser le seuil de la porte, il échangea quelques mots avec l'abbé déguisé, et lui demanda si la barque était arrivée.

— Il y une demi-heure qu'elle est sous le mur du jardin, répondit l'abbé Ambroise, et il est impossible que la sentinelle de la tour l'aperçoive en cet endroit ; mais je crains qu'elle n'échappe pas de même à sa surveillance quand nous reprendrons le large.

— La nuit et le silence nous favoriseront, dit le page. D'ailleurs c'est Hildebrand qui est de garde sur la tour. C'est un drôle qui n'a jamais fait une faction sans vider une pinte d'eau-de-vie et sans s'endormir.

— Amenez donc la reine, reprit l'abbé ; je vais avertir Henry Seyton ; et que le ciel nous favorise !

Les trois prisonnières, précédées par Roland, descendirent l'escalier sur la pointe du pied, osant à peine respirer, et tremblant au seul bruit que faisaient leurs vêtemens en marchant. Elles furent reçues à la porte du jardin par Henry Seyton et l'abbé, et le premier parut sur-le-champ prendre sur lui la direction de l'entreprise.

— Révérend abbé dit-il, donnez le bras à ma sœur ; je me charge de la reine, et ce jeune homme aura l'honneur de conduire lady Fleming.

Cet arrangement n'était pas tout-à-fait celui qui aurait convenu à Roland ; mais ce n'était pas le moment de faire des objections. Catherine Seyton, qui connaissait le terrain, marchait en avant, comme une sylphide, entraînant l'abbé après elle au lieu d'en être soutenue. La reine, animée par son courage naturel qui faisait taire la crainte, mais en proie à mille réflexions pénibles, venait ensuite appuyée sur le bras d'Henry Seyton ; enfin lady Fleming se traînait à l'arrière-garde, poussant de gros soupirs, faisant un faux pas à chaque instant, et accablant de son poids un des bras du pauvre Roland, qui portait sous l'autre une cassette et un paquet appartenant à la reine.

Henry Seyton était entré dans le jardin en escaladant la muraille. Les prisonnières ne pouvant en sortir de même, il fallut ouvrir la porte qui conduisait sur le bord du lac. Plusieurs clefs furent essayées inutilement. Moment terrible de terreur et d'espoir! Enfin elle s'ouvrit, et l'on trouva à quelques pas une barque équipée avec six rameurs et un pilote, tous couchés sur le pont pour éviter d'être vus. Henry fit asseoir la reine sur la poupe; l'abbé se préparait à aider Catherine à entrer dans la barque; mais d'un saut elle s'y élança, et était déjà assise à côté de la reine tandis qu'il lui présentait encore la main. Roland arrivait alors avec lady Fleming; mais à l'instant de la faire entrer dans la barque, il s'écria à voix basse et en se frappant sur le front: — Quel oubli! quel oubli! attendez-moi une demi-minute. A ces mots, laissant sur le rivage sa compagne, en lui remettant la cassette de la reine, et jetant le paquet dans la barque, il rentra dans le jardin avec la vitesse d'un cerf.

— De par le ciel! s'écria Seyton, il nous trahit. Je l'avais toujours craint.

— Il en est incapable, dit Catherine, et je réponds de lui.

— Silence! lui dit brusquement son frère. Que la honte vous ferme la bouche, si ce n'est pas la crainte. Allons, rameurs, prenons le large, et force de rames : il y va de la vie.

— Eh bien! eh bien! s'écria lady Fleming plus haut que la prudence ne le permettait, partez-vous donc sans moi?

— Au large! au large! dit Seyton : qu'importe ce qui reste, pourvu que la reine soit sauvée?

— Le souffrirez-vous, madame, dit Catherine à la reine? abandonnerez-vous votre libérateur à la mort?

— Non, bien certainement, répondit Marie. Seyton, je vous ordonne d'attendre, à quelque risque que ce soit.

— Pardon si je vous désobéis, madame, répliqua l'impétueux jeune homme ; et tirant lady Fleming dans la barque, il prit un aviron, et mit lui-même la main à l'œuvre pour s'éloigner du rivage. Elle en était déjà à quelques pieds, quand Roland, arrivant hors d'haleine et voyant qu'on partait sans lui, s'élança avec agilité dans la barque, et renversa Seyton qui se trouvait devant lui. Henry se releva en jurant à demi-voix, et arrêtant le page qui s'avançait vers la poupe :

— Votre place n'est pas avec les dames, lui dit-il ; restez à la proue, vous ferez contre-poids. Allons, mes amis, courage ! jouez des bras.

Les rameurs obéirent, et la barque s'éloigna rapidement du rivage.

— Pourquoi n'avez-vous pas couvert les rames ? demanda Roland. Le bruit qu'elles font éveillera la sentinelle ; si le vieil Hildebrand n'avait pas bu plus que de raison à son souper, ces chuchotemens l'auraient déjà éveillé.

— Tout ce délai vient de ta faute, dit Seyton ; mais tu m'en rendras compte ci-après, ainsi que de quelques autres choses.

Les craintes de Roland se vérifièrent trop tôt pour lui permettre de répondre. Hildebrand à demi endormi n'avait pas entendu le bruit des voix ; mais celui des rames l'éveilla. On l'entendit s'écrier : — La barque ! la barque ! amenez, amenez sur-le-champ, ou je fais feu. Voyant que la barque continuait à s'éloigner, il cria : — Trahison ! trahison ! déchargea son arquebuse, et sonna la cloche d'alarme. Les dames épouvantées se précipitèrent l'une sur l'autre ; le pilote quitta le gouvernail, et couvrit la reine de son corps. Plus d'une balle siffla en l'air et tomba dans l'eau à peu de distance de la barque. Enfin des lumières qu'on voyait se mouvoir à toutes les fenêtres du château prouvèrent que chacun y était éveillé, et qu'on avait découvert l'évasion des prisonnières.

— Ramez ! ramez donc ! s'écria Seyton ; faites force de

rames, ou de par Dieu, mon poignard vous donnera des bras! On va mettre l'esquif à notre poursuite.

— C'est à quoi j'ai pris garde, dit Roland ; car je ne vous ai quittés un instant que pour fermer les portes du château, et je vous réponds qu'elles sont solides, et qu'il faudra du temps pour les forcer. Maintenant je me démets de la charge de portier du château de Lochleven, et j'en confie les clefs à la garde de Kelpie[1]. A ces mots, il jeta dans le lac le trousseau de clefs.

— Que le ciel vous bénisse, mon fils, dit l'abbé ; votre prudence nous fait honte à tous.

— Je connaissais, dit la reine, respirant alors plus librement parce qu'on était hors de la portée du mousquet, la fidélité, le zèle et la promptitude de mon jeune écuyer Roland Græme, et j'espère qu'il sera l'ami de mes dignes et fidèles George Douglas et Henry Seyton. Mais où est donc Douglas?

— Le voici, madame, répondit d'une voix mélancolique l'homme qui remplissait les fonctions de pilote, et qui était assis près d'elle.

— Quoi! Douglas, c'était donc vous qui me faisiez un rempart de votre corps quand les balles pleuvaient autour de nous?

— Croyez-vous, madame, répondit-il, que Douglas aurait cédé à qui que ce fût le droit de sacrifier sa vie pour sauver celle de Marie Stuart?

Ce dialogue fut interrompu par la décharge d'une de ces petites pièces d'artillerie nommées fauconneaux dont on se servait à cette époque. Mais la nuit était trop obscure pour qu'on pût pointer la barque à la distance où elle se trouvait alors de Lochleven. Cependant le bruit, répété par les échos de Bennarty, renouvela l'effroi des prisonnières, et elles ne prononcèrent plus un seul mot avant d'arriver au lieu de

---

(1) Esprit que la superstition suppose habiter les lacs et les rivières. — Ed.

débarquement, qu'elles atteignirent peu d'instans après. Elles descendirent sur un quai grossièrement construit au bout du jardin dont nous avons déjà parlé. Dès qu'elles eurent posé le pied sur le rivage, l'abbé prononça à haute voix une action de grâces au ciel qui avait si visiblement favorisé leur entreprise, et Douglas recueillit la récompense la plus flatteuse pour lui de ses travaux, en conduisant la reine dans la maison du jardinier. Marie dans ce premier moment de liberté n'oublia pourtant pas Roland, car elle ordonna à Seyton de donner le bras à lady Fleming, tandis que Catherine, de son propre mouvement et sans en avoir reçu l'ordre, prit celui du page. Cependant Henry confia lady Fleming aux soins de l'abbé, alléguant qu'il fallait qu'il veillât à ce qu'on préparât les chevaux; et les hommes de sa suite, se débarrassant de leurs surtouts de bateliers, se disposèrent à le suivre.

Tandis que Marie se reposait quelques minutes dans la chaumière du jardinier, en attendant que tout fût prêt pour le départ, elle aperçut dans un coin le vieux propriétaire du jardin, et l'invita à s'approcher d'elle. Il obéit, mais en quelque sorte à contre-cœur.

— Eh bien! mon frère, dit l'abbé, vous tardez bien long-temps à féliciter votre souveraine du recouvrement de sa liberté?

Le vieillard continua à s'avancer à pas lents vers la reine, et lui adressa en fort peu de mots un compliment beaucoup mieux tourné qu'elle n'aurait dû l'attendre d'un homme de sa profession. Marie le remercia de la manière la plus gracieuse. — Il nous reste, ajouta-t-elle, à vous récompenser comme nous le pouvons en ce moment de votre dévouement à notre cause; car nous savons que votre maison a été long-temps l'asile dans lequel nos fidèles serviteurs se sont concertés pour nous rendre la liberté.

A ces mots elle lui offrit une bourse, en ajoutant que par

suite elle se proposait de récompenser plus dignement ses services.

— A genoux, mon frère, à genoux; dit l'abbé, et remerciez Sa Majesté de ses bontés.

— Mon frère, répondit le jardinier avec humeur, vous qui étiez autrefois à quelques degrés au-dessous de moi, et qui êtes encore aujourd'hui plus jeune de bien des années, laissez-moi faire mes remerciemens à ma manière. Des reines ont fléchi le genou devant moi, et en vérité les miens sont trop vieux et trop raides pour pouvoir plier même devant une dame si aimable. Si les serviteurs de Votre Majesté, madame, ont occupé ma maison de manière que je ne pouvais plus l'appeler la mienne; si dans le zèle de leurs allées et venues nocturnes, ils ont foulé mes plus belles fleurs; s'ils ont détruit l'espoir de ma récolte en faisant de mon verger une écurie pour leurs chevaux, la seule récompense que je vous demande, c'est qu'il plaise à Sa Majesté de fixer sa résidence aussi loin de moi qu'elle le pourra. Je suis vieux, et je voudrais arriver au tombeau en paix avec les hommes et le plus tranquillement possible.

— Je vous garantis, brave homme, que si j'habite une seconde fois ce château, ce ne sera pas ma faute. Mais acceptez cet argent; ce sera une faible indemnité des dégâts qui ont pu se commettre dans votre jardin et votre verger.

— Je remercie Votre Majesté; mais cela ne m'indemniserait en rien. Il n'est pas facile d'indemniser un vieillard qui n'a peut-être plus qu'un an à vivre de la perte de ses travaux de toute une année. D'ailleurs ne me dit-on pas que ma sûreté exige que je quitte cet endroit; que je devienne errant à mon âge, moi qui ne possède rien au monde que ces arbres fruitiers et quelques vieux parchemins relatifs à quelques secrets de famille qui ne valent pas la peine qu'on en parle? Quant à l'argent, si je l'avais aimé, je serais resté abbé de Sainte-Marie; et cependant j'aurais eu tort, car si l'abbé Boniface n'est plus que le pauvre jardinier

Blinkhoolie, son successeur l'abbé Ambroise a subi une métamorphose encore plus fâcheuse, puisque le voilà devenu homme d'armes.

— Quoi! s'écria la reine, ai-je devant les yeux l'abbé Boniface, dont j'ai tant entendu parler? Ce serait à moi à fléchir le genou devant vous, mon vénérable père, pour vous demander votre bénédiction.

— N'en faites rien, madame, n'en faites rien. Puisse la bénédiction d'un vieillard qui n'est plus abbé vous accompagner dans les vallées et sur les montagnes! Mais j'entends le bruit de vos chevaux.

— Adieu, mon père: quand nous serons rentrée dans Holyrood, nous n'oublierons ni l'ancien abbé de Sainte-Marie ni son jardin.

— Oubliez l'un et l'autre, s'écria l'ex-abbé, et que Dieu vous protége!

Tout en sortant de la maison, ils entendirent le vieillard murmurer encore quelques mots d'un ton grondeur, et fermer sa porte avec soin.

— La vengeance des Douglas va tomber sur lui, dit la reine. Faut-il que je cause ainsi la ruine de tout ce qui m'approche!

— Il ne peut rester ici, dit Seyton; on a pris les mesures nécessaires, et on va le conduire dans un endroit où il sera en sûreté. Mais je voudrais que Votre Majesté fût déjà partie. Allons, à cheval! à cheval!

La suite de Seyton et de Douglas était composée d'une vingtaine de cavaliers. On présenta des chevaux à la reine et à ses deux dames; et la petite troupe, évitant de passer par le bourg où le feu du château avait jeté l'alarme, se trouva bientôt en plaine, et s'éloigna de Kinross au grand trot.

CHAPITRE XXXVI.

« Il monta sur son cheval noir,
« La plaça sur sa jument grise;
« Et plus rapide que la bise,
« Ils voyagèrent jusqu'au soir. »
Ancienne ballade.

La fraîcheur de l'air de la nuit, le bruit de la marche accélérée des chevaux, la rapidité du mouvement, et surtout le sentiment de la liberté qui vient de lui être rendue, dissipèrent peu à peu l'espèce d'abattement qui accablait d'abord la reine. Elle ne put cacher le changement qui s'opérait en elle à un homme d'armes qui marchait à son côté, la visière baissée, et qu'elle prenait pour l'abbé Ambroise; car Seyton, avec toute l'impétuosité d'un jeune homme, fier, non sans quelque raison de son premier succès, se donnait des airs d'importance, et semblait avoir pris de lui-même le commandement de la petite troupe qui escortait, suivant le langage du temps, la fortune de l'Écosse. Tantôt il était à la tête, animant les premiers cavaliers à marcher d'un pas rapide, mais en bon ordre; tantôt courant à l'arrière-garde, il ordonnait à ceux qui s'y trouvaient de ne pas ménager leurs éperons, et de ne laisser aucun intervalle entre les rangs ; quelquefois s'approchant de la reine et de ses dames, qui étaient au centre, il leur demandait comment elles supportaient les fatigues de la marche, et si elles avaient quelques ordres à lui donner. Mais tandis que Henry était ainsi affairé, non sans un peu d'ostentation, le cavalier placé près de la reine lui donnait toute son attention sans partage, comme s'il eût été chargé de veiller sur un être d'un ordre supérieur. Quand la route était dangereuse ou seulement raboteuse, il ne songeait presque plus à son cheval, et tenant la main sur la bride de celui de Marie, il cherchait à prévenir le moindre accident. Ils furent obligés de traverser à gué une rivière, et de la main gauche il la soutint sur sa selle, tandis que de la droite il tenait les rênes du palefroi qui la portait.

— Je ne croyais pas, révérend père, dit la reine quand elle fut sur l'autre rive, qu'il se trouvât de si bons cavaliers dans le couvent de Sainte-Marie. Celui à qui elle parlait ainsi soupira sans lui répondre. Je ne sais, continua la reine sans y faire attention, si c'est le sentiment de la liberté ou le plaisir de me livrer à mon exercice favori, et dont j'ai été si long-temps privée, qui semble me donner des ailes ; jamais poisson dans l'eau, jamais oiseau dans les airs n'ont éprouvé la sensation délicieuse qui me transporte en ce moment. Il me semble que je suis sous l'influence d'un talisman en me retrouvant en selle ; car je crois être montée sur ma Rosabelle, qui n'avait pas d'égale en Écosse pour la légèreté de la marche, la douceur du trot, et la sûreté du pied.

— Et si l'animal qui porte un fardeau si précieux pouvait parler, répondit la voix mélancolique de George Douglas, il vous dirait : Quelle autre monture que Rosabelle devait servir à sa maîtresse en ce moment de crise, et quel autre que Douglas devait veiller à sa sûreté ?

La reine tressaillit et vit d'un seul coup d'œil tous les maux que la passion inconsidérée de ce jeune homme pouvait produire tant pour elle que pour lui-même ; mais la compassion et la reconnaissance l'emportèrent sur la dignité royale offensée, et elle s'efforça de continuer la conversation d'un ton d'indifférence.

— Je croyais, dit-elle, avoir entendu dire que lors du partage de mes dépouilles, Rosabelle avait été donnée à la belle Alice, à la sultane favorite de Morton.

— La noble haquenée avait été dégradée à ce point, dit Douglas; elle était gardée sous quatre clefs, et par un grand nombre de palefreniers : mais Marie, reine d'Écosse, avait besoin de Rosabelle, et Rosabelle est ici.

— Est-il possible, Douglas, que dans un moment où nous allons avoir à courir tant de dangers de toute espèce, vous ayez inutilement exposé vos jours pour un objet aussi peu important qu'une haquenée?

— Appelez-vous peu important ce qui vous a procuré un instant de plaisir! Ne vous ai-je pas vue tressaillir de joie quand vous avez appris que vous étiez montée sur Rosabelle? Et pour vous acheter ce plaisir, ne dût-il durer que le temps de la lueur d'un éclair, Douglas n'aurait-il pas risqué mille fois sa vie?

— Paix, Douglas, paix! un tel langage n'est pas convenable. Mais où est donc l'abbé de Sainte-Marie? Je voudrais lui parler. Eh bien! Douglas, pourquoi vous éloigner d'un air d'humeur?

— D'humeur, madame! j'en prendrais aussi facilement contre le ciel, s'il me refusait l'accomplissement des souhaits les plus extravagans qu'un mortel puisse former. Le chagrin est le seul sentiment que puissent m'inspirer vos justes mépris.

— Continuez cependant à tenir mes rênes, dit Marie, l'abbé peut se placer de l'autre côté; d'ailleurs si la route devenait mauvaise, je doute fort qu'il fût en état de me rendre, ainsi qu'à Rosabelle, les mêmes services que vous.

L'abbé, informé que la reine le demandait, vint se placer près d'elle, et elle entama avec lui une conversation sur l'état des partis en Écosse, et sur le plan qu'elle devait suivre pour remonter sur le trône. Douglas ne prit aucune part à cet entretien, se contentant de répondre quand Marie lui parlait, et semblant ne songer qu'à la sûreté personnelle de la reine. Elle apprit alors qu'elle lui avait de nouvelles obligations, et que c'était lui qui en donnant à l'abbé le mot d'ordre de la famille, lui avait procuré les moyens de s'introduire dans le château de Lochleven sous le costume d'un homme d'armes.

Les premiers rayons de l'aurore ne paraissaient pas encore, lorsqu'ils s'arrêtèrent devant la porte de West-Niddrie, château situé dans le Lothian occidental, appartenant à lord Seyton. La reine s'apprêtant à descendre de cheval, Henry Seyton prévint Douglas en lui offrant la main; et mettant un genou en terre, la pria d'entrer dans le château de son père, son fidèle serviteur.

—Votre Majesté, lui dit-il, peut s'y reposer en toute sûreté. Il s'y trouve déjà une garnison suffisante pour le défendre; et mon père, à qui j'ai fait donner avis de votre évasion, va y arriver d'un moment à l'autre à la tête de cinq cents hommes. Ne soyez donc pas inquiète si votre sommeil était interrompu par un bruit de chevaux, et pensez seulement que c'est un renfort d'étourdis Seyton qui vous arrive.

—Et une reine d'Écosse ne peut être mieux gardée que par les étourdis Seyton, répondit Marie. Rosabelle allait comme le vent; et quoique son allure soit douce, il y a si long-temps que je n'ai voyagé que je sens qu'un peu de repos m'est nécessaire. Catherine, vous coucherez cette nuit dans mon appartement; c'est vous qui devez me faire les honneurs du château de votre père. Je vous remercie tous, mes libérateurs; je ne puis vous offrir encore que des remercîmens; mais si je regagne le haut de la roue de la fortune, je ne me laisserai pas couvrir les yeux de son bandeau; Marie Stuart aura les yeux ouverts sur ses amis. Seyton, je n'ai pas besoin de recommander particulièrement à votre hospitalité le vénérable abbé, George Douglas et mon page.

Henry la salua respectueusement, et la reine monta dans l'appartement qui lui était destiné avec lady Fleming et Catherine Seyton. Là, leur avouant qu'il lui serait difficile en ce moment de garder la promesse qu'elle venait de faire de tenir ses yeux ouverts, elle se livra au repos, et la matinée était déjà avancée quand elle s'éveilla.

Sa première pensée, à son réveil, fut qu'elle avait fait un beau rêve; et pour s'assurer si elle était vraiment en liberté, elle sauta à bas de son lit, jeta une mante sur ses épaules, et courut à la fenêtre. Vue délicieuse! Au lieu du triste lac de Lochleven, elle avait sous les yeux une plaine fertile, terminée par une belle colline couverte de bois, et le parc qui entourait le château, rempli de cavaliers armés pour sa défense.

—Lève-toi, Catherine, lève-toi! s'écria-t-elle transportée de joie. Voici enfin des sabres et des lances dans des mains fidèles, et des cuirasses couvrant des cœurs pleins de loyauté. Vois-tu, *mignonne*, vois-tu ces bannières agitées par le vent? Avec quel plaisir j'y reconnais les couleurs et les devises de mes plus fidèles sujets! Voici celle de ton brave père, celle du noble Hamilton, celle du fidèle Fleming. Vois, vois; ils m'ont aperçue, et tous lèvent la tête vers nous.

Elle ouvrit la fenêtre; et dans l'état où elle se trouvait en sortant du lit, la tête nue, les cheveux en désordre et son beau bras à peine couvert par sa mante, elle répondit par un signe obligeant aux cris de joie que ces braves firent retentir au loin. Après le premier mouvement d'enthousiasme, elle se souvint qu'elle était vêtue à la légère; et cachant des deux mains son visage couvert de rougeur, elle se retira précipitamment de la croisée. On devina aisément la cause de sa disparition, ce qui augmenta l'enthousiasme général pour une princesse à qui l'empressement de voir ses fidèles sujets avait fait oublier l'étiquette de son rang. Sa beauté sans ornement fit même sur ces guerriers plus d'impression qu'elle aurait pu en produire si elle s'était montrée à eux revêtue de tous les attributs de la puissance souveraine ; et ce qui aurait pu paraître trop libre dans cette conduite fut plus qu'excusé par l'enthousiasme du moment et par la délicatesse qu'elle avait montrée en se retirant précipitamment. Sa retraite ne mit pas fin aux acclamations bruyantes qui se prolongèrent long-temps; et plus d'un soldat fit vœu ce matin, sur la croix formée par le pommeau de son épée, de ne quitter les armes que lorsque Marie Stuart serait remontée sur le trône. Hélas ! à quoi servent les vœux et les promesses des mortels ! à quoi aboutissent leurs espérances ! Au bout de dix jours tous ces braves gens devaient être morts, prisonniers ou en fuite.

Marie se laissa tomber sur la chaise la plus voisine, et dit à Catherine en rougissant et avec un sourire : — Que vont-ils penser de moi, *mignonne!* M'être ainsi montrée à eux, les cheveux épars, le cou et les bras nus, sans autres vêtemens que cette mante dont je m'étais couverte à la hâte! Ce qu'ils peuvent croire de mieux, c'est que la captivité de leur reine lui a fait perdre l'esprit. Appelle Fleming. Cependant j'espère qu'elle n'a pas oublié ma cassette. Il faut que nous fassions une toilette royale autant que les circonstances nous le permettent.

— Oh! notre bonne lady Fleming au moment de notre départ n'était en état de songer à rien.

— Vous plaisantez, Catherine, dit la reine d'un ton offensé ; il n'est pas dans son caractère d'oublier son devoir jusqu'au point de nous laisser manquer de notre garde-robe.

— Roland en a pris soin pour elle. Je l'ai vu se charger de la cassette et d'un gros paquet; et quand, à l'instant de nous embarquer, il nous quitta si précipitamment, il remit la cassette à lady Fleming et jeta dans la barque le paquet, qui pensa me tomber sur la tête. Vit-on jamais page si maladroit?

— Il te fera réparation de cette offense, *mignonne*, et de toutes les autres qu'il peut avoir commises. Mais appelle lady Fleming; il faut nous préparer à voir mes fidèles sujets.

Lady Fleming arriva; elle mit en œuvre tout son savoir-faire; et la reine parut devant ses nobles assemblés sous un costume convenable à sa dignité, quoiqu'il ne pût rien y ajouter. Avec ces graces qui gagnaient tous les cœurs, elle adressa ses remerciemens à chaque baron, sans même en excepter les chefs d'un rang inférieur.

— Et où allons-nous maintenant, milords? leur demanda-t-elle: quelle est la marche que vous avez arrêtée?

— Nous comptons, madame, répondit lord Arbroath, sous le bon plaisir de Votre Majesté, gagner d'abord le château de Draphane, et de là nous rendre à Dumbarton, pour y mettre votre personne en sûreté; après quoi nous entrerons en campagne pour voir si les traîtres oseront s'y montrer.

— Et quand partons-nous, milords?

— Après le déjeuner, répondit lord Seyton, si Votre Majesté ne se trouve pas trop fatiguée.

— Votre bon plaisir sera le mien, milords, répondit Marie. Vos conseils dirigeront ma marche, comme ils m'aideront bientôt, j'espère, à gouverner mes états. Milords, vous me permettrez, ainsi qu'à mes dames, de déjeuner avec vous. Il faut que nous soyons à demi soldats, et que nous laissions de côté le cérémonial.

Cette marque de condescendance répandit un nouvel enthousiasme dans l'assemblée. Mais la reine, promenant ses regards sur tous ceux qui la composaient, chercha vainement Douglas et Roland, elle demanda à voix basse à Catherine où ils étaient.

— Ici près, madame, dans l'oratoire, et assez tristes, répondit Catherine, et la reine remarqua que sa favorite avait les yeux rouges.

— Cela ne doit pas être, dit la reine: entretenez la compagnie, j'irai moi-même les chercher, et je me charge de les introduire.

Elle entra dans l'oratoire, et vit d'abord Douglas, debout

dans l'embrasure d'une croisée, et livré à de profondes réflexions. Il tressaillit en apercevant la reine, et ses traits prirent un instant une expression de gaîté qui fit place sur-le-champ à celle de sa mélancolie habituelle.

— Que veut dire ceci, Douglas? lui dit-elle : pourquoi celui qui a eu tant de part à notre délivrance, qui a été le premier à y travailler, évite-t-il la présence de la souveraine qu'il a servie et des nobles réunis pour la servir comme lui?

— Madame, répondit Douglas, ces heureux nobles peuvent vous offrir des soldats pour défendre votre cause, des trésors pour soutenir votre rang, des châteaux forts pour protéger votre personne : George Douglas n'a ni vassaux ni richesses; il est sans asile, déshérité par son père, chargé de sa malédiction, désavoué par tout ce qui porte son nom, il ne peut vous dévouer que son épée et sa vie.

— Avez-vous dessein de me faire un reproche, Douglas, en me rappelant ce que vous avez perdu pour moi?

— A Dieu ne plaise, madame! mon rang, ma fortune, mes amis, mes parens, quand je vous aurais sacrifié tout cela vingt fois, j'en serais plus que dédommagé par le premier pas que vous auriez fait librement dans votre royaume.

— Et qui donc vous empêche de venir prendre part à la joie de ceux qui me félicitent de ma liberté?

— C'est que, tout déshérité, tout dévoué que je suis, madame, je n'en suis pas moins un Douglas. La plupart des nobles qui vous sont attachés sont ennemis de ma famille depuis des siècles : leur froideur serait pour moi une insulte, leur amitié une humiliation.

— Fi! Douglas, fi! bannissez cette humeur sombre; elle est indigne d'un homme. Songez que j'ai le pouvoir de vous rendre l'égal, par les titres et le rang, du plus puissant d'entre eux, et que j'en ai la volonté. Suivez-moi, Marie Stuart vous l'ordonne.

— Ce mot suffit, madame; je vous obéis. Permettez-moi seulement de vous dire que l'espoir du rang le plus élevé, des titres les plus distingués, ne m'aurait jamais fait faire ce que j'ai fait. Il n'est pas au pouvoir de la reine d'Écosse de me récompenser de ce que j'ai fait pour Marie Stuart.

À ces mots, il suivit la reine qui le présenta aux barons assemblés comme un de ses libérateurs, et il se plaça au bas de la table.

— Que Notre-Dame ait pitié de moi! pensa la reine en portant son mouchoir à ses yeux. A peine les soucis de mon emprisonnement sont-ils terminés qu'en voici d'autres qui viennent m'assaillir, comme femme et comme reine. Heureuse Élisabeth! l'intérêt politique est tout pour toi, et jamais ton cœur n'a trahi ta tête. Et maintenant il faut que je cherche cet autre jeune homme, si je veux empêcher qu'il n'y ait des dagues tirées entre lui et Henry Seyton.

Elle entra dans l'oratoire, où Roland avait été témoin silencieux de ce qui s'était passé entre elle et Douglas. Il s'était discrètement retiré à l'autre bout de l'appartement, pour ne pas entendre leur conversation : il avait aussi l'air sombre et rêveur ; mais son front s'éclaircit au premier mot que la reine lui adressa.

— Eh bien! Roland, pourquoi négligez-vous votre service ce matin? Est-ce la fatigue du voyage qui en est cause?

— Nullement, madame : je remplirais avec grand plaisir mes fonctions ordinaires auprès de Votre Majesté; mais on m'a dit que le page de Lochleven n'est plus le page de West-Niddrie; et maître Henry Seyton a jugé à propos de me signifier mon congé.

— Que le ciel me pardonne! s'écria la reine, ces jeunes coqs sont à peine sortis de la coquille qu'ils veulent chanter! Mais je crois que je puis agir en reine du moins avec des enfans. Qu'on fasse venir Henry Seyton, dit-elle en entr'ouvrant la porte de l'oratoire. Il arriva sur-le-champ. Aprochez, Henry, lui dit-elle; je veux que vous soyez ami de ce jeune homme, sans le dévouement duquel je serais encore captive. Donnez-lui votre main.

— De tout mon cœur, madame, pourvu qu'il me promette de ne jamais toucher celle d'une autre personne de ma famille qu'il connaît ; il a déjà pris ma main pour la sienne. En un mot, s'il veut avoir mon amitié, il faut qu'il renonce à toute pensée d'amour pour ma sœur.

— Henry, vous convient-il de mettre des conditions à l'exécution de mes ordres?

— Madame, je suis fidèle serviteur de Votre Majesté, fils de l'homme le plus loyal qui soit en Écosse, et héritier de ses sentimens. Notre sang, nos biens, nos vassaux sont à vous ; mais notre honneur nous appartient. J'en dirai bien davantage si.....

— Parlez, jeune insolent, parlez ! A quoi me sert d'être délivrée de ma captivité de Lochleven si mes prétendus libérateurs veulent m'imposer un nouveau joug, et m'empêcher de rendre justice à celui qui a fait pour ma délivrance tout autant que personne d'entre eux.

— Que Votre Majesté ne prenne pas mon parti avec tant de chaleur, dit Roland. Maître Henry Seyton étant votre fidèle serviteur, étant frère de miss Catherine, il est impossible que j'oublie jamais les égards qui lui sont dus.

— Je vous préviens encore une fois, lui dit Henry avec hauteur, de ne jamais parler de manière à faire croire que vous pensiez que ma sœur puisse jamais être pour vous autre chose que ce qu'elle est pour le fils du dernier paysan d'Écosse.

La reine allait encore intervenir, car elle voyait le sang se porter au visage de Roland, et il était douteux que son amour pour Catherine l'emportât sur son caractère ardent et impétueux. Mais il survient en ce moment un tiers, invisible jusqu'alors, qui dispensa la reine de cette intervention. Il y avait dans l'oratoire un cabinet qui en était séparé par une cloison à jour, en bois de chêne, et où était placée une statue de saint Bennet, qui était l'objet d'une dévotion particulière. De cette retraite, où elle était probablement en prières, sortit Magdeleine Græme; et lançant sur Henry un regard foudroyant : — Du dernier paysan d'Écosse ! répéta-t-elle ; et de quelle argile sont donc pétris les Seyton, si le sang des Græme n'est pas digne de se mêler au leur? Apprends, jeune orgueilleux, qu'en reconnaissant ce jeune homme pour le fils de ma fille, je compte parmi ses ancêtres Malise, comte de Strathern, surnommé Malise au tison ardent, et je doute que le sang de ta maison remonte à une source plus pure.

— J'aurais cru, bonne mère, dit Seyton, que votre sainteté vous aurait rendue supérieure aux vanités du monde ; mais il paraît du moins qu'elle vous en fait oublier quelque chose ; car vous devriez savoir que pour être de race noble il faut que le nom et le lignage du père soient aussi distingués que celui de la mère.

— Et si je dis qu'il est issu du sang des Avenel, du côté de son père, n'aurai-je pas nommé un sang aussi riche en couleur que le tien?

— Des Avenel ! dit la reine ; mon page serait de la famille d'Avenel?

— Oui, gracieuse souveraine ; il est le dernier rejeton mâle de cette ancienne maison : son père, Julien Avenel, mourut les armes à la main en combattant les Anglais.

— J'ai entendu parler de cette histoire tragique, dit la reine. Ce fut donc votre fille qui suivit Julien sur le champ de bataille et qui mourut de douleur sur son corps ! Combien de moyens l'affection d'une femme ne trouve-t-elle pas pour faire son malheur ! Cette histoire a servi plus d'une fois de sujet aux chants des ménestrels. Ainsi donc Roland est l'enfant qui fut laissé parmi les morts et les mourans? Henry, il est votre égal par le sang et la naissance.

— J'en conviendrais à peine, dit Henry, s'il était légitime. Mais s'il faut en croire l'histoire et la ballade, son père était un trompeur, et sa mère une fille fragile et crédule.

— De par le ciel, tu mens ! s'écria Roland, en mettant la

main sur son épée. Mais la présence de lord Seyton, qui entra en ce moment dans l'oratoire, leur en imposa à tous deux.

— A mon secours, milord! s'écria la reine; séparez ces deux jeunes gens fougueux et indomptables.

— Comment, Henry, dit le baron, dans mon château et en présence de votre souveraine, vous ne pouvez réprimer votre arrogance et votre impétuosité! Et à qui cherchez-vous ainsi querelle? Si mes yeux ne me trompent pas, c'est le jeune homme qui me défendit si vaillamment contre les Leslie. Approchez, jeune homme, que je voie le médaillon que vous portez à votre bonnet. De par saint Bennet! je le reconnais. Henry, si vous faites cas de ma bénédiction, vous le respecterez et le chérirez.

— Et si vous faites cas des ordres de votre reine, dit Marie; car il m'a rendu de grands services.

— Sans doute, madame, dit Henry : par exemple, quand il vous a porté la lettre de mon père dans le fourreau de cette épée! De par Dieu! il ne savait pas plus ce qu'il portait qu'un cheval de bagage.

— Mais moi qui le consacrai à cette œuvre, dit Magdeleine, moi par les avis et les efforts de qui l'héritière de ce royaume a vu rompre ses chaînes; moi qui ai risqué les jours du dernier rejeton d'une maison illustre pour cette noble entreprise, moi, du moins, je le savais, puisque j'en avais donné le conseil. Gracieuse souveraine, si vous croyez devoir m'attribuer quelque mérite, accordez-en la récompense à ce jeune homme. Ma mission est terminée. Vous êtes libre; vous êtes entourée de vaillans et fidèles barons; vous allez vous trouver à la tête d'une armée nombreuse : ma présence ne peut vous être utile, et pourrait vous nuire. Votre fortune repose maintenant sur le courage et la fidélité des hommes : puissent-ils se montrer aussi dignes de confiance que les femmes!

— Vous ne nous quitterez pas ainsi, lui dit la reine, vous

qui, comme je l'ai appris, avez fait jouer tant de ressorts en notre faveur, vous qui avez couru tant de dangers et pris tant de déguisemens pour tromper nos ennemis et confirmer dans le devoir nos sujets fidèles ; non, vous ne nous quitterez pas à l'instant où nous voyons renaître l'aurore de notre fortune, et avant que nous ayons eu le temps de vous connaître et de vous récompenser.

— Vous ne pouvez connaître celle qui ne se connaît pas elle-même. Il y a des instans où ce corps de femme est doué de la force de celui qui chargea ses épaules des portes de Gaza ; où ce cerveau fatigué a la sagesse des plus habiles conseillers : et il en est d'autres où ma force n'est que faiblesse, où ma sagesse n'est que folie. J'ai parlé à des cardinaux et à des princes, oui, à des princes de votre propre maison de Lorraine : le ciel m'accordait alors le don de persuasion ; et aujourd'hui que j'aurais le plus besoin d'en faire usage, les expressions manquent à mes lèvres.

— Si je puis faire quelque chose qui vous soit agréable, dit la reine, vous n'avez pas besoin d'éloquence, il suffit que vous me l'indiquiez.

— Ma souveraine, répondit l'enthousiaste, je rougis qu'en ce moment solennel un mouvement de fragilité humaine agite celle dont les saints ont entendu les vœux, dont le ciel a béni les travaux pour la cause de la justice ; mais cette faiblesse est inévitable tant que l'ame immortelle est enchaînée dans sa prison temporaire. Je céderai à cette faiblesse, ajouta-t-elle en versant quelques larmes, et ce sera la dernière.

Prenant alors la main de Roland, elle le conduisit aux pieds de la reine, et s'agenouillant devant elle en le forçant d'en faire autant : — Princesse, dit-elle, regardez cette fleur ; un étranger charitable la trouva sur un champ de bataille tout sanglant. Il se passa bien du temps avant que mes yeux pussent voir, que mes bras pussent serrer tout ce qui me restait de ma fille unique. Pour l'amour de vous, pour l'atérêt de la foi sainte que nous professons tous deux, je confiai cette plante, bien jeune encore, à des mains étrangères, à des mains qui peut-être se seraient baignées avec plaisir dans son sang, si l'hérétique Glendinning avait su qu'il nourrissait dans sa maison l'héritier de Julien Avenel. Depuis ce temps, je ne l'ai revu que quelques heures, dans des temps de doute et de crainte, et maintenant je me sépare de l'enfant de toute ma tendresse pour toujours, oui, pour toujours. Au nom de tous les pas que j'ai faits pour votre cause tant en Écosse qu'en pays étranger, accordez votre protection à l'enfant qui va perdre celle qui lui a tenu lieu de mère.

— Je vous jure, dit la reine émue, que pour vous et pour lui, je me charge de son bonheur et de sa fortune.

— Je vous remercie, fille des rois, dit Magdeleine ; et elle pressa de ses lèvres, d'abord la main de la reine, et ensuite le front de son petit-fils. — Et maintenant, ajouta-t-elle en se relevant d'un air de dignité et en essuyant ses larmes, la terre a eu ce qui lui appartenait, et le ciel réclame le reste... Lionne d'Écosse, marche à la victoire ! Si les prières d'une mortelle qui t'est dévouée peuvent être utiles à ta cause, elles s'élèveront vers le ciel en ta faveur de plus d'un endroit consacré par les reliques des saints dans des pays bien éloignés. J'irai de temple en temple et de contrée en contrée invoquer pour toi le maître de la nature ; et dans les régions où le nom même de l'Écosse est inconnu, les prêtres se demanderont : Quelle est cette reine pour qui cette pèlerine fait des prières si ferventes ?... Adieu ; que la prospérité sur la terre soit ton partage, si telle est la volonté de Dieu ! sinon, puisse le temps de pénitence qui te reste à passer ici-bas assurer ton bonheur éternel !... Que personne ne me parle ! que personne ne me suive ! J'ai fait un vœu qui ne peut être rompu.

Elle disparut en prononçant ces dernières paroles, après

avoir jeté un dernier regard sur son petit-fils. Roland voulait la suivre ; mais la reine et lord Seyton l'en empêchèrent.

— Ne la contrariez pas, lui dit lord Seyton, si vous ne voulez la perdre pour toujours. Nous l'avons vue disparaître ainsi bien des fois, et jamais elle n'a manqué de se montrer de nouveau quand les circonstances et l'intérêt de la cause qu'elle a embrassée l'exigeaient. Je me flatte que nous la reverrons ; mais former quelque opposition à ses projets serait un crime qu'elle ne pardonnerait jamais. C'est certainement une sainte femme, consacrant ses jours à la prière et à la pénitence ; de là vient que les hérétiques la regardent comme une folle, tandis que les catholiques la vénèrent comme une sainte.

— J'espère donc, milord, dit la reine, que vous m'aiderez à exécuter sa dernière requête.

— Quoi ! à protéger mon jeune défenseur ? Oui, sans doute, et de tout mon cœur.... c'est-à-dire en tout ce que Votre Majesté jugera qu'il soit possible et convenable de me demander.... Henry, tendez la main à Roland Avenel, car je présume que c'est le nom qu'il doit porter maintenant.

— Et il sera seigneur de la baronnie, dit la reine, si Dieu protége la justice de nos armes.

— Ce ne serait donc, s'écria Roland, que pour la rendre à ma première, à ma bonne protectrice, qui en jouit à présent. Plutôt rester toute ma vie sans domaines que d'être cause qu'elle perde un pouce des siens !

— Et vous voyez, dit la reine à lord Seyton, que ses sentimens sont dignes de sa naissance..... Eh bien ! Henry, vous ne lui avez pas encore offert la main ?

— La voici, dit Henry en la lui donnant avec les apparences de la cordialité. Mais il lui dit en même temps à voix basse : — Ne crois pas pour cela avoir encore celle de ma sœur.

— Maintenant, dit lord Seyton, Votre Majesté daignera-t-elle honorer notre déjeuner de sa présence? Il est temps que les eaux de la Clyde réfléchissent nos bannières, et il faut que nous montions à cheval dans le plus court délai.

CHAPITRE XXXVII.

« Dans ces temps orageux on a vu la couronne
« Dépendre du hasard qui l'ôte ou qui la donne,
« C'est l'enjeu du joueur, qui, risquant tout son or,
« Le perd, puis le regagne, et le reperd encore. »
DRYDEN. *Le Moine espagnol.*

Nous n'avons pas le projet d'entrer dans les détails historiques du règne de l'infortunée Marie, ni de faire le tableau de la manière dont ses partisans se rassemblèrent autour d'elle pendant la semaine qui suivit son évasion du château de Lochleven, et formèrent une armée de plus de six mille guerriers pleins d'ardeur et de courage. M. Chalmers, dans son excellente Histoire de la reine Marie, a si bien décrit depuis peu tous les événemens de cette époque mémorable, qu'il nous suffit d'y renvoyer nos lecteurs, en les assurant qu'ils y trouveront les renseignemens les plus complets et les plus satisfaisans. Il nous suffira de dire que pendant que le quartier-général de Marie était à Hamilton, le régent avait, au nom du roi, assemblé une autre armée à Glascow. Elle n'était pas aussi nombreuse que celle de la reine; mais elle était formidable par les talens militaires de Murray, de Morton, du laird de Grange et d'autres chefs qui, depuis leur jeunesse, avaient toujours fait la guerre en Écosse et en pays étranger.

En pareilles circonstances, la politique exigeait évidemment que la reine évitât le combat, parce que sa personne étant une fois en sûreté, le nombre de ses partisans ne pouvait qu'augmenter tous les jours, au lieu que les forces de ses adversaires devaient diminuer rapidement, tant par la désertion que par la désunion qui se mettrait entre eux, comme cela était déjà arrivé plusieurs fois sous son règne. Ses conseillers en étaient si bien convaincus, qu'ils avaient résolu de commencer par placer la reine dans le fort de Dumbarton, pour y attendre les événemens, l'arrivée des secours de France, et les levées qu'on faisait pour elle dans toutes les provinces d'Écosse. En conséquence, les ordres furent donnés pour que l'armée se mît en marche. On déploya l'étendard royal, la cavalerie et l'infanterie se dirigèrent vers Dumbarton, pour y installer la reine en dépit de ses ennemis.

Ce fut dans la plaine d'Hamilton qu'eut lieu la revue des troupes, qui défilèrent avec toute la pompe des temps féodaux, aux sons d'une musique militaire, bannières et drapeaux déployés. La reine, placée au centre de l'armée, inspirait la confiance et l'enthousiasme à ses défenseurs. Elle était accompagnée d'une suite nombreuse de dames et de serviteurs de sa maison, et elle avait une garde spécialement chargée de veiller à sa sûreté, et dont Henry Seyton et Roland faisaient partie. Plusieurs ecclésiastiques avaient joint l'armée, et la plupart d'entre eux ne se faisaient point scrupule de porter les armes pour la défense de la religion et de la reine. Il n'en était pas ainsi de l'abbé de Sainte-Marie. Roland qui n'avait point revu ce prélat depuis la nuit de leur évasion de Lochleven, l'aperçut alors auprès de la reine et sous le costume de son ordre; il se découvrit aussitôt et lui demanda sa bénédiction.

— Je vous la donne, mon fils, lui dit l'abbé; je vous revois portant votre véritable nom et le costume qui vous convient. Votre front avait droit à la branche de houx, et j'attendais depuis long-temps l'instant où je pourrais vous la voir porter.

— Vous saviez donc qui j'étais, mon père?

— Votre aïeule m'avait confié ce secret, mais sous le sceau de la confession, et je devais le garder jusqu'à ce qu'elle le révélât elle-même.

— Et quel était son motif pour en faire un mystère?

— La crainte de mon frère, sans doute, crainte mal fondée, car, pour un empire, Halbert ne voudrait pas faire tort à un orphelin. D'ailleurs, même dans des temps tranquilles, et si votre père eût rendu justice à votre mère, comme j'ai lieu de l'espérer, vos droits ne pourraient l'emporter sur ceux de la femme de mon frère, de la fille du frère aîné de Julien.

— Ils n'ont pas à redouter de trouver en moi un compétiteur, dit Avenel. L'Écosse est assez grande, et il s'y trouve plus d'un château à gagner, sans que j'aille dépouiller mes bienfaiteurs. Mais, mon révérend, prouvez-moi que mon père a rendu justice à ma mère; prouvez-moi que je puis à bon droit prendre le nom d'Avenel, et je vous serai dévoué pour le reste de ma vie.

— Je sais que les Seyton te dédaignent pour cette tache sur ton écusson; mais si ce que m'a dit notre ancien abbé le père Boniface est vrai, il est possible de te laver de ce reproche.

— Et que vous a-t-il dit, mon père? que vous a-t-il dit? Mettez-moi en état de faire cette preuve, et ma vie sera trop courte pour vous témoigner....

— Fougueux jeune homme! je ne ferais qu'exciter ton impatience en te donnant des espérances qui ne seront peut-être jamais réalisées. Est-ce le moment de s'en occuper? Songe aux dangers de cette marche, et si ta conscience te fait quelque reproche, profite de la seule occasion peut-être que le ciel veuille t'offrir pour la confession et l'absolution.

— Il sera temps de s'en occuper lorsque nous serons arrivés à Dumbarton.

— Hélas ! tu chantes déjà victoire comme les autres ; mais nous ne sommes pas encore à Dumbarton : nous pouvons trouver un lion qui nous en barre le chemin.

— Un lion ! vous voulez dire Murray, Morton, et les autres rebelles de Glascow? Ha ! ha! ils n'oseront pas même regarder l'armée royale.

— C'est ainsi que parlent ceux-là même qui devraient être plus sages que toi, s'écria l'abbé. J'arrive des comtés du midi, où j'ai déterminé plusieurs chefs à armer leurs vassaux pour venir joindre les étendards de la reine; j'avais laissé ici des guerriers sages et prudens, et je les retrouve pleins de folie et de présomption : par amour-propre, par vaine gloire, ils veulent faire passer la reine comme en triomphe sous les murs de Glascow, à la vue de l'armée ennemie ! Le ciel sourit rarement à une confiance si déplacée. Nous serons attaqués et l'on aurait pu l'éviter.

— Tant mieux ! dit Roland, un champ de bataille fut mon berceau.

— Prenez garde qu'il ne soit aussi votre lit de mort, répondit l'abbé. Mais à quoi bon chercher à faire sentir à des louveteaux les dangers de la chasse? Peut-être avant la fin de cette journée reconnaîtrez-vous quels sont les hommes que vous méprisez inconsidérément.

— Et qui sont donc ces hommes? dit Henry Seyton, qui arrivait en ce moment près d'eux. Leurs nerfs sont-ils de cuivre? leur chair est-elle de fer? sont-ils à l'épreuve du plomb et de l'acier? Si les balles peuvent les percer, et le tranchant du sabre les entamer, ils ne sont guère à craindre pour nous.

— Ce sont des hommes pervers, répondit l'abbé ; mais le métier de la guerre n'exige pas des saints. Murray et Morton sont connus comme les deux meilleurs généraux de l'Ecosse ; jamais on n'a vu reculer Lindesay ni Ruthven ; Kirkaldy de Grange a été nommé par le connétable de Montmorency le premier soldat de l'Europe ; mon frère même, que je vois avec regret porter les armes pour une telle cause, a fait ses preuves depuis long-temps.

— Fort bien ! fort bien ! s'écria Seyton d'un air de triomphe, nous verrons tous ces traîtres en face. Notre cause est la meilleure ; nous avons l'avantage du nombre, nous ne leur cédons ni en vigueur ni en courage. Saint Bennet ! et en avant !

L'abbé ne répliqua rien, et resta absorbé dans ses réflexions. Son inquiétude sembla même se communiquer à Roland qui, chaque fois qu'une éminence se rencontrait sur la route, jetait un regard inquiet vers les tours lointaines de Glascow, comme s'il se fût attendu à en voir sortir l'ennemi. Ce n'était pas qu'il craignît le combat ; mais les conséquences en étaient si importantes pour son pays, pour sa souveraine et pour lui-même, que cette idée, sans amortir le feu de son enthousiasme, semblait lui donner une lueur plus sombre. L'amour, l'honneur, la renommée, la fortune, tout semblait dépendre de l'issue d'un seul combat, peut-être imprudemment hasardé, mais qui paraissait devenir inévitable.

Quand enfin l'armée se trouva sur une ligne parallèle à la ville de Glascow, on vit que les hauteurs qu'on avait en face étaient déjà occupées par une armée rangée, comme celle de Marie, sous la bannière royale d'Écosse, et que des colonnes d'infanterie et des escadrons de cavalerie sortaient à la hâte des portes de la ville et se dirigeaient vers le même point. Plusieurs estafettes arrivèrent de l'avant-garde pour annoncer que Murray était en campagne avec toute son armée ; que son but paraissait être de mettre obstacle au passage de la reine, et qu'il avait évidemment le projet de hasarder une bataille. Ce fut alors que le courage des soldats fut soumis à une épreuve aussi soudaine que sévère, et que ceux qui avaient eu la présomption de croire qu'on n'oserait leur disputer le passage se trouvèrent un peu déconcertés quand ils se virent tout à coup en face d'un ennemi déterminé, et presque sans avoir le temps de délibérer sur ce qu'ils avaient à faire. Les chefs se rassemblèrent sur-le-champ autour de la reine, et tinrent à la hâte un conseil de guerre. Les lèvres tremblantes de Marie trahirent ses alarmes; en vain elle s'efforçait de les cacher sous un air de calme et de dignité : tous ses efforts furent rendus impuissans par le souvenir de la journée de Carberry-Hill, dernier combat livré pour elle, et dont l'issue avait été si désastreuse. Cette idée l'occupait tellement, qu'avec l'intention de demander à ces nobles quelles dispositions ils croyaient devoir prendre pour la bataille, elle leur demanda s'il y avait quelque moyen de l'éviter.

— De l'éviter! s'écria lord Seyton : quand nous nous trouverons un contre dix en présence des ennemis de Votre Majesté, je pourrai songer à les éviter; mais quand nous sommes trois contre deux....

— Au combat! au combat! s'écrièrent tous les chefs; nous chasserons les rebelles de la position avantageuse qu'ils occupent, le lévrier poursuit le lièvre sur la colline comme dans la plaine.

— Nobles seigneurs, dit l'abbé Ambroise, il me semble qu'il serait plus prudent de chercher à leur ôter cet avantage. Nous devons passer sous le village de Langside, situé sur cette hauteur, et le parti qui aura le bonheur de s'en emparer le premier pourra s'y défendre, grace aux enclos et aux jardins qui s'y trouvent, et commandera la route.

— Le révérend père a raison, dit la reine; partez, lord Seyton, faites hâte et tâchez d'y arriver avant les ennemis.

— Votre Majesté me fait honneur, répondit lord Seyton; je pars à l'instant, et je m'emparerai du poste.

— Pas avant moi, milord, s'écria lord Arbroath; songez que j'ai le commandement de l'avant-garde.

— Avant vous et avant tous les Hamilton d'Écosse, répondit lord Seyton, puisque la reine m'en a donné l'ordre. — Amis et vassaux, suivez-moi. Saint Bennet! et en avant!

— A moi, mes nobles parens, mes nobles hommes d'armes, s'écria lord Arbroath, et voyons à qui appartiendra le poste d'honneur. Dieu et la reine Marie!

— Malheureuse précipitation! fatale contestation de zèle! dit l'abbé en les voyant courir à la hauteur à l'envi l'un de l'autre, sans songer à ranger en bon ordre les soldats qui les suivaient, et dont l'exemple entraîna toute l'armée. Eh bien! continua-t-il en voyant Henry Seyton et Roland Avenel se disposer à partir comme les autres, qu'allez-vous faire? Avez-vous dessein de laisser la personne de la reine sans gardes?

— Roland, Seyton, s'écria Marie, ne m'abandonnez pas! Assez de guerriers vont prendre part au combat; ne me privez pas de ceux sur qui je compte pour ma sûreté.

— Nous ne pouvons quitter la reine, dit Roland à Henry en arrêtant son cheval prêt à partir.

— Je ne doutais pas que ce ne fût votre avis, répondit Henry en lui jetant un regard de mépris.

Roland ne répliqua rien; mais se mordant les lèvres jusqu'au sang, il poussa son cheval du côté de Catherine, et il lui dit à voix basse: — Je n'ai jamais rien fait qui me rende digne de vous; mais je viens de m'entendre accuser de lâcheté, et mon épée est restée dans le fourreau pour l'amour de vous.

— Il y a parmi nous un esprit de vertige, s'écria-t-elle: mon père, mon frère et vous, vous semblez tous privés de raison. Vous ne devriez penser qu'à cette pauvre reine, et vous ne songez qu'à être jaloux les uns des autres. Il n'y a parmi vous qu'un seul vrai militaire, un seul homme de bon sens, et c'est l'abbé de Sainte-Marie. Révérend père, lui dit-elle, ne serait-il pas à propos de nous retirer à l'ouest, pour y attendre que la volonté de Dieu se déclare, au lieu de rester ici, où nous ne faisons que gêner le passage de l'arrière-garde?

— Ce serait le parti le plus sage, ma fille, répondit l'abbé; mais il nous faudrait un guide qui pût nous indiquer un lieu de sûreté pour la reine. Nos nobles courent au combat, et pas un d'eux ne pense à celle pour qui il va combattre.

— Suivez-moi, dit un chevalier bien monté, couvert d'une armure noire, dont le bouclier ne portait ni armoiries ni devise, et qui avait la tête couverte d'un casque dont la visière était baissée.

— Nous ne pouvons suivre un inconnu, répondit l'abbé, sans avoir quelque garantie de sa fidélité.

— La reine m'en servira, répondit-il.

Marie semblait avoir pris racine à l'endroit où elle se trouvait; et cependant, malgré ses craintes, elle saluait, souriait, faisait un geste de la main à mesure que chaque troupe, se hâtant d'aller joindre Seyton ou Arbroath, défilait devant elle, et lui rendait les honneurs militaires. Mais à peine le chevalier noir lui eut-il dit quelques mots à l'oreille, qu'elle sortit de son apathie, fit un signe de consentement, et lâcha la bride à Rosabelle; puis quand prenant un ton d'autorité il eut dit à haute voix : — Messieurs, la reine ordonne que vous me suiviez, elle s'écria avec une sorte d'empressement : — Oui, oui, je l'ordonne.

Tout se mit en mouvement à l'instant; et le chevalier noir, ayant établi le meilleur ordre possible dans la petite escorte qui restait à la reine, se mit en tête de la cavalcade, et la dirigea vers un château situé sur une hauteur d'où l'on pouvait découvrir le village qu'il s'agissait d'occuper, et qui paraissait devoir être bientôt un champ de bataille.

— A qui appartient ce château? demanda l'abbé au chevalier noir. Êtes-vous sûr que nous n'y trouverons que des amis?

— Il est inhabité, répondit l'inconnu. Mais dites à ces jeunes gens, si attentifs au mouvement des troupes, de se hâter davantage : ce n'est pas le moment de satisfaire une vaine curiosité, et ils n'ont pas besoin de voir le commencement d'une action à laquelle ils ne sont pas destinés à prendre part.

— Je n'en suis que plus fâché, dit Henry, qui l'avait entendu. J'aimerais mieux être en ce moment sous la bannière de mon père que d'être fait chambellan d'Holyrood pour avoir rempli avec patience mon devoir actuel de garde d'honneur.

— Une place sous la bannière de votre père ne tardera pas à être dangereuse, dit Roland, qui tout en pressant son cheval avait toujours la tête tournée vers les deux armées ; car je vois s'avancer du côté de l'est un corps nombreux de cavalerie qui atteindra le village avant que lord Seyton puisse y arriver.

— Ce n'est que de la cavalerie, dit Henry en regardant du même côté, et sans arquebuses elle ne pourra se maintenir dans le village.

— Faites-y plus d'attention, répondit Roland, et vous verrez que chaque cavalier a en croupe un arquebusier.

— Il a raison, de par le ciel! s'écria le chevalier noir. Il faut qu'un de vous coure à toutes brides en donner avis à lord Seyton et à lord Arbroath, afin qu'ils ne s'engagent pas dans le village sans attendre l'infanterie.

— C'est à moi à m'en charger, dit Roland, puisque c'est moi qui ai découvert le stratagème de l'ennemi.

— Ne vous en déplaise, s'écria Seyton, il s'agit de la bannière de mon père, et c'est à son fils à lui porter secours.

— Je m'en rapporterai à la décision de la reine, répondit Roland.

— Eh bien! qu'y a-t-il donc? dit la reine : Marie Stuart n'a-t-elle pas là-bas une armée d'ennemis assez nombreuse?

faut-il que ses amis mêmes soient sans cesse divisés entre eux?

— Madame, dit Roland, la seule contestation qui existe entre maître Henry Seyton et moi, c'est pour savoir lequel de nous quittera votre personne pour porter à l'armée un avis très important. Il prétend que son rang lui donne le droit d'en être chargé, et je soutiens que je dois plutôt être exposé au danger, parce que personne n'est de moindre importance.

— S'il faut qu'un de vous me quitte, dit la reine, que ce soit Seyton.

Fier de cette décision qu'il regarda comme un triomphe, Henry salua la reine, s'affermit sur sa selle, secoua sa lance d'un air joyeux, et pressant de ses éperons les flancs de son coursier, partit au grand galop pour rejoindre la bannière de son père, franchissant les haies et les fossés qui s'opposaient à son passage.

— Mon père! mon frère! s'écria Catherine: les voilà exposés à tous les périls, tandis que je suis ici en sûreté!

— Plût au ciel que je fusse avec eux, dit Roland, et que je pusse racheter une goutte de leur sang au prix de tout le mien!

— Ne sais-je pas que vous le feriez? s'écria Catherine. Une femme dit-elle à un homme ce que je vous ai presque dit, si elle le croit susceptible de crainte ou de faiblesse? Il y a dans ces sons guerriers, précurseurs de la bataille, quelque chose qui me plaît tout en m'effrayant. Je voudrais être homme pour pouvoir goûter cet étrange plaisir sans mélange de terreur!

— Avancez, miss Seyton, avancez, s'écria l'abbé comme ils arrivaient près des murs du château; venez aider lady Fleming à soutenir votre reine défaillante.

La petite troupe fit halte; on descendit Marie de cheval, et on voulut la transporter au château.

— Non! non! s'écria-t-elle d'une voix faible. Point là! point là! jamais je n'entrerai dans ces murs!

— Soyez reine, madame, dit l'abbé, et oubliez que vous êtes femme.

— Il faut que j'oublie bien autre chose, dit-elle à demi-voix, avant que je puisse revoir d'un œil ferme des lieux... L'excès de son émotion ne lui permit pas d'en dire davantage.

— C'est le château de Crookstone, dit lady Fleming à voix basse. C'est là que la reine tint sa première cour après son mariage avec Darnley, qui fut ensuite assassiné [1].

— La main du ciel s'appesantit sur nous! lui répondit l'abbé. Madame, dit-il à la reine, armez-vous de courage; vos ennemis sont ceux de la sainte Église, et Dieu va décider aujourd'hui si l'Écosse sera catholique ou hérétique.

Le bruit d'une décharge d'artillerie qui suivit ce peu de paroles annonça le commencement de l'action, et fit plus d'effet sur l'esprit de la reine que n'en aurait produit l'exhortation de l'abbé.

— Vers cet arbre, dit-elle en montrant un gros if situé sur une hauteur voisine du château; je le connais : de là vous avez une vue aussi étendue que du pic de Schehallion.

Et à l'instant, quittant les bras qui la soutenaient, elle s'avança d'un pas rapide et déterminé vers l'endroit qu'elle venait de désigner. L'abbé, Catherine et Roland l'accompagnèrent, tandis que lady Fleming retenait à quelque distance le reste de la suite. Le chevalier noir suivait aussi la reine, comme l'ombre suit le corps, mais toujours à quatre ou cinq pas en arrière. Il avait les bras croisés sur la poitrine, tournait le dos à la bataille, et ne semblait occupé qu'à regarder Marie à travers la visière de son casque. La reine, sans faire attention à lui, fixait les yeux sur l'arbre dont les rameaux ombrageaient ce lieu.

---

(1) Voyez les *Vues pittoresques d'Écosse*. — ED.

— Eh bien! dit-elle, comme si la vue de l'if eût détourné le cours de ses pensées et surmonté l'horreur que lui avait inspirée le voisinage du château de Crookstone, te voilà aussi vert, aussi majestueux que jamais, quoique tu entendes aujourd'hui des bruits de guerre au lieu des sermens d'amour! Hélas! tout a disparu depuis que je ne t'ai vu, amour et amant, sermens et celui qui les prononçait, roi et royaume. Eh bien! digne abbé, que me direz-vous du combat? J'espère que la fortune se déclare pour nous? Et cependant, de l'endroit où je suis, Marie peut-elle s'attendre à voir autre chose que des malheurs?

Chacun avait les yeux fixés sur le champ de bataille; mais tout ce qu'il était possible de distinguer, c'était que l'on combattait avec acharnement; et des décharges multipliées de mousqueterie annonçaient qu'aucun des deux partis n'avait encore cédé la victoire à l'autre.

— Combien d'ames ce redoutable tonnerre ne précipite-t-il pas dans les abîmes de l'éternité! dit l'abbé. Que ceux qui sont enfans de la sainte Église joignent leur voix à la mienne pour adresser nos humbles prières au Dieu des armées.

— Pas ici, s'écria l'infortunée Marie; ne priez pas ici, ou priez tout bas. Mon esprit est trop déchiré par le souvenir du passé, par la crainte du présent, par l'inquiétude sur l'avenir pour oser s'approcher en ce moment du trône céleste; et si vous priez, priez pour celle dont les affections du cœur ont été les plus grands crimes, et qui n'a cessé d'être reine que parce qu'elle n'a pu oublier qu'elle était femme.

— Ne serait-il pas à propos, dit Roland, que je m'approchasse davantage du champ de bataille, afin de vous rapporter des nouvelles certaines du combat?

— Oui, vraiment, dit l'abbé; car si nos amis sont vaincus, notre fuite ne peut être trop prompte. Mais surtout ne vous exposez pas; songez que plus d'une vie dépend de votre retour.

— N'allez pas trop près, dit Catherine ; mais tâchez de voir comment se comportent les Seyton.

— Ne craignez rien, dit Roland, je verrai tout, et je serai sur mes gardes. Et, sans attendre de réponse, il courut vers le village de Langside, marchant autant qu'il le pouvait de colline en colline, et ayant soin de regarder autour de lui, de crainte de rencontrer quelque détachement ennemi. A mesure qu'il approchait, le bruit de la mousqueterie retentissait à ses oreilles avec plus de force, et il sentait ce battement de cœur, ce mélange naturel de crainte, d'inquiétude et de curiosité qu'éprouvent même les hommes les plus braves quand ils s'avancent seuls vers un lieu où se passe une scène intéressante et dangereuse.

Enfin il arriva sur une hauteur couverte d'une bois taillis qui le dérobait à tous les yeux, et d'où il dominait sur le village et tous les environs. Presque à ses pieds était un chemin creux par où l'armée de la reine s'était avancée avec plus de courage que de prudence afin d'occuper ce poste important. Mais les ennemis, sous les ordres de Kirkaldy de Grange et du comte Morton, s'en étaient déjà emparés, et n'avaient pas moins d'ardeur pour s'y maintenir que les troupes de la reine n'en montraient pour les en déloger.

Les deux partis se disputaient le terrain pied à pied avec une opiniâtreté sans égale ; et les cris : Dieu et la reine ! Dieu et le roi ! retentissaient de toutes parts, tandis qu'au nom de leurs souverains des concitoyens s'entr'égorgeaient, et au nom du créateur massacraient les créatures faites à son image. Au milieu du tumulte, on entendait la voix des chefs qui donnaient leurs ordres, celle des soldats qui répétaient le cri de ralliement de chaque troupe, les plaintes et les gémissemens des blessés et des mourans. Ceux qui tombaient, remplacés sur-le-champ par d'autres, étaient foulés sous les pieds de leurs compagnons comme sous ceux de leurs ennemis. Ceux qui ne pouvaient arriver au premier rang tiraient des coups de mousquet et de pistolet par-dessus la tête de leurs camarades, et lançaient contre leurs adversaires les tronçons d'arbres brisés qu'ils ramassaient.

Le combat durait depuis près d'une heure ; les forces des deux partis semblaient épuisées, mais leur courage ne l'était point, quand tout à coup Roland vit déboucher une colonne d'infanterie conduite par quelques cavaliers, et qui, ayant tourné la hauteur sur laquelle il se trouvait, attaqua en flanc l'armée de la reine. Le premier coup d'œil lui apprit que ce mouvement était dirigé par son ancien maître, le chevalier d'Avenel ; le second, qu'il déciderait du sort de la bataille, ce qui fut l'affaire d'un instant.

Le corps d'armée de la reine, fatigué par de longs efforts, et se trouvant attaqué en flanc par des troupes fraîches qui n'avaient encore pris aucune part à l'action, ne put résister à leur impétuosité. Ses rangs furent rompus ; le désordre s'y introduisit, et il fut repoussé du village dont il avait inutilement voulu s'emparer. En vain les chefs criaient à leurs soldats de tenir ferme, en vain résistaient-ils encore eux-mêmes quand la résistance ne pouvait plus être utile : la déroute fut complète ; les uns furent tués sur le champ de bataille, les autres furent entraînés par les fuyards.

Roland, à cette vue, sentit qu'il ne lui restait qu'à tourner bride, et à rejoindre la reine pour veiller à sa sûreté. Mais il oublia tout quand il vit, au pied de la hauteur sur laquelle il se trouvait, Henry Seyton, séparé de son parti, et tout couvert de sang, se défendant contre trois ou quatre ennemis qui s'étaient détachés pour le poursuivre. Il descendit la colline au grand galop, renversa un des adversaires de Henry par l'impétuosité de son cheval, en terrassa un second d'un coup d'épée, et mit en fuite les deux autres, effrayés de ce secours inattendu.

Tendant alors la main à Seyton : — Nous vivrons ou mourrons ensemble, lui dit-il ; mais tâchons de nous écarter de cet endroit dangereux.

Seyton saisit le cheval de Roland par la crinière, mais ses

jambes lui refusèrent le service, et il tomba sur le gazon. — Ne songez plus à moi, lui dit-il ; c'est ma première et dernière bataille. J'en ai déjà trop vu pour désirer en voir davantage. Ne songez qu'à sauver la reine. Rappelez-moi à Catherine; vous ne la confondrez plus avec moi : ce dernier coup d'épée vient de mettre entre nous une distinction ineffaçable.

— Du courage, Henry ! faites un dernier effort. Je vais vous aider à monter sur mon cheval, et je retournerai à pied. Ayez seulement soin de vous diriger vers l'ouest, et fiez-vous à sa vitesse.

— Nul cheval ne me portera plus, Roland. Adieu ; je vous aime mieux en mourant que pendant ma vie. Je voudrais n'avoir pas répandu le sang de ce vieillard. Partez ! — *Sancte Benedicite, ora pro me.* — Je me meurs; sauvez la reine.

Il expira en prononçant ces derniers mots, qui rappelèrent à Roland les devoirs qu'il avait à remplir ; mais il n'était pas le seul qui les eût entendus.

— La reine ! où est la reine ? s'écria sir Halbert Glendinning, qui arrivait suivi de deux ou trois hommes d'armes. Roland ne lui répondit point; et comptant sur la vitesse de son cheval, il lui lâcha la bride, lui fit sentir l'éperon, et partit au grand galop, se dirigeant vers le château de Crookstone. Plus pesamment armé, et monté sur un cheval déjà fatigué, le chevalier d'Avenel, qui le poursuivait la lance haute, perdait du terrain, et cherchait à l'arrêter par les reproches qu'il lui adressait, l'appelant lâche, poltron, et lui demandant de quel droit il portait sur son casque une branche de houx qu'il déshonorait en fuyant ainsi.

Mais Roland, qui n'avait nulle envie de combattre son ancien maître, et qui savait d'ailleurs que la sûreté de la reine dépendait de sa diligence, ne répondit pas un mot aux reproches de sir Halbert, et continua de profiter de l'avantage que lui donnait la bonté de son coursier. Dès qu'il aperçut la petite troupe de la reine, et qu'il fut à portée de s'en faire entendre : L'ennemi ! s'ecria-t-il, l'ennemi ! à cheval les dames, aux armes les hommes !

Faisant alors tourner rapidement son cheval, il évita adroitement le choc de sir Halbert Glendinning, et attaquant le premier des hommes d'armes qui le suivaient, il lui porta un coup de lance si vigoureux qu'il lui fit vider les arçons. Cependant le chevalier noir s'élançait contre sir Halbert, et ils se rencontrèrent avec tant de force que les chevaux et les cavaliers en furent renversés. Ni l'un ni l'autre ne se releva. Le chevalier noir avait été percé de part en part par la lance de son antagoniste, et celui-ci, étourdi par sa chute, accablé sous le poids de son cheval, ne semblait guère en meilleur état que celui qu'il avait mortellement blessé.

— Rendez-vous, chevalier d'Avenel, dit Roland, qui, ayant mis un second homme d'armes hors de combat, était revenu sur ses pas pour se rapprocher de la reine.

— Il faut bien que je me rende, répondit sir Halbert, puisque je suis hors d'état de combattre ; mais je rougis de me rendre à un lâche comme toi.

— Ne m'appelez pas lâche, s'écria Roland en levant la visière de son casque, et en aidant sir Halbert à se relever : sans le souvenir de vos anciennes bontés pour moi, et surtout celles de votre épouse, vous auriez vu que je ne crains de rencontrer personne.

— Le page favori de ma femme ! s'écria sir Halbert avec surprise. Malheureux jeune homme, j'ai appris ta trahison à Lochleven.

— Ne l'appelez pas traître, mon frère, dit l'abbé ! il n'a été que l'instrument des volontés du ciel.

— A cheval ! à cheval ! s'écria Catherine, je vois nos troupes fuir dans toutes les directions : les ennemis les poursuivent : ils peuvent venir de ce côté; nous sommes perdus si nous tardons un instant. A cheval, Roland ! à cheval, madame ! Nous devrions déjà avoir fait plus d'un mille.

— Regardez ces traits, dit Marie à Catherine en lui montrant le chevalier mourant, dont une main compatissante avait détaché le casque, et dites-moi si celle qui causa la ruine de tout ce qui lui est attaché doit faire un pas de plus pour éviter la sienne?

Le lecteur doit avoir prévu depuis long-temps que le chevalier noir n'est autre que George Douglas qui, ne voulant pas prendre part à un combat dans lequel il trouverait pour ennemis son père et tous ses parens, avait pris ce déguisement pour veiller à la sûreté de la reine.

— Regardez-le, regardez-le bien, dit Marie : tel a été le sort de tous ceux qui ont aimé Marie Stuart! A quoi ont servi à François sa royauté, à Chatelet son esprit, au galant Gordon sa puissance, à Rizzio son chant mélodieux, à Darnley sa jeunesse et sa beauté, à Bothwell sa force et son audace, et aujourd'hui au noble Douglas son généreux dévouement! Rien n'a pu les sauver! Ils ont aimé l'infortunée Marie, et c'était un crime digne de mort! A peine la victime jetait-elle sur moi un regard d'affection que la coupe empoisonnée, la hache, le poignard, la mine s'apprêtaient à la punir de m'avoir accordé une seule pensée! Non, je n'irai pas plus loin; qu'on ne m'importune pas! je ne puis mourir qu'une fois, et je veux mourir ici!

Tandis qu'elle parlait ainsi, ses larmes tombaient sur le visage du mourant qui, fixant sur elle des yeux encore brillans du feu d'une passion que la mort même ne pouvait éteindre, lui dit d'une voix faible : — Ne me plaignez pas! songez à votre sûreté! Je suis heureux, je meurs en Douglas et regretté de Marie Stuart.

A peine avait-il prononcé ces mots qu'il rendit le dernier soupir, les yeux toujours fixés sur la reine; et Marie, dont le cœur était plein de cette sensibilité qui dans une condition privée aurait assuré le bonheur d'un époux digne d'elle, continuait à pleurer sur son corps. Mais l'abbé Ambroise crut devoir la rappeler à elle-même par une remontrance un peu hardie.

— Et nous aussi, madame, lui dit-il, nous qui nous sommes dévoués à votre cause, nous avons des parens et des amis qui nous demandent des larmes. Je laisse ici un frère blessé ; l'époux de lady Fleming, le père et les frères de miss Seyton, ont peut-être perdu la vie pour votre service ; et tandis que nous oublions ceux qui nous sont si chers pour ne songer qu'à notre reine, elle est trop occupée de ses propres chagrins pour donner une pensée aux nôtres.

— Je ne mérite pas ce reproche, mon père, dit la reine en essuyant ses larmes : mais j'y suis sensible. Où voulez-vous que j'aille ? que faut-il que nous fassions ?

— Il faut fuir, répondit l'abbé, et fuir à l'instant. Dire où nous irons, ce n'est pas une chose aussi facile ; mais nous pourrons y réfléchir chemin faisant. Allons, qu'on aide la reine à monter à cheval, et partons.

Roland resta un moment en arrière pour aider le chevalier d'Avenel à gagner le château de Crookstone, et pour lui dire qu'il lui rendait sa liberté sans autre condition que sa parole d'honneur de garder le secret sur la direction que prenait la reine dans sa fuite. Comme il le quittait, il reconnut les traits d'Adam Woodcock, qui le regardait avec une expression de surprise qui l'aurait fait rire dans tout autre moment. Adam était le premier homme d'armes qu'il avait désarçonné, et ils se reconnurent en ce moment, Roland ayant levé sa visière, comme nous l'avons déjà dit, et Woodcock s'étant débarrassé de son casque pour secourir son maître plus facilement. Roland ne manqua pas de jeter quelques pièces d'or dans ce casque, qui était par terre ; et faisant à l'honnête fauconnier un signe d'amitié, il partit au grand galop pour rejoindre la reine.

— Ce n'est, ma foi ! pas de la fausse monnaie, dit Adam en ramassant les pièces d'or ; et c'est bien M. Roland en personne, le même bon cœur, et, de par Notre-Dame! la même promptitude à jouer des mains. Milady sera charmée d'avoir de ses nouvelles, car elle l'aime comme s'il était son fils. Mais comme il est équipé! Ces jeunes gens si vifs se trouvent partout; c'est comme la mousse qui monte toujours à la surface d'un pot de bière. Mais nous autres, qui sommes plus solides, tâchons de rester fauconniers. Et il entra dans le château de Crookstone pour prendre les ordres de son maître.

CHAPITRE XXXVIII.

« Ma terre natale, adieu. »
LORD BYRON.

LA perte de ses belles espérances, la crainte de l'avenir, le regret de la perte de tant de braves partisans, firent pendant sa fuite verser bien des larmes à la reine. La mort du jeune Seyton, celle du brave Douglas, semblaient avoir affecté cette princesse au point de lui faire oublier le trône sur lequel elle avait espéré de remonter. Catherine dévorait ses chagrins et ne songeait qu'à soutenir l'esprit abattu de sa maîtresse. L'abbé, portant ses pensées inquiètes sur l'avenir, cherchait en vain à former quelque plan qui offrît une ombre d'espérance. Roland seul conservait son courage et sa vivacité.

— Votre Majesté a perdu une bataille, dit-il à la reine : un de vos ancêtres, Bruce, en a perdu sept avant de s'asseoir sur le trône; et ce fut en triomphant enfin à Bannock-Burn qu'il proclama l'indépendance de son pays. Ces bruyères sauvages que nous traversons ne valent-elles pas mieux que le château de Lochleven ? Nous sommes libres; il y a dans ce mot de quoi nous consoler de toutes les pertes.

— Plût à Dieu que je fusse encore à Lochleven ! dit Marie, je n'aurais pas vu les rebelles massacrer les fidèles sujets qui bravaient la mort pour moi. Ne me parlez pas de faire de nouveaux efforts: ils n'aboutiraient qu'à sacrifier les amis qui me restent, et vous-même qui m'y engagez. Je ne voudrais pas souffrir de nouveau ce que j'ai souffert quand du haut de cette montagne j'ai vu le sabre des cavaliers de Morton moissonner mes fidèles Seyton, mes braves Hamilton; pour tous les domaines qu'entourent les mers de la Grande-Bretagne, je ne voudrais pas sentir encore ce que j'ai senti quand Douglas, expirant pour Marie Stuart, a teint ma robe de son sang. Trouvez-moi une retraite où je puisse cacher une malheureuse princesse qui cause la perte de tout ce qui lui est attaché : c'est le dernier service que Marie Stuart réclame de ses amis.

Ce fut avec cet accablement d'esprit que la reine, qui avait été jointe dans sa fuite par lord Herries et quelques autres seigneurs, arriva à l'abbaye de Dundrennan, après avoir fait soixante milles sans descendre de cheval. Dans cette partie retirée du Galloway, les réformés avaient moins persécuté les moines. Ceux de Dundrennan habitaient leurs cellules; et le prieur, les larmes aux yeux, vint respectueusement recevoir la reine à la porte du couvent.

— Je vous amène la destruction, mon bon père, dit la reine fugitive, tandis qu'on l'aidait à descendre de cheval.

— Elle est la bienvenue, répondit le prieur, puisqu'elle est accompagnée du devoir.

La reine, soutenue par lady Fleming et miss Seyton, allait entrer dans le couvent, quand jetant un regard sur Rosabelle qui, épuisée de fatigue et baissant la tête, semblait partager l'affliction de sa maîtresse :

— Mon bon Roland, dit-elle, veillez à ce qu'on ait soin de Rosabelle. Interrogez votre cœur, ajouta-t-elle en baissant la voix; il vous dira pourquoi je m'occupe d'un tel soin, même dans un semblable moment.

On la conduisit dans un appartement du couvent. Le petit nombre des nobles qui restaient près d'elle y tinrent conseil sur le parti qu'il convenait de prendre : la fatale résolution d'une retraite en Angleterre fut enfin adoptée, et un messager fut envoyé au gouverneur des frontières du Cumberland, pour demander un sauf-conduit et l'hospitalité pour la reine d'Écosse.

Le lendemain, l'abbé Ambroise, se promenant avec Roland dans le jardin de l'abbaye, lui témoigna combien il désapprouvait le parti qu'on venait de prendre.

— C'est la plus insigne imprudence, dit-il; la reine ferait mieux de confier sa personne aux montagnards sauvages ou aux brigands des frontières, qu'à la bonne foi d'Élisabeth. Une femme se fier à une rivale! l'héritière présomptive du trône d'Angleterre se livrer entre les mains d'une reine jalouse! Roland, Herries est un sujet loyal et fidèle; mais son conseil sera la ruine de sa maîtresse.

— Oui, vraiment, la ruine nous suit partout, dit un vieillard vêtu en frère lai, qui avait la bêche à la main, et que ni l'abbé ni Roland n'avaient pas d'abord aperçu. Ne me regardez pas avec cet air de surprise! c'est bien moi, moi, l'abbé Boniface à Kennaquhair, le jardinier Blinkhoolie à Kinross, et qui, chassé de place en place, suis venu me réfugier dans l'endroit où j'ai fait jadis mon noviciat. Et puisque vous voilà, sans doute il faudra encore déguerpir. On me fait mener une vie bien dure pour un homme qui n'avait rien de plus cher au monde que la paix et la tranquillité.

— Avant peu, mon père, répondit l'abbé Ambroise, vous

serez délivré de notre présence, et je crois bien que la reine ne vous causera plus d'embarras.

— C'est ce qu'on m'a déjà dit quand on m'a renvoyé de Kinross, dit Boniface d'un ton grondeur ; mais je n'en ai pas moins été pillé par des soldats sur la route. Ils m'ont pris jusqu'au certificat que vous savez.... concernant le baron... Au surplus, c'était un maraudeur comme eux. Vous m'aviez demandé cette pièce ; je n'avais jamais pu la trouver ; eh bien ! ils l'ont trouvée, eux : vous savez, c'était pour constater le mariage de... de... La mémoire me manque. Voyez quelle différence il y a entre les hommes. Le père Nicolas vous aurait conté cent histoires de l'abbé Ingelram, à l'ame duquel Dieu fasse paix ! il avait pourtant quatre-vingt-six ans ; et moi, qui n'en ai que... Un moment, que je me souvienne...

— Le nom que vous cherchez n'est-il pas Avenel, mon bon père ? s'écria Roland, bouillant d'impatience, mais se modérant, de crainte d'offenser ou d'alarmer le vieillard.

— Oui, oui, Avenel ! Julien Avenel ! vous me remettez sur la voie. Eh bien ! je gardais cette pièce avec soin ; je n'avais pu la trouver quand l'abbé Ambroise, mon second successeur, m'en a parlé : mais comme je vous le disais, les soldats la trouvèrent, et leur chef l'ayant vue se frappa un si grand coup sur la poitrine, que sa cuirasse sonna comme une cruche de cuivre vide.

— Sainte Marie ! s'écria l'abbé, quel était donc ce chevalier, pour qu'il y prît tant d'intérêt ? Quelles étaient ses couleurs, ses armoiries, sa devise, sa taille, sa tournure ?

— Tant de questions me fatiguent. A peine osai-je le regarder. On m'accusait d'être porteur de lettres pour la reine Marie : on fureta dans mes papiers ; et voilà le résultat de votre belle affaire de Lochleven.

— Je crois véritablement, dit l'abbé Ambroise à Roland qui tremblait d'impatience, que cette pièce importante est tombée entre les mains de mon frère ; car je sais qu'immédiatement après l'évasion de la reine il a été chargé de battre le pays entre Stirling et Glascow, le régent n'ayant pas voulu croire aux bruits qu'on avait répandus pour le lui rendre suspect. Mais dites-moi, mon père, ce chevalier ne portait-il pas sur son casque une branche de houx? Pouvez-vous vous en souvenir?

— Oh! se souvenir, se souvenir! dit Boniface; comptez autant d'années que j'en compte, et vous me direz ce dont vous vous souviendrez. A peine si je me souviens des poiriers que j'ai greffés l'année dernière.

En ce moment on entendit le son d'un cor du côté du rivage de la mer.

— C'est le signal de la chute définitive du trône de Marie Stuart, dit l'abbé. Il nous annonce l'arrivée de la réponse du gouverneur des frontières, et elle ne peut manquer d'être favorable : a-t-on jamais fermé la porte d'un piége à la proie qu'on veut y attirer? Du courage, Roland : nous reviendrons sur ce qui nous intéresse de si près; mais en ce moment nous ne pouvons abandonner la reine. Suivez-moi; faisons notre devoir; et laissons au ciel le soin du reste. Adieu, mon père ; je vous reverrai bientôt.

Pendant qu'il s'éloignait avec Roland, qui le suivait un peu à contre-cœur, l'ancien abbé reprit sa bêche.

— J'en suis fâché pour eux, dit-il; certainement j'en suis fâché; et pour cette pauvre reine! Mais que peut y faire un homme de quatre-vingts ans? D'ailleurs il a tombé de la rosée, et la matinée est favorable pour planter les choux de primeur.

— L'âge a affaibli ses facultés, dit Ambroise à Roland en l'entraînant : nous le questionnerons de nouveau; mais en ce moment nous ne devons songer qu'à la reine.

Ils la trouvèrent sur le bord de la mer, entourée de sa petite suite, et ayant près d'elle le shériff du Cumberland, seigneur de la maison de Lowther, richement vêtu, et ayant une escorte nombreuse de soldats. La physionomie de Marie annonçait un singulier mélange d'envie de partir et de désir de rester. Par ses discours et par ses gestes, elle cherchait à donner des espérances et des consolations à ceux qui l'environnaient, et elle semblait tentée de se persuader à elle-même que la démarche qu'elle allait faire était sans danger et qu'elle devait compter sur l'assurance d'un bon accueil. Cependant ses lèvres tremblantes et ses yeux égarés prouvaient assez combien il lui en coûtait de quitter l'Écosse, et combien elle craignait de se confier à la foi équivoque de l'Angleterre.

—Soyez le bienvenu, révérend abbé, et vous aussi, Roland, leur dit-elle; j'ai de bonnes nouvelles à vous apprendre. Cet officier de notre bonne sœur nous offre de sa part un asile assuré dans son royaume contre les rebelles qui nous forcent à fuir le nôtre. Mon seul chagrin, c'est d'être obligée de me séparer de vous pour un peu de temps.

—De vous séparer de nous, madame! s'écria l'abbé. Le bon accueil qu'on vous promet en Angleterre commence-t-il donc à s'annoncer en vous privant de vos fidèles serviteurs, de vos conseillers?

—Ne prenez pas les choses ainsi, mon bon père. Ce digne officier de notre affectionnée sœur croit devoir obéir à ses instructions à la lettre, et ne peut me recevoir qu'avec les dames de ma suite. On doit m'envoyer incessamment de Londres un exprès pour fixer le lieu de ma résidence, et je vous ferai prévenir tous dès que ma petite cour sera formée.

— Votre cour, madame! en Angleterre! pendant la vie et sous le règne d'Élisabeth! Ce sera quand nous verrons deux soleils briller dans le firmament.

— Ne pensez pas ainsi. Nous ne pouvons douter de la bonne foi de notre sœur. Elisabeth est avide de renommée; et toute celle qu'elle a acquise par sa puissance et sa sagesse n'est rien auprès de celle qu'elle obtiendra en accordant l'hospitalité à une reine infortunée. Toute la gloire dont elle pourrait se couvrir par la suite n'effacerait pas la tache dont elle se couvrirait en abusant de notre confiance. Adieu, mon page, mon chevalier, veux-je dire; adieu pour un peu de temps. J'essuierai les pleurs de Catherine, ou je pleurerai avec elle jusqu'à ce que nous n'ayons plus de larmes.

Elle tendit la main à Roland, qui, se jetant à ses genoux, la baisa avec autant d'émotion que de respect. Il se préparait à rendre le même hommage à miss Seyton quand la reine, prenant un air de gaîté, lui dit ; — Pas sur la main, sur les lèvres. Tu peux le permettre, *mignonne*. Il faut que ce seigneur anglais voie que, même dans notre climat glacé, la beauté sait récompenser la bravoure et la fidélité.

— Je sais, dit le shériff avec politesse, que l'Écosse est célèbre par les charmes de ses dames et par la valeur de ses soldats; et je regrette de ne pouvoir offrir une réception cordiale en Angleterre à tous ceux qui voudraient y suivre celle qui est en Écosse la reine de la beauté comme celle du pays. Mais notre reine nous a donné des ordres positifs dans le cas où pareille circonstance se présenterait, et il est du devoir d'un de ses sujets de les exécuter. M'est-il permis de faire observer à Votre Majesté que la marée est favorable?

Le shériff offrit la main à la reine ; et elle avait déjà mis le pied sur le pont volant par où elle devait entrer dans l'esquif quand l'abbé, sortant tout à coup d'une espèce de stupeur dans laquelle l'avait jeté ce que venait de dire le shériff, se présenta dans l'eau jusqu'à mi-jambes, et saisit Marie par le bas de sa robe.

— Elle l'a prévu! elle l'a prévu! s'écria-t-il : elle a prévu que vous chercheriez un asile dans ses états, et, le prévoyant, elle a donné ordre que vous y soyez reçue de cette manière! Princesse aveugle et trompée, vous êtes perdue si vous quittez ce rivage ! Non, reine d'Écosse, vous n'abandonnerez pas ainsi votre héritage! Vos sujets fidèles deviendront en ce moment rebelles à votre volonté ; ils vous sauveront de la captivité ou de la mort. Ne craignez pas les arbalètes et les mousquets dont cet Anglais s'est fait accompagner; nous repousserons la violence par la violence. Oh! que n'ai-je en ce moment les armes et le bras de mon frère! Roland Avenel! mon fils, tire ton épée du fourreau!

— A quoi bon cette violence, sire prêtre? dit le shériff: je suis venu ici sur la demande de votre reine; si mes services lui sont inutiles, elle n'a qu'à dire un mot, et je me retire. Il n'est pas étonnant que la sagesse de notre reine ait prévu qu'un tel événement pourrait arriver au milieu des troubles qui agitent votre royaume, et que, tout en désirant accorder l'hospitalité à sa sœur, elle ait jugé prudent de ne pas permettre l'entrée de ses états aux restes d'une armée débandée.

Tandis que l'abbé avait parlé, la reine, craintive et irrésolue, était restée un pied sur le pont, l'autre sur le rivage qu'elle allait quitter pour toujours; mais après avoir entendu le shériff, dégageant doucement sa robe: — Vous voyez, dit-elle à l'abbé, que c'est de notre pleine volonté que nous quittons ce royaume: et bien certainement nous serons libres ensuite de passer en France ou de rentrer dans nos domaines quand bon nous semblera. D'ailleurs, il est trop tard. Votre bénédiction, mon père, et que Dieu vous protège.

— Puisse-t-il avoir compassion de vous, s'écria l'abbé, et vous protège aussi! Mais mon cœur me dit que je vous vois pour la dernière fois.

Les voiles furent déployées, et l'esquif traversa rapidement le bras de mer qui sépare les rivages de Cumberland de ceux de Galloway. Les serviteurs de la reine, pleins d'inquiétude et de douleur, restèrent sur le bord de la mer jusqu'à ce qu'ils eussent perdu de vue le bâtiment qui s'éloignait, et ils aperçurent long-temps l'infortunée Marie agitant son mouchoir pour faire ses derniers adieux à ses fidèles amis et aux rivages de l'Écosse[1].

(1) Extrait de la lettre de Marie Stuart à Élisabeth:

« Je vous ay assés souvent priée de recevoir mon navire agité en votre port durant la tourmente. Si à ce coup, elle y trouvera port de salut, j'y jetteray mes ancres pour

Si de bonnes nouvelles pour ce qui le concernait particulièrement avaient pu consoler Roland du départ de sa maîtresse et des malheurs de sa souveraine, il se serait cru heureux. Quelques jours après l'embarquement de la reine un courrier hors d'haleine, et c'était Adam Woodcock lui-même, apporta des dépêches de sir Halbert Glendinning à l'abbé Ambroise, qui était encore, ainsi que Roland, à Dundrennan, où ils mettaient à la torture le pauvre Boniface à force de lui faire des questions. La lettre du chevalier d'Avenel les invitait tous deux à se rendre sans délai à son château. — La clémence du régent, lui disait-il, vous accorde un généreux pardon, ainsi qu'à Roland, à condition que vous resterez tous deux sous ma surveillance pendant quelque temps. J'ai aussi à vous communiquer, relativement à Roland, des choses que ni vous ni lui ne serez pas fâchés d'apprendre, et qui doivent m'obliger à prendre plus d'intérêt que jamais à un jeune homme qui se trouve le plus proche parent de ma femme.

L'abbé lut cette lettre à haute voix, et garda le silence, comme s'il eût réfléchi sur ce qu'il devait faire. Pendant ce temps, Woodcock, prenant Roland à part, lui dit : — Monsieur Roland, malgré tout ce que le moine pourrait vous dire, n'allez pas écouter le faucon mal dressé, qui laisse échapper le héron pour se jeter sur une hirondelle. Vous avez toujours eu les manières d'un gentilhomme : eh bien ! lisez cela, et remerciez Dieu, qui a fait trouver sur notre chemin le vieil abbé Boniface, que deux hommes d'armes des Seyton conduisaient à Dundrennan; nous l'avons fouillé pour avoir quelques nouvelles de votre bel exploit de Lochleven qui a coûté la vie à tant de monde, et qui m'a valu une chute de cheval dont j'ai encore les reins brisés, et nous

---

jamais, autrement la barque est en la garde de Dieu. Elle est prête et calfeutrée pour se défendre en course contre toutes les tourmentes. J'ai pleinement procédé avecques vous, encore fais-je. Ne prenez à mauvaise part si j'écris ainsi : ce n'est point deffiance que j'ay de vous : comme il apert, car je me repose du tout. » — Éd.

avons trouvé ce qui valait mieux pour vous que pour nous : lisez cela, vous dis-je.

Le papier qu'il lui donna était une attestation du père Philippe, sacristain du couvent de Sainte-Marie, portant qu'il avait conféré secrètement le saint sacrement de mariage à Julien Avenel et à Catherine Græme; mais que Julien s'étant repenti de cette union, lui, père Philippe, avait eu la faiblesse coupable de la tenir cachée, et de se rendre complice d'un complot imaginé par ledit Julien pour faire croire à ladite Catherine Græme que la cérémonie de son mariage avait été faite par un individu non revêtu du saint ordre de la prêtrise, et sans aucun caractère pour la rendre valide; que se repentant sincèrement de cette faute, il s'en était confessé à son supérieur légitime le père Boniface, abbé du couvent de Sainte-Marie, et lui avait remis le présent certificat, avec la date du mariage et les noms des deux témoins qui y avaient assisté.

A cette pièce était jointe une lettre écrite par Julien Avenel à l'abbé Boniface, prouvant que celui-ci avait fait des démarches pour engager le premier à reconnaître son mariage avec Catherine Græme, et en avait obtenu cette promesse. Mais la mort de Julien et de son épouse, la croyance où l'on était généralement que leur enfant n'existait plus, la démission de l'abbé, et surtout son caractère nonchalant et insouciant, avaient fait oublier cette affaire; et Boniface ne se la rappela que lorsque le hasard amena une conversation sur la famille Avenel entre l'abbé Ambroise et son prédécesseur. Boniface, sur la demande de son successeur, avait alors cherché ces pièces; mais son amour-propre ne lui ayant pas permis de se faire aider dans cette recherche, elles seraient restées à jamais confondues parmi ses autres papiers, si les soldats de sir Halbert Glendinning n'en eussent fait la visite avec plus de succès.

— Ainsi donc, monsieur Roland, dit le fauconnier, vous voyez que vous êtes héritier d'Avenel, et que le domaine vous appartiendra quand mon maître et ma maîtresse seront à leur dernier asile. Quant à moi, je n'ai qu'une grace à vous demander, et j'espère que vous ne me la refuserez pas.

— Non, certainement, mon ami Adam, s'il est en mon pouvoir de vous l'accorder.

— Eh bien donc! si je vis assez long-temps pour voir ce jour, je désire que vous me permettiez de continuer à nourrir vos jeunes faucons avec de la chair non lavée; car, après tout, c'est le seul...

— Vous les nourrirez comme vous le voudrez, mon cher Adam, dit Roland en riant. Je ne suis pas beaucoup plus vieux que lorsque je quittai le château d'Avenel; mais je me flatte d'avoir acquis assez d'expérience pour laisser à chacun le soin d'exercer sa profession.

— En ce cas, monsieur Roland, je ne changerais pas ma place pour celle de fauconnier du roi... ni de la reine. Mais quant à elle, elle n'en aura plus besoin, s'il est vrai, comme on le dit, qu'on va la mettre en mue. Je vois que cela vous chagrine; n'en parlons plus. Mais qu'y voulez-vous faire? la fortune n'est pas un faucon; il ne suffit pas de la siffler pour la rappeler.

Roland et l'abbé se rendirent au château d'Avenel, où sir Halbert Glendinning les reçut avec une affection véritable, tandis que son épouse versait des larmes de joie en trouvant dans l'orphelin qu'elle s'était plu à protéger le dernier rejeton de sa famille. Le chevalier d'Avenel ne fut pas peu surpris en voyant le changement prodigieux qu'un temps si court avait produit en Roland, et fut enchanté de reconnaître que cet enfant gâté, ce page plein d'audace et de présomption, était devenu un homme sage, doux, modeste et digne d'obtenir sans les demander les égards qu'il exigeait autrefois sans les mériter. Le vieux majordome Wingate fut, on le juge bien, le premier à chanter ses louanges, et mistress Lilias elle-même les répéta aussi fidèlement que le meilleur écho, espérant toujours que Dieu lui ferait connaître le véritable évangile.

Depuis long-temps le cœur de Roland penchait en secret vers la religion réformée, et le départ du bon abbé pour la France, où il était allé avec l'intention de se retirer dans quelque maison de son ordre, éloigna de lui la première cause qui l'empêchait de renoncer à la religion catholique. Les liens qui l'attachaient à Magdeleine Græme, et la reconnaissance qu'il lui devait, formaient encore un obstacle non moins puissant. Mais quelques mois après son arrivée dans le château d'Avenel, il acquit la certitude qu'elle était morte à Cologne, par suite des fatigues qu'elle avait essuyées dans un pèlerinage entrepris pour la reine immédiatement après la déroute de Langside.

Le zèle de l'abbé Ambroise fut mieux entendu. Il se retira dans un couvent de son ordre sur le continent, où il vécut de manière que la congrégation semblait décidée à réclamer pour lui les honneurs de la canonisation; mais il devina leur projet, et les conjura en mourant de ne point honorer ainsi les dépouilles mortelles de celui qui fut un pécheur comme eux, mais d'envoyer son cœur dans une des chapelles de l'église de l'abbaye de Sainte-Marie de Kennaquhair, afin que le dernier abbé de cette maison reposât parmi ses ruines.

Long-temps avant cette époque, Roland avait épousé Catherine Seyton, qui après avoir passé deux ans près de sa malheureuse maîtresse fut renvoyée d'Angleterre quand on assujétit Marie à une détention plus rigoureuse. Elle retourna chez son père; et comme Roland était reconnu pour l'héritier légitime de l'ancienne maison d'Avenel, dont les possessions avaient été considérablement augmentées par sir Halbert Glendinning, lord Seyton, échappé au désastre de Langside, consentit sans peine qu'elle épousât un jeune homme qui, quoique ayant donné à sa souveraine légitime des preuves de fidélité, jouissait pourtant d'un certain crédit, grace à l'influence d'Halbert Glendinning sur le parti dominant.

Roland et Catherine furent donc unis, en dépit de leurs différentes religions; et la *Dame Blanche*, qui n'avait pas reparu depuis la mort de Julien, se montra sur le bord de sa fontaine favorite, le jour de leur mariage, avec une ceinture d'or aussi large que le baudrier d'un comte, symbole de la prospérité renaissante de la maison d'Avenel [1].

(1) L'histoire de Marie Stuart est si populaire, non-seulement en Écosse, mais dans tous les pays, que les notes de ce roman ne pouvaient être nombreuses. Il y a quelques années, un pêcheur retira dans ses filets le trousseau de clefs de lady Lochleven, que le jeune Roland avait confié au Kelpie du lac en quittant le rivage de l'île.

Nous avons cité un extrait de la lettre de Marie à Élisabeth, et le lecteur a pu y reconnaître un poëte de l'école de Ronsard. Voici les mêmes idées rendues par elle en vers :

SONNET A ÉLISABETH.

Ung seul penser qui me profite et nuit,
Amer et doulx, change en mon cœur sans cesse;
Entre le doubte et l'espoir qui m'oppresse,
Tant que la paix et le repos me fuit.

Donc, chère sœur, si ceste carte suit
L'affection de vous veoir qui m'oppresse,
C'est que je vis en peine et en tristesse,
Si promptement l'effet ne s'ensuit.

J'ay vu la nef relâcher par contrainte
En haulte mer, proche d'entrer au port,
Et le serein se convertir en trouble.
Ainsi je suis en soucy et en crainte,
Non pas de vous, mais quante fois à tort
Fortune rompt violle et cordage double.

Sir Walter Scott a donné le nom de Catherine à la plus jeune compagne de Marie Stuart, parce qu'il lui importait de la rapprocher par son âge du page Roland. Il y avait auprès de la reine à Lochleven une suivante du nom de Seyton, mais c'était une des quatre *Marie* mentionnées seulement dans l'ouvrage. Les quatre Marie étaient quatre jeunes personnes que la mère de Marie Stuart avait placées auprès de sa fille pour être les compagnes de ses jeux et de ses études, et plus tard ses amies. Elles avaient été choisies du même âge qu'elle. C'étaient Marie Livingston, Marie Fleming, Marie Seyton et Marie Beatoun. — Éd.

FIN DE L'ABBÉ.

www.ingramcontent.com/pod-product-compliance
Lightning Source LLC
Chambersburg PA
CBHW072021240426

43667CB00044B/1611